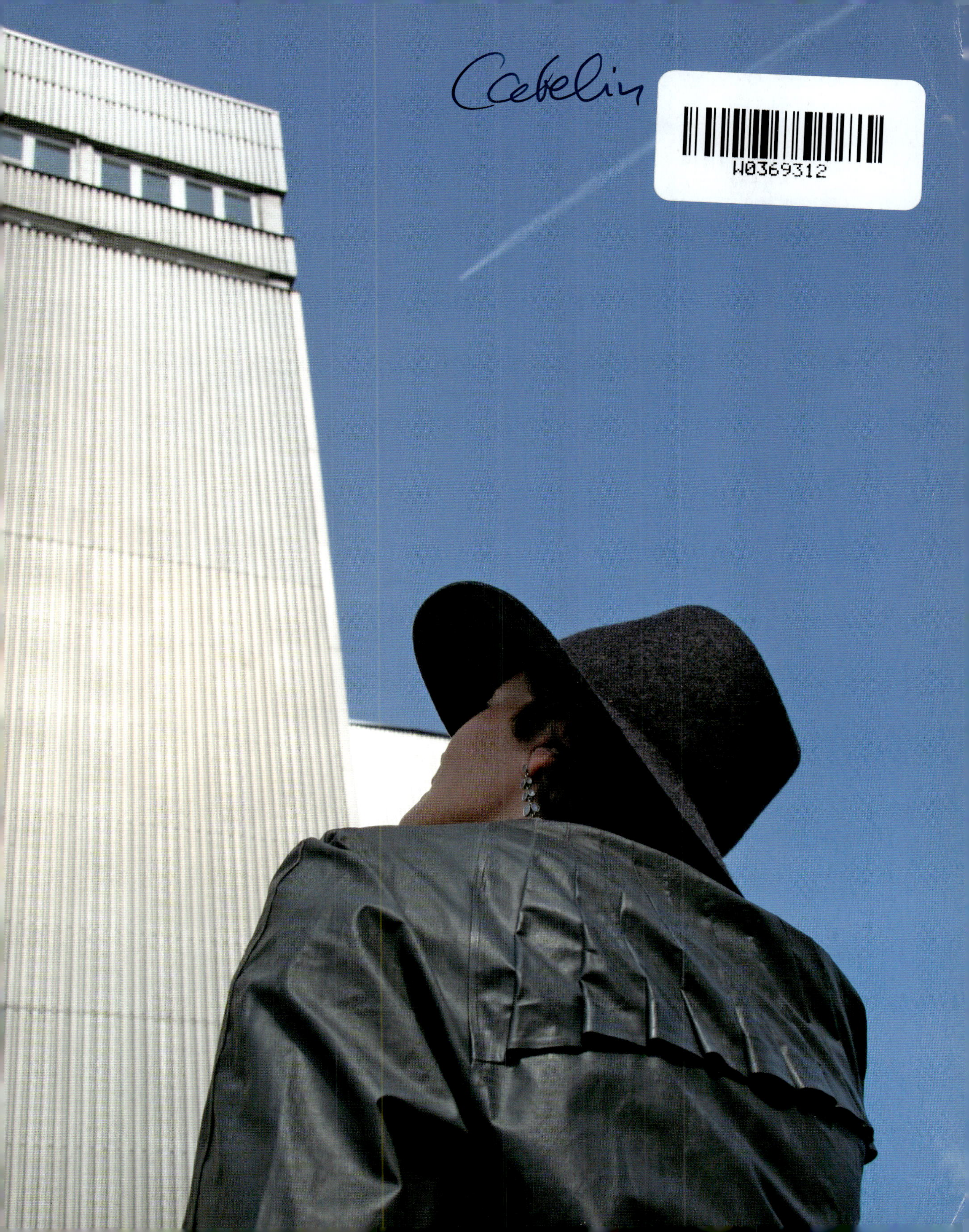

Bibliografische Information Der Deutschen Bibliothek
Die Deutsche Bibliothek verzeichnet diese Publikation in der Deutschen Nationalbibliografie; detaillierte bibliografische Daten sind im Internet über http://dnb.ddb.de abrufbar.

10 9 8 7 6 5 4 3 2 1

10 09 08

ISBN 978-3-8273-2632-4

Grafik, Fotos und Text: Almut Adler
Weitere Fotos: Arnulf Adler, Renate Dietz, Sandra Fuß, Agnes Gundel, Irena Hajnsek, Gabriela Hasler, Stefanie Herbst, Margarete Hermanns, Melissa Kiss, Britta Klein, Kristin Kleinert, Michaela Lobeck, Johanna Neuberger, Helga Pommersheim, Angelika Seeber, Ilse Singewald, Natascha Wellm, Julia Wirnitzer
Fotoaufnahmen in der Glyptothek München und in der Kultfabrik München
Lektorat: Birgit Ellissen, bellissen@pearson.de
Fachlektorat: Eva Ruhland
Korrektorat: Marita Böhm
Herstellung: Claudia Bäurle, cbaeurle@pearson.de, Philipp Burkart, pburkart@pearson.de
Satz: Ulrich Borstelmann, Dortmund (www.borstelmann.de)
Einbandgestaltung: Marco Lindenbeck, webwo GmbH, mlindenbeck@webwo.de
Druck und Verarbeitung: Bosch Druck, Ergolding
Printed in Germany

Das weibliche Auge

Almut Adler

Für die Entstehung dieses Buches gilt mein ganz besonderer Dank
meiner unvergessenen Freundin Angelika Seeber,
meiner Freundin Gabriela Hasler,
meinem Bruder Arnulf Adler,
und meinen Kursteilnehmerinnen.

Die Autorin

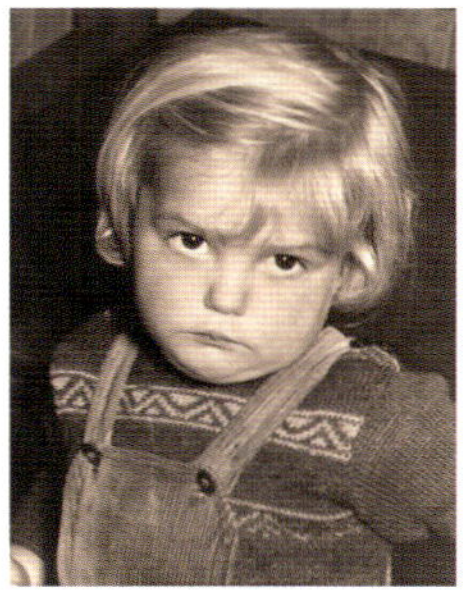

Almut Adler wurde 1951 in Oldenburg geboren und schloss 1971 in Bremen ihre Fotografenausbildung ab.

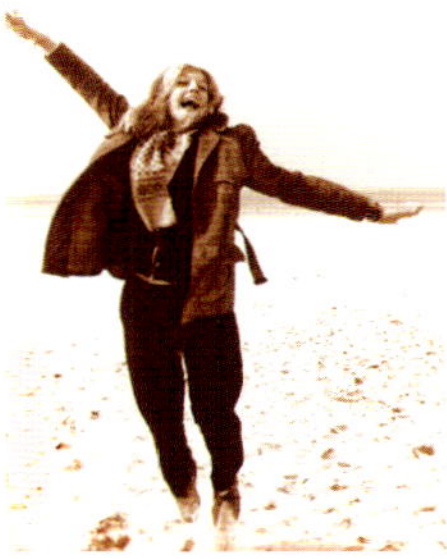

Über Heidelberg und Esslingen kam sie 1972 nach München und studierte Grafikdesign. 1975 reiste sie sechs Monate lang im VW-Bus bis nach Indien. Als erste Autotouristin besuchte sie Ladakh, das Flüchtlingsgebiet der von China vertriebenen Tibeter. Danach war sie einige Jahre als freischaffende Grafikerin in München tätig. 1977 absolvierte sie eine Zusatzausbildung als Color-Retuscherin und lernte die Kunst der Airbrush-Technik.

Akribisch plante sie über zwei Jahre eine Soloweltreise und zog 1980 los – von Berlin nach San Francisco. Auf der Panamericana fuhr sie durch Mittelamerika und verkaufte nach 17.000 Fahrkilometern ihr Auto in Panama. Dort heuerte sie auf einer Motoryacht an und gelangte über Umwege nach Asien.

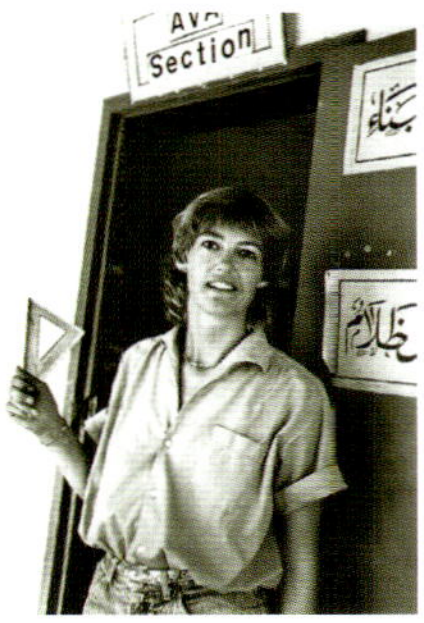

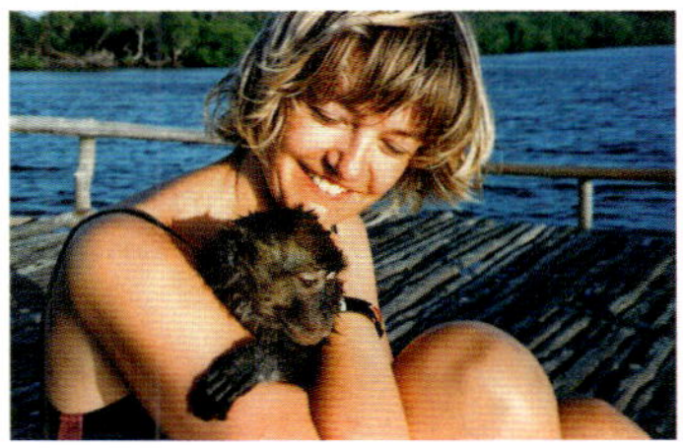

Von Bali segelte sie nach Singapur, über Malaysia und Thailand kam sie nach zehn Monaten Weltenbummeln in München an. Sie hatte den Globus einmal umrundet.

Von 1982 bis 1985 lebte sie in Somalia und war in der Hauptstadt Mogadischu u. a. für die UNESCO tätig. Bis 2001 arbeitete sie als Grafikerin in Agenturen und Verlagen. Heute leitet sie Fotokurse und organisiert Fotoworkshops in Spanien.

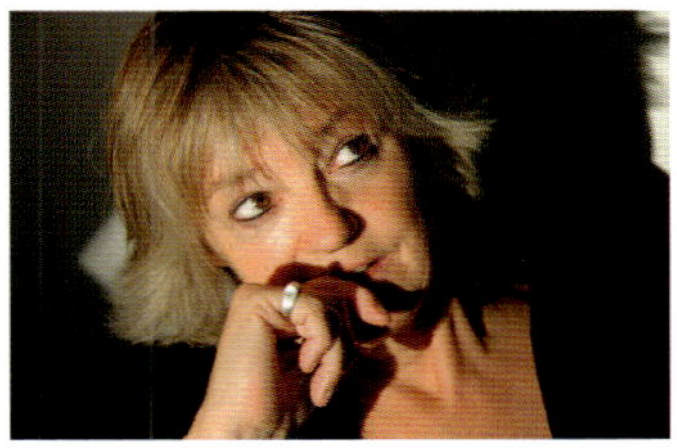

Eine wahre Herausforderung für die Fotografin war das Frühjahr 2007, sie wanderte den 800 km langen Jakobsweg durch Spanien alleine – ohne Kamera. Almut Adler lebt als freie Fotografin und Autorin in München.

Inhaltsverzeichnis

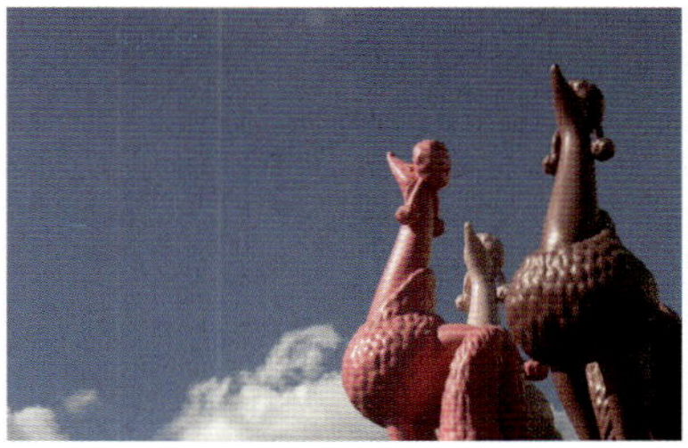

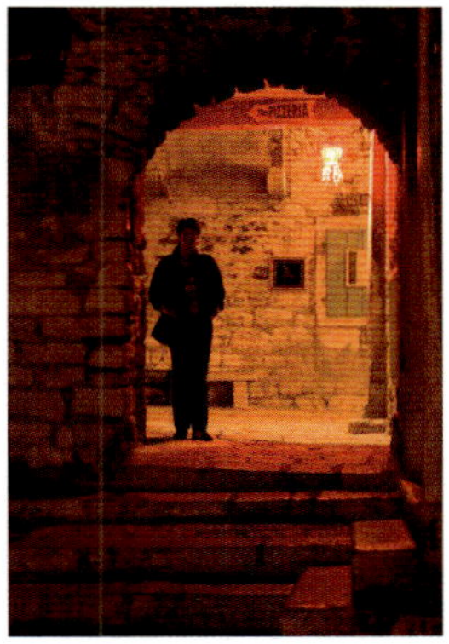

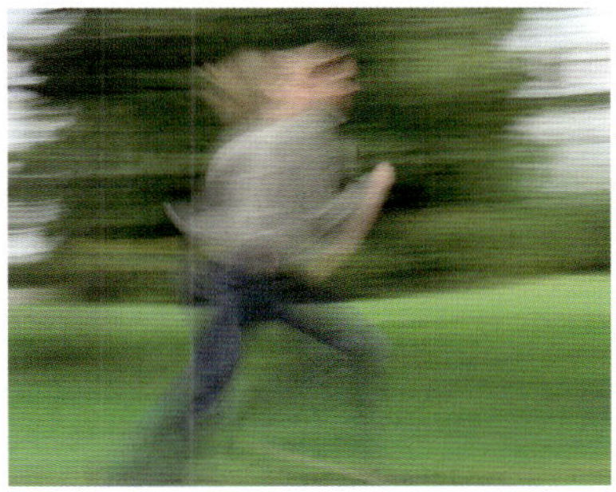

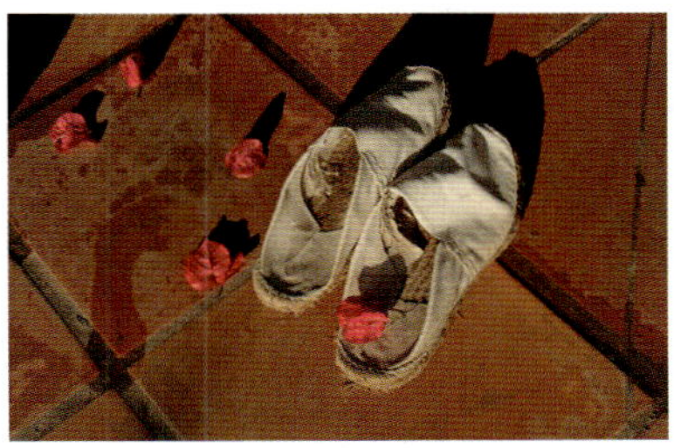

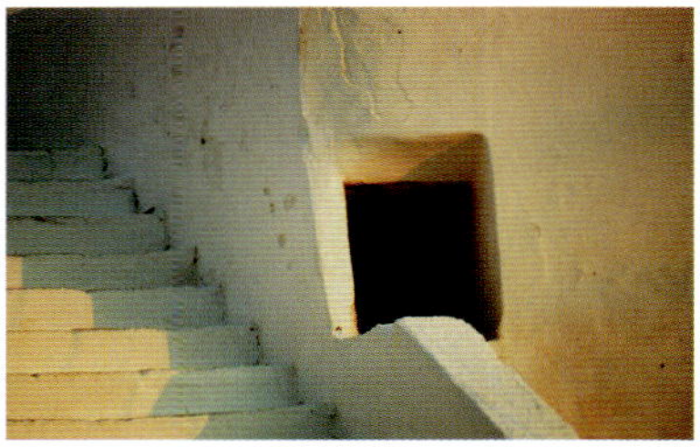

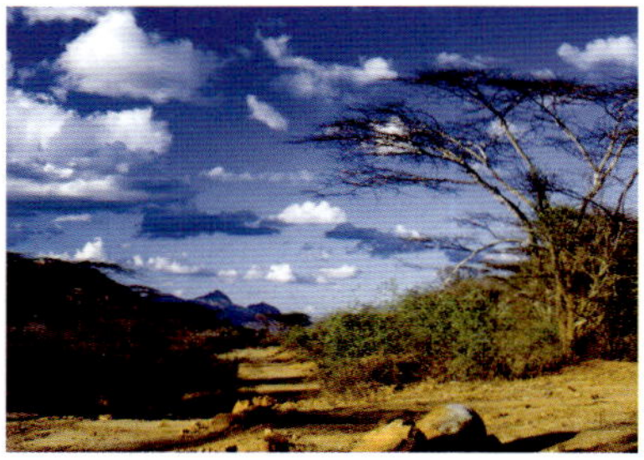

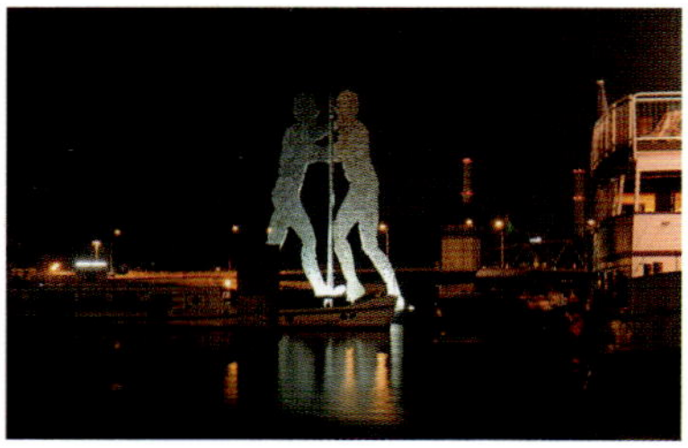

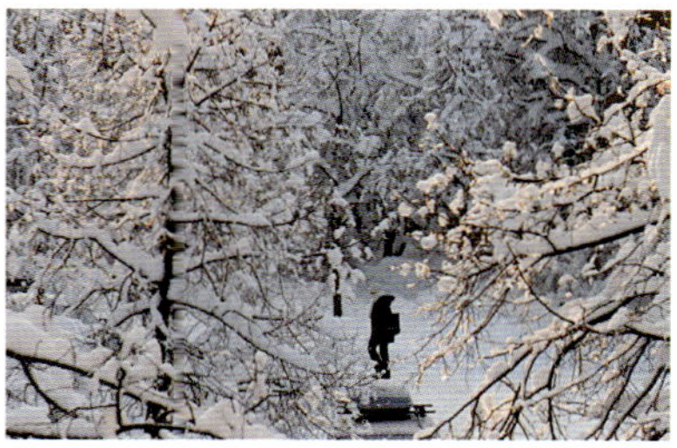

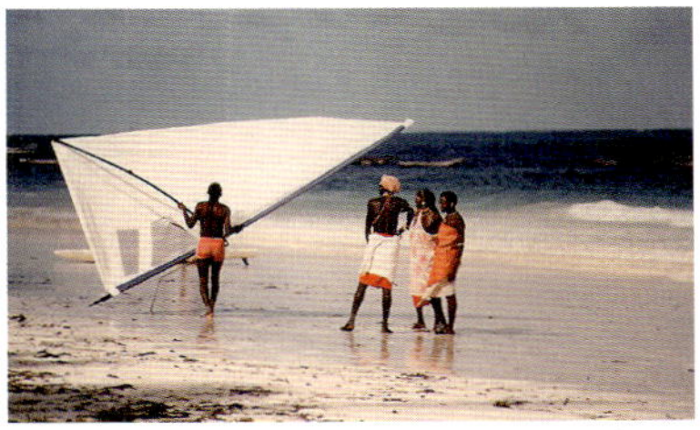

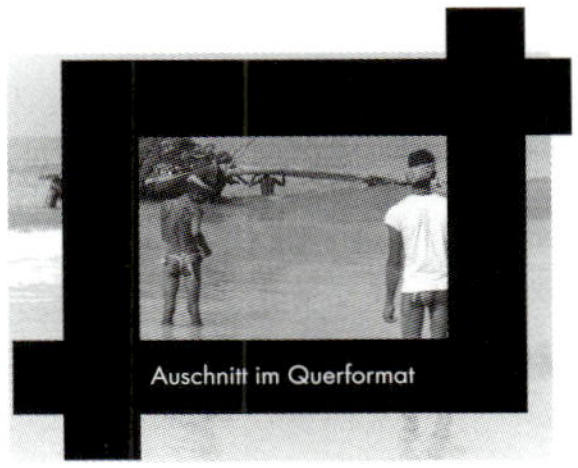
Auschnitt im Querformat

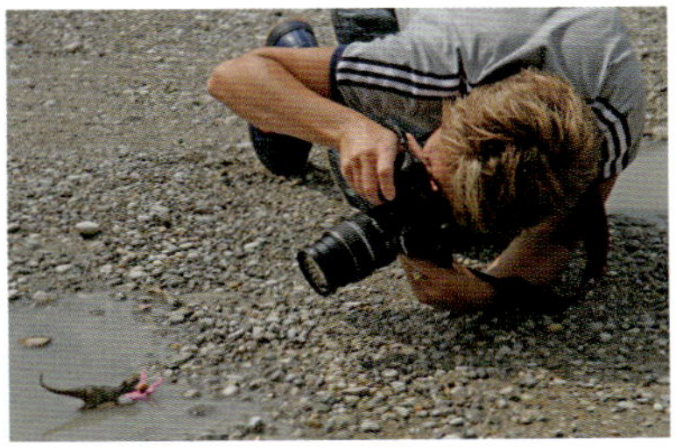

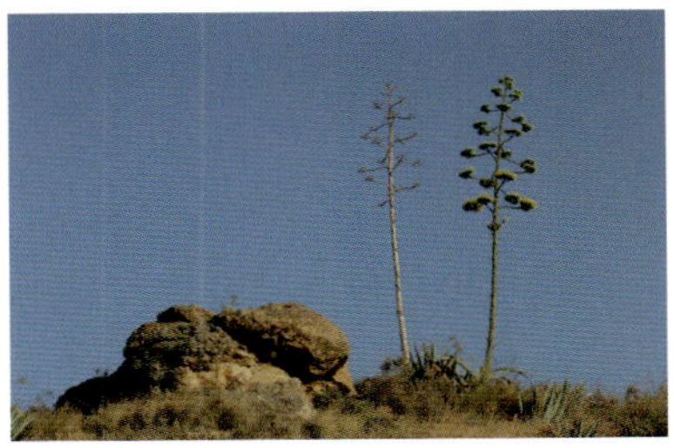

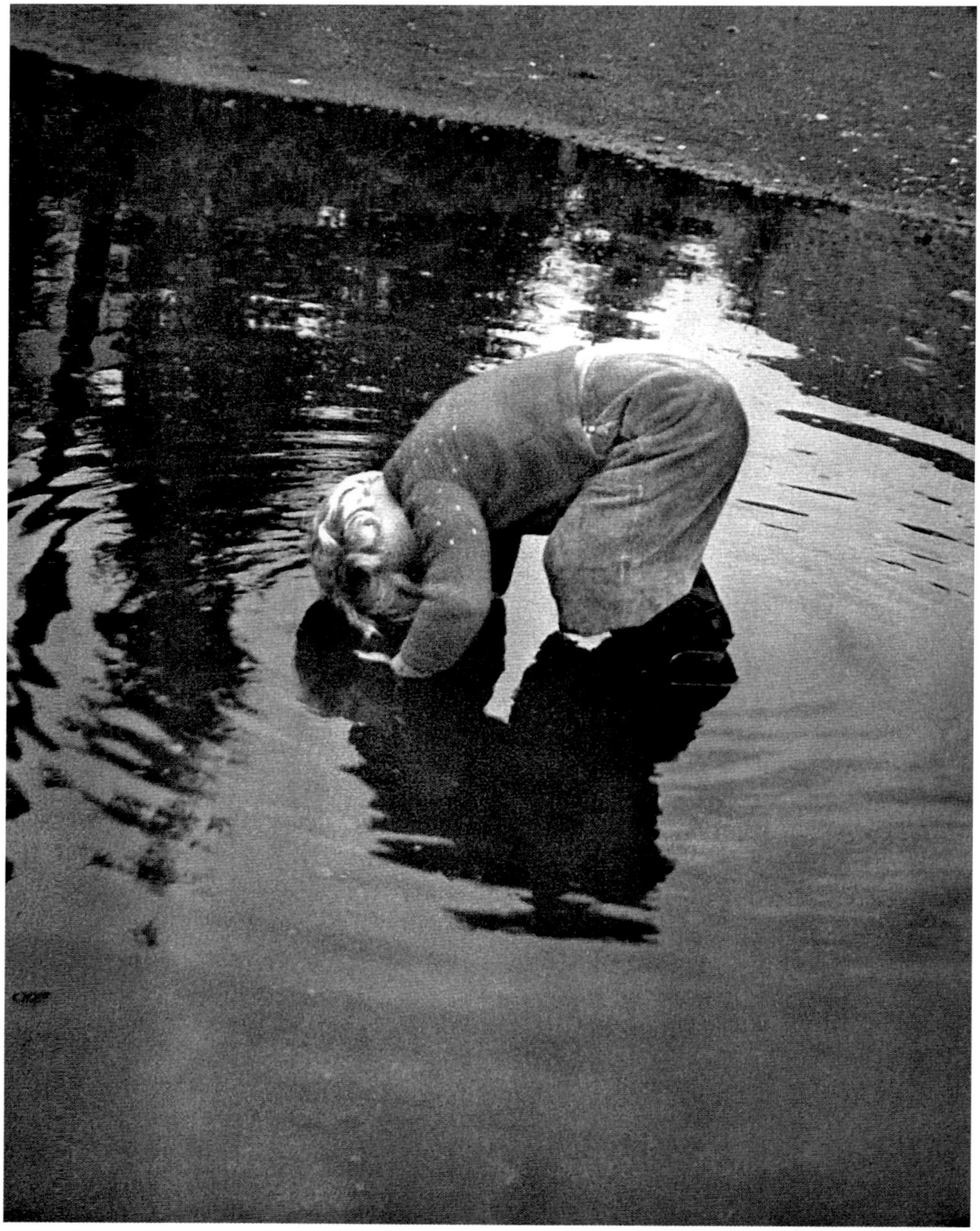

Schon im zarten Alter von zwei Jahren machte ich mich auf die Suche nach der Tiefenschärfe und entdeckte zu meiner Überraschung, wie Reflexe auf der Wasseroberfläche zu vermeiden sind

Einleitung

Zur Sache

Die Lichtgestalterin

Fotografieren ist bei Weitem nicht so kompliziert, wie es uns manche fachschwangeren Fotobücher vorgaukeln. Die ängstliche Vorstellung, dass viel technisches Wissen und Verständnis nötig sind, verschreckt die meisten Fotoanfängerinnen.

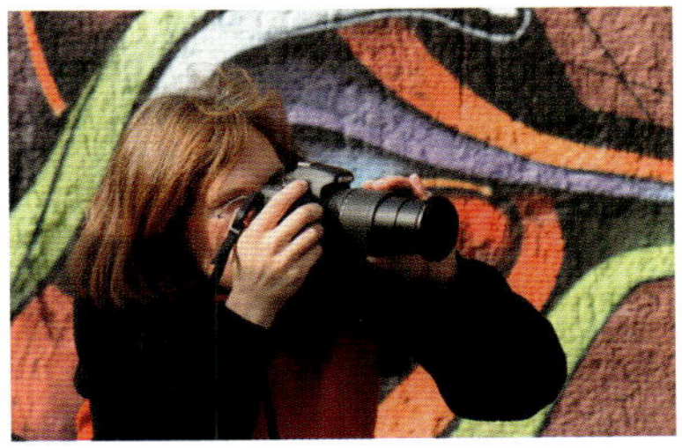

Jahrelange Erfahrungen als Kursleiterin zeigten mir, dass Frauen zum Erlernen der Fotografie ganz eigene Ansatzpunkte brauchen. Sie suchen eher das Visuelle als das Technische. Frauen fotografieren eher intuitiv, „aus dem Bauch heraus“, sie erfassen das Besondere und erspüren die Ästhetik. Sie legen mehr Wert auf Farbgestaltung und Bildaufbau. Aufwendiges Equipment ist ihnen anfangs eher peinlich, da sie lieber mit Können als mit protziger Technik „blenden“ möchten. Mein Schulungskonzept ist zeitlos. Fotografie sollte immer „von der Pike auf“ gelernt werden. Dabei spielt es keine Rolle, ob Sie analog oder digital fotografieren – die Grundfunktionen ändern sich nie.

Rot markierte Texte beziehen sich auf Anwendungen an digitalen Spiegelreflexkameras.

1. Schritt-für-Schritt-Beispiele erleichtern das Vorgehen einer Fotosituation.

Kästen beinhalten spezielle Erklärungen und verraten kleine Tricks.

Faustregel

Faustregeln erklären technische Vorgänge mit einem prägnanten Satz.

Stehlampe contra Studioblitz

An „trockener" Theorie kommt die Anfängerin nicht vorbei, denn Fotografie muss zuerst einmal „begriffen" werden. Hierzu bedarf es weiblicher Erklärungslogik. Visuelle Beispiele empfinden Frauen (ent-)spannender als technisches Fachgeschwafel. Nachvollziehbare Aufnahmesituationen müssen geschaffen werden, die Umsetzung eher simpel erfolgen. Was nützt ein perfekt eingerichtetes Fotostudio als „Schulungsraum", wenn zu Hause alles fehlt. Ist das Gelernte nicht umzusetzen, baut sich der Frust auf wie ein Foto im Entwickler.

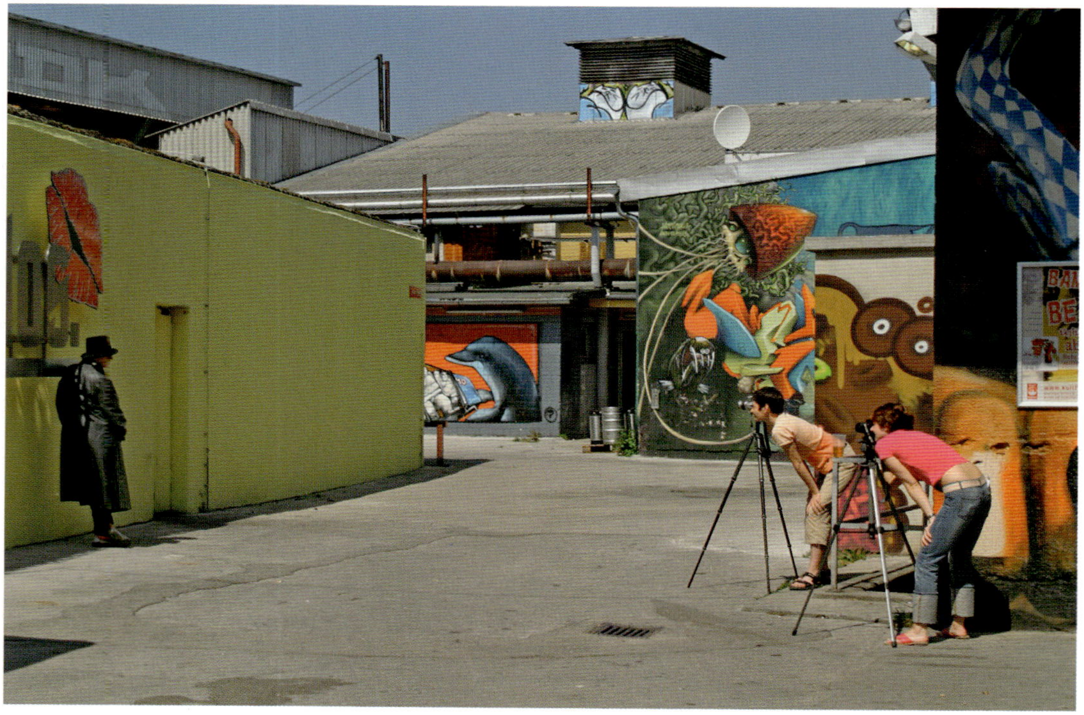

Gerade in der Porträtfotografie können Sie sehr gut mit einfachsten Hilfslichtern arbeiten. Künstliches Licht muss nicht zwangsläufig mit teuren Studioblitzanlagen erzeugt werden. Die Stehlampe von zu Hause, der ausrangierte Diaprojektor oder eine Baulampe mit Halogenlicht tun es genauso gut. Der Kreativität geht immer ein Licht auf! Die romantische Stimmung eines Candle-Light-Dinners können Sie selbst bei Kerzenschein nur mit einem Stativ professionell und stilvoll aufnehmen.

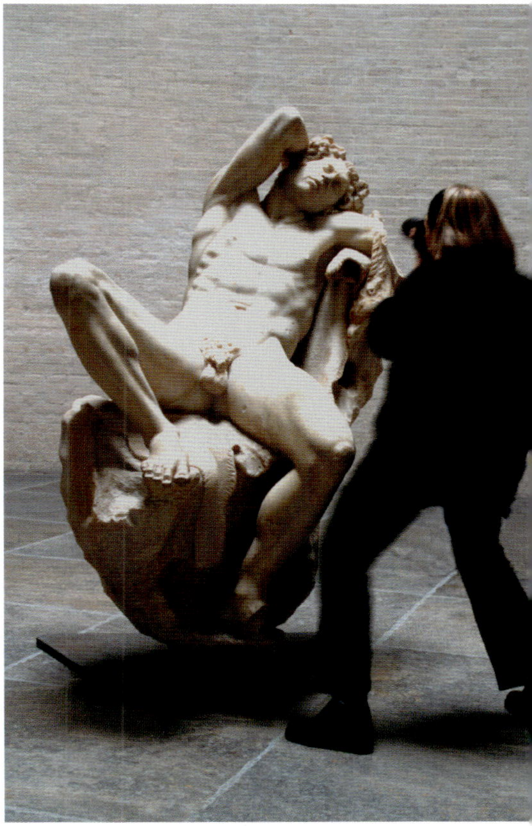

Fotografieren per „Hand“

Um das Fotografieren richtig zu erlernen, ist die Kameraeinstellung im Modus **M** (= manuell) von nun an nicht mehr zu ignorieren. Die Automatikfunktionen, gekennzeichnet mit den Buchstaben **A**, **P** und dem grünen Rechteck sollten nur noch in Ausnahmesituationen herhalten. Unser fotografisches Verständnis würde einer imaginären „Dunkelkammer“ gleichen, in der die eigentlichen Vorgänge ein unentwickeltes Rätsel blieben. Sie müssen wissen, wie eine Kamera funktioniert, nur so können Ihre visuellen Vorstellungen umgesetzt werden.

Zum Schluss mein einfachster Tipp für gute Aufnahmen: „Bewegen und rangehen, Überflüssiges weglassen, mit Perspektiven spielen und immer wieder rangehen!“

Wenn Sie sich das zu Herzen nehmen, werden Sie in Kürze die bessere Qualität Ihrer Fotos mit gewissem Stolz betrachten.

Almut Adler

Analog oder digital?

Gefühlssache

In den häufigsten Fällen beginnen Sie das Fotografieren mit irgendeiner vererbten Kamera, wonach dann irgendwann der Wunsch folgt, eine bessere Kamera besitzen zu wollen. Damit stehen Sie vor Ihrem ersten „technischen Problem".

Fiel Ihre Wahl in den 80er-Jahren noch eindeutig auf ein analoges Kameramodell, so stehen Sie heute wunschgespalten zwischen nostalgischer und moderner Fotografie. Sie hadern mit der Entscheidung, sich eine analoge oder digitale Spiegelreflexkamera zu kaufen.

Den eigenen Fototyp erkennen

Grundsätzlich müssen Sie sich fragen, ob Sie sich überhaupt mit der Digitalfotografie befassen wollen oder lieber beim guten alten Film bleiben möchten? Liegt Ihnen die handwerkliche, eher künstlerische Analogfotografie mehr am Herzen, oder interessiert Sie die moderne, mehr technische Digitalfotografie aus computerkompatiblen Gründen?

Da sich jede Frau selbst am besten kennt, werden Sie zielsicher Ihren Fototypus erspüren. Was die Vor- und Nachteile der jeweiligen Fotoarten betrifft, ist dies reine Ansichtssache. Doch was sind die sich daraus ergebenen Konsequenzen? Möchten Sie Ihre Fotos lieber selbst in der Dunkelkammer entwickeln, weil Sie ein Faible für die Schwarzweißfotografie haben? Oder bearbeiten Sie Ihre Aufnahmen lieber mit einer Bildbearbeitungssoftware am Computer? Auch die finanzielle Überlegung für die Weiterverarbeitung sollten Sie nicht außer Acht lassen. Was ist auf die Dauer rentabler: Druckkosten per Tintenstrahl- oder Laserdrucker oder Entwicklungskosten für Laborarbeiten?

Eines bleibt jedoch für beide Fototypen gleich: Sie sollten eher am Kameragehäuse sparen als am Objektiv. Besser ist, Sie entscheiden sich für ein gutes Objektiv als für zwei mittelklassige. Ein hochwertiges Objektiv (leider auch teuer) ist wichtiger als eine Topkamera mit vielen Einstellungsmöglichkeiten. Die gute Optik erzeugt die bessere Bildqualität – nicht die Kamera.

Ein weiterer Kauffaktor für eine Fotoausrüstung ist auch das Gewicht. Wieder müssen Sie sich fragen, welchem Fototyp Sie entsprechen. Sind Sie wirklich die ambitionierte Fotografin, die ihre schwere Ausrüstung an jeden Ort der Welt trägt, um Topfotos zu machen? Oder sind Sie eher die motivierte Leichtgewicht-Fotografin, die schöne Aufnahmen von Kindern, Familie und Alltag bevorzugt?

Diese Überlegungen sollten unbedingt vorher abgeklärt sein, bevor Sie verunsichert im Fotogeschäft stehen und sich womöglich falsch beraten lassen.

Zu Anfang genügen einfach „nur“ die Kamera und ein Zoomobjektiv mit UV-Filter (oder Skylight). Weiteres Zubehör können Sie sich später dazukaufen, wenn sich eine Vorliebe für gewisse Motive herausgestellt hat. Die Anschaffung von unpassendem Zubehör belastet nur die Fototasche und Ihren Geldbeutel.

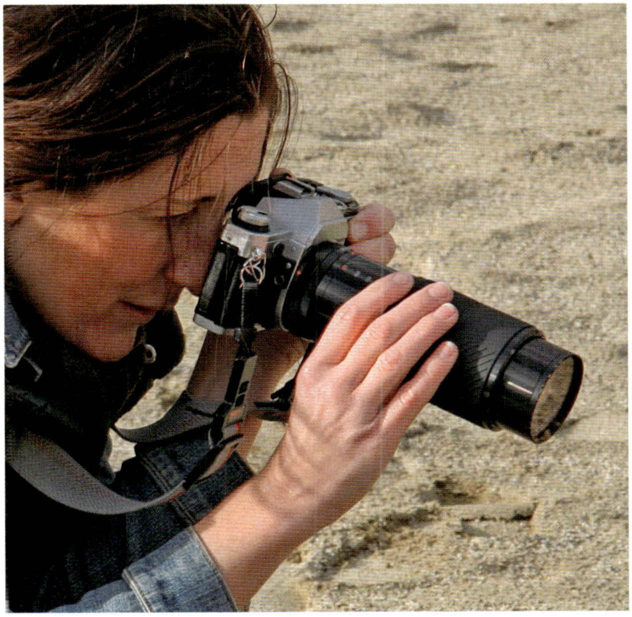

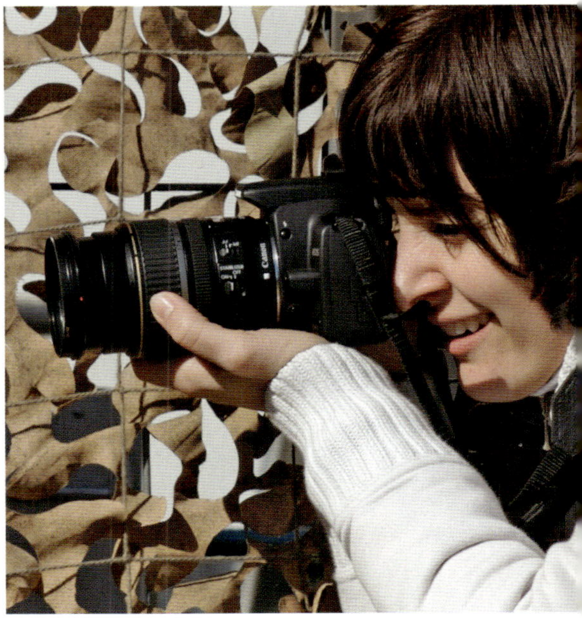

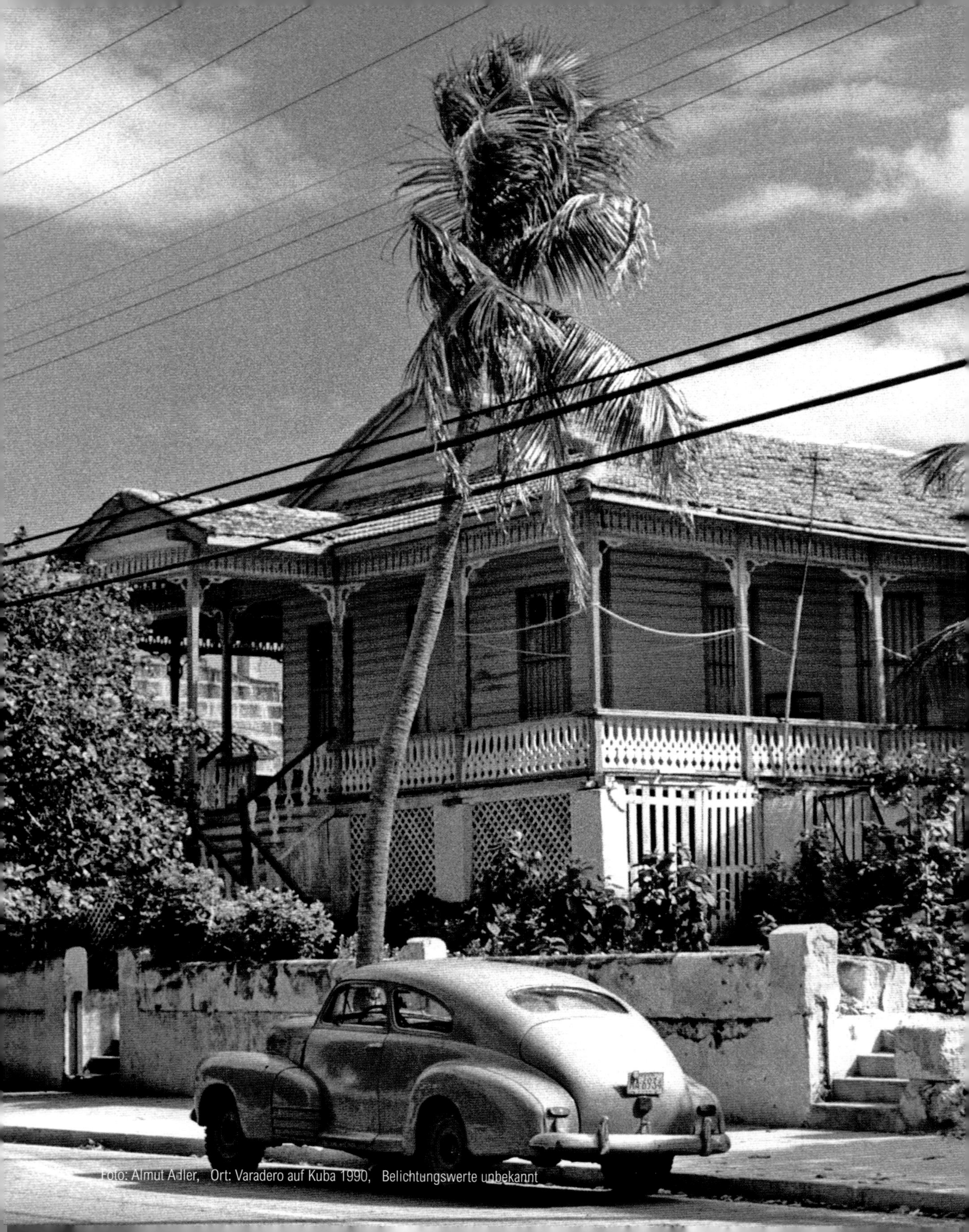

Foto: Almut Adler, Ort: Varadero auf Kuba 1990, Belichtungswerte unbekannt

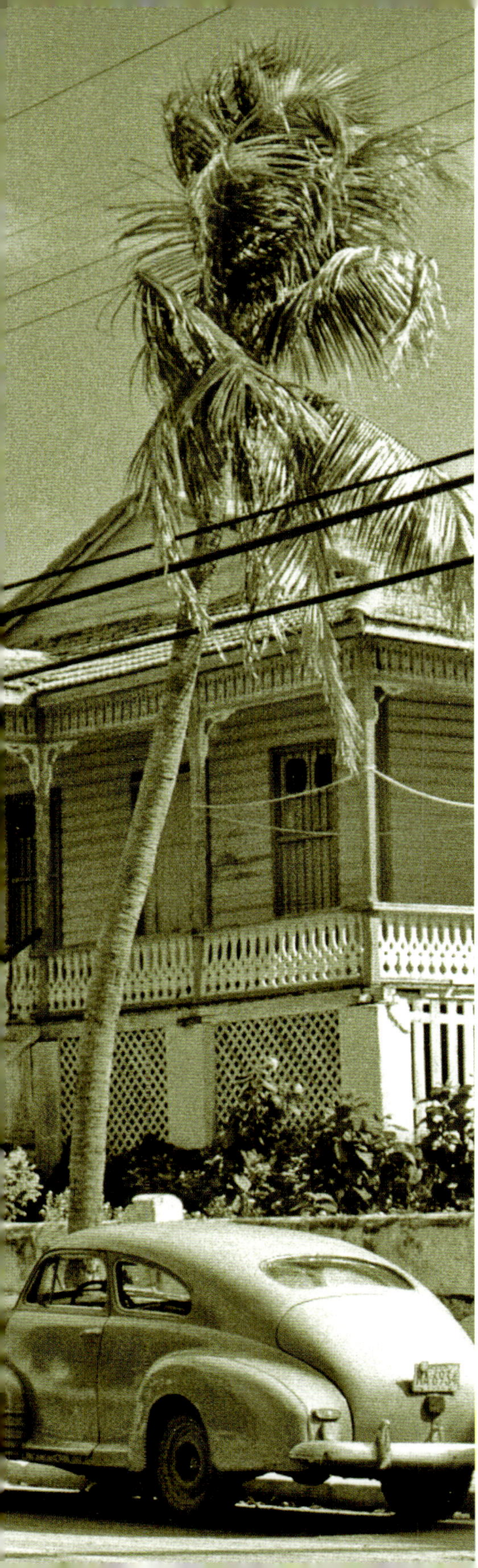

Kapitel 1

Die Geschichte der Fotografie

Erfindungsreichtum

Der Wunsch des Menschen, Gesehenes visuell festhalten zu wollen, reicht bis in die Antike zurück. Dem Erfindungsreichtum mancher Forscher ist es zu verdanken, dass wir heute dazu in der Lage sind, diesem Medium unseren persönlichen Ausdrucksstil zu verleihen. Denken Sie nur an weltberühmte Fotografen wie Ansel Adams, Man Ray, Leni Riefenstahl, Peter Lindbergh oder Annie Leibovitz. Jeder von ihnen zeigt uns seine eigene Handschrift.

Camera obscura – die dunkle Kammer

Schon Aristoteles entwarf erste Ideen zum Prinzip der späteren Camera obscura, später Leonardo da Vinci (1452-1519). Er befasste sich eingehend mit den „Erscheinungen" in der Camera obscura und fertigte erste Zeichnungen über das Licht und die Strahlung in Verbindung mit der Optik an. Da Vinci entdeckte, dass unser menschliches Auge wie die Lochlinse der Camera obscura funktioniert und Bilder projiziert.

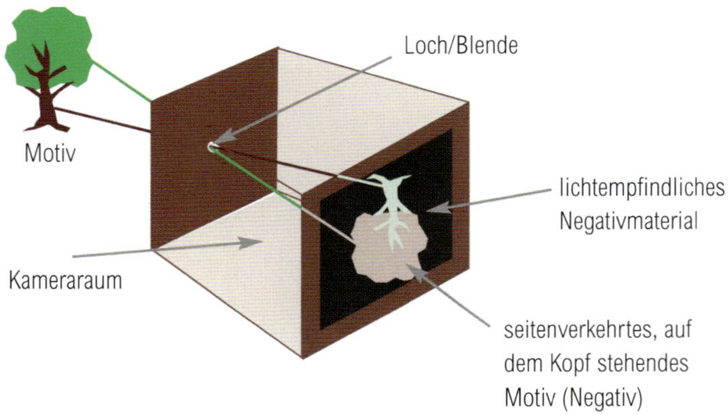

Abbildung 1.1: Der Belichtungsablauf in einer Camera obscura funktioniert auf simple Art ebenso wie in einer modernen Spiegelreflexkamera

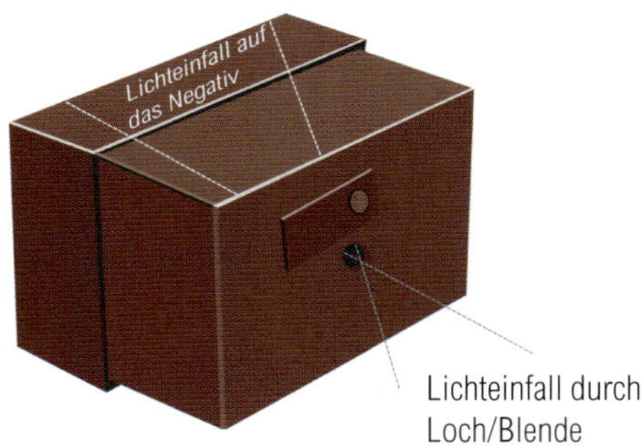

Abbildung 1.2: Diese Grafik einer selbst gebauten Lochkamera zeigt das simple Prinzip des allerersten Fotoapparats – der „Box"

Der Lochkasten

Der lateinische Begriff „Camera obscura“ bedeutet „dunkle Kammer“. Das Prinzip dieser Kamera ist simpel. Ein lichtdichter Kasten wird mit einem kleinen Loch versehen – deshalb auch Lochkamera genannt. Durch dieses Loch (Blende) wird ein Bild von außen auf die innere Rückwand des Kastens, an der lichtempfindliches Material angebracht ist (Film), projiziert. Dort entsteht dann ein seitenverkehrtes, auf dem Kopf stehendes Bild, etwa vergleichbar mit dem Schlüssellochprinzip.

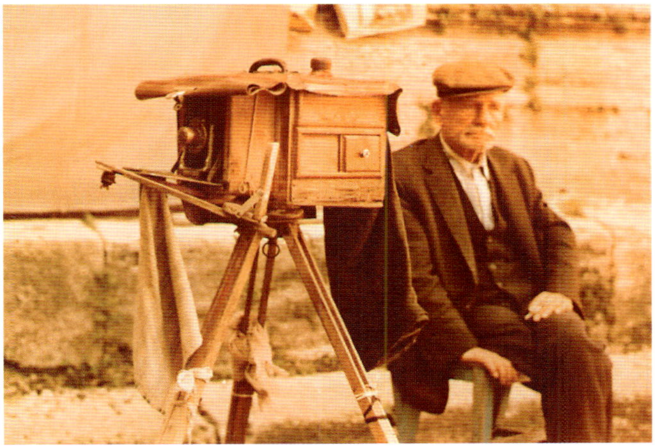

Abbildung 1.3: Mit dieser hölzernen Plattenkamera wurde noch 1975 in einem „Straßenstudio“ in Istanbul fotografiert

Das Auge macht das Bild, nicht die Kamera.

Giséle Freund, 1908–2000, deutsch-französische Fotografin

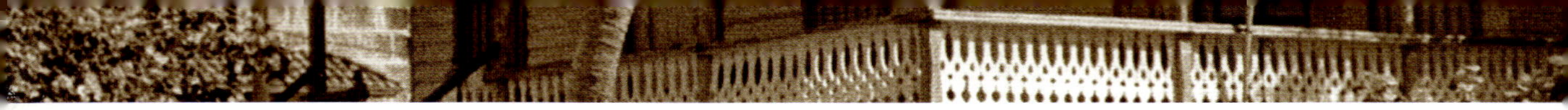

Von 400 v. Chr. bis 1829

400 v. Chr.	Aristoteles entdeckte das Grundprinzip der späteren Camera obscura (aus dem Lateinischen: „dunkle Kammer“).	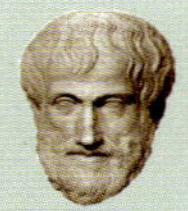 Aristoteles
1519	Leonardo da Vinci zeichnete erste Entwurfsskizzen von der Camera obscura. Er erkannte, dass unser menschliches Auge wie die Lochlinse der Camera obscura funktioniert und Bilder projiziert.	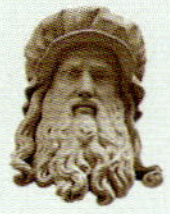 Leonardo da Vinci
1568	Der Italiener Daniello Barbaro fügte der Lochkamera eine Linse hinzu, wodurch das Bild schärfer wurde.	
1604	Der deutsche Astronom Johannes Kepler prägte den Begriff „Camera obscura“.	
1664	Der englische Physiker und Chemiker Robert Boyle entdeckte, dass sich Silberchlorid unter Licht-/Lufteinwirkung verfärbt und dunkler wird.	
1664	Der englische Physiker und Astronom Isaak Newton fand heraus, dass sich Sonnenlicht aus vielen verschiedenen Farben zusammensetzt (Prisma).	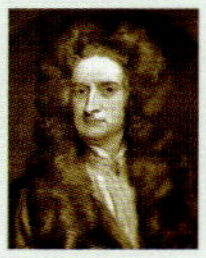 Isaak Newton
1727	Die Entdeckung von Johann Heinrich Schulze, dass Silbernitrat lichtempfindliche Reaktionen aufweist.	
1756	Der Österreicher Voigtländer gründete in Wien seine Firma für optische Geräte und Kameras.	
Ca. 1760	Scherenschnitte dienen als Silhouette für Porträts und waren Vorläufer der Porträtfotografie.	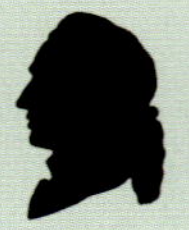
1777	Der schwedische Chemiker Karl Wilhelm Scheele entdeckt Ammoniak als Bildfixiermittel.	
1816	Die französischen Brüder Nièpce experimentierten mit lichtempfindlichen Materialien.	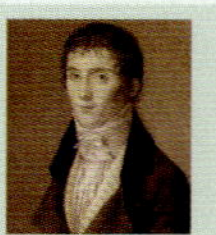 Nicéphore Nièpce
1822	Nièpce gelingt die Herstellung erster Druckplatten mit asphaltbeschichteten Zinkplatten.	
1826	Die Linsenkamera mit einer Optik ist entwickelt worden. J. N. Nièpce macht das erste Foto der Welt mit einer revolutionären Belichtungszeit von „nur“ 8 Stunden.	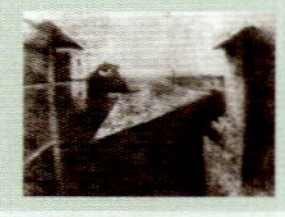
ab 1829	Die Franzosen Nièpce und Daguerre experimentieren gemeinsam mit lichtempfindlichen Materialien.	

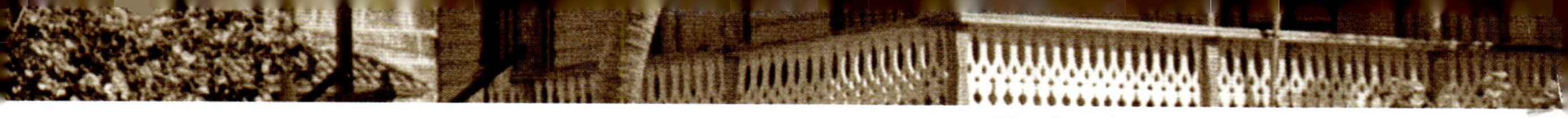

Von 1839 bis 2000

1839	Offizielles Datum der Erfindung der Fotografie. Louis Jacques Mandé Daguerre entwickelte ein Verfahren, um mit Kupferplatten und Quecksilberdämpfen eine Belichtungszeit von „nur noch“ 15 Minuten zu ermöglichen. Daguerre baute die erste Kamera aus zwei Holzkästen mit Sammellinse und Spiegelsystem zur Abbildkorrektur. Erste Plattenfotografien entstanden = Daguerreotypien.	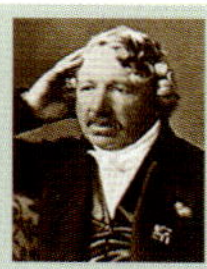 L. Jacques Daguerre
1839	Hippolyte Bayard entwickelte ein Verfahren, um Fotonegative als Positivbilder auf Papier zu belichten.	
1839	Der Brite John Herschell setzte das Fixierbad an, das heute noch in gleicher Mixtur in Fotolabors verwendet wird.	
1841	William Henry Fox Talbot experimentierte mit silbersalzhaltigen Papierschichten und entwickelte die ersten positiven Papierbilder, die er durch Fixierung haltbar machte. Damit entstanden erstmals Abzüge = Talbotypien.	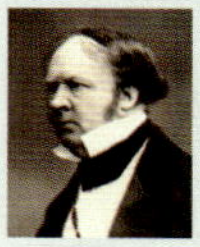 W. Henry Fox Talbot
1846	Der Deutsche Carl Zeiss eröffnete in Jena die erste Fabrik für optische Instrumente.	
1866	Verbesserung der Optik durch immer präziser geschliffene Linsen und Gläser u. a. durch Carl Zeiss.	
1887	Erfindung des leicht entzündlichen Zelluloidfilms als neues Trägermaterial für Negative und Filme. Ablösung der lichtempfindlich beschichteten Glasplatte.	
1907	Die Brüder Lumière entwickeln die Farbfotografie.	
1912	Erste Farbentwicklungsverfahren in Fotolabors.	
1924	Erste 35 mm Kleinbildkamera von der Wetzlarer Firma Leitz (Leica).	
1931	Ihagee Zenith	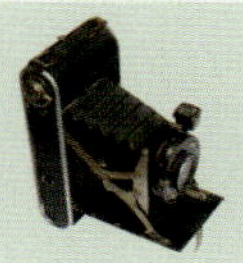
1936	Die Filmhersteller Kodak und Agfa fertigen die ersten 24 x 36 mm Farb-Kleinbildfilme in Massenproduktion.	
1958	Agfa Silette Vario	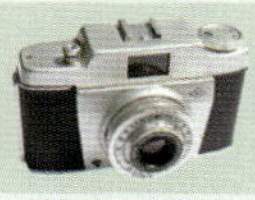
60er-Jahre	Erste Spiegelreflexkamera. Beginn der Fotoelektronik.	
1965	Praktika Super TL	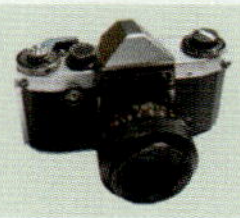
80er-Jahre	Start der Digitalfotografie. Kameras ab 0,3 Mio. Pixel.	
90er-Jahre	Sieg der Digitalfotografie mit 1 bis 8 Mio. Pixel. Nutzung für „normale Konsumenten“.	
Ab 2000	Kameras mit bis zu 16 Mio. Pixel. Schnellere Speicherchips werden hergestellt. Digitalfotografie siegt über die Analogfotografie.	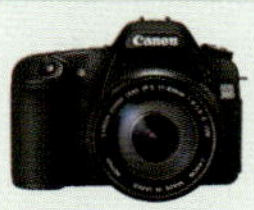
2006	Canon 30D	

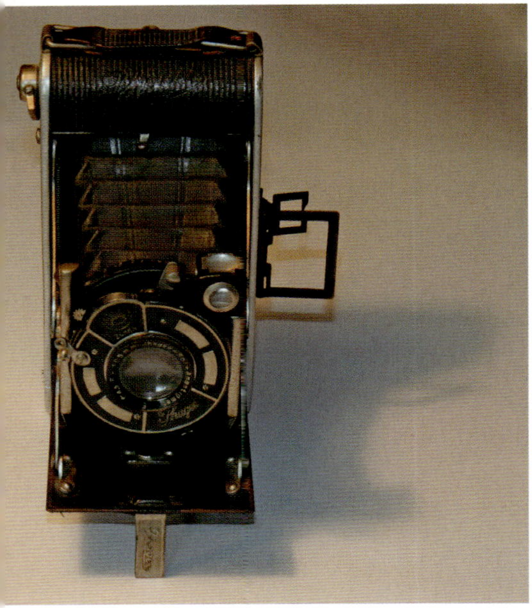

Viele „Kammern“

Vom Knipsen zum Fotografieren

Erste Kontakte mit einem Fotoapparat hatte ich schon in meiner Kindheit. Mein fotobesessener Bruder Arnulf brachte mir erst das Laufen bei und verfolgte mich dann fotografierend auf Schritt und Tritt (siehe Vorwort).

Ich selbst hielt meinen ersten Fotoapparat erst mit zwölf Jahren in den Händen. Es war die „Knipskiste“ meines Vaters – eine *Agfa Silette Sol* (2), eine solide Kompaktkamera aus Metall. Die machte in den 60er-Jahren recht passable Aufnahmen.

Ende der 60er-Jahre erstand ich auf dem Flohmarkt eine antiquierte *Ihagee Zenith* (1) und experimentierte mit großformatigen Rollfilmen. Doch schon bald langweilte mich die angestaubte Technik der begrenzten Möglichkeiten.

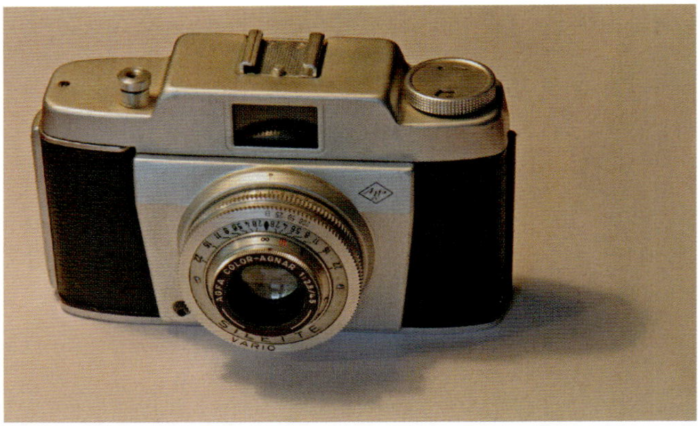

Ich träumte von der Schnelligkeit einer modernen Spiegelreflexkamera. 1969 kaufte ich das „Traummodell“ meinem Bruder Eckhard ab – eine *Praktika* mit umständlichem Schraubgewinde (3).

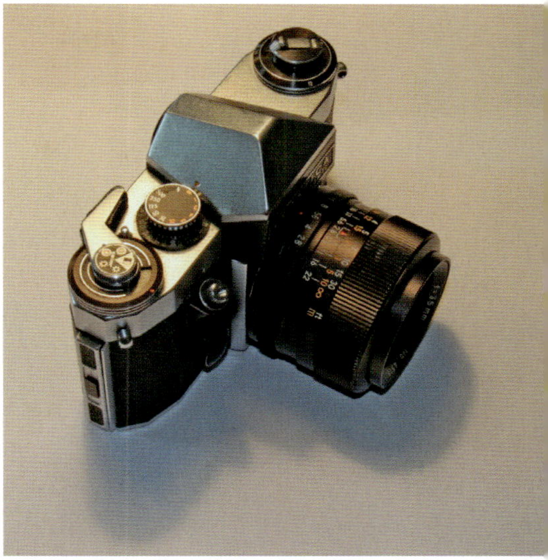

Nach meiner Fotolehre investierte ich 1972 in eine nagelneue SLR-Kamera – eine *Asahi Pentax* Spotmatic, zwei Jahre später in das modernere Modell mit Bajonettverschluss – die kompaktere *Asahi Pentax* MX (4).

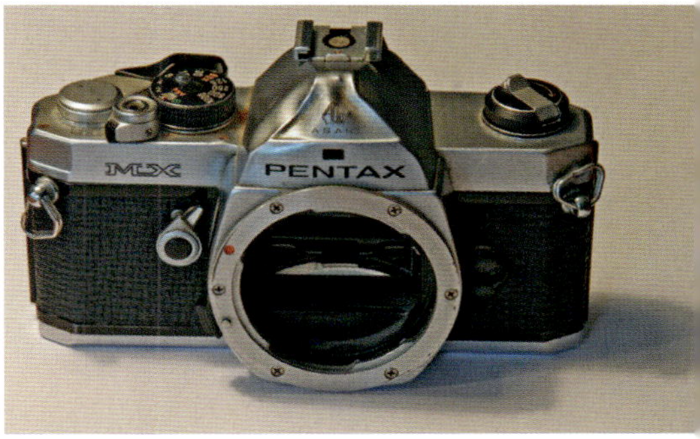

Diese von mir heiß geliebte Pentax fand auf einer Keniareise 1984 ihr jähes Ende, als ich auf einer Dhau im Indischen Ozean über Bord ging. Die Schwimmerfahrung hat sie mir nicht verziehen.

Mein Fremdgehen mit *Nikon* wurde mir schmerzlich ausgetrieben. In Indien ist mir 1993 die gesamte Kameraausrüstung gestohlen worden.

So kam ich 1994 beinahe widerwillig an meine erste Autofokuskamera, eine *Canon* EOS 5. Von da an konnte man mich jedoch als *Canon*-Fan bezeichnen.

Schweren Herzens trennte ich mich 2001 von diesem Modell und wechselte ins Lager der Digitalfotografen. Ich erstand eine *Canon* EOS D20 und war fasziniert von den unendlichen Möglichkeiten der modernen Fotografie.

Für mich ist Dokumentarfotografie weniger eine Sache des Gegenstandes als eine der Herangehensweise. Entscheidend ist nicht, was fotografiert wird, sondern wie.

Dorothea Lange, 1895–1965, amerikanische Dokumentarfotografin

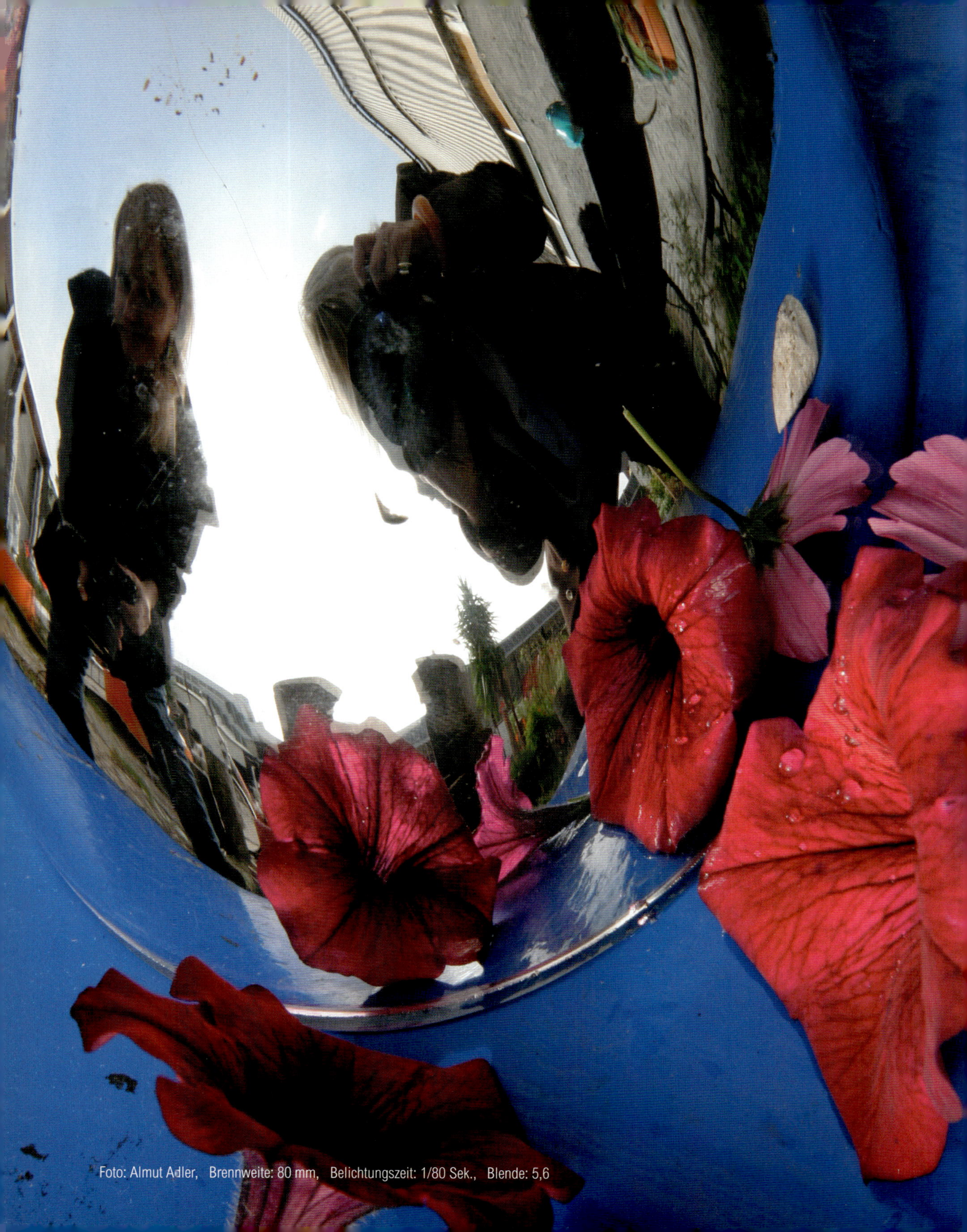

Foto: Almut Adler, Brennweite: 80 mm, Belichtungszeit: 1/80 Sek., Blende: 5,6

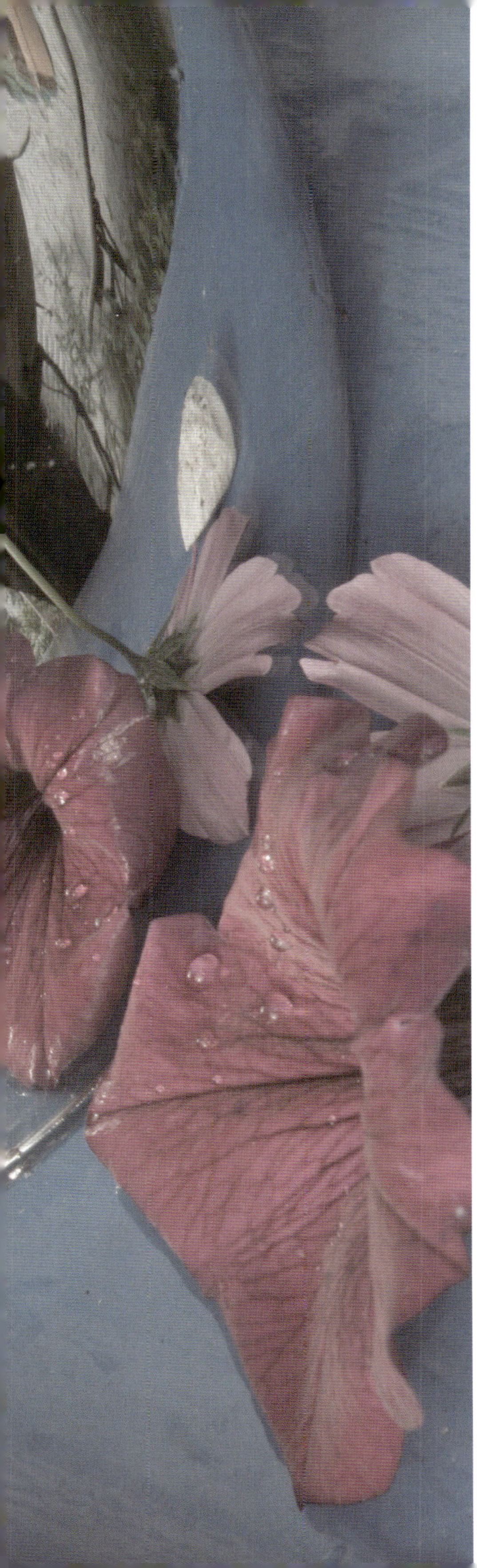

Kapitel 2

Die Aufnahmetechnik

Theorie und Praxis

Bevor Sie mit dem Fotografieren beginnen, sollten Sie sich unbedingt mit der theoretischen Fotografie befassen. Wenn Sie die technischen Abläufe in Ihrer Kamera verstehen und die verwirrenden Zahlen von Blende, Belichtungszeit und Brennweite zu unterscheiden wissen, dann erst beginnt das wahre Fotografieren.

Die Spiegelreflexkamera (SLR)

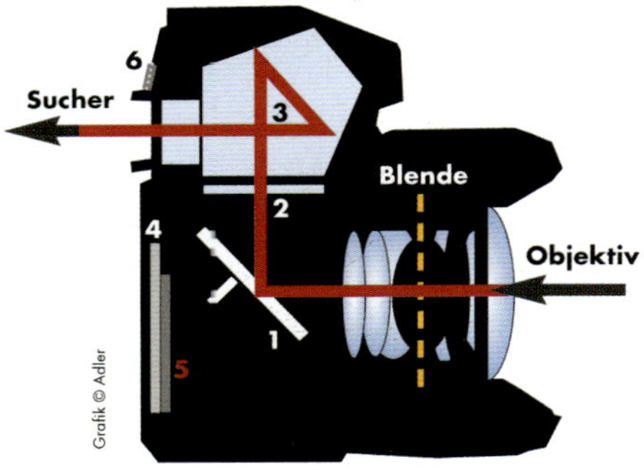

Der Lichtweg

Wie erfolgt der Weg des Lichteinfalls durch das Objektiv zum Sucher der Kamera? Das Licht/Motiv wird über den Klappspiegel in der Kamera (1) durch eine Fresnellinse (2) zum Auge der Fotografin transportiert und durch das 5-kantige Prisma (3) optisch umgekehrt, damit das sichtbare Bild nicht auf dem Kopf erscheint. Wird der Auslöser betätigt, klappt der Spiegel (1) hoch und der Film (4) oder Chip (5) wird belichtet. Am Sucher befindet sich ein kleines Dioptrienrädchen (6) zum Einstellen der individuellen Sehstärke.

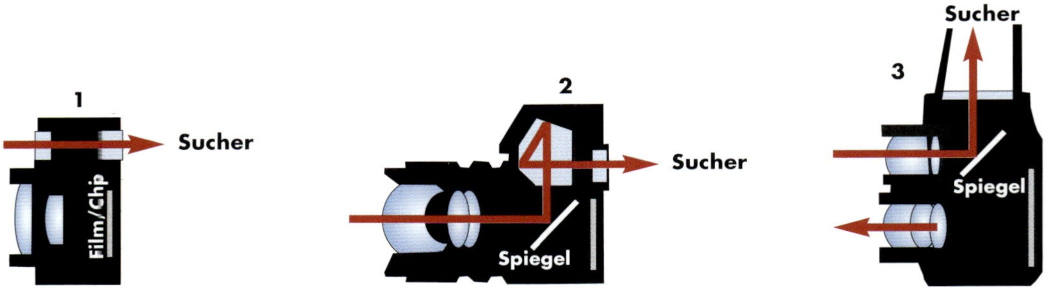

Die Suchertypen

Kompaktkamera (1) Durchsichtsucher zeigen anvisierte Bildausschnitte ungenau an. Verschiedene Aufnahmeformate = 24 x 36 mm, APS oder kleinere Digitalchips

Spiegelreflexkamera (2) (SLR = Single Lens Reflex, DSLR = Digital Single Lens Reflex). Über einen Klappspiegel erscheint das Bild im Sucher und gibt exakt den Ausschnitt wieder. Aufnahmeformat = 24 x 36 mm

Zweiäugige Spiegelreflexkamera (3) (TLR = Two Lens Reflex). Das obere Objektiv ist der Sucher, das untere dient zur Aufnahme. Im Nahbereich entsteht dadurch eine Parallaxenverschiebung, d. h. eine Bild-/Ebenenverschiebung. Aufnahmeformate =
4,5 x 6, 6 x 6, 6 x 9 cm

Der Verschluss

Der Kameraverschluss kann auf die unterschiedlichsten Belichtungszeiten reguliert werden. Auch hier ist die Veränderung einer Zeitstufe jeweils die Halbierung bzw. Verdopplung des Lichteinfalls. Zentralverschlüsse befinden sich im Objektiv und öffnen sich rundlich wie eine Blende. Schlitzverschlüsse hingegen haben horizontale oder vertikale Lamellen, die sich beim Auslösen vertikal oder horizontal öffnen. Diese Verschlüsse laufen direkt vor der Film-/Chipebene ab und erlauben den Objektivwechsel bei eingelegtem Film/Chip, ohne diesen zu belichten. Der Begriff Verschlusszeit bedeutet dasselbe wie Belichtungszeit.

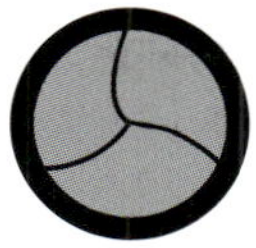

Zentralverschluss zu

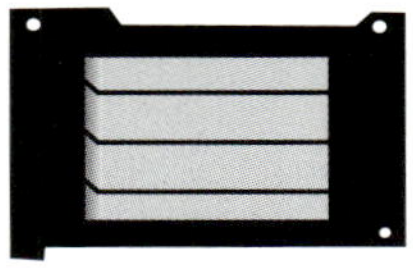

Schlitzverschluss zu

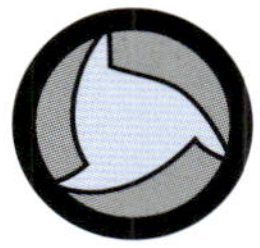

Zentralverschluss auf

Schlitzverschluss auf

Der Reflexsucher

Das Motiv so zu sehen, wie es später auf dem Negativ/Chip erscheint, ist der große Vorteil eines Reflexsuchers. Je nachdem, ob Sie ein Teleobjektiv verwenden und einen großen Ausschnitt im Sucher haben oder ob Sie ein Weitwinkelobjektiv nehmen und damit einen großen Bildwinkel erzeugen – eines stimmt bei allen Objektiven überein: der exakte Bildausschnitt.

Anders benannte Fotobegriffe sind gleichbedeutend, z. B. Verschlusszeit + Belichtungszeit, Blende + Blendenöffnung oder f 1:4 oder 1:4, Tiefenschärfe + Schärfentiefe, Brennweite + Objektiv. Brennweiten sind erkennbar an der Angabe in mm. Beispiel: Teleobjektiv mit 200 mm Standardbrennweite.

Der Blick durchs Fenster

Bevor Sie mit dem Fotografieren beginnen, stellen Sie rechts oberhalb Ihres Kamerasuchers das kleine Justierrädchen auf die Dioptrienstärke Ihrer Augen ein. Nur so sehen Sie auch klar, was sich in Ihrem Sucherfenster abspielt. Blicken Sie durch den Sucher Ihrer Kamera und drücken mit dem Zeigefinger nur leicht den Auslöser an, dann leuchten für den Laien zunächst einmal nur verwirrende Zahlen auf. Jedes Kameradisplay schaut ein wenig anders aus. Im Grunde ist jedoch immer wieder klar erkennbar, worum es sich handelt: Eine Zahl, die durch einen Punkt getrennt ist (1) oder der ein F vorangestellt ist, bedeutet immer die Blendenangabe, z. B. 2.8 oder 4.5. Sollte einmal eine Blendenzahl ohne Punkt auftauchen, wie etwa 11, dann drehen Sie einfach an Ihrem Blendenrad, bis eine Blende mit Punkt erscheint. Nun wissen Sie, dass an dieser Stelle immer die Blenden stehen. Die anderen Zahlen bedeuten

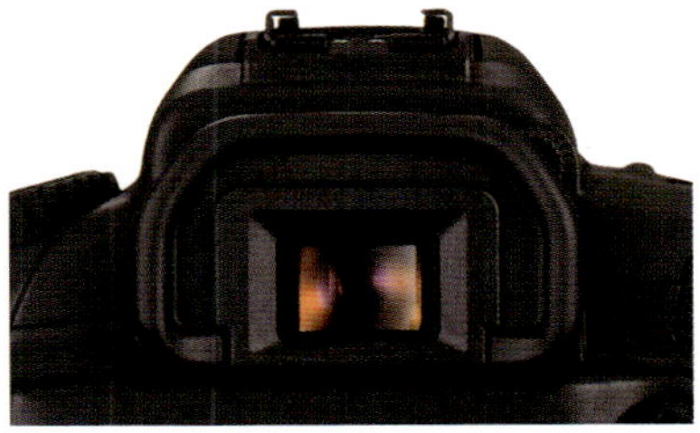

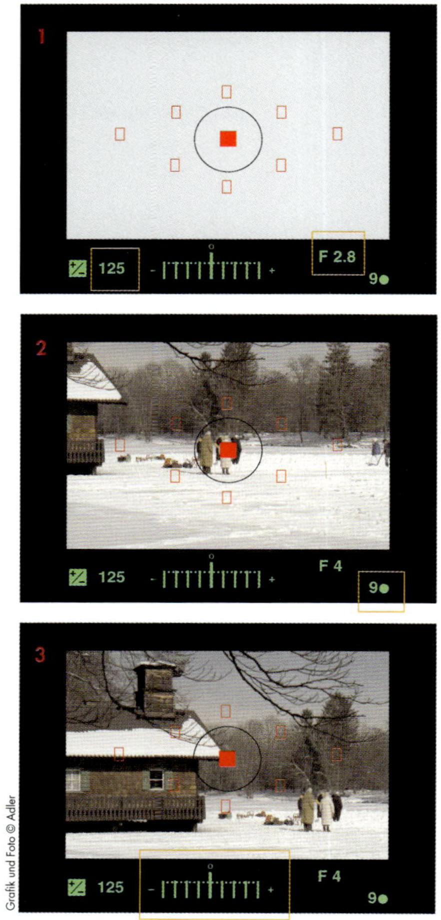

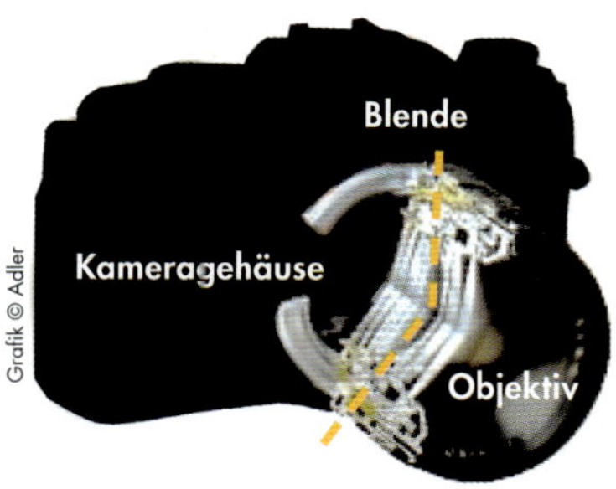

Abbildung 2.1: Der Linsenaufbau eines Objektivs ist dazu geschaffen, das einfallende Licht zu bündeln

Belichtungszeiten (1), die in Bruchteilen von Sekunden angezeigt werden, z. B. mit 60 oder 125. Wenn Belichtungszeiten mit Anführungszeichen, z. B. "06, angegeben sind, bedeuten sie volle Sekunden.

Die untere Zahl 9 mit dem grünen dicken Punkt rechts daneben (2) ist der Schärfenindikator. Gehen Sie zu nah an Ihr Motiv heran, beginnt dieser Punkt als Warnsignal zu blinken. Übergehen Sie dieses Signal, so wird Ihr Foto unscharf belichtet.

Die Belichtungsskala

Diese Skala (3) mit – auf der linken Seite und + auf der rechten Seite am unteren Rand zeigt in den Kreativprogrammen **Av**, **Tv** und **M** bzw. **A**, **S** und **M** eine Überbelichtung oder Unterbelichtung vor der Aufnahme an.

Den Mittelpunkt suchen

Bei Autofokus- und Digitalkameras würde ich Ihnen empfehlen, zum Einstellen der Bildschärfe den Fokuspunkt auf das mittlere rote Quadrat (1) zu stellen und es so abzuspeichern. Möchten Sie Ihr scharf gestelltes Motiv jedoch nicht mittig platzieren, so, wie es das rote Fokusquadrat zeigt (2), dann lassen Sie Ihren Zeigefinger leicht angetippt auf dem Auslöser, um die Schärfe zu speichern. Erst dann wählen Sie Ihren Bildausschnitt (3). Nehmen Sie Ihren Finger vorher nicht vom Auslöser, sonst verstellt sich Ihre gespeicherte Schärfe sofort wieder. ACHTUNG: Diese Art der Schärfenspeicherung funktioniert nur im AF-Modus „One Shot". Diese Schärfenspeicherung ist meiner Meinung nach die schnellste und professionellste Lösung der Fokussierung. Bevor Sie lange andere Autofokuspunkte anvisieren, um Ihren Ausschnitt zu wählen, ist das Motiv womöglich schon „entwischt".

Die Lichtbündeler

Je nach Brennweite befinden sich teilweise bis zu 15 Linsen in einem Objektiv. Die Linsen bauen sich in bestimmter Anordnung hintereinander auf, um einfallendes Licht zu bündeln. Ein Weitwinkelobjektiv mit einer kurzen Brennweite (17-35 mm) besitzt daher nicht so viele Linsen wie ein Teleobjektiv (105-300 mm) mit einer langen Brennweite. Weitwinkelobjektive besitzen eine hohe Lichtstärke (Blende) von z. B. 1:2. Je kürzer ein Objektiv, desto lichtstärker ist es auch. Teleobjektive haben oft nur eine Lichtstärke von 1:5,6.

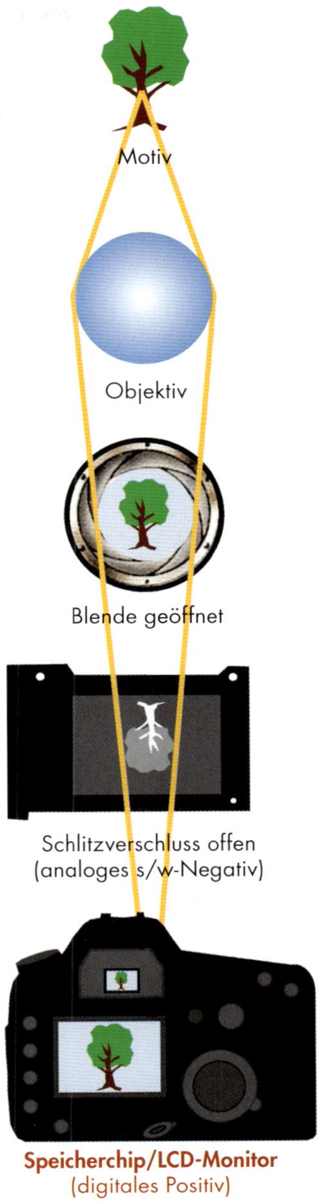

Motiv

Der Strahlengang ist das reflektierende Licht vom Motiv zum Film/Chip. Ihr Motiv gelangt über diesen Weg durchs Objektiv, durch die Blende und durch den Verschluss auf die Film-/Chipebene. Auf dem Film erzeugt das Motiv ein latentes Bild, d. h. ein vorhandenes, aber nicht sichtbares und seitenverkehrtes Negativ. Auf dem Speicherchip bzw. Display der Digitalkamera erscheint ein seitenrichtiges Positivbild.

Objektiv und Blende

Das Objektiv bündelt die vom Motiv ausgehenden Lichtstrahlen auf dem Film oder Chip. Die Hintereinanderreihung von hochpräzise geschliffenen Glaslinsen ermöglicht eine scharfe Abbildung. Nach erfolgter Scharfeinstellung (Fokussierung) des Motivs wird die dreidimensionale Bildebene als zweidimensionale Brennebene abgebildet. Dies bedeutet, sie liegt mit dem Film oder Chip auf der gleichen Ebene.

Film und Speicherchip

Auf der Brennebene eines Films entsteht jedoch ein seitenverkehrtes, auf dem Kopf stehendes und latentes Negativbild. Auf dem Display der Kamera erscheint das Motiv als seitenrichtiges Positiv.

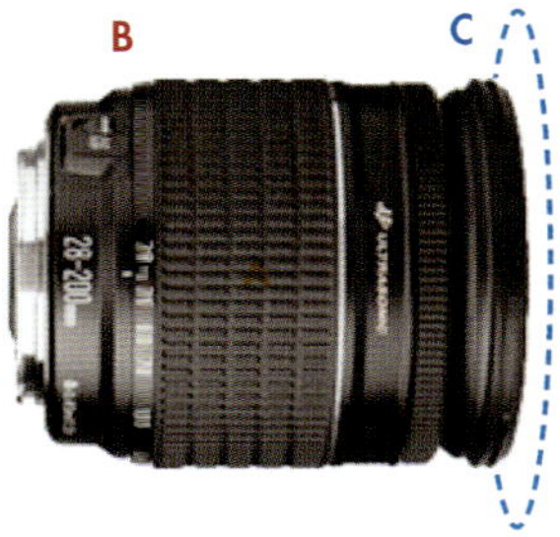

Abbildung 2.2: Das Schließen der Blende um einen Wert bedeutet die Halbierung der Lichtmenge. Das heißt, die Belichtungszeit muss verdoppelt werden, wie die untere Skizze zeigt.

Die (Iris) Blende

Der richtige Dreh

An den Drehringen von analogen Kameraobjektiven werden zwei Einstellungen vorgenommen – die Schärfe/Entfernung und die Blende. Bei digitalen Zoomobjektiven wird lediglich der Brennweitenbereich (A) manuell verändert, die Schärfeneinstellung erfolgt über den automatischen Autofokus (AF) oder den manuellen Fokus (MF) am hinteren Objektivring (B). Sehr lichtstarke Objektive besitzen den Blendenwert 2,8. Damit steht doppelt so viel Licht zur Verfügung wie mit Blende 4. Diese Objektive haben deshalb einen größeren Durchmesser (C) und sind schwerer. Der verstellbare Mechanismus der Irisblende besteht aus Metall-Lamellen und reguliert die Blendenöffnung bzw. Blendenzahl. Jeder Blendensprung nach oben oder nach unten ist die Verdopplung oder Halbierung der Belichtungszeit. Die Größe der Blendenöffnung spielt bei der Aufnahme eine erhebliche Rolle. Möchten Sie Ihre Tiefenschärfe selbst bestimmen, so wählen Sie im Modus **M** die Blende vorweg und stimmen die Belichtungszeit darauf ab. Wollen Sie den Hintergrund völlig auflösen, d. h. sehr verschwommen abbilden, oder möchten Sie alles superscharf gestalten? Dann erfordert das Auflösen des Hintergrundes eine offene Blende (2,8). Ein Foto mit großer Tiefenschärfe braucht eine geschlossene Blende (22). Kurze Brennweiten (17/24 mm) erzielen mehr Tiefenschärfe als lange Brennweiten (200/300 mm).

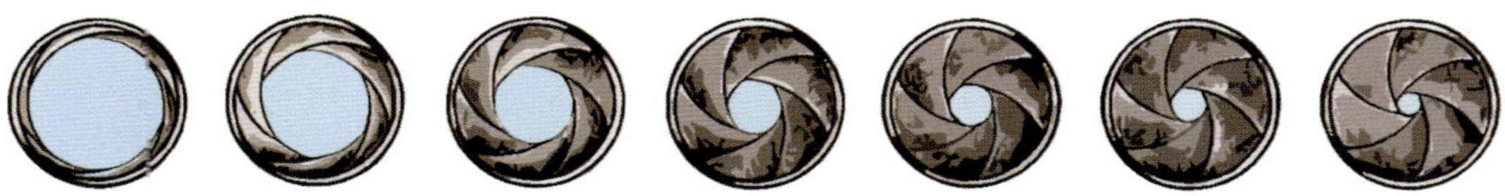

Die internationale Blendenreihe

B - 1,4 - 2 - 2,8 - 4 - 5,6 - 8 - 11 - 16 - 22 - 32

Blendenwerte sind oft auch so benannt:

1:2, Bl. 2, f 1:2.8

Tipp

In vielen Büchern wird von kleinen und großen Blenden gesprochen. Dies halte ich für verwirrend, da Sie sich nie sicher sein können, ob eine „kleine Blende" die kleine Blendenzahl ist oder die kleine Öffnung meint – und das wäre genau das Gegenteil! Ich spreche in diesem Buch grundsätzlich von „offenen Blenden" und „geschlossenen Blenden". So wissen Sie immer, woran Sie sind.

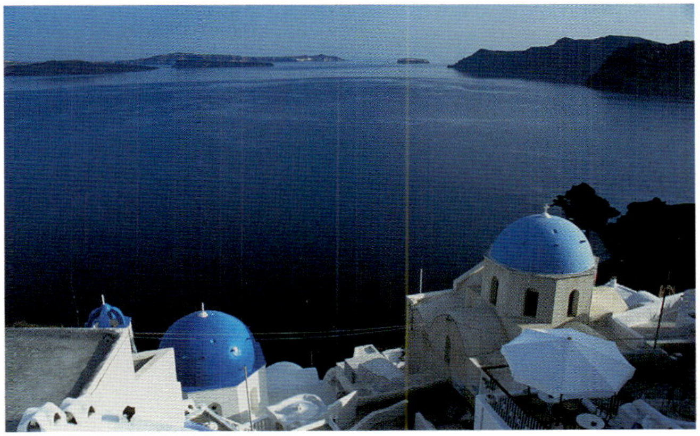

Abbildung 2.3: Gute Lichtverhältnisse wie im mediterranen Raum erlauben eine geschlossene Blende (22), um eine große Tiefenschärfe zu erreichen

Blende und Zeit

Ein Zusammenspiel

Wie Belichtungszeit und Blende zusammenwirken, ist an dem simplen Beispiel vom Wasserglasprinzip erklärt: Manche Menschen sehen ein Glas halb voll und manche halb leer, der Inhalt bleibt jedoch der gleiche.

So ähnlich verhält es sich auch, wenn aus Ihrem Wasserhahn die gleiche Menge ins Glas fließt. Indem Sie den Hahn für längere Zeit wenig öffnen oder für kürzere Zeit weit öffnen, so fällt bei einer kurzen Belichtungszeit mit offener Blende (2,8) die gleiche Lichtmenge auf Ihr Motiv wie bei einer langen Belichtungszeit mit geschlossener Blende (22). Im Endeffekt bleibt es Ihnen selbst überlassen, aus möglichen Kombinationen von Blende und Zeit das Passende zu wählen. Nur sollten Sie dabei bedenken, wie die Blendenwahl Ihr Motiv durch Tiefenschärfe beeinflussen kann (siehe Bilder unten).

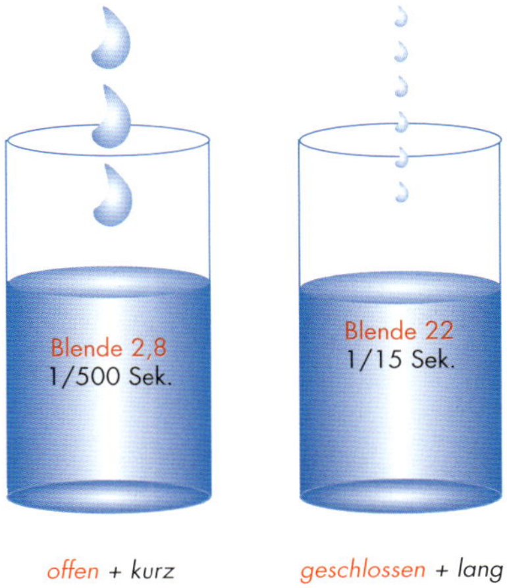

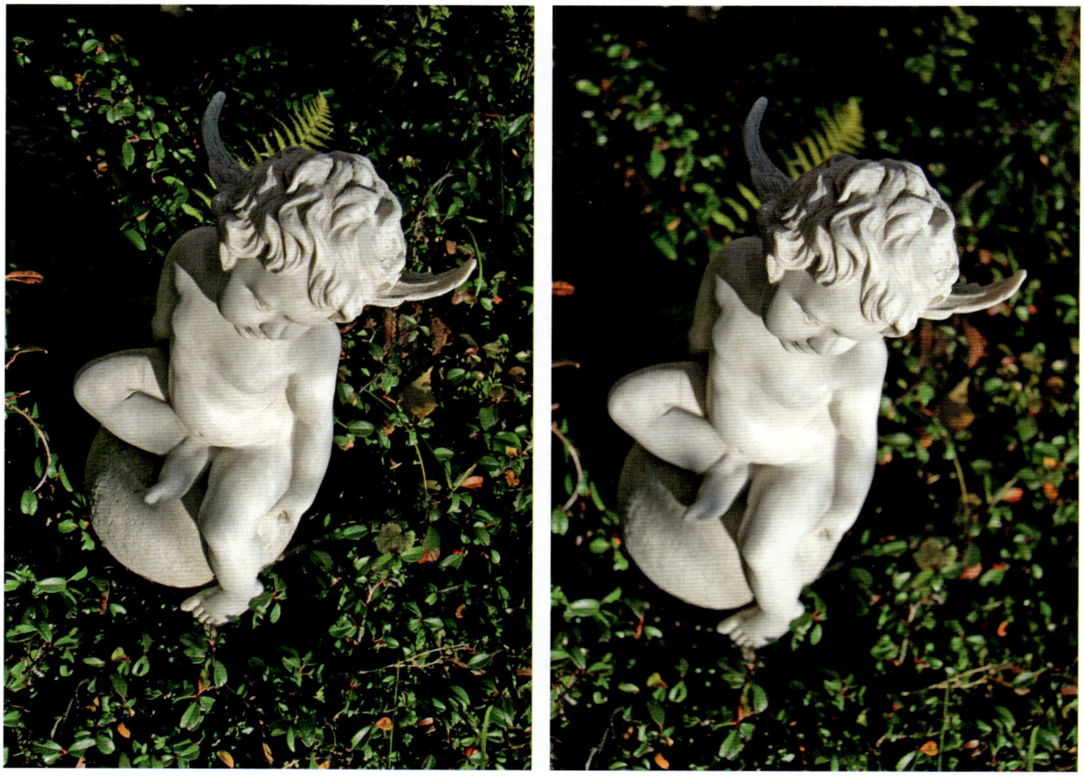

Abbildung 2.4: Der Tiefenschärfenbereich befindet sich vor und hinter dem Motiv. Dieser Schärfenbereich hat einen großen Einfluss auf die Bildwirkung. Beide Aufnahmen hatten die gleiche Lichtmenge. Durch unterschiedliche Blenden entstand mal eine geringe, mal eine größere Tiefenschärfe. Bei diesem Motiv war zu bedenken, dass die Tiefenschärfe nicht "tiefer" gehen konnte als die grünen Bodendecker. Eine mehr geschlossene Blende (22) hätte hier keine größere Tiefenschärfe bewirkt, weil es nicht „tiefer" ging. Durch die kleinere Blendenöffnung wird die Belichtungszeit zwangsläufig verlängert. Das kann bei Zeiten unter 1/8 Sek. zu Verwacklungen führen.
Bild links: Blende: 16, Zeit: 1/250 Sekunde; Bild rechts: Blende: 4, Zeit: 1/4000 Sekunde

Zahlen und Skalen

Auf unterschiedliche Art sind an analogen und digitalen Kameras Belichtungszeiten und Blende verstellbar. Bei analogen Objektiven stehen noch die Tiefenschärfenbereiche auf dem Blendenring. An digitalen Objektiven sind diese Angaben nicht mehr zu finden.

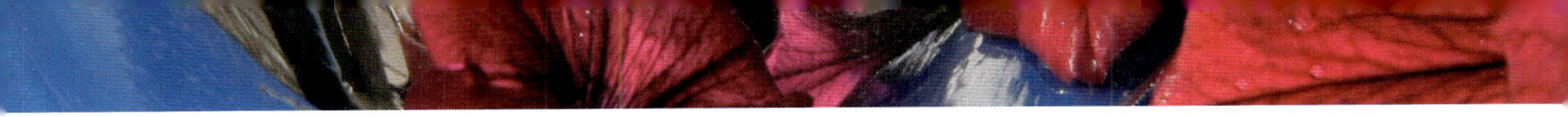

Die Blendenskala

Verschieden große Blendenöffnungen sind auf einer Skala am Objektivring angegeben. Sie unterliegen einem festgelegten numerischen System.

Von einem Blendenwert zum nächstgrößeren oder nächstkleineren halbiert oder verdoppelt sich die Belichtungszeit. Blendenwerte folgen ansteigend von kleinen Blendenzahlen (= große Öffnung) über mittlere Blendenzahlen (= mittelgroße Öffnung) bis zu großen Blendenzahlen (= kleine Öffnung).

Die Lichtstärke eines Objektivs wird als Blende in Bruchzahlen an dessen Frontseite angegeben, z. B. mit f 1:2,8 oder mit 1:2,8.

Faustregel

Große Blendenzahl (22) = große Tiefenschärfe,
kleine Blendenzahl (2,8) = kleine Tiefenschärfe.

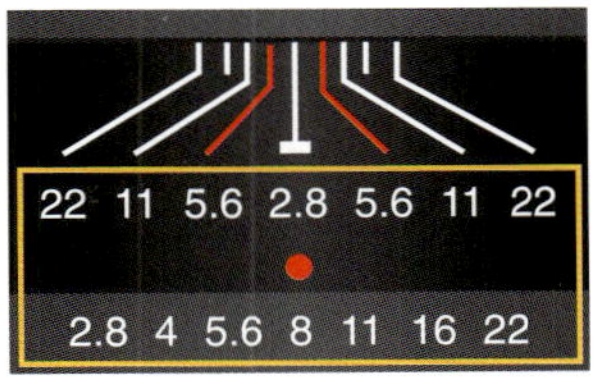

Tipp

Kneifen Sie einmal Ihre Augen leicht zu – so blenden Sie ab. Ihr Blick „verschärft“ sich in die Weite. Das gleiche passiert mit einer geschlossenen Blende.

Die Tiefenschärfenskala

Auf analogen Objektiven befindet sich – oft in eingravierter Form – eine Skala, die den Tiefenschärfenbereich der jeweiligen Blenden angibt. Links und rechts der mittigen Markierung ist die unterschiedliche Tiefenschärfe in Abfolge der Blenden angegeben.

Beispiel: Blende 5,6 = geringe Tiefenschärfe von ca. 3,50 m – 6 m (rot markiert)

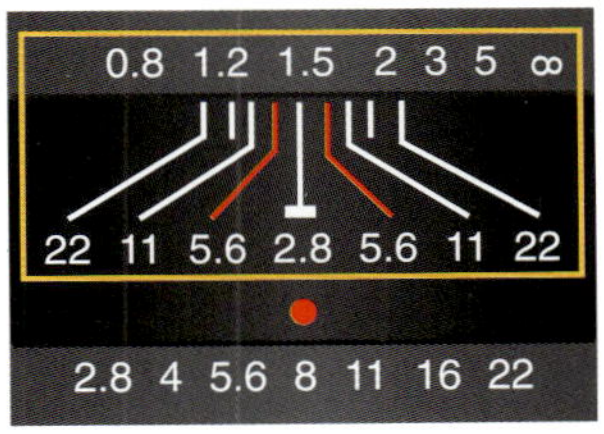

Die Schärfe erstreckt sich in der Fotografie immer über einen Bereich vor und hinter dem Motiv, auf das scharf gestellt wird. Diese mehr oder weniger ausgedehnte Zone bezeichnet man im Fachjargon als Tiefenschärfe oder Schärfentiefe. Ihre Weite ist variabel und hängt von der Blende und dem Objektiv (Vergrößerungsfaktor) ab. Je geschlossener die Blendenöffnung, umso weiter erstreckt sich die Tiefenschärfe.

Die Zeitskala

Der Verschlussmechanismus im Kameragehäuse regelt, wie lange Licht auf den Film/Chip treffen soll. Die Skala beginnt mit ganzen Sekunden und endet mit Sekundenbruchteilen.

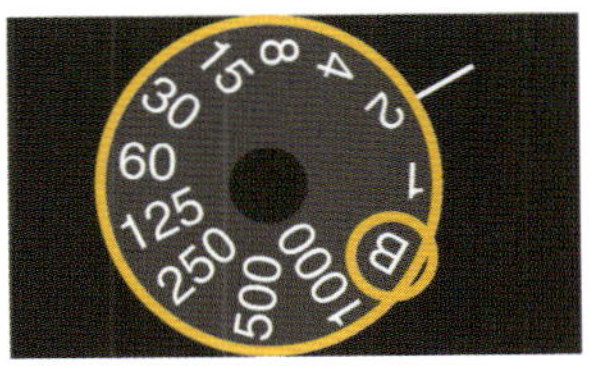

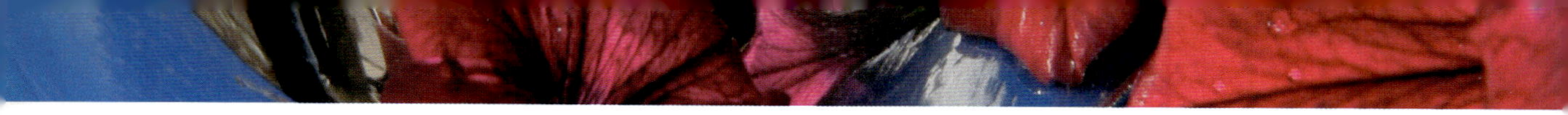

Modernere Kameras und Digitalkameras besitzen bereits Kurzzeiteinstellungen von 1/4000 und 1/8000 Sekunde.

Der Buchstabe **B** am Zeitrad ist die Endloseinstellung. Das können Sie sich als „Eselsbrücke" leicht mit dem Wort „beliebig" merken. An Digitalkameras wird die Langzeiteinstellung mit dem englischen Wort „bulb" bezeichnet. Solange Sie den Finger auf dem Auslöser gedrückt halten, so lange ist der Verschluss geöffnet. Gegen Erschütterungen bei Langzeitbelichtungen rate ich, einen separaten Drahtauslöser/Timer zu verwenden.

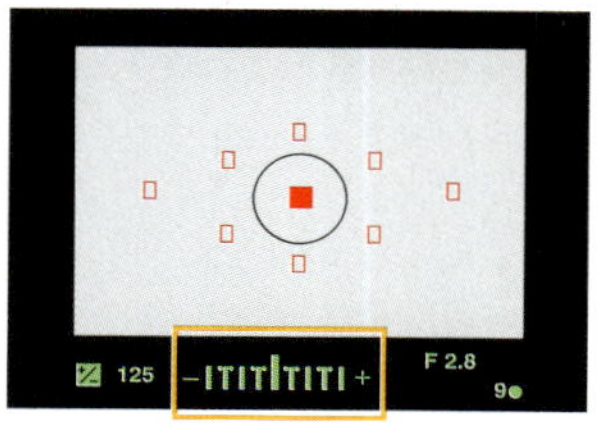

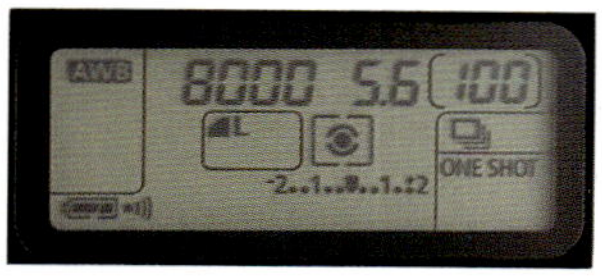

Die Belichtungsskala

Autofokus- und Digitalkameras besitzen eine Belichtungsskala, an der sich in den Kreativprogrammen **Av**, **Tv** und **M** bzw. **A**, **S** und **M** manuelle Belichtungskorrekturen wie Unter- oder Überbelichtungen vornehmen lassen. Steht der Skalenstrich mittig auf 0, so ist die Belichtungszeit korrekt. Ich empfehle Ihnen jedoch, immer 1 bis 2 Striche in den Minusbereich zu belichten, weil die Bilder dann satter durchgezeichnet werden.

Dunklere Aufnahmen liegen im Minusbereich = Unterbelichtung, –
Hellere Aufnahmen liegen im Plusbereich = Überbelichtung, +

Räder und Knöpfe (Digitalkameras)

Digitale Kameramodelle unterscheiden sich mit ihren Bedienungsrädern, Funktionstasten und Kontrollknöpfen nur geringfügig voneinander. Hier Bildbeispiele von Canon.

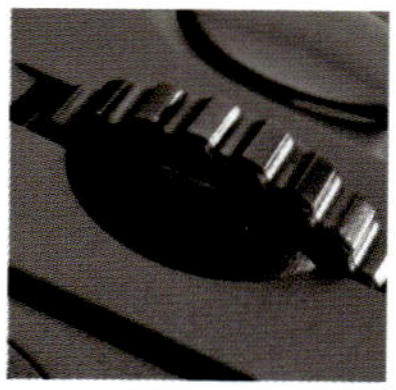

Das Hauptwahlrad

Oben rechts vor dem Auslöser der Kamera ist das Hauptwahlrad platziert. Es wird in erster Linie für aufnahmespezifische Einstellungen benutzt. Im Modus **M** dient es zur Einstellung der Belichtungszeit, im Modus **Av** bzw. **A** wähle ich die Blende und im Modus **Tv** bzw. **S** die Belichtungszeit. Durch das Drehen am Zeitrad können schlechte Fotos wieder gelöscht werden oder Sie betrachten Ihre gemachten Aufnahmen auf dem LCD-Monitor.

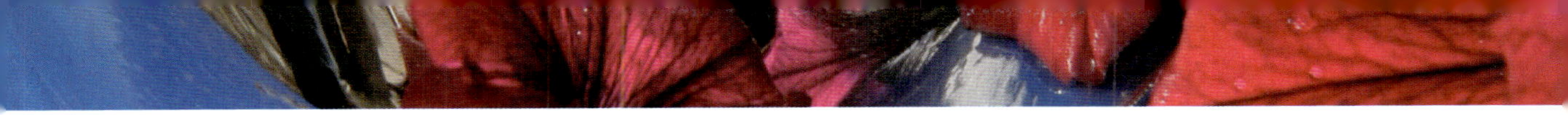

Das Daumenrad

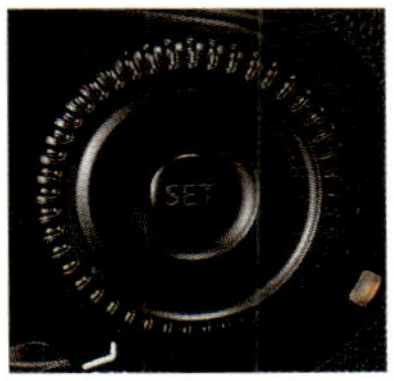

An der Kamerarückwand sitzt das Daumenrad, welches ebenso wie das Zeitwahlrad aufnahmespezifischen Einstellungen dient. Wie der Name schon sagt, wird es mit dem Daumen betätigt. Im Modus **M** wird es zum Blendenwahlrad in gleichzeitiger Verbindung mit der Belichtungszeit am Hauptwahlrad. Mit dem Daumenrad können Sie auch Bilder auf dem LCD-Monitor betrachten oder Ihre bereits gemachten Fotos allesamt löschen.

Das Moduswahlrad

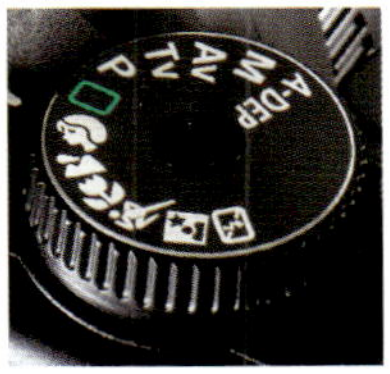

Auf der oberen linken Seite jeder Kamera liegt das Moduswahlrad. Seine Funktionen teilen sich in zwei Bereiche – die Kreativprogramme **M**, **Tv** und **Av** bzw. **A**, **S** und **M** und die Motivprogramme Porträt, Landschaft, Nahaufnahme (Makro), Sport, Nachtporträt und Blitz aus. Dazwischen liegen Programmautomatik P und Vollautomatik. Diese Funktionen sollten Sie als ambitionierte Fotografin nur in Ausnahmefällen anwenden.

Die Kreativprogramme

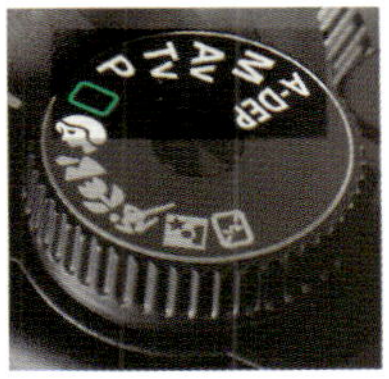

Die Programme im Modus **M**, **Av** und **Tv** bzw. **A**, **S** und **M** gehören der „wahren Fotografie".

M = Manuelle Belichtungssteuerung

In diesem Modus können Sie sowohl die Blende als auch die Belichtungszeit festlegen und verändern, indem Sie den einen oder anderen Wert an der Belichtungsskala angleichen (Nullstellung – siehe auch Seite 11).

Av oder A = Zeitautomatik

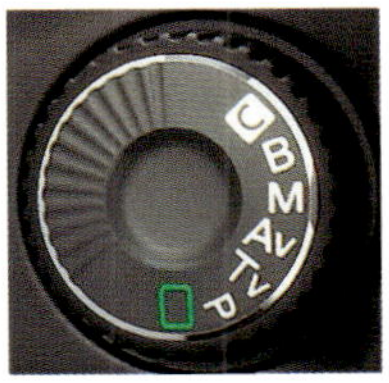

An dem Moduswahlrad einer Profikamera sind Motivprogramme gar nicht erst zu finden

In diesem Modus wird die gewünschte Blende eingestellt; die Belichtungszeit/Verschlusszeit stellt sich dabei automatisch ein. Zu bedenken ist hierbei, dass eine offene Blende (kleine Zahl) eine geringe Tiefenschärfe verursacht.

Tipp

Den Zeitwahlmodus **Tv** oder **S** können Sie sich leicht mit dem englischen Wort „Time“ merken, oder Modus **S** mit „Seconds“.

Tv oder S = Blendenautomatik

Im Modus **Tv** wird die gewünschte Belichtungszeit/Verschlusszeit eingestellt und der Blendenwert stellt sich automatisch ein.

A-DEP, die automatische Tiefenschärfenautomatik, und **P**, die Programmautomatik, gehören zwar auch zu den Kreativprogrammen, aber ich bezeichne sie “nur” als automatische Erleichterungsprogramme, die Sie nur in Ausnahmefällen verwenden sollten.

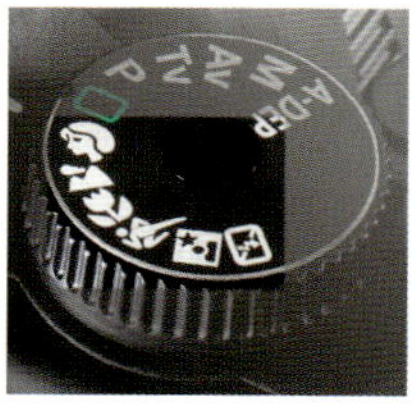

Die Motivprogramme

Auf der anderen Hälfte vom Wahlrad befinden sich die vollautomatischen Motivprogramme. Zusätzlich öffnet sich in diesen Programmen bei schlechten Lichtverhältnissen automatisch das Blitzlicht auf dem Kameradach. Dieser Blitz dient jedoch nur als Hilfslicht für den Nahbereich.

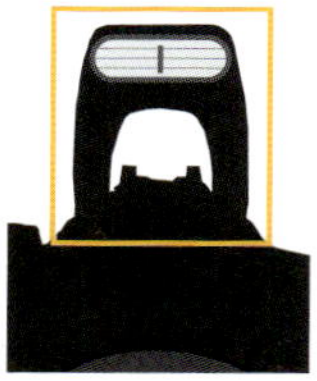

- Vollautomatik
- Porträt
- Landschaft
- Nahaufnahme
- Sport
- Nachtporträt
- Blitz aus

Fotografieren ist mehr, als auf den Auslöser zu drücken.

Bettina Rheims, 1952, französische Fotografin

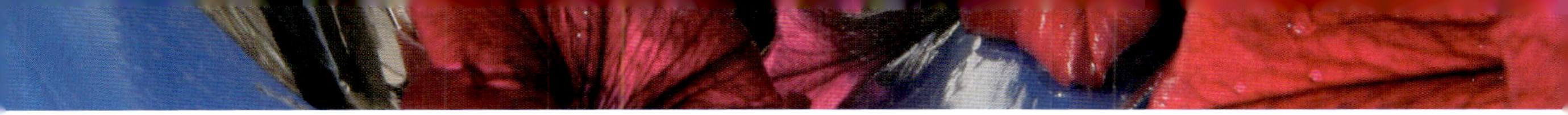

Festbrennweiten

Weitwinkelobjektive 17 mm 28 mm

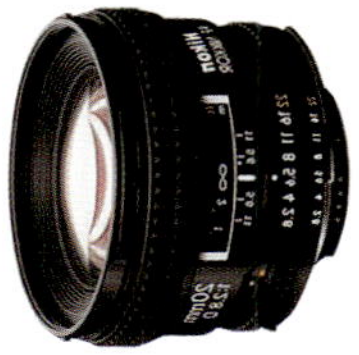

Weitwinkelobjektive sind hervorragend dazu geeignet, um in beengten Verhältnissen zu fotografieren, z. B. bei Innenaufnahmen. Allerdings kann die Perspektive damit unnatürlich verzerrt wirken, weil Sie einen größeren Ausschnitt (siehe Bildwinkel Seite 24) erfassen. Die Vorteile eines Weitwinkelobjektivs sind seine große Lichtstärke und Tiefenschärfe. Auch Verwacklungen sind mit diesem Objektiv nahezu unmöglich.

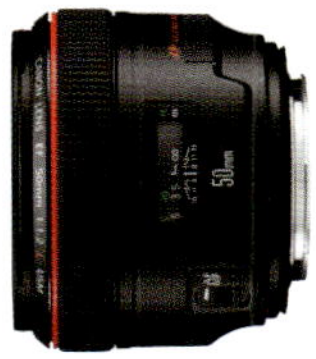

Normalobjektive 35 mm 50 mm

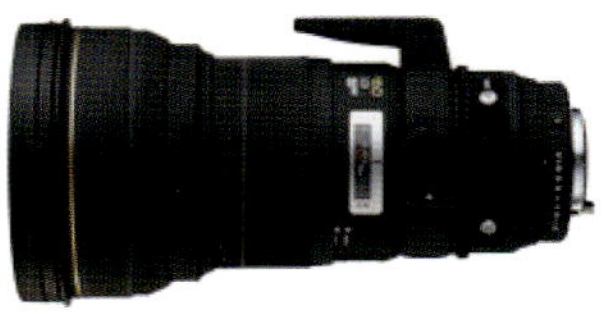

Normalobjektive erzielen eine Bildwiedergabe, die der natürlichen Wahrnehmung eines Menschen entspricht. Diese Objektive besitzen meistens eine hohe Lichtstärke und eignen sich deshalb besonders gut für Aufnahmen bei schlechten Lichtverhältnissen. Die Tiefenschärfe ist bei einem Normalobjektiv noch relativ hoch.

Teleobjektive 85 mm 300 mm

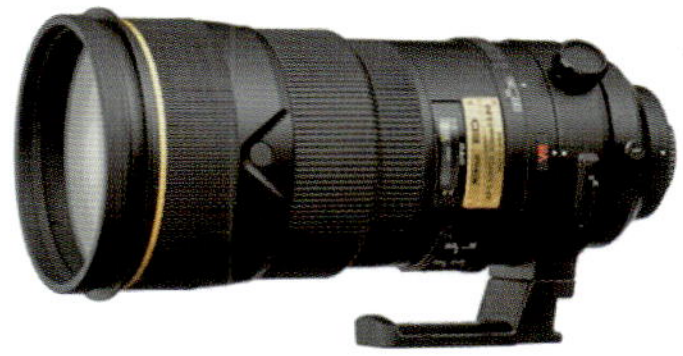

Teleobjektive sind ideal für Aufnahmen von weit entfernten Gegenständen. Wie mit einem Fernglas wird das Motiv herangeholt. Diese Annäherung wäre mit kurzen Brennweiten nicht möglich. Nachteil: schwer, unhandlich und eine erhöhte Verwacklungsgefahr. Die Lichtstärke ist zumeist schwach und die Tiefenschärfe sehr gering.

Fernobjektive 300 mm 1000 mm

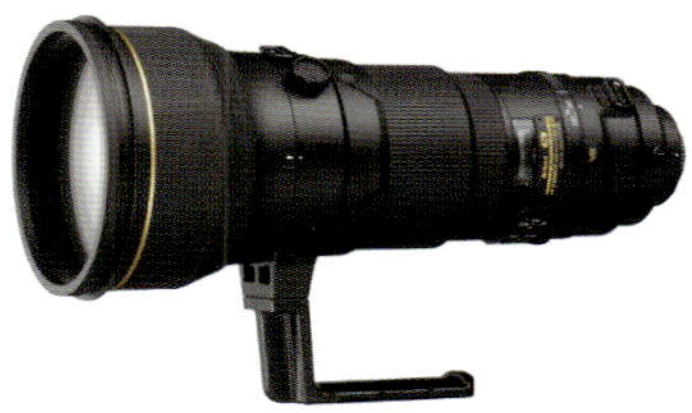

Objektive ab 400 mm bezeichnet man als Fernobjektive. Verwacklungsfreie Aufnahmen aus freier Hand sind mit diesen Objektiven nur bei sonnigen Lichtverhältnissen machbar. Lichtstärke und Tiefenschärfe sind noch geringer als bei einem „normalen" Teleobjektiv.

Extreme Fernobjektive

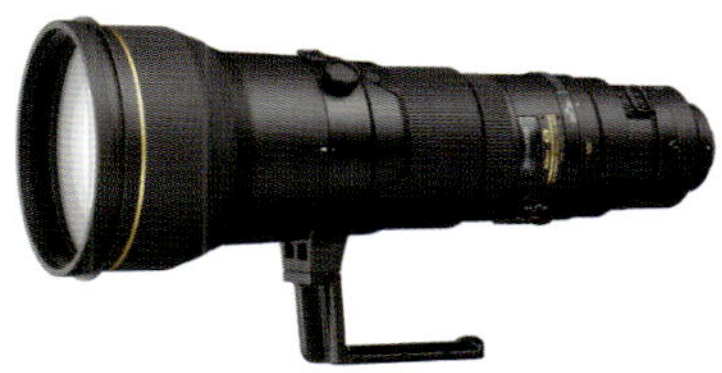

Fernobjektive mit 400 bis 1200 mm Brennweite erfordern das Fotografieren auf einem Stativ. Zudem ist die Lichtstärke an diesem Langobjektiv äußerst schwach. Tiefenschärfe und Bildwinkel verringern sich auf einen minimalen Bereich.

* Rote Zahlen sind Brennweiten von Digitalobjektiven.

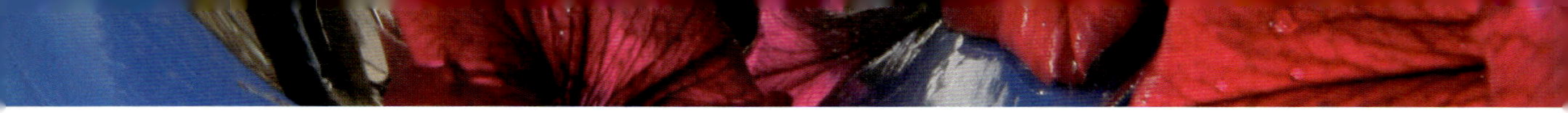

Objektivarten	**Brennweiten**	**Anwendungen**
Weitwinkelzoom 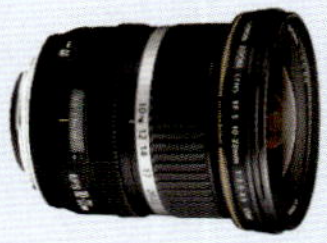	10-22 mm	Geeignet für Innenaufnahmen und Landschaftsfotografie, sehr große Tiefenschärfe
Normalobjektiv 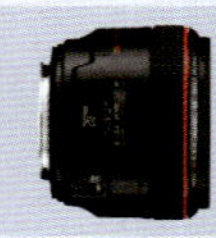	50 mm Festbrennweite	Entspricht dem Bildwinkel des menschlichen Auges, mittlere Tiefenschärfe
Leichtes Telezoom 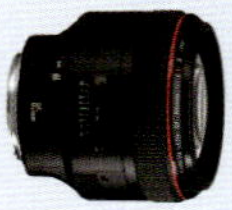	85-105 mm	Beste Brennweite für Porträtaufnahmen, geringe Tiefenschärfe
Starkes Tele 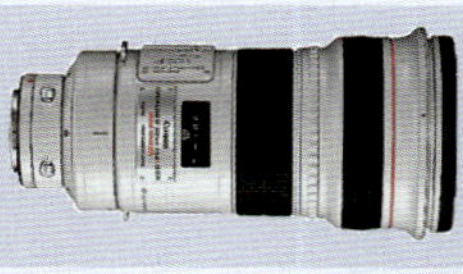	400 mm Festbrennweite	Holt weit entfernte Motive näher heran, sehr geringe Tiefenschärfe
Fernobjektiv 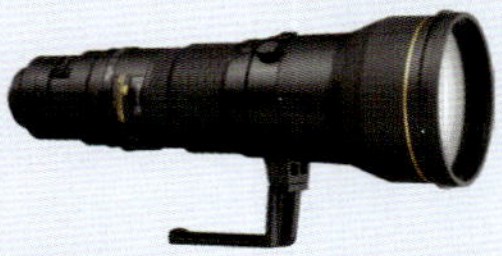	600 mm Festbrennweite	Holt sehr weit entfernte Motive näher heran, extrem geringe Tiefenschärfe
Zoomobjektiv 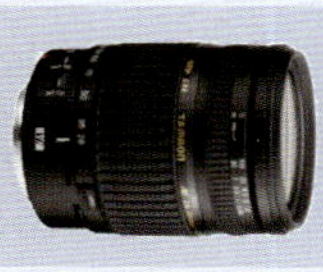	17-300 mm	Deckt analog den gängigsten Brennweitenbereich ab, oft mit variabler Blende 1:4-5,6
Makroobjektiv 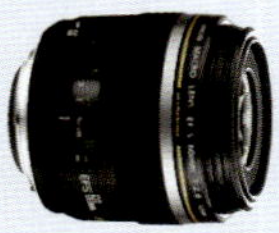	50 mm, 60mm, 100 mm Festbrennweite	Für Nahaufnahmen, Pflanzen und Insekten
Konverter/Extender 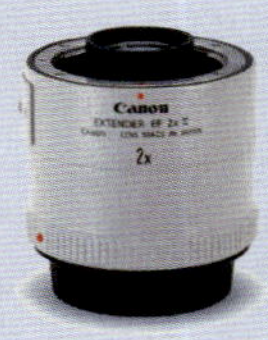	2x	Verlängert die Brennweite um das 2-Fache
Image Stabilizer (IS) 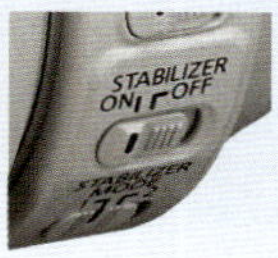	Für alle Brennweiten und Zoomobjektive	Gleicht leichte Bewegung aus, verlängert um 2 bis 3 Belichtungsstufen

Weitwinkelobjektive

Wenn Sie eine größere Bildszene erfassen möchten, dann verwenden Sie Objektive mit kürzeren Brennweiten – die sogenannten Weitwinkelobjektive mit Brennweiten von 17 bis 35 mm. Durch die Erweiterung des Bildwinkels erfolgt eine Verkleinerung des abgebildeten Motivs. Das Resultat dieses Verkleinerungseffekts mit kurzer Brennweite ist eine optische Verlängerung, wodurch sich der Tiefenschärfenbereich ebenfalls verlängert.

NACHTEIL: Je weiter der Winkel, desto kleiner und verzerrter die proportionale Darstellung.

VORTEIL: Die große Lichtstärke. Sogar bei Belichtungszeiten von nur 1/15 Sekunde besteht so gut wie keine Verwacklungsgefahr.

Faustregel

Je weiter der Winkel, desto weiter die Tiefenschärfe.

Abbildung 2.5: Das Weitwinkelobjektiv erfasst die gesamte Szene mit großer Tiefenschärfe, obwohl der Fokus auf die Katze gelegt wurde

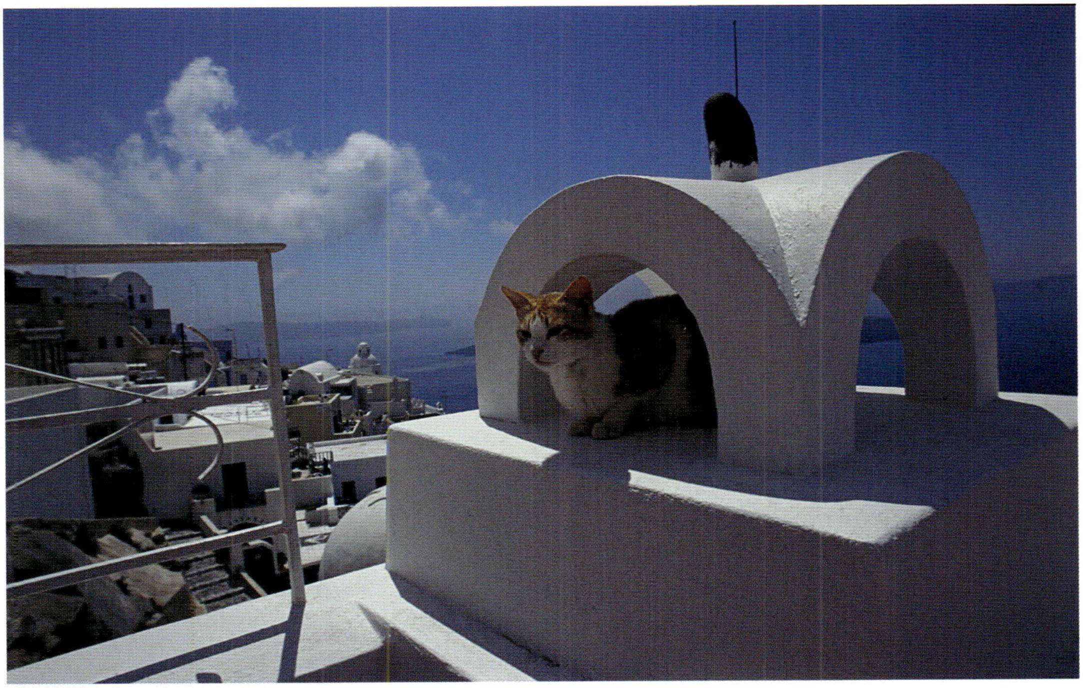

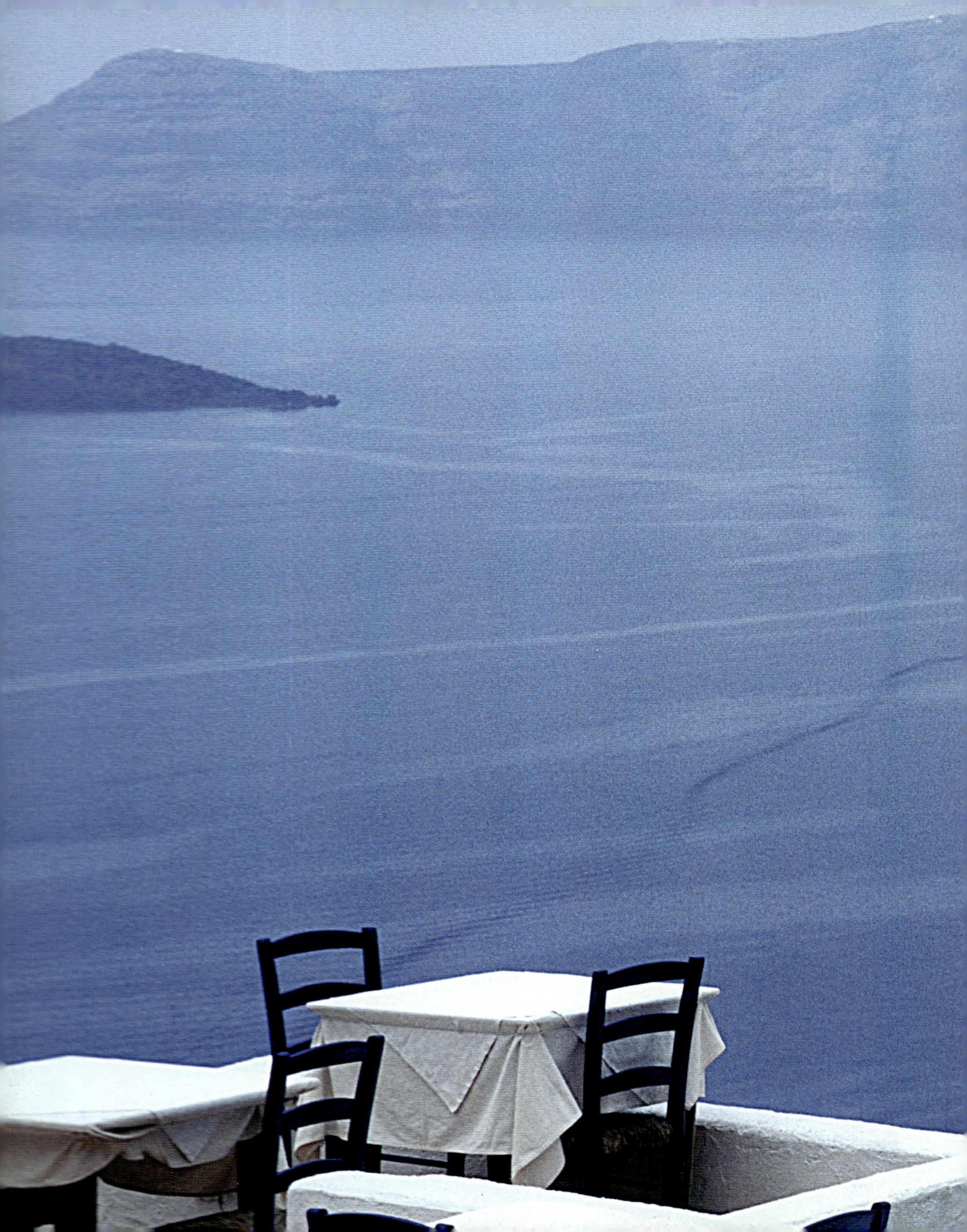

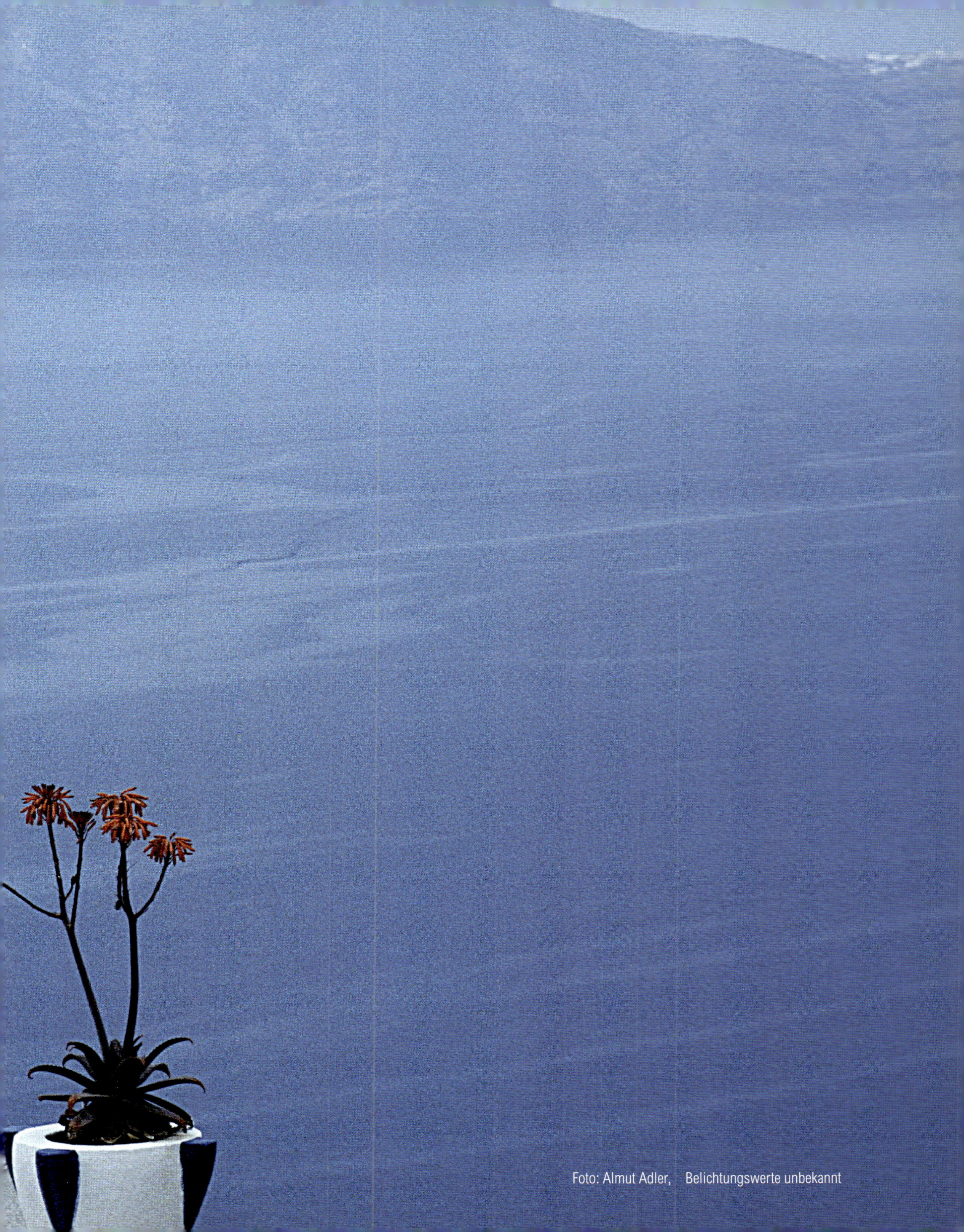
Foto: Almut Adler, Belichtungswerte unbekannt

Eine „lange Brennweite" bedeutet bildlich ausgedrückt ein „langes Objektiv", also ein Teleobjektiv. Eine „kurze Brennweite" entspricht einem sehr kurzen Objektiv, also einem Weitwinkelobjektiv, und eine „mittlere Brennweite" einem Normalobjektiv mit einer mittellangen Bauweise.

Normalobjektive

Als Normalobjektiv wird eine Optik bezeichnet, deren Brennweitenbereich bei 50 mm liegt. Bei einer Digitalkamera ist es ein 35 mm Objektiv. Ein Normalobjektiv umfasst die abzubildende Szene in einem Winkel von 46° ohne nennenswerte Vergrößerung wie bei längeren Brennweiten oder Verkleinerung bei kürzeren Brennweiten.

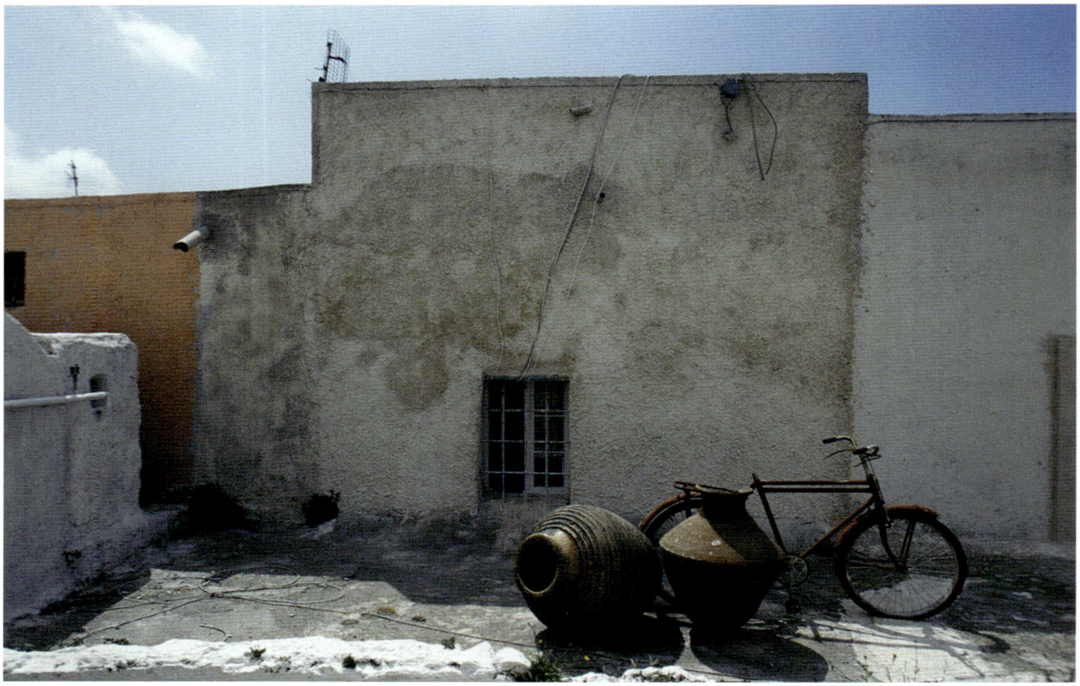

Abbildung 2.6: Das Normalobjektiv bildet ein Motiv auf Augenhöhe relativ „normal" ab

Teleobjektive

Wählen Sie eine längere Brennweite von 105 bis 200 mm, so arbeiten Sie mit einem Teleobjektiv, welches Ihr anvisiertes Motiv je nach Brennweite näher heranholt und somit deutlich vergrößert.

Ein 200 mm Teleobjektiv vergrößert im Vergleich zu einem 100 mm Objektiv um das Doppelte und ein 400 mm Teleobjektiv sogar um das Vierfache.

Der Bildwinkel wird mit einem Teleobjektiv je nach Länge der Brennweite von ca. 28° bis 12° proportional immer mehr verengt.

Mit der Länge der Brennweite stellt sich auch ein stärkerer Kompressionseffekt der Bildebenen ein. Dieser Effekt verleiht Ihrer Bildgestaltung einen besonderen Ausdruck und separiert durch die geringe Tiefenschärfe Ihr Hauptmotiv deutlich vom Hintergrund. In der fotografischen Fachsprache werden Teleobjektive als „lange Brennweiten" bezeichnet, da diese Objektive in der Lage sind, „lange Weiten zu verkürzen".

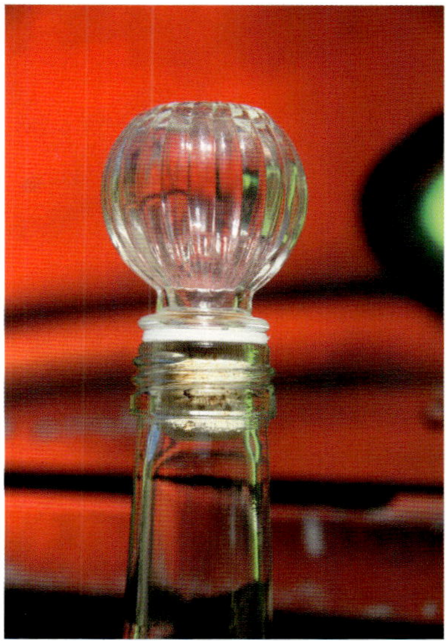

Abbildung 2.7: Bei dieser Aufnahme wurde die offenste Blende eingestellt. So kommt die geringe Tiefenschärfe besonders schön zur Geltung und hebt das Flakon klar in den Vordergrund

Telekonverter (Extender)

Konverter verlängern die effektive Brennweite. Logischerweise kommt ein Konverter eher im Telebereich zum Einsatz, weil Sie ja die Brennweite verlängern möchten. Ein Konverter oder Extender (englische Bezeichnung) wird zwischen Objektiv und Kamera eingesetzt. Mit einem Zweifachkonverter verlängern Sie Ihre Brennweite von 100 mm auf 200 mm. Dafür müssen Sie jedoch eine Verringerung der Lichtstärke in Kauf nehmen, weil das Licht eine längere Strecke zurücklegen muss. Konverter mit einem Zoomobjektiv zu verwenden ist nicht ratsam, da sie zu „unsauberen" Ergebnissen führen.

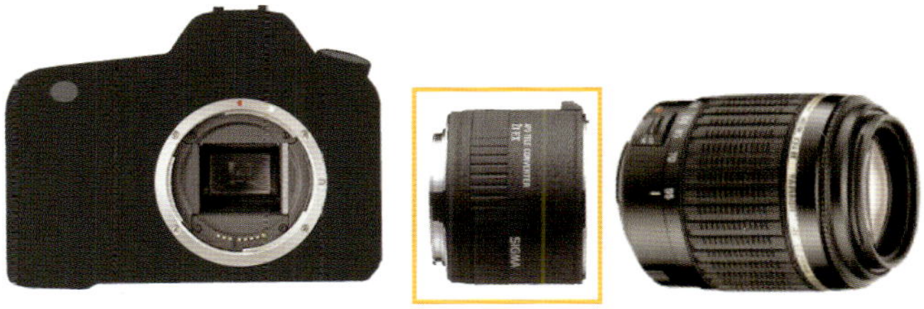

Digitalobjektive haben aufgrund des kleineren Sensorformats gegenüber dem Kleinbildformat (24 x 36 mm) einen Verlängerungsfaktor von 1,6 oder 1,5. Ein analoges Teleobjektiv mit einer Brennweite von 200 mm ist digital mit dem 1,5-Faktor ein 300 mm Teleobjektiv. Neuere Digitalkameras mit 11 Mio. Pixel verfügen bereits über größere Chips, die dem Kleinbildformat entsprechen und somit die gleichen Brennweiten haben wie analoge Objektive.

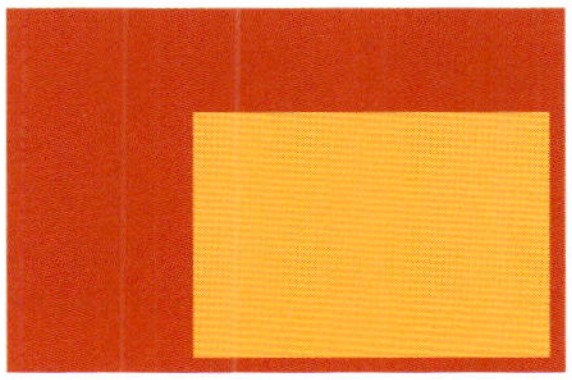

Abbildung 2.8: Die Grafik zeigt die Originalgröße eines Kleinbildformats in rot und eines digitalen Bildsensors in gelb

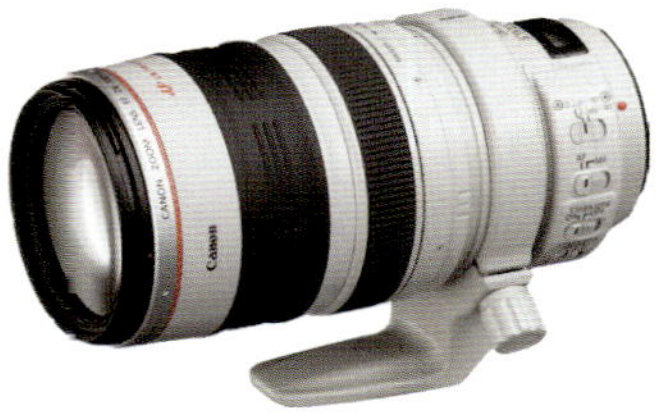

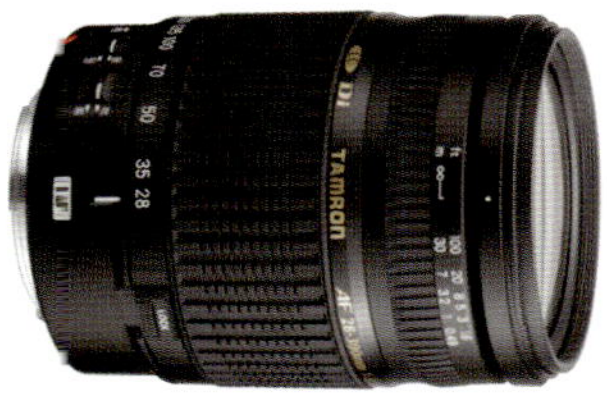

Zoomobjektive

Als in den 60er-Jahren die ersten Objektive mit variablen Brennweiten auf den Markt kamen, erfüllte sich ein Fotografentraum: Das umständliche Wechseln der Objektive entfiel ebenso wie das lästige Schleppen der kiloschweren Objektivsammlung. Im Lauf der Zeit wurden die Linsenkombinationen immer perfekter. Waren Zoomobjektive bei den Profifotografen anfangs noch verpönt, so arbeiten heute Profis wie Amateure mit variablen Brennweiten. Zoomobjektive erkennen Sie an zwei Wertangaben in mm, wie z. B. 70-200 mm oder 17-40 mm. Eine Festbrennweite wird nur mit einem Wert bezeichnet, z. B. ein Normalobjektiv mit 50 mm oder ein Teleobjektiv mit 200 mm.

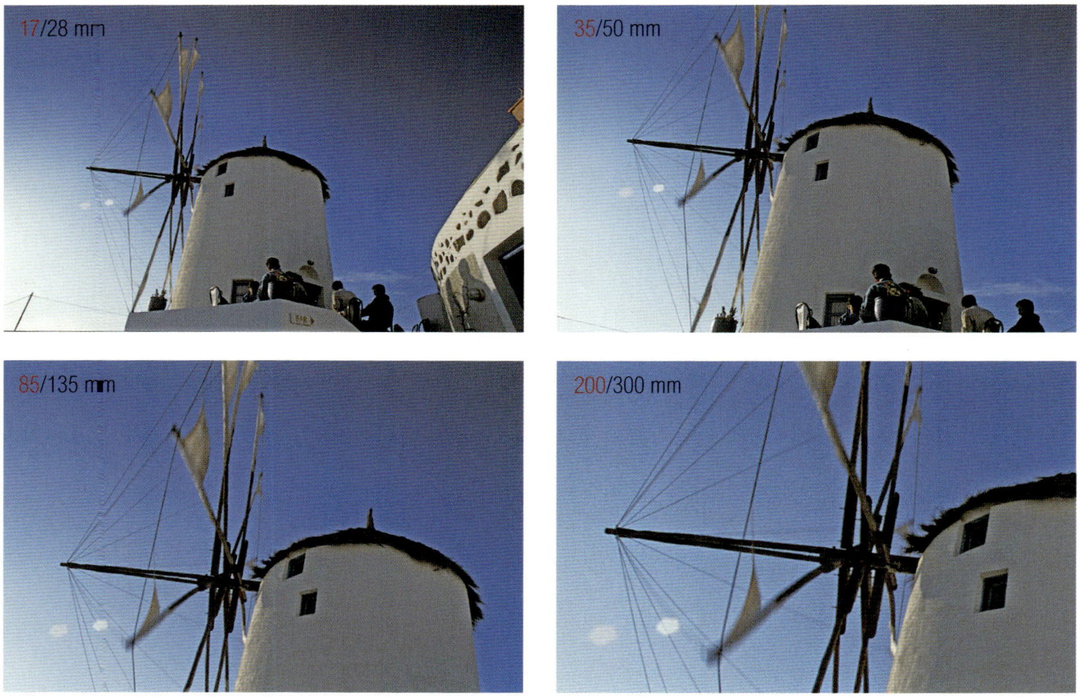

Abbildung 2.9: Diese Aufnahmen wurden mit einem 28-300 mm Zoomobjektiv näher herangeholt. Zoomobjektive gibt es mit unterschiedlichen Brennweiten von 17 bis 55 mm oder 70 bis 200 mm oder 24 bis 105 mm oder 28 bis 300 mm. Die weißen Zahlen stehen für analoge Brennweiten, die roten Zahlen für digitale Objektive

Bei einem echten Zoomobjektiv muss die Schärfe nicht nachgestellt werden, wenn die Entfernungseinstellung verändert wird. Neue Bauweisen ermöglichen eine extreme Verlängerung der Brennweiten. So reichen manche Zooms vom Weitwinkel- bis hin zum Teleobjektiv: 18-200 mm digital – oder 28-300 mm analog.

Zoomobjektive sind deshalb beliebt, weil mehrere Objektive mit häufig angewendeten Brennweiten durch ein einziges ersetzt werden – und weil sie schnell und unkompliziert in der Handhabung sind.

Im Vergleich zu Festbrennweiten haben sie jedoch einen gravierenden Nachteil: Sie sind in der Regel lichtschwächer, weil im Telebereich eine Linse mit großem Durchmesser erforderlich ist. Ein Zoomobjektiv mit einer durchgängigen Lichtstärke von 1:2,8 wäre für den Amateur eine sündhaft teure Anschaffung. Dieses Objektiv kann den Kaufpreis eines herkömmlichen Zooms mit variabler Lichtstärke von 4 bis 5,6 leicht um das 4-Fache übersteigen. Ihnen steht mit der variablen Lichtstärke im Telebereich 3-mal weniger Licht zur Verfügung. Auf der Oberseite eines Zoomobjektivs befinden sich die Brennweitenangaben. Dadurch ist erkennbar, in welchem Objektivbereich Sie sich gerade befinden. Diese Information ist nützlich, damit Sie Ihre Aufnahme verwacklungsfrei im „Kasten" haben.

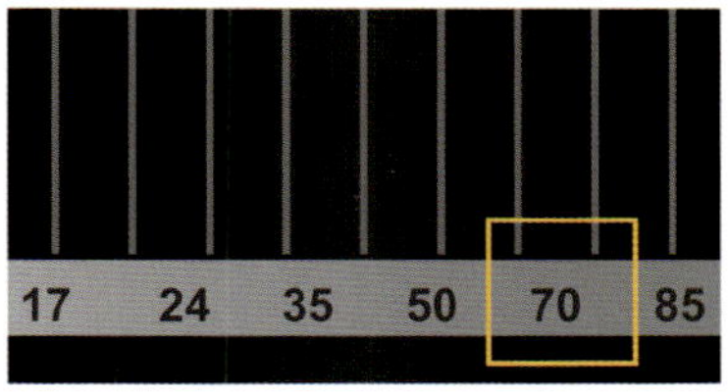

Variable Brennweiten betreffen Objektive, die mehrere Objektive vereinen – Zoomobjektive. Es gibt Weitwinkelzooms mit Brennweiten von z. B. 17 bis 35 mm und es gibt Telezooms mit Brennweiten von z. B. 70 bis 200 mm. Beliebt sind 17-300 mm Zoomobjektive, die einen großen Brennweitenbereich abdecken.

Faustregel

Die Belichtungszeit sollte möglichst in der Nähe der Brennweite liegen.
Die 1:1-Formel, 200 mm, 1/200 Sek.

Die Tiefenschärfe (Schärfentiefe)

Das Variieren mit Schärfe und Unschärfe ist eines der kreativsten Stilmittel in der Fotografie. Durch das Verändern von Blende, Distanz und Brennweite wird die Tiefenschärfe maßgeblich beeinflusst.

Veränderte Blende

Die unterschiedlichen Blendenöffnungen zeigen, wie sich bei gleicher Aufnahmedistanz und mit demselben Objektiv die Tiefenschärfe verändern kann. Je geschlossener die Blende, um so größer die Tiefenschärfe. Sie liegt etwa ein Drittel vor und zwei Drittel hinter dem scharf gestellten Motiv.

Veränderte Distanz

Dieselbe Blendenöffnung bewirkt bei einer veränderten Distanz zum Motiv eine unterschiedliche Tiefenschärfe. Bei einer großen Distanz zum Motiv vergrößert sich die Tiefenschärfe. Bei einer geringen Distanz zum Motiv verringert sich die Tiefenschärfe.

Veränderte Brennweite

Verschiedene Brennweiten ergeben unterschiedliche Tiefenschärfen bei gleicher Blendenöffnung. Ein Teleobjektiv erreicht eine sehr geringe Tiefenschärfe vor und hinter dem Motiv, ein Normalobjektiv erzielt eine mittlere Tiefenschärfe und ein Weitwinkelobjektiv ermöglicht die größte Tiefenschärfe. Fisheye und extreme Weitwinkel (10/18 mm) erfassen bei jeder Blende die volle Schärfe des Bildraums.

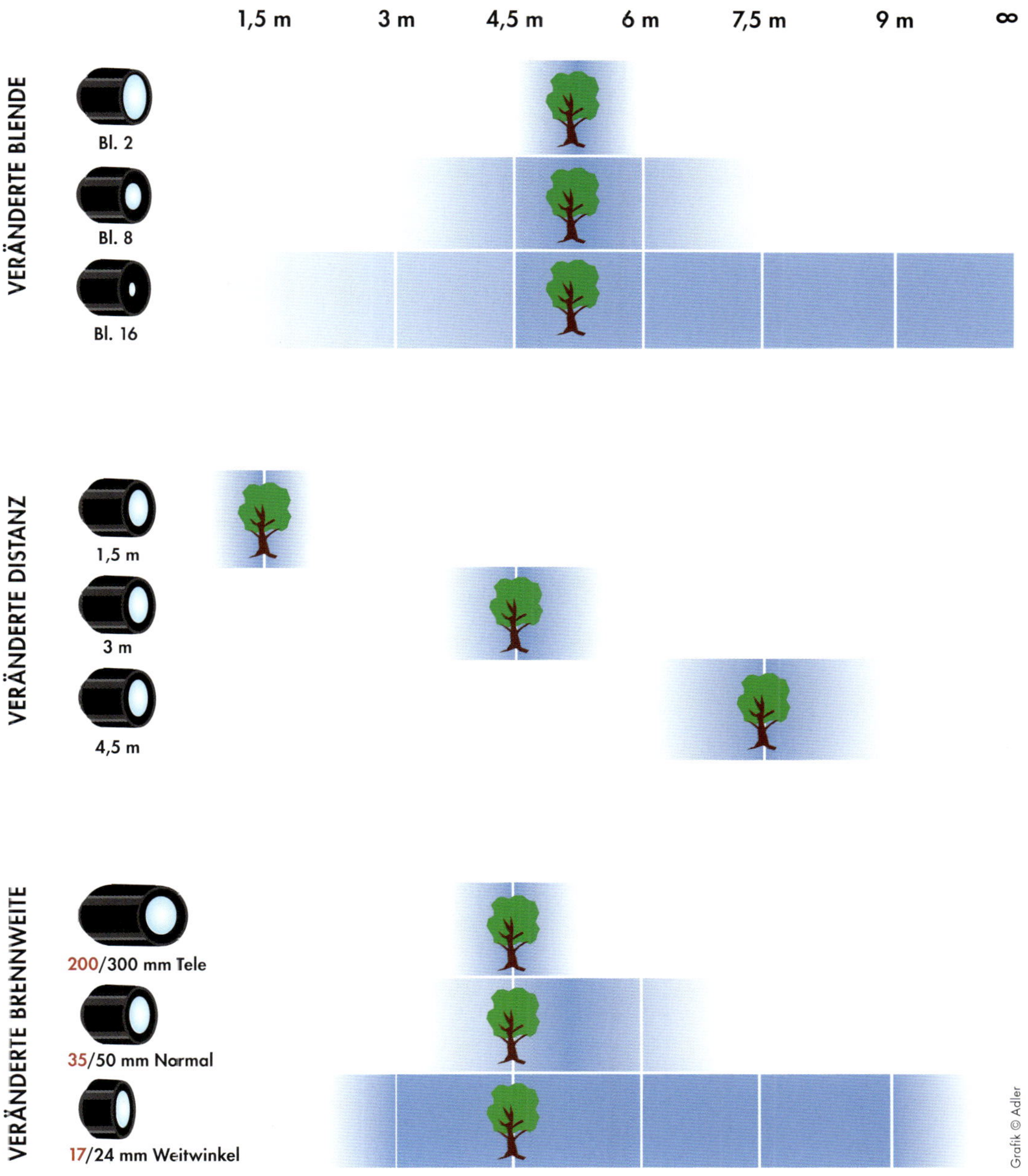
1,5 m
3 m
4,5 m
6 m
7,5 m
9 m
∞
VERÄNDERTE BLENDE
Bl. 2
Bl. 8
Bl. 16
VERÄNDERTE DISTANZ
1,5 m
3 m
4,5 m
VERÄNDERTE BRENNWEITE
200/300 mm Tele
35/50 mm Normal
17/24 mm Weitwinkel
Grafik © Adler

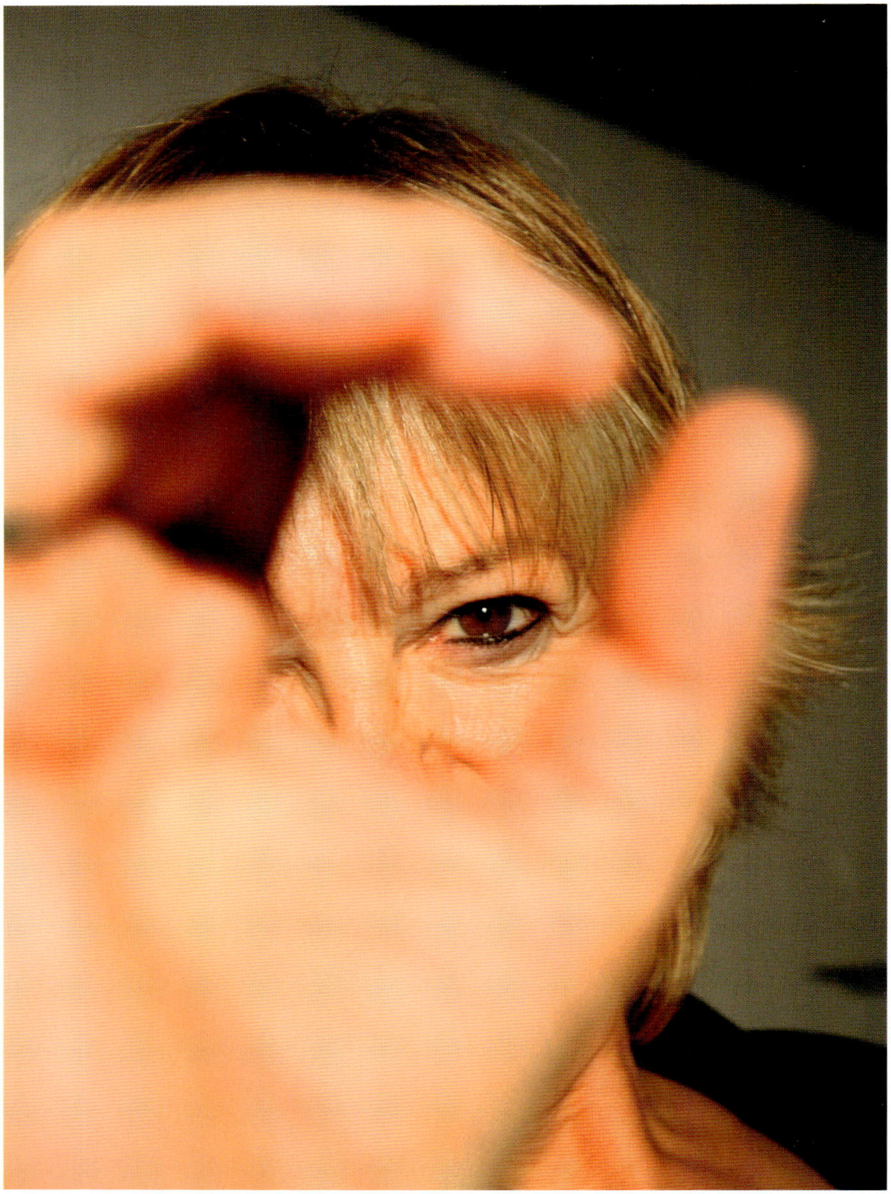

Abbildung 2.10: Tiefenschärfe ist ein wichtiges Stilmittel in der Fotografie. Sie können sich anhand dieses Fotos merken, wie Ihre Blendenwahl sich auf die Tiefenschärfe auswirkt. Eine offene Blende, wie ich sie hier mit der Hand andeute, bewirkt eine geringe Tiefenschärfe – vor und hinter dem Motiv. Rufen Sie sich immer dieses Bild in Ihr Gedächtnis und Sie wissen, was eine offene Blende bewirkt.

Der Bildwinkel

Objektiv gesehen

Verschiedene Brennweiten erzeugen unterschiedliche Bildwinkel. Je kürzer die Brennweite des Objektivs (z. B. 28 mm), umso weiter der Bildwinkel. Je länger die Brennweite (z. B. 200 mm), desto enger wird der Bildwinkel.

Da eine kurze Brennweite einen größeren Bildwinkel erfasst, haben Sie sehr viele Informationen auf Ihrem Foto. Das kann jedoch Ihr eigentliches Motiv untergehen lassen. Eine lange Brennweite hat den Vorteil, Ihr Motiv näher heranholen zu können. Das wiederum ist bei schlechten Lichtverhältnissen oft nicht möglich, da lange Brennweiten erst mit Blendenöffnungen von 4 oder 5,6 beginnen.

Ein langes Teleobjektiv oder das „Ausfahren“ eines Telezooms geht auf Kosten des Lichts. Deshalb ist es ratsamer, sich auf Ihr Motiv hinzubewegen, anstatt es heranzuzoomen. Der wesentliche Vorteil dieser Methode ist, dass Sie sich „Licht sparen“. Durch das Ausfahren eines Objektivs muss das Licht durch einen langen „Tunnel“ und wird dadurch abgeschwächt.

Gradwanderung

Zoomobjektive haben den Vorteil, dass Sie Ihren Bildwinkel fließend verändern können, indem Sie entweder in den Weitwinkel-, in den Normal- oder in den Telebereich zoomen. Deshalb spricht man auch von variablen Brennweiten. Je nach Wahl Ihrer Brennweite verändern Sie auch Ihre Tiefenschärfe. Welche Brennweite Ihr Motiv letztendlich optimal zur Geltung bringt, lässt sich am besten durch den Sucher entscheiden.

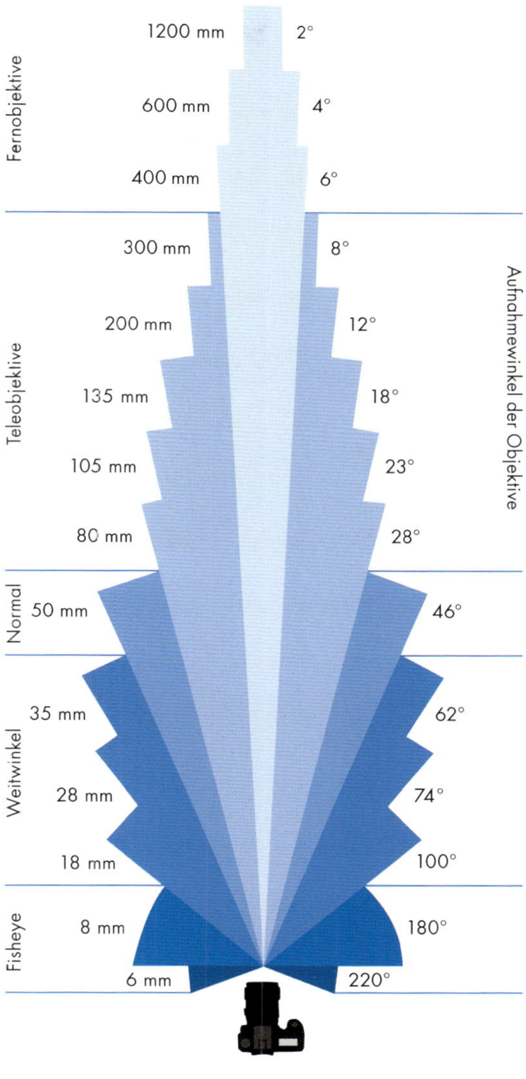

Abbildung 2.11: Vom 8 mm Fisheye- bis zum extremen 1200 mm Fernobjektiv verändert sich der Aufnahmewinkel des Bildes von 220 Grad auf 2 Grad

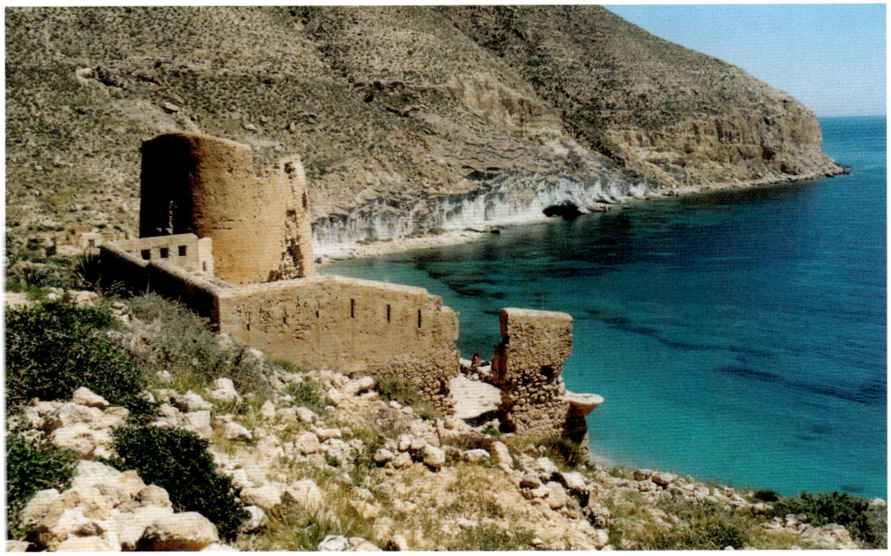

Abbildung 2.12: Dieses Foto wurde mit einem 28-200 mm Zoomobjektiv im 28-mm-Bereich aufgenommen und erfasst einen Winkel von 78°

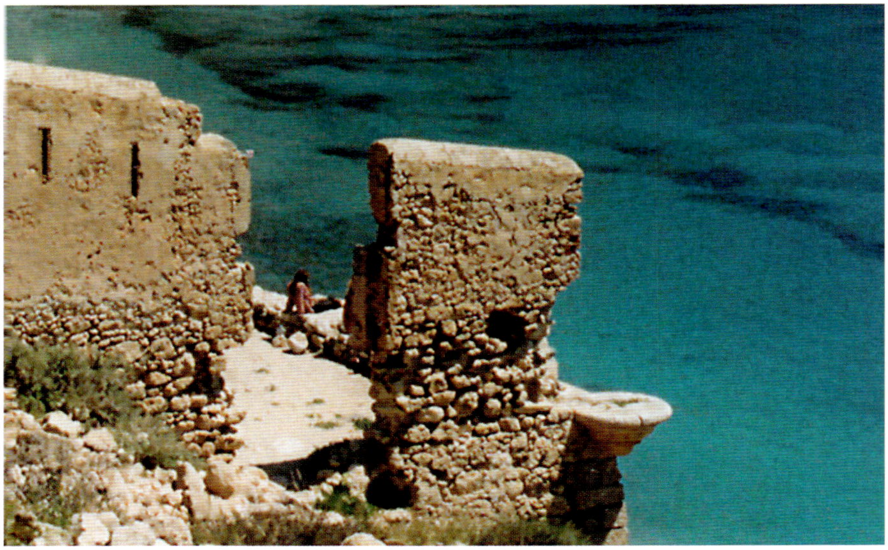

Abbildung 2.13: Dieses Bild wurde mit dem Zoomobjektiv im 200-mm-Bereich aufgenommen und verengt den Winkel auf 12°

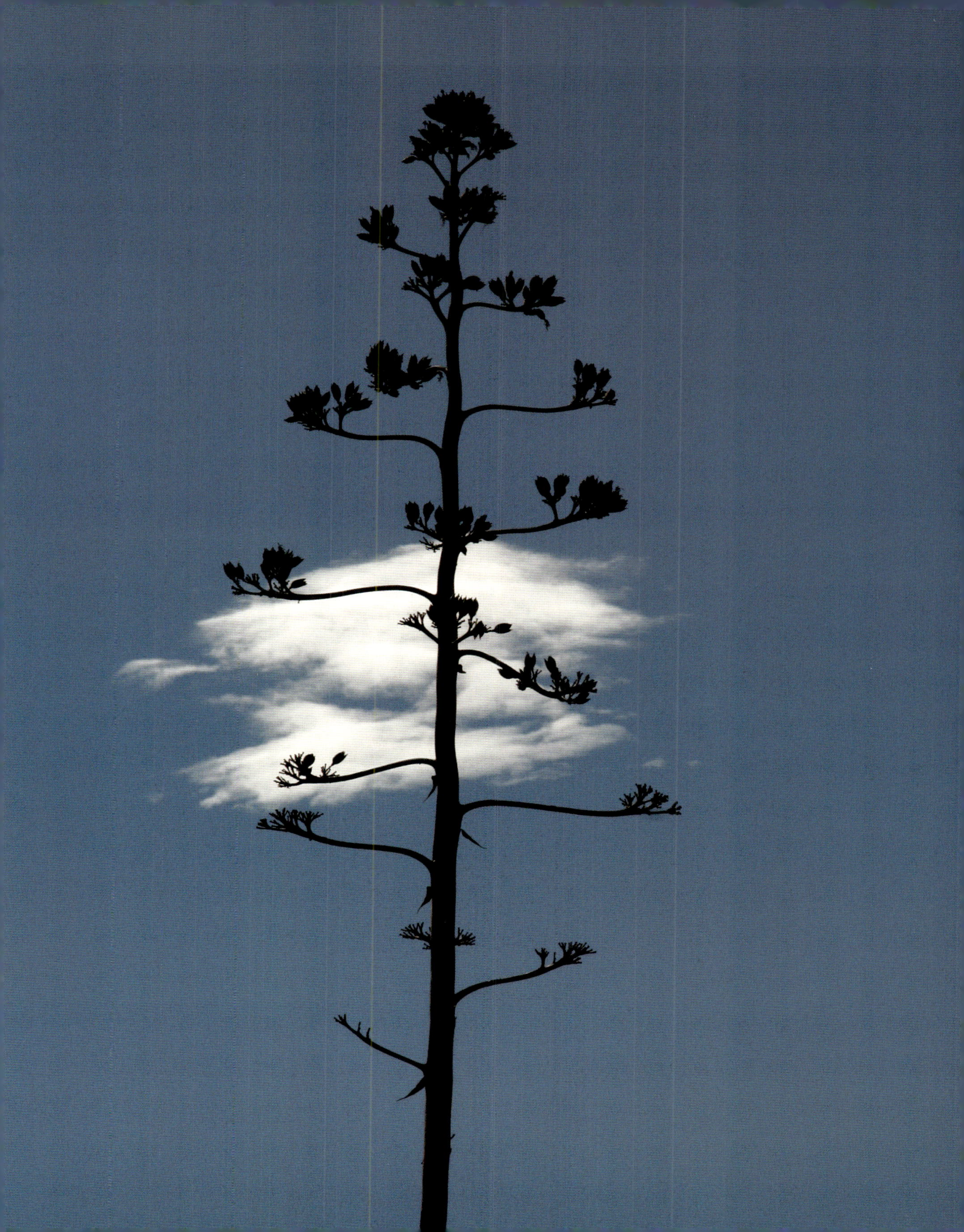

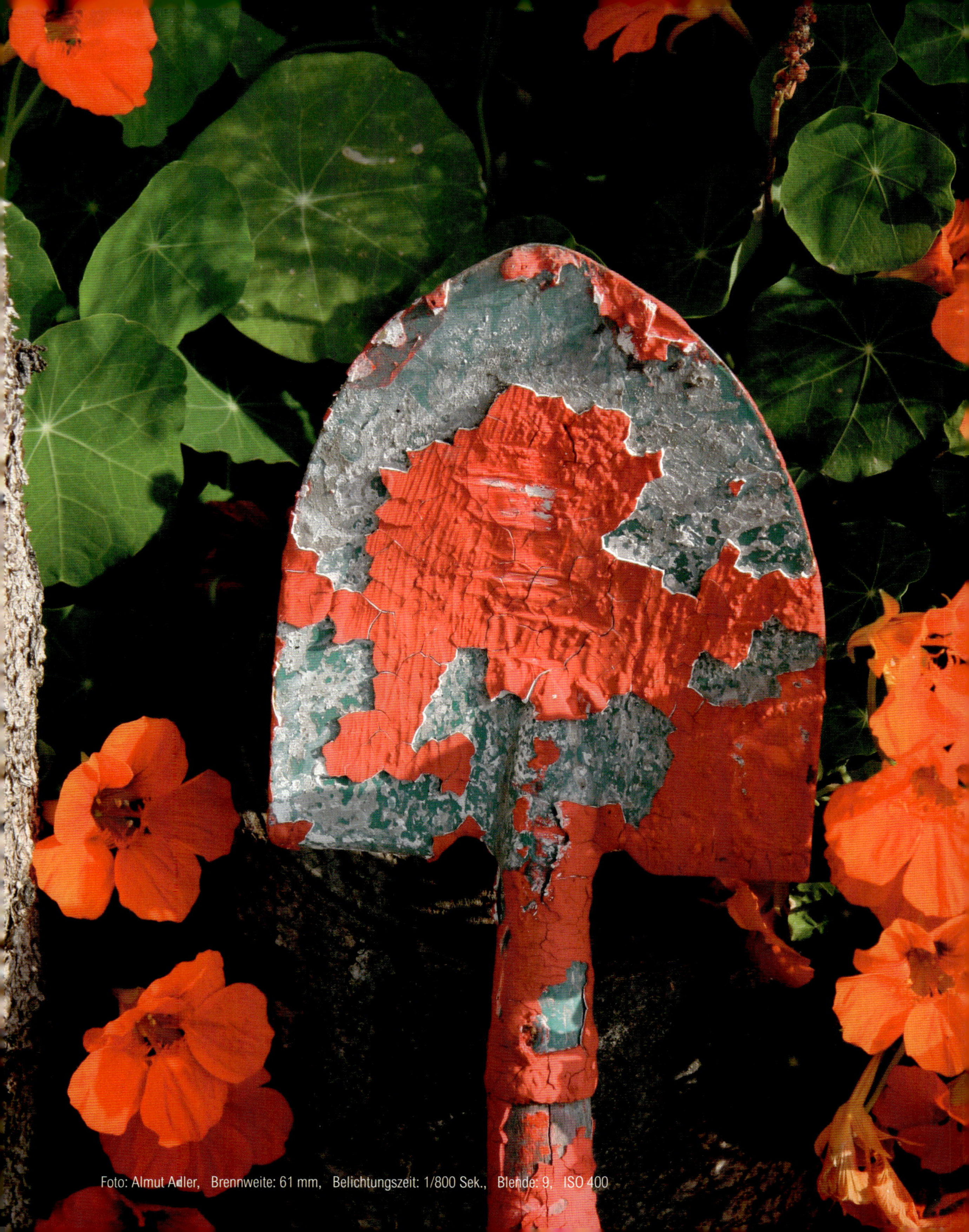

Foto: Almut Adler, Brennweite: 61 mm, Belichtungszeit: 1/800 Sek., Blende: 9, ISO 400

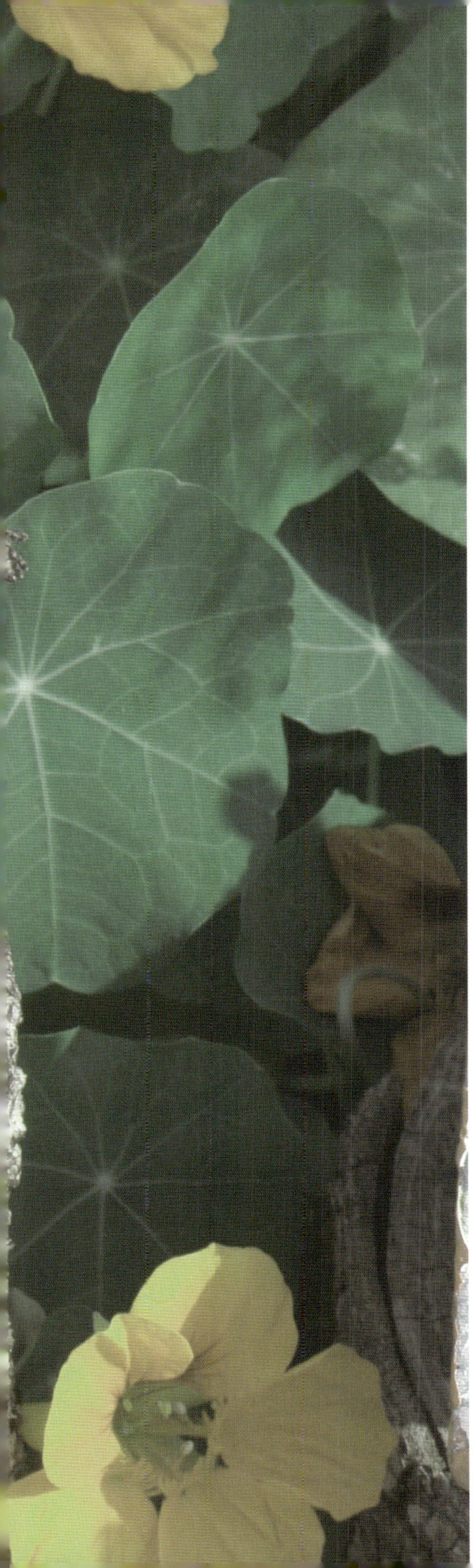

Kapitel 3

Der Bildaufbau

Gestaltungsfreude

Bevor Sie ein Foto aufnehmen, sehen Sie sich Ihr Motiv und seine Umgebung genau an. Eine schlanke Zypresse in der Toskana passt eher in ein Hochformat, die hügelige Landschaft eignet sich jedoch eher für ein Querformat. Generell kann ich Ihnen nicht zu einem Aufnahmeformat raten, da Sie selbst die Bildgestalterin sind. Spielen Sie mit Ihrem Motiv, lassen Sie Ihr Sucherauge über die Landschaft kreisen wie ein Raubvogel auf Beutefang. Positionieren Sie die Zypresse mal links im Bild, mal rechts, mal genau mittig. Setzen Sie sich auf den Boden oder stellen Sie sich auf eine Mauer. Durch Ihren Einfallsreichtum wird Sie Ihr Motiv mit vielen „Gesichtern" überraschen.

Die richtige Haltung

Ruhig stellen

Haben Sie Ihre Kamera sicher „im Griff"? Bevor es mit dem Fotografieren losgeht, sollten Sie Ihre Kamerahaltung überprüfen. Die Handhabung Ihres „Arbeitsgeräts" hängt im Wesentlichen davon ab, wie schnell Sie zukünftig damit hantieren können und wie ruhig Sie die Kamera halten.

Stellen Sie sich beim Fotografieren ruhig einmal vor den Spiegel und kontrollieren Sie Ihre Kamerahaltung (links oben). Haben Sie sich schon eine andere Technik angewöhnt, dann empfehle ich Ihnen, sich die „Profihaltung" anzueignen (oben Mitte).

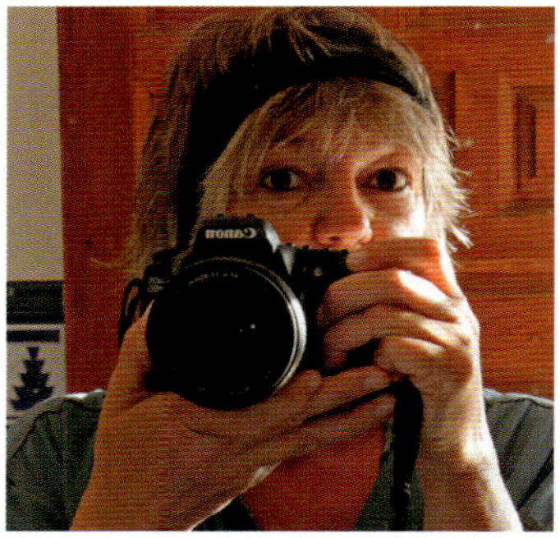

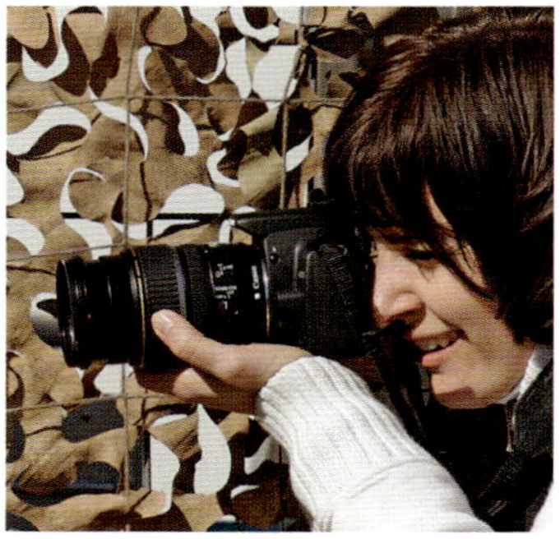

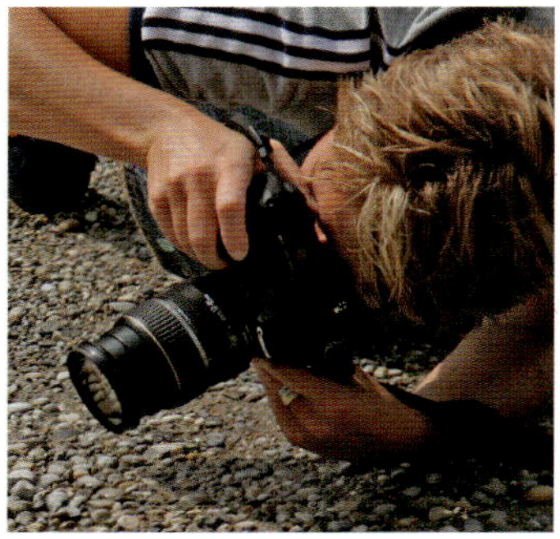

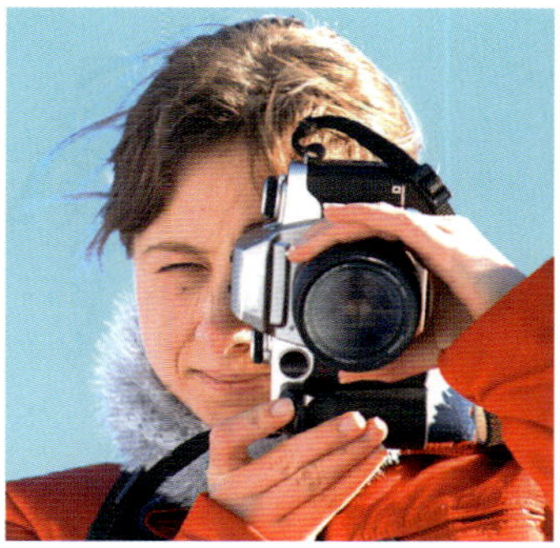

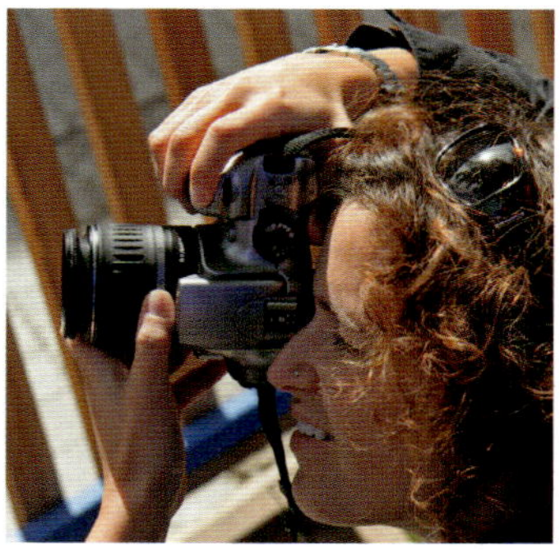

1. Stellen Sie Ihre Füße leicht auseinander, sodass Sie sicher stehen. Egal aus welcher Perspektive Sie fotografieren, achten Sie in jeder Position auf einen sicheren Stand.

2. Halten Sie den Kamerabody mit der rechten Hand fest umschlossen und stützen Sie Ihre Ellenbogen am Körper ab. Halten Sie die Kamera nicht mit beiden Händen am Body fest, sonst verwackeln Sie Ihre Fotos leichter (rechts oben). Bei längeren Belichtungszeiten halten Sie beim Auslösen eventuell die Luft an.

3. Mit der linken Hand halten Sie von unten locker Ihr Objektiv umfasst, sodass es sicher in Ihrer Hand liegt und gleichzeitig eine Stütze ist (oben Mitte). Ist Ihr Griff zu fest, blockieren Sie womöglich den Autofokusmotor.

4. Drücken Sie die Kamera ans Auge und schauen Sie durch den Sucher. Tippen Sie leicht auf den Auslöser, um Ihr Zahlendisplay im Sucher zu sehen. Ist die Belichtungsskala unscharf? Dann drehen Sie am Dioptrienrädchen neben dem Sucherfenster, bis die Zahlen scharf zu sehen sind.

5. Nun fokussieren Sie Ihr Motiv, stellen die Belichtungszeit ein und wählen Ihren Bildausschnitt.

6. Möchten Sie im Hochformat fotografieren, so kippen Sie die Kamera gegen den Uhrzeigersinn hoch. Die rechte Hand liegt oben und mit dem linken Arm stützen Sie die Kamera seitlich ab (rechts unten).

Ebenso gut können Sie die Kamera im Uhrzeigersinn nach unten kippen, sodass die Hand von unten hält und Sie den rechten Arm in die rechte Seite stützen (links unten). Probieren Sie mehrmals aus, was Ihnen sympathischer ist, beide Varianten sind richtig. Linkshänder verfahren genau entgegengesetzt.

Kriterien der Bildgestaltung

Die Formatwahl ist abhängig vom Motiv. Im Zweifelsfall sollte mit beiden Formaten fotografiert werden. Beachten Sie bei Ihren Aufnahmen folgende Kriterien:

- Bewusstes Sehen und Wahrnehmen
- Beschränkung auf das Wesentliche
- Für ein Foto die nötige Zeit nehmen
- Nicht nur so nebenbei fotografieren
- Mit verschiedenen Perspektiven spielen
- Immer mit dem Licht fotografieren
- Schatten beachten, auch Eigenschatten
- Unruhige Hintergründe erkennen
- Ausgefallene Positionen einnehmen
- Ein Thema wählen – oder eine Serie
- An das Motiv herangehen oder heranzoomen
- Weg von der „Jeder-Schuss-ein-Treffer"-Idee

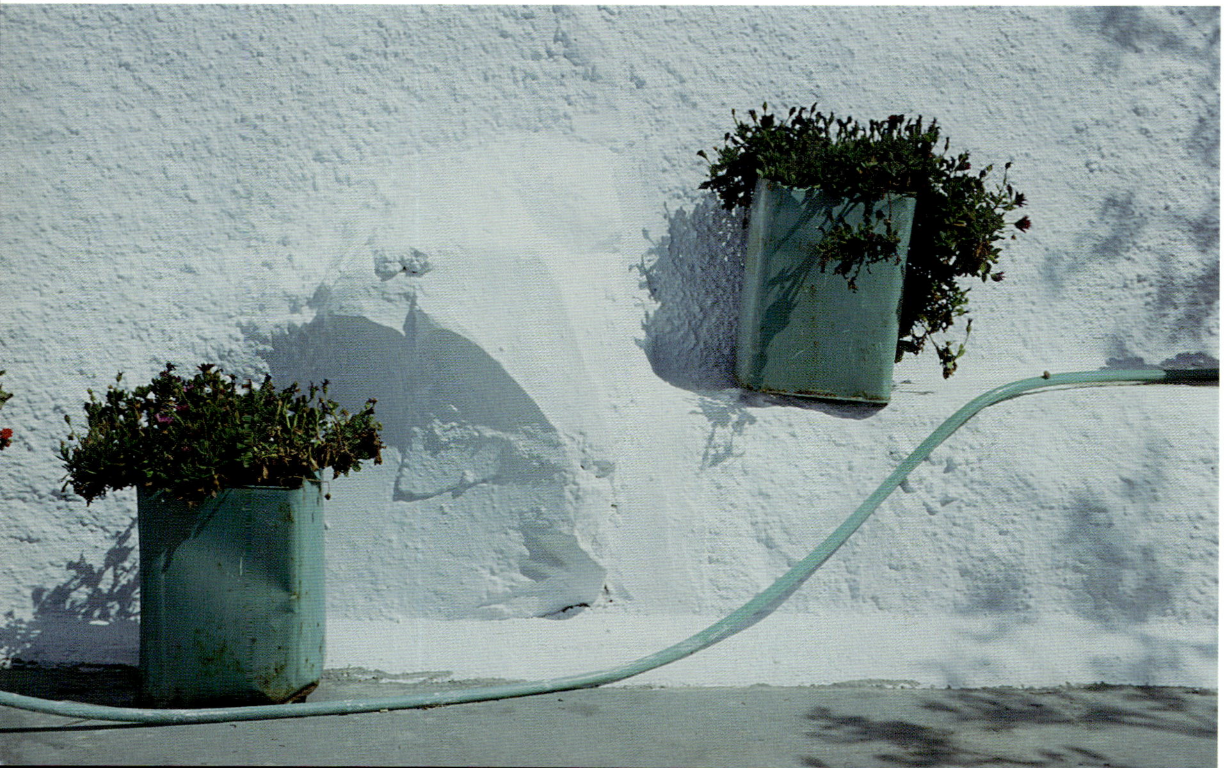

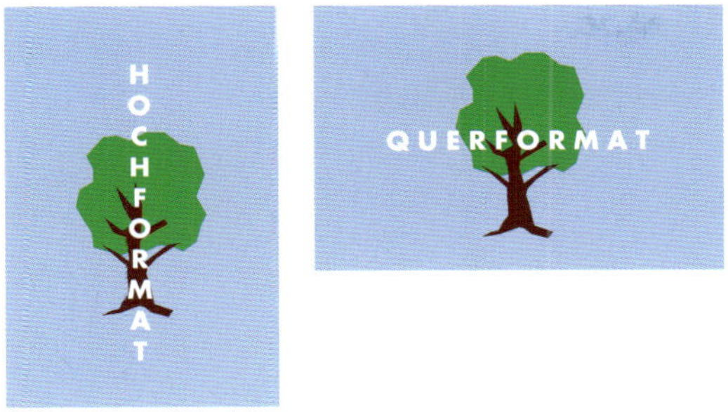

Raumaufteilung und Gewichtung

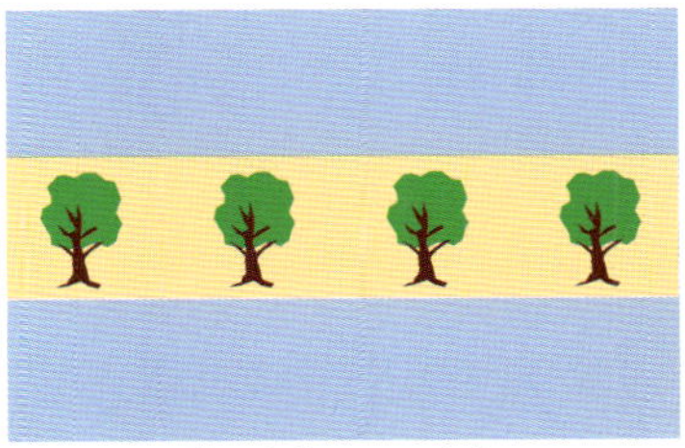

Gewichtung mittig

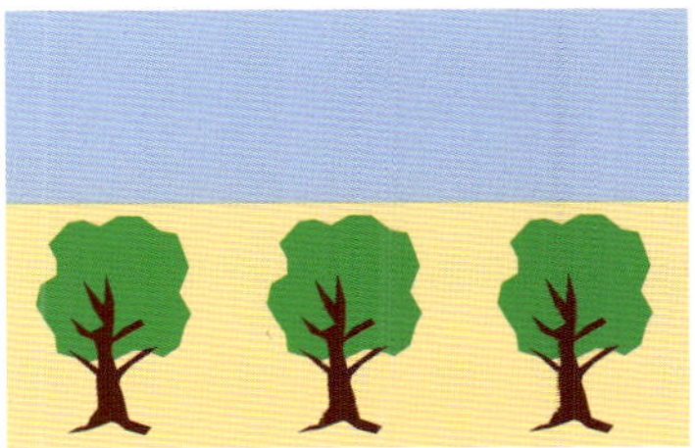

Gewichtung unten

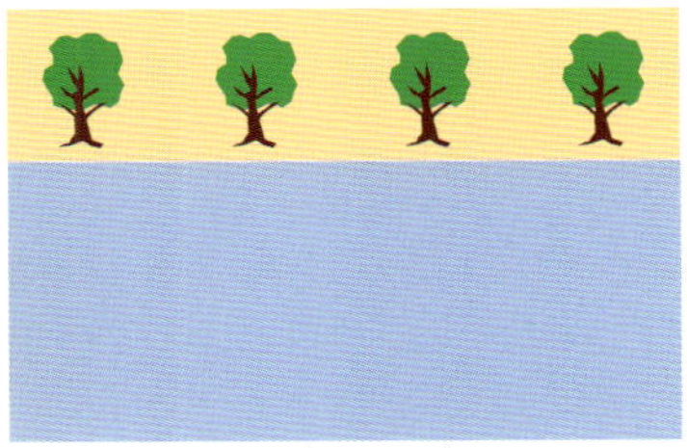

Gewichtung oben

Symmetrie und Asymmetrie

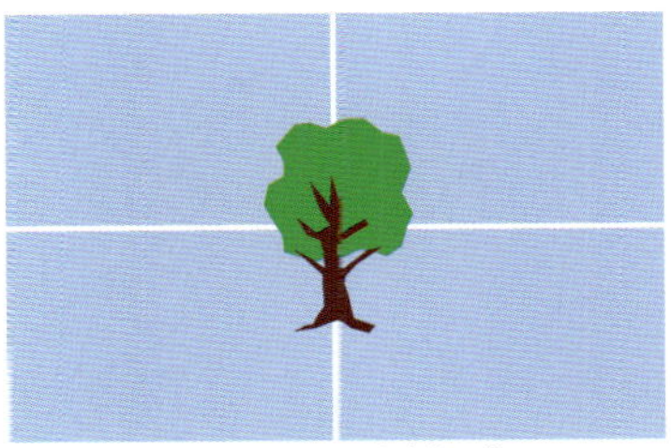

Der zentrierte Bildaufbau

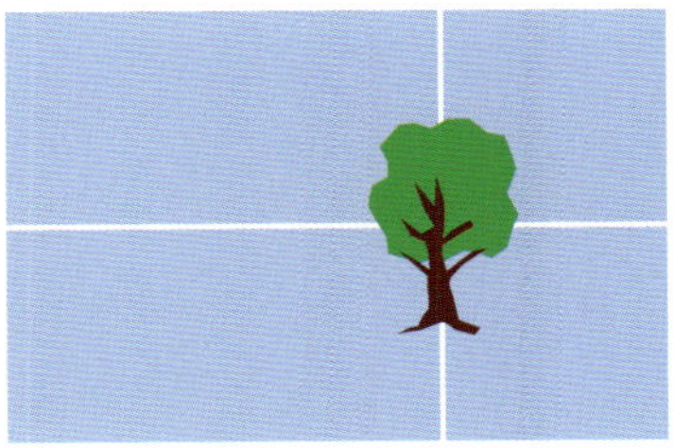

Der Goldene Schnitt

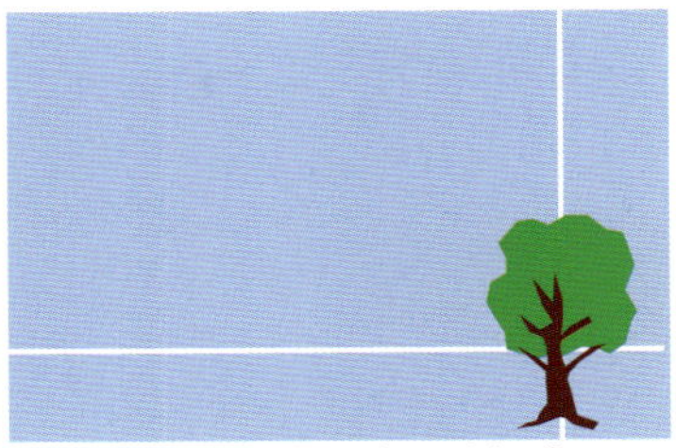

Der asymmetrische Bildaufbau

Verschiedene Perspektiven (perspektivische Verzerrung beachten)

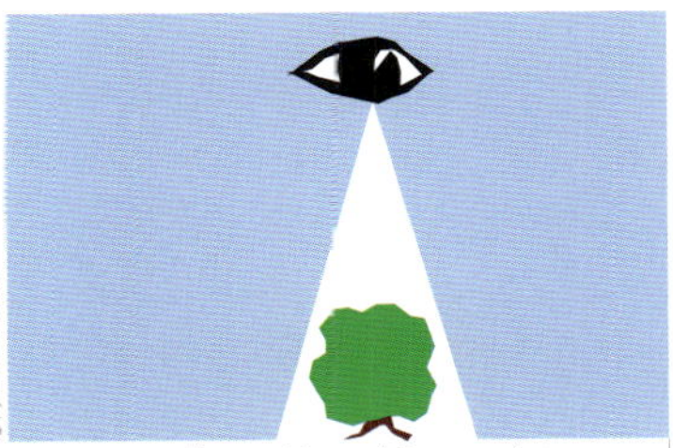

Von oben: Vogel-Perspektive

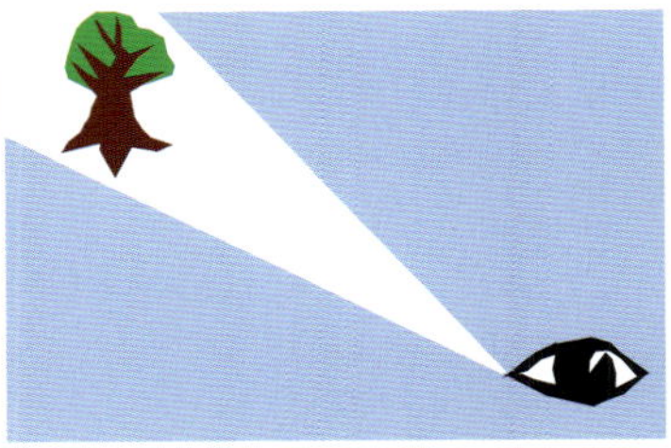

Von unten: Frosch-Perspektive

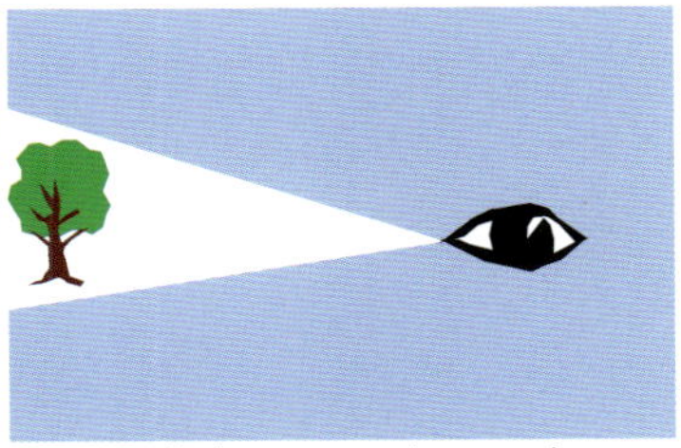

Augenhöhe: Normal-Perspektive

Aller Anfang ist quer

Devise Nummer 1: Herangehen!

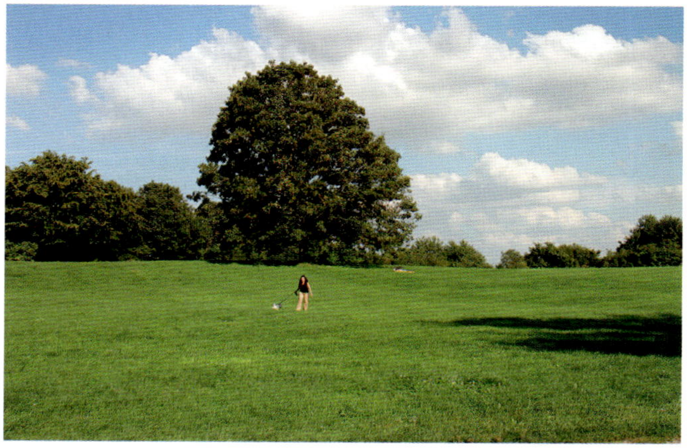

Abbildung 3.1: Die Aufnahme zeigt, wie pauschal die meisten Anfänger ihr Motiv anvisieren und fotografieren, obwohl der eigentliche Augenmerk auf dem kleinen weißen Terrier liegt

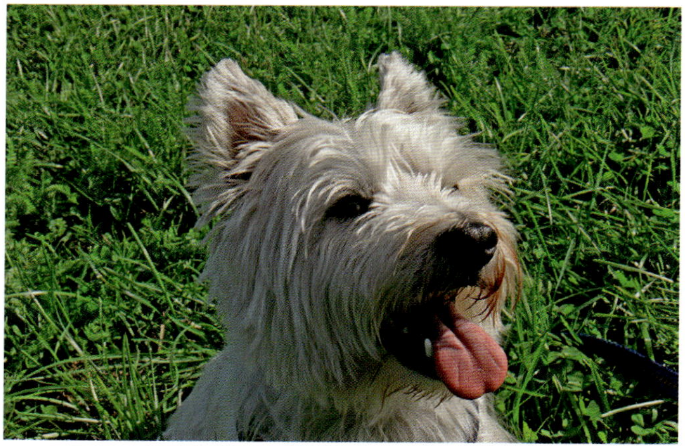

Abbildung 3.2: Der Terrier kommt hier nun zur Geltung. Gehen Sie an Ihr Motiv heran oder zoomen Sie es zu sich her

Einer der am häufigsten gemachten Anfängerfehler ist das Panoramabild im Querformat. Dazu folgendes Beispiel: Die Fotografin sieht im Park einen süßen Hund und möchte ihn fotografieren. Was dabei herauskommt, ist in den meisten Fällen ein Bild, auf dem außer einem winzigen Hund auch die gesamte Parklandschaft zu sehen ist. Fazit: Das eigentliche Motiv ging im Gesamtgeschehen buchstäblich „vor die Hunde“. Bevor Sie ein Foto machen, müssen Sie sich grundsätzlich fragen: Was ist mein Motiv? Gehen Sie folgendermaßen vor:

1. Konzentrieren Sie sich auf das eigentliche Motiv – in unserem Beispiel den Hund. Wie möchten Sie ihn darstellen? Mit Frauchen oder den Hund allein? Als Körperbild oder Porträt? Soll er sitzen oder lieber stehen? Stellt der Hund sich gerade stur und macht nicht das Gewünschte, dann müssen Sie warten können. Geduld ist in der Tierfotografie das A und O.
2. Schauen Sie durch den Sucher Ihrer Kamera. Ist Ihr Motiv noch zu weit entfernt? Dann bewegen Sie sich grundsätzlich auf Ihr Motiv zu, bevor Sie es heranzoomen. Durch das geringere Ausfahren des Objektivs ersparen Sie sich einen Lichtverlust.
3. Ist das Motiv immer noch nicht nah genug, dann bewegen Sie sich weiter darauf zu.
4. Nun entscheiden Sie sich für das Aufnahmeformat. Ist das Motiv schöner im Querformat oder günstiger im Hochformat, weil Sie es so größer ins Bild bekommen? Verwenden Sie im Zweifelsfall beide Formate.
5. Umlaufen Sie Ihr Motiv und achten Sie dabei auf den Hintergrund. Ist womöglich ein hässlicher Papierkorb im Bild? Dann probieren Sie einen Seitenwechsel. Begeben Sie sich in verschiedene Positionen und variieren Sie mit den Perspektiven. Gehen Sie leicht in die Knie oder tiefer in die Hocke, begeben Sie sich auf Augenhöhe mit dem Tier oder fotografieren sie es von oben.
6. Seien Sie ebenso variabel mit den Brennweiten. Versuchen Sie, die Charakteristik des Hundes einzufangen, etwa das wuschelige Wollknäuel, das faltige Knautschgesicht oder die Spitzohren. Nun gehen Sie ans Werk und konzentrieren sich voll auf Ihr Motiv.

Die gleiche Behutsamkeit gilt für Aufnahmen mit fremden Menschen. Nicht jeder möchte ungefragt abgelichtet werden. Seien Sie taktvoll und experimentieren Sie lieber mit Freunden und Verwandten.

VORSICHT: Die meisten Hunde reagieren auf fremde Personen erst einmal skeptisch. Es ist deshalb ratsam, das Tier nicht sofort zu streicheln. Sprechen Sie vorher mit dem Hundehalter und nähern Sie sich dem Tier langsam. Reden Sie liebevoll mit dem Hund und lassen Sie sich zuerst Ihre Hand beschnüffeln. Reagiert der Hund schwanzwedelnd, dann haben Sie alle Freiheiten und ein dankbares Fotomotiv (mehr zum Thema Tierfotografie in Kapitel 7.8).

Abbildung 3.3: Diese Schemenskizze veranschaulicht die 1,618:1-Aufteilung der Bildgestaltung im Golden Schnitt – als Bildwirkung und als Streckengewichtung

Das ästhetische Bild

Der Goldene Schnitt

In der Kunst wird der Goldene Schnitt oft als ideale Proportion verschiedener Längen zueinander gesehen. Er gilt als Inbegriff von Ästhetik und Harmonie. Die meisten Menschen empfinden den Goldenen Schnitt als harmonisch. In Wirklichkeit liegt dem „Zauber" der Bildgestaltung ein nüchtern konstruiertes 1,618:1-Verhältnis zugrunde.

Auch in der Malerei wird mit dem Goldenen Schnitt gearbeitet und viele Künstler wie z. B. Albrecht Dürer oder Piet Mondrian malten nach diesem Prinzip. Letztlich ist es eine Frage des persönlichen Geschmacks, denn was als schön bezeichnet wird, darüber lässt sich bekanntlich streiten.

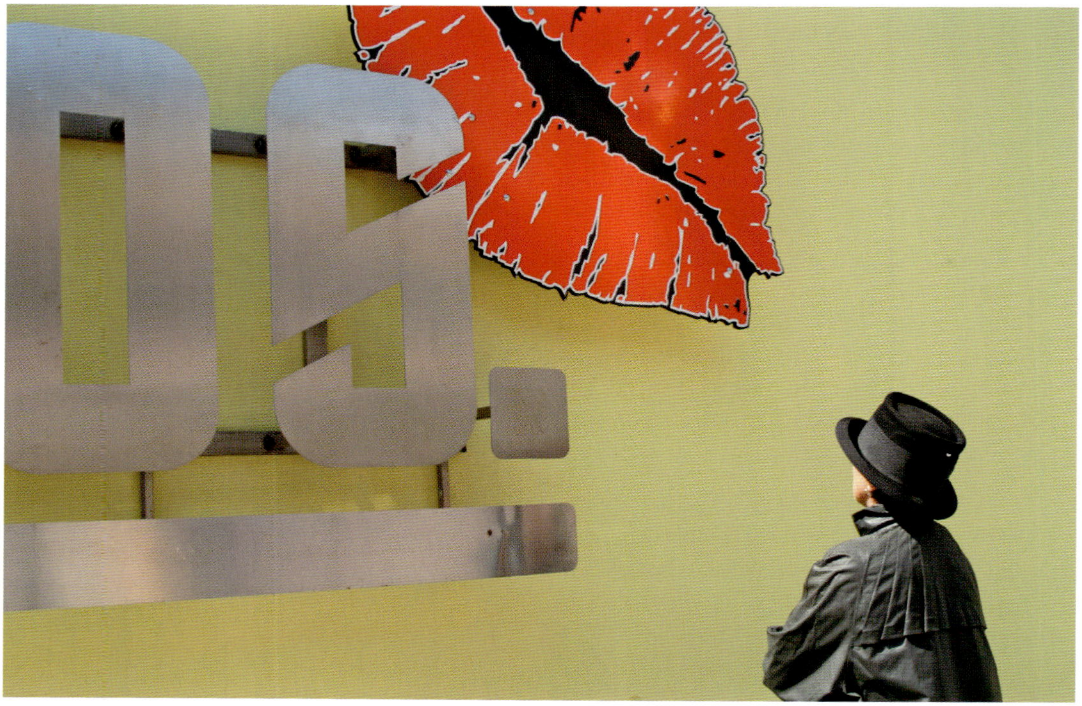

Abbildung 3.4: Diese Aufnahme wurde exakt nach den Proportionen des Goldenen Schnitts gemacht. Dadurch wirkt das Foto ausgewogen und spannungsreich zugleich. Belichtung: Brennweite: 28 mm Belichtungszeit: 1/750 Sek., Blende: 4

Hoch- oder Querformat?

In der Malerei, Bildhauerei und in der Fotografie gilt das Gleiche: Die Kunst liegt darin, Überflüssiges wegzulassen und die Konzentration auf das Wesentliche zu richten.

Etwa 90 Prozent der Aufnahmen von Fotoanfängern werden aus Augenhöhe gemacht – und im Querformat. Unsere Kameras sind so gebaut, dass wir durch den Sucher automatisch ein Querformat wählen. Zu Anfang denkt der Fotoamateur nicht einmal an die Möglichkeit, auch ein Hochformat in Betracht zu ziehen. Meistens ist das Querformat besser für eine Landschaftsaufnahme geeignet und das Hochformat passender für ein Porträt. Doch das Experimentieren mit dem Hoch- oder Querformat sollte in jedem Fall bei allen Aufnahmen bedacht werden. Bei Unsicherheit rate ich Ihnen, in beiden Formaten zu fotografieren. Besonders am Anfang ist es wichtig, bewusst darauf zu achten, dass sich das Aufnahmeformat dem Motiv anpasst.

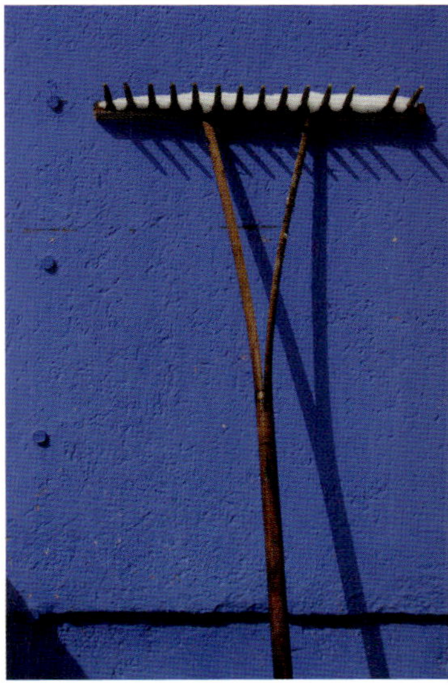

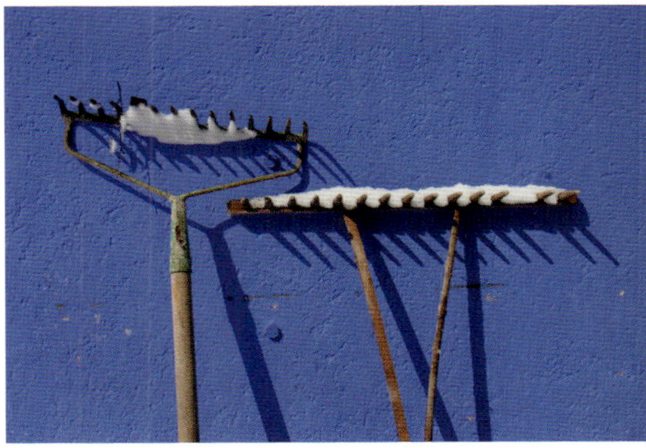

Der Bildausschnitt hängt im Wesentlichen von der Wahl Ihres Objektivs ab. Zoomobjektive geben Ihnen die Möglichkeit, schnell mit den Brennweiten zu variieren. Bevor Sie Ihr Objektiv wechseln, sollten Sie überlegen, ob es nicht besser ist, sich dem Motiv schrittweise zu nähern – oder sich gegebenenfalls weiter zu entfernen.

Mehrere Aufnahmen machen

Spielen Sie mit den Aufnahmeformaten – quer oder hoch. Zoomen Sie das Motiv heran, zoomen Sie es weiter weg, gehen Sie in die Hocke oder umlaufen Sie Ihr Motiv. Machen Sie mehrere Aufnahmen, aber fotografieren Sie nicht wahllos. Gehen Sie gezielt voran und fragen Sie sich vor jedem Foto: „Was kann ich bei meiner nächsten Aufnahme noch besser machen?"

Die Aufnahmeperspektive wählen

Ein wichtiges Stilmittel ist der Blickpunkt. Er kann den Ausdruck eines Bildes erheblich beeinflussen. Die richtige Perspektive kann Ihnen helfen, störende Details aus dem Hintergrund „wegzublenden". Durch kleine Änderungen Ihres Standpunkts können Sie hässliche Details beseitigen.

Faustregel

Ihr Standpunkt verändert den Blickpunkt.

Bewegen – das A und O

Im Alltag sehen Sie die Dinge um sich herum dreidimensional. Durch den Sucher der Kamera betrachten Sie jedoch ein zweidimensionales Bild. Diese „flache Betrachtungsweise“ erfordert eine neue Einschätzung von Farben, Formen und Umfeld. „Wimmelbilder“ sind Fotos mit zu vielen Informationen – ein typischer Anfängerfehler. Konzentrieren Sie sich auf das Wesentliche. Ihr Motiv ist das Motiv, nicht das Drumherum!

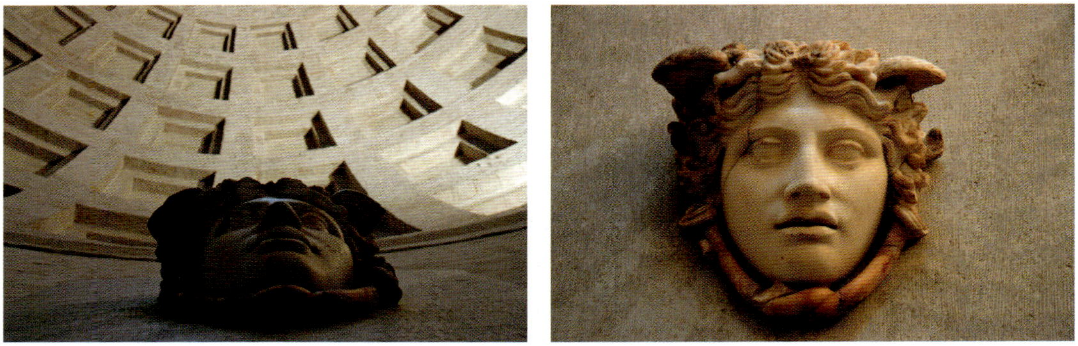

Abbildung 3.5: Selbes Motiv, gleicher Standpunkt: Das rechte Foto wurde in Normalperspektive aufgenommen, das linke Foto wurde aus der Hocke nach oben fotografiert

Auf den Hintergrund achten

Jedes unerwünschte Detail im Hintergrund kann die Stimmung Ihres Bildes beeinflussen oder sie gar ruinieren.

Ein gläsernes Hochhaus neben einer mittelalterlichen Burg kann das historische Flair zunichtemachen. Es kann aber auch interessant wirken – je nachdem, wie Sie es in Szene setzen. Ein Schritt nach vorne oder zur Seite, ein näheres Heranzoomen oder das Drehen der Kamera kann schon genügen, um ein visuelles Malheur zu beheben.

Ragt aus einem Porträt im Hintergrund ein Laternenpfahl, wird das Foto seine Wirkung verfehlen. Andererseits können durch negative Einflüsse auch gewollt lustige Bilder entstehen. Letztendlich liegt es daran, wie Sie Ihr Bild in Szene setzen.

Schattengestalt

Die Mittagssonne ist für Porträtaufnahmen sehr unvorteilhaft. Harte und vertikale Schatten unter Augen und Nase machen selbst aus einem weichen Kindergesicht eine starre Maske.

Schräg einfallendes Licht kann Schatten von nicht abgebildeten Objekten ins Bild werfen. Mit der Sonne im Rücken stehen Sie sich als Lichtgestalterin selbst im „Bild“ und machen sich zur störenden „Schattenfigur“.

Das Motiv hinter dem Motiv

Wichtige Details selektiert unser Auge selbst und isoliert den Gegenstand unseres Interesses. Hintergründe oder am Rand befindliche Details finden kaum unsere Beachtung. Doch gerade diese Nebenmotive sind es, die Ihnen am Ende Ihr eigentliches Motiv „versauen“. Verwenden Sie dabei noch eine geschlossene Blende, dann ist dieses unschöne „Zweitmotiv“ scharf abgebildet.

Wenn sich störende Hintergründe auch nicht in Luft auflösen, so sind Sie zumindest in der Lage, nur das Hauptmotiv hervorzuheben, indem Sie mit einer offenen Blende den Hintergrund schärfentechnisch auflösen. In vielen Fällen reicht es schon aus, den berühmten Schritt nach links oder rechts zu tun. Spielen Sie wieder mit den Formaten quer und hoch. Zoomen Sie heran oder weiter weg, umlaufen Sie Ihr Motiv. Machen Sie zahlreiche Aufnahmen, aber fotografieren Sie nicht kopflos herum. Gehen Sie gezielt voran und fragen Sie sich immer: „Wie rücke ich mein Motiv ins beste Licht?“

Lebendige Bilder entstehen durch Bewegung. Ich fordere Sie immer wieder auf, mit der Perspektive zu spielen und an Ihr Motiv heranzugehen.

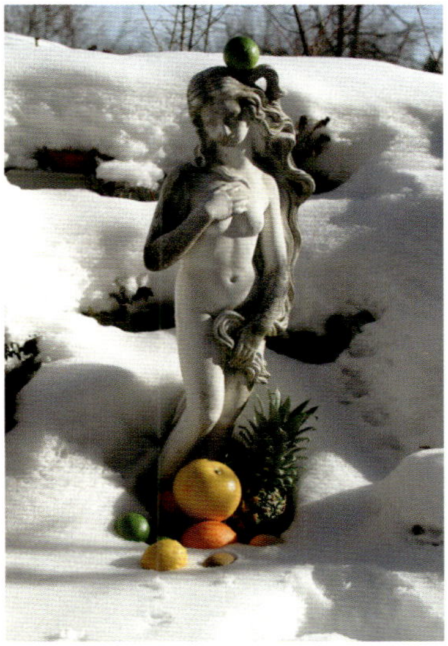

Abbildung 3.6: Ein Motiv, zweimal der gleiche Standpunkt: Auf dem oberen Bild wirkt der Hintergrund störend, weil das Motiv leicht von unten fotografiert wurde

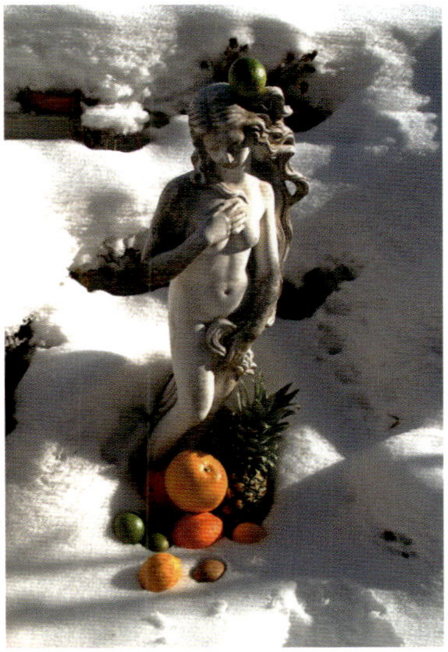

Abbildung 3.7: Hier wurde der Hintergrund weggekippt, indem von einer erhöhten Position fotografiert wurde. Belichtung: Brennweite: 50 mm, Belichtungszeit: 1/500, Blende 16

Der Bildausschnitt

Jede Aufnahme verlangt Ihnen als Fotografin die Entscheidung ab, wo Ihr Bild „abgeschnitten“ werden soll. Besonders in der Porträtfotografie haben sich bestimmte Begriffe durchgesetzt, die auch vom Film bekannt sind:

- 1 + 2 Die Totale stellt Personen in einem relativ weiten Umfeld dar.
- 3 Die Halbtotale präsentiert den Menschen vom Kopf bis zur Mitte der Brust.
- 4 Die Nahaufnahme zeigt den Kopf des Menschen oder Gesichtspartien.

Bei personenbezogenen Aufnahmen sollten Sie auf jeden Fall darauf achten, Anschnitte von Armen, Beinen (1), Füßen (2) und Händen (3) zu vermeiden, da die Bilder auf diese Weise „verstümmelt“ wirken.

Mut zum Anschnitt

Im Fall der verschleierten Frau (4) wurde der Anschnitt ihrer Gesichtshälfte bewusst gewählt. Mut zu einer ausgefallenen Sehweise trägt hier zu einer außergewöhnlichen Bildgestaltung bei.

Personen können „verstümmelt“ wirken, wenn sie unglücklich angeschnitten wurden. Abgeschnittene Beine und zu viel Raum in der oberen Bildhälfte sind typische Anfängerfehler. Genaue Betrachtung und Konzentration auf das Modell können solche Missgeschicke verhindern.

So vieles hängt ab von den jeweiligen Umständen, welcher Kontakt, Dialog, welche Atmosphäre entstehen kann zwischen zwei Menschen, die sich vielleicht vorher noch nie begegnet sind.

Isolde Ohlbaum, 1944, deutsche Fotografin

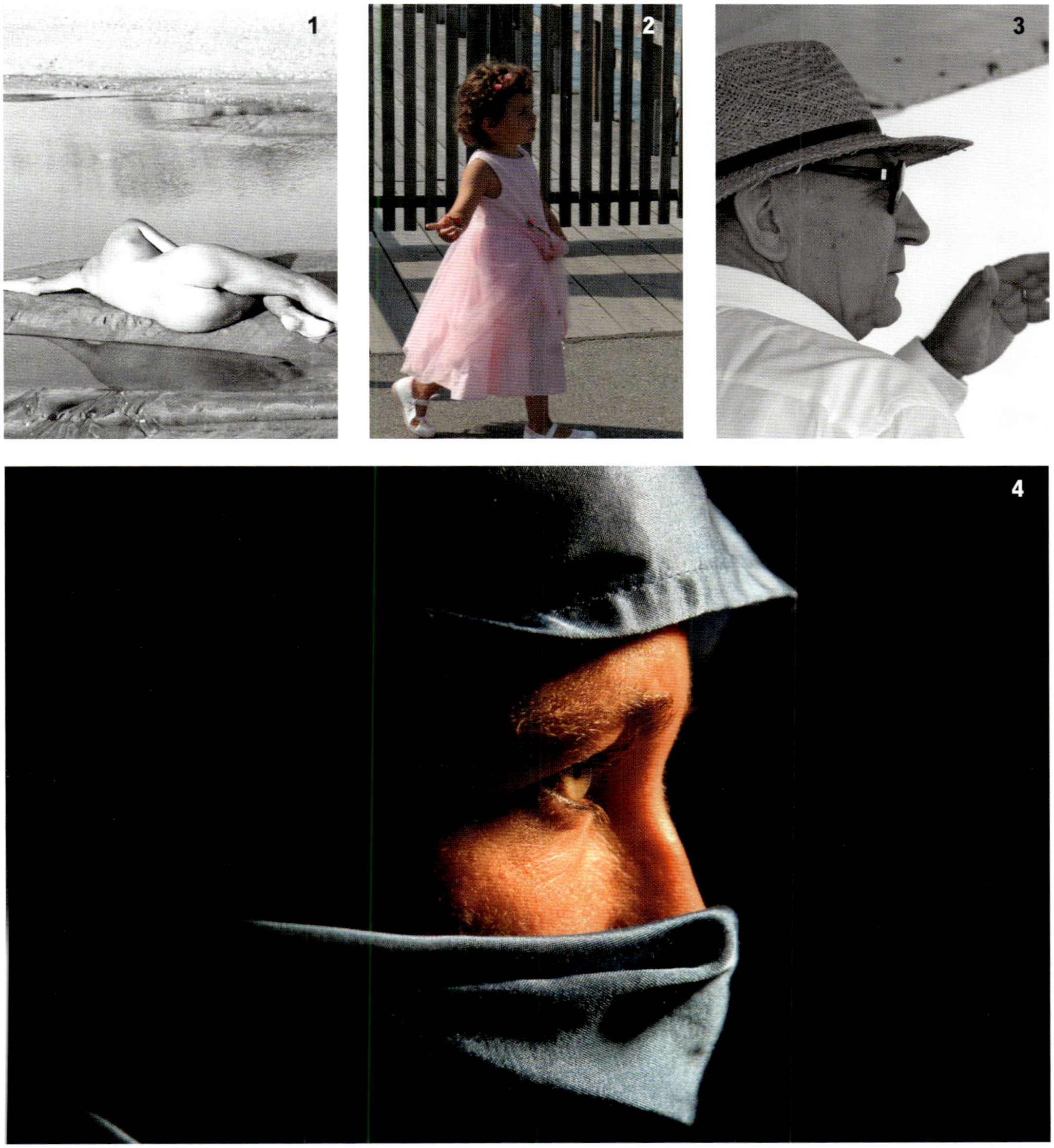

Abbildung 3.8: Ganz im Gegensatz zu den oberen „abgehackten“ Fotos wurde bei der Nahaufnahme (4) bewusst ein Anschnitt gewählt, aber nichts „abgeschnitten“ – und das macht diese Aufnahme zu einem geglückten Bild

Bildausschnittfehler

Lassen Sie Raum vor der Blick-, Lauf- oder Fahrtrichtung eines Motivs – dort, wo es sich hinbewegt oder hinschaut. Wenn Sie den Raum vor Ihrem Motiv kürzen, dann assoziieren Sie eine bereits ausgeführte Bewegung und die gesamte Szenerie wirkt wie abgehackt.

Richtig

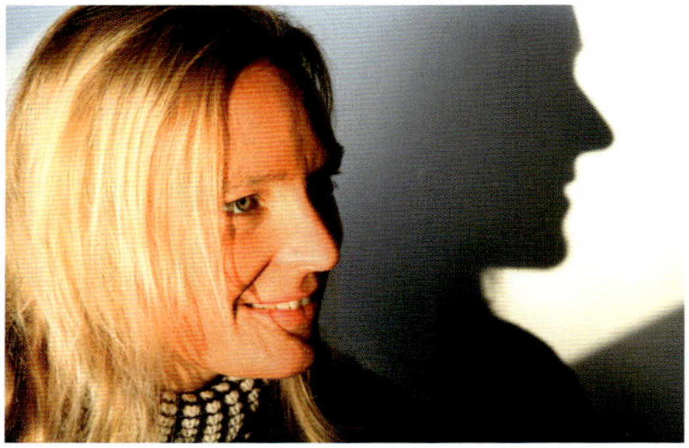

Porträtfotos benötigen Raum in Blickrichtung. Das ist hier sehr wichtig, weil das Schattenbild an der Wand zum Porträt gehört.

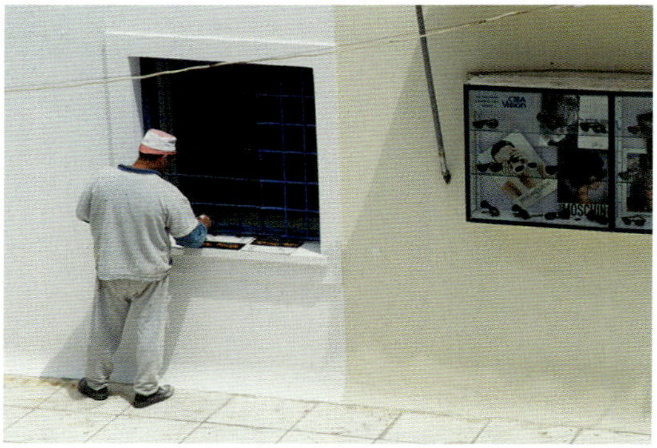

Der Anstreicher ist das Hauptmotiv und wurde im Bild gut nach der Regel des Goldenen Schnitts proportioniert.

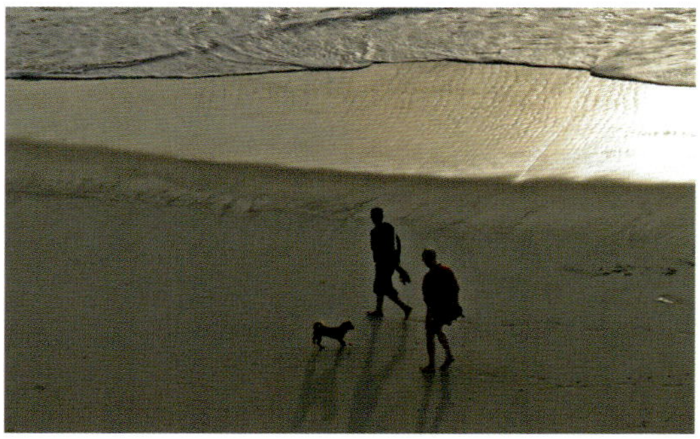

Das Paar mit dem Hund hat noch einen Weg vor sich. Das vermittelt der offene, jedoch nicht leer wirkende Raum vor ihnen.

Falsch

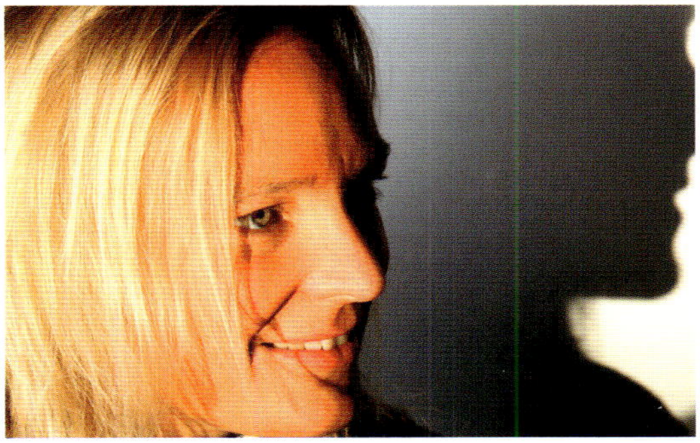

Das Kinn hängt zu knapp am Bildrand und dem dekorativen Kopfschatten wurde die Nase abgehackt. Das sind barbarische Fehler!

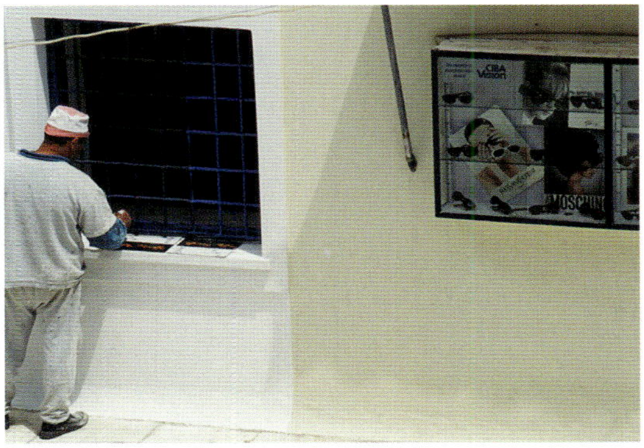

Dem Anstreicher wurde „zugunsten" einer weißen Wand ein Arm angeschnitten und die Beine wurden gekürzt. Was ist das eigentliche Motiv?

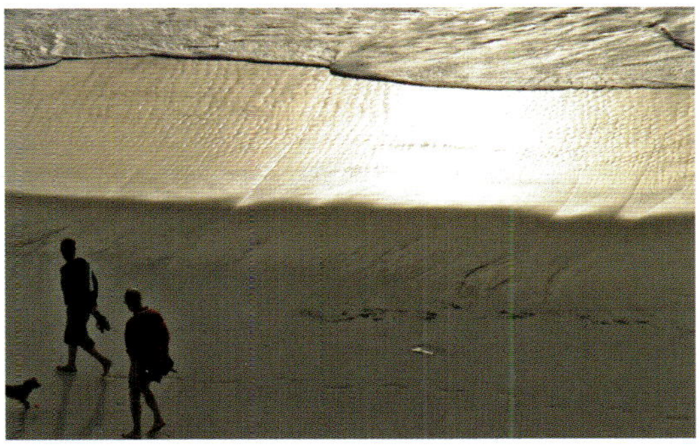

Hier scheint das Paar bereits am Ende des Wegs zu sein. Der freie Platz hinter ihm hat keine Aussage und der Bildanschnitt ist unglücklich gewählt.

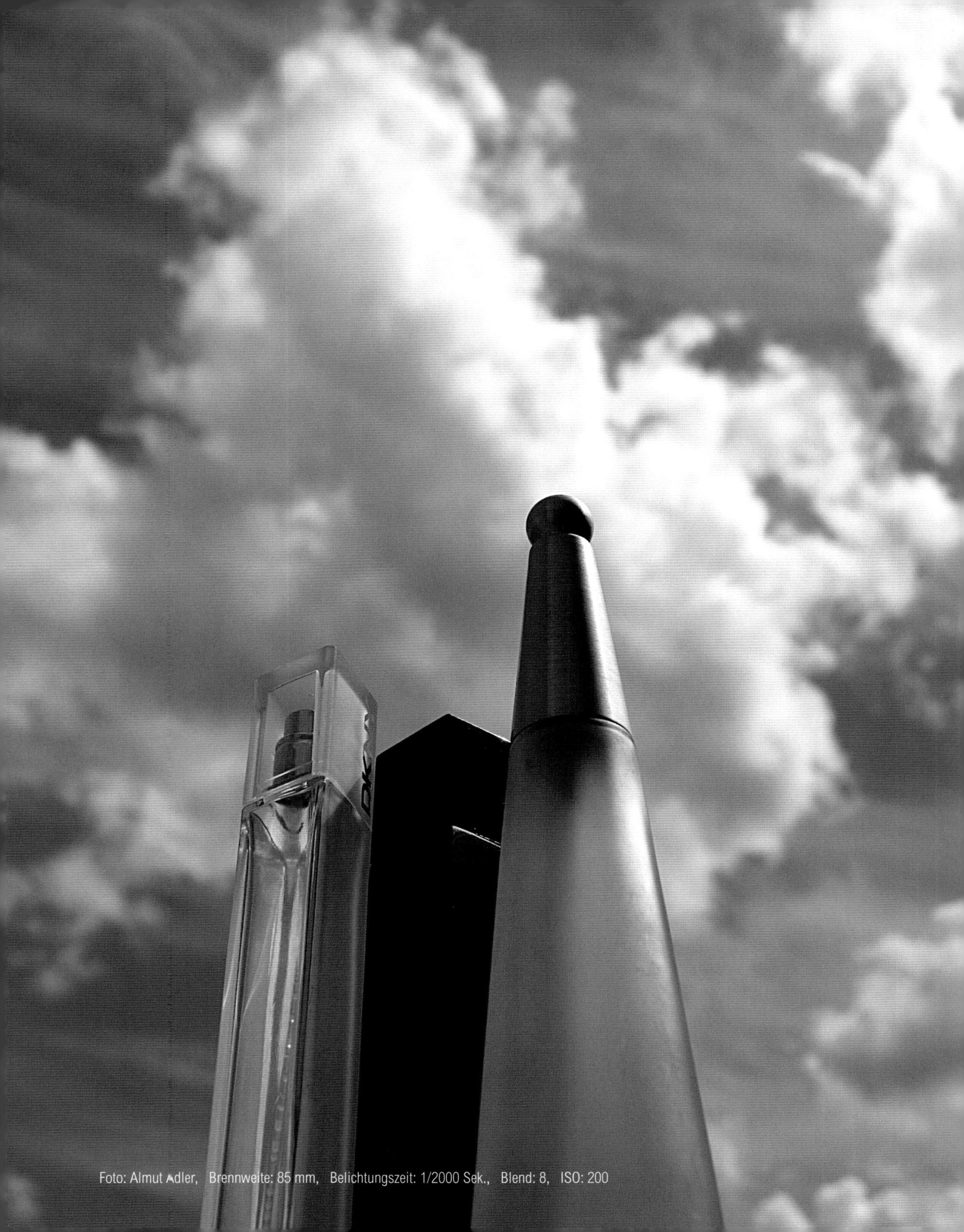

Foto: Almut Adler, Brennweite: 85 mm, Belichtungszeit: 1/2000 Sek., Blend: 8, ISO: 200

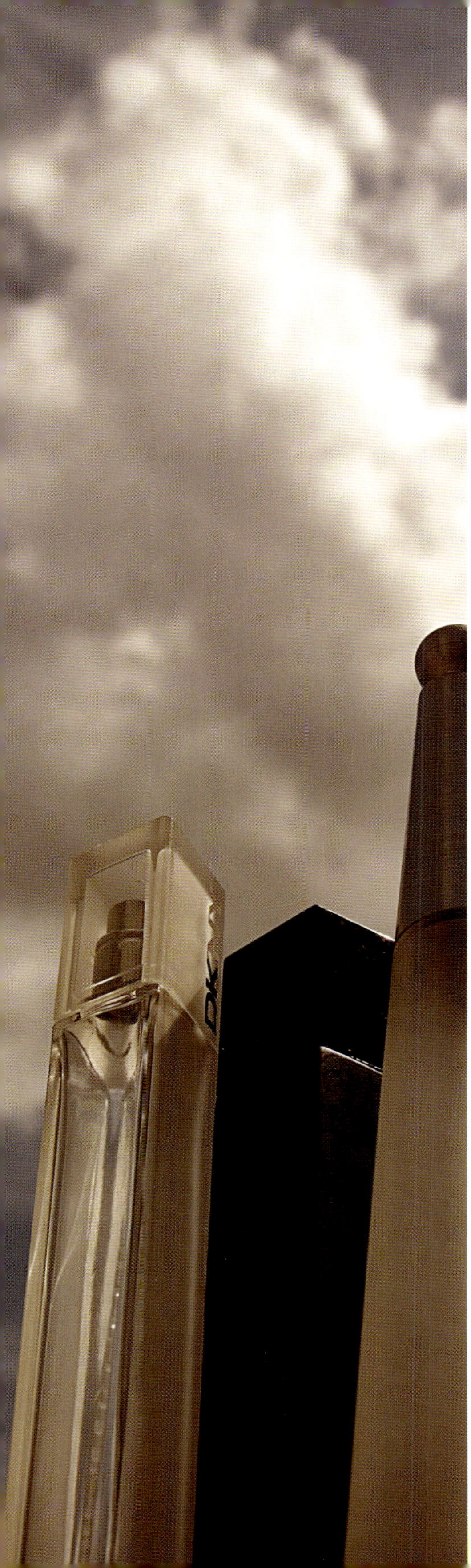

Kapitel 4

Die Perspektive

Den Blick verändern

Machen Sie sich bewusst, dass Ihre Perspektivwahl ein entscheidendes Gestaltungsmittel ist. Wenn Sie außergewöhnliche Fotos machen wollen, dann müssen Sie den „Hochsitz" Ihrer normalen Sehweise verlassen und auch mal auf die Knie gehen. Bewegung ist eine Grundvoraussetzung zur Veränderung von Perspektiven. Ändern Sie Ihre normale Augenhöhe und begeben Sie sich auf die Augenhöhe Ihres Motivs. Durch Abstand zum Motiv, verschiedene Blickwinkel und Brennweiten können Sie Perspektiven auf unterschiedlichste Arten beeinflussen.

Die Froschperspektive

Von unten herauf

Aufnahmen aus der Froschperspektive vermitteln den Eindruck von Weite und Raumtiefe. Durch ein Weitwinkelobjektiv (17/24 mm) wird Verlorenheit ausgedrückt und durch große Tiefenschärfe Raum erzeugt. Das kommt der Froschperspektive zugute. Durch die Vergrößerung mit einem Teleobjektiv würde diese Aufnahmeperspektive relativ wirkungslos ausfallen.

Vorsaison

Mit einem 24 mm Weitwinkelobjektiv und der tiefen Bodenperspektive habe ich die Leere dieses griechischen Freiluftcafés zur Vorsaison verstärkt zum Ausdruck gebracht.

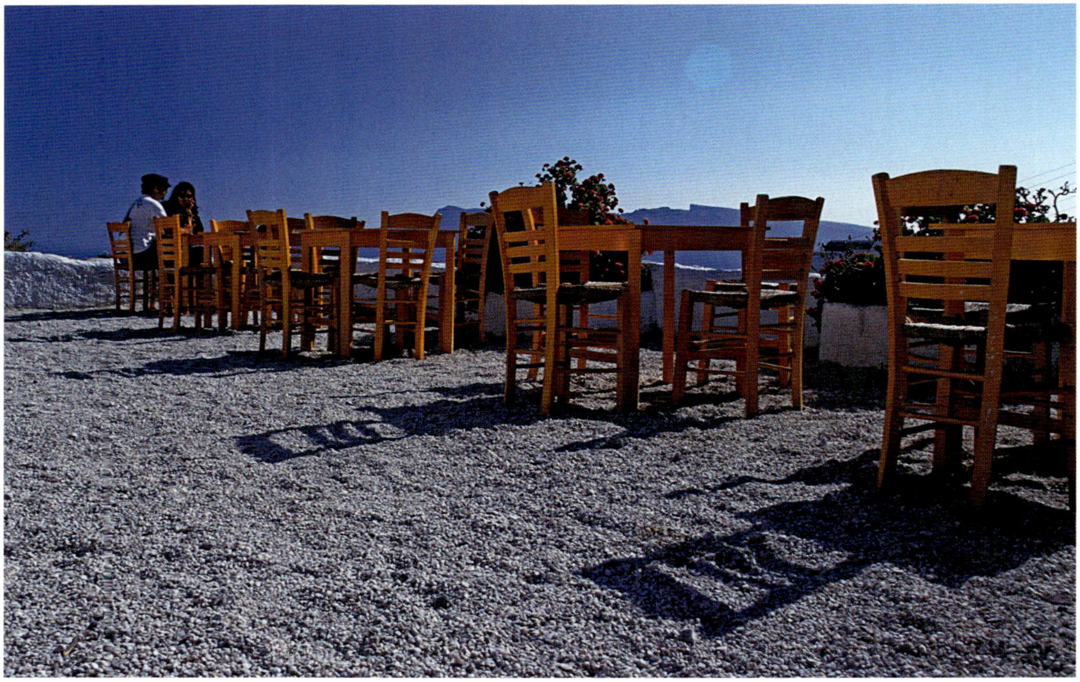

Belichtung: Brennweite: 28 mm
Belichtungszeit: 1/800, Blende: 22

Fußnote

Aus der Hocke fotografierte ich an die Mauer gelehnt direkt nach oben. Durch diese Sehweise entstand eine ungewöhnliche Urlaubsszene.

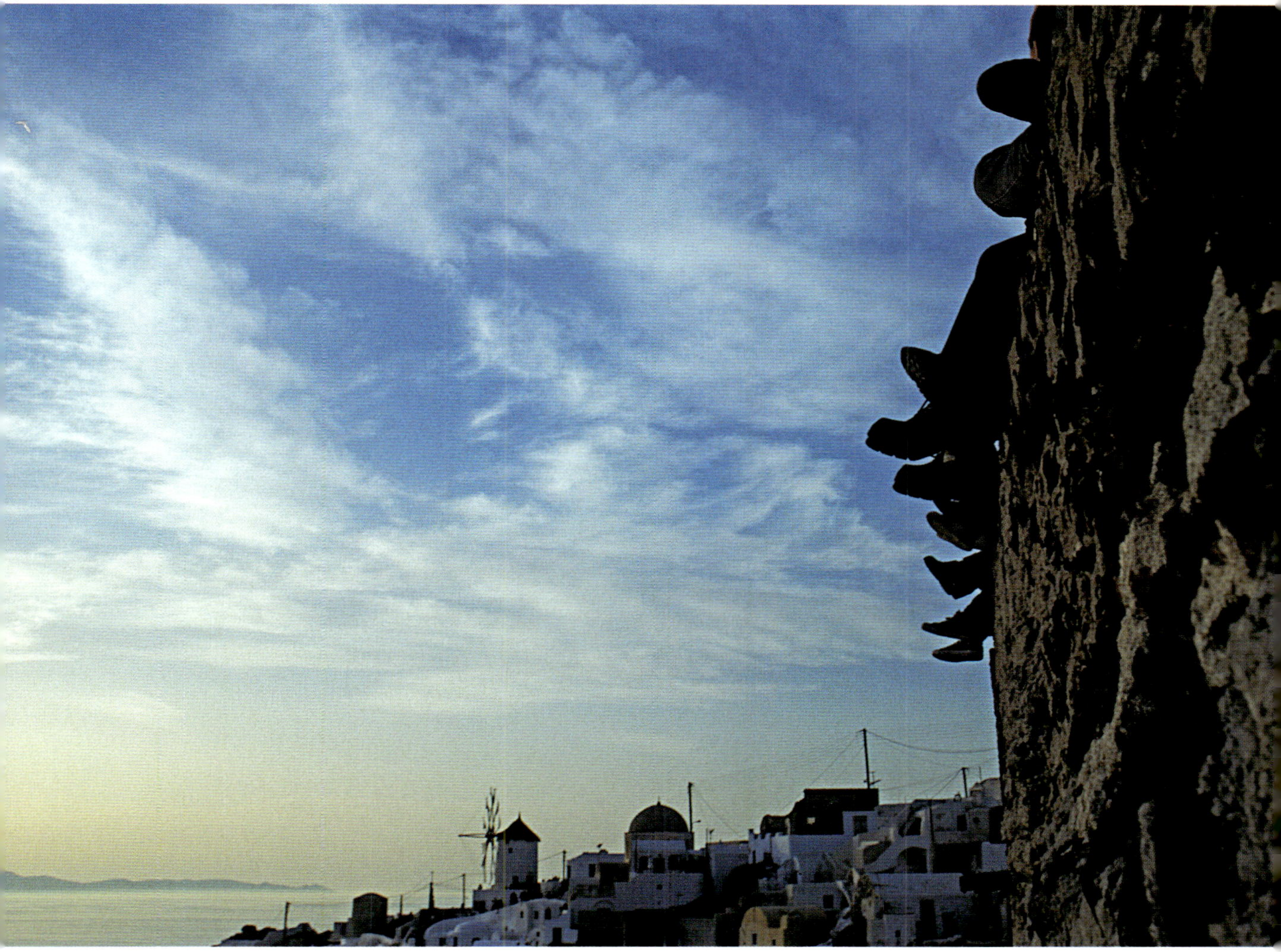

Belichtung: Brennweite: 24 mm
Belichtungszeit: 1/250, Blende: 22

Hochnäsig

Die Arroganz der pinkfarbenen Plastikpudel wirkt durch die Froschperspektive und die Weite des Himmels zusätzlich distanziert.

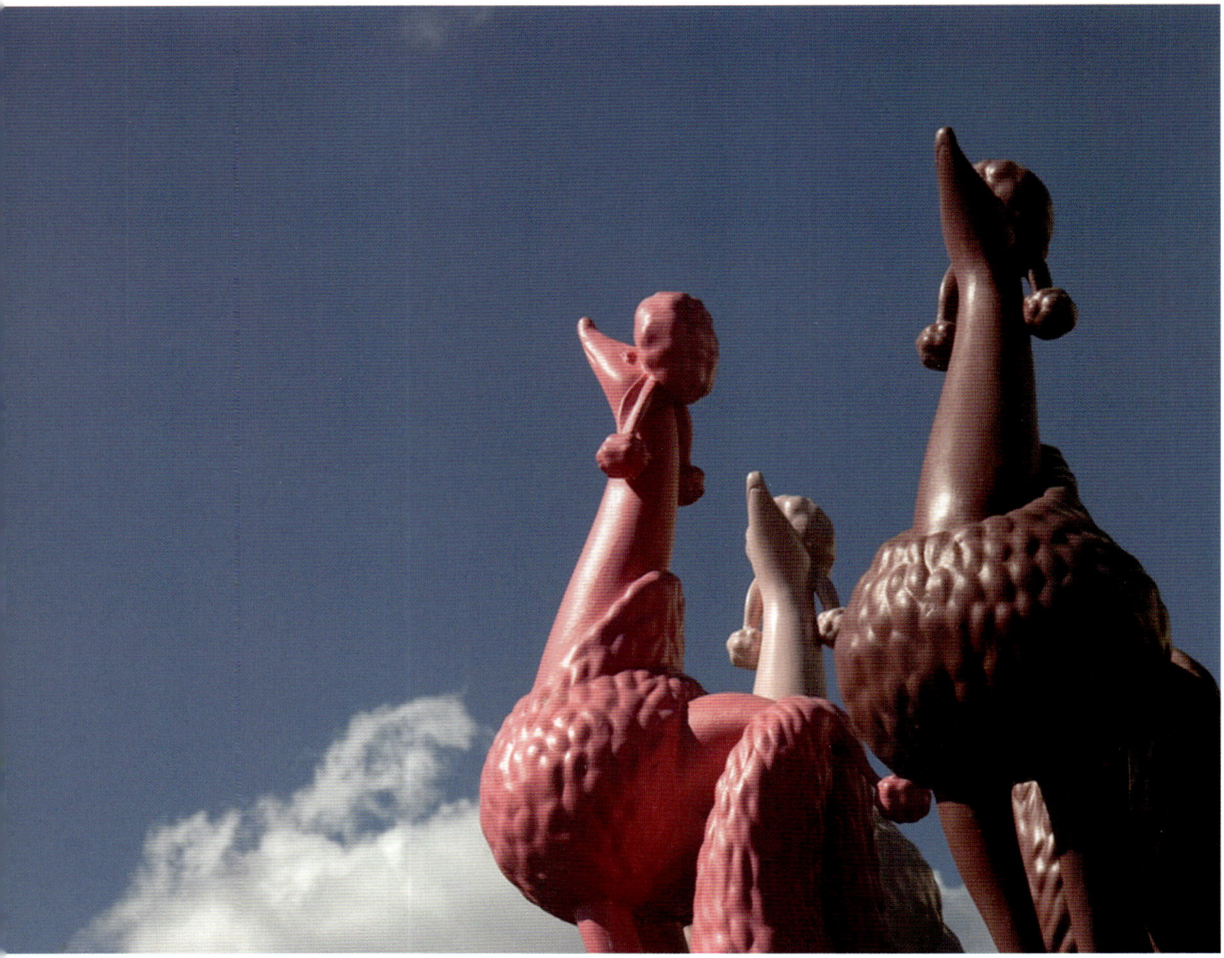

Belichtung: Brennweite: 24 mm
Belichtungszeit: 1/1000, Blende: 11

Abgewrackt

Um das Wrack wie ein verirrtes Geisterschiff aussehen zu lassen, habe ich die Aufnahme mit einem Weitwinkelobjektiv (17/28 mm) aus der Hocke nach oben fotografiert.

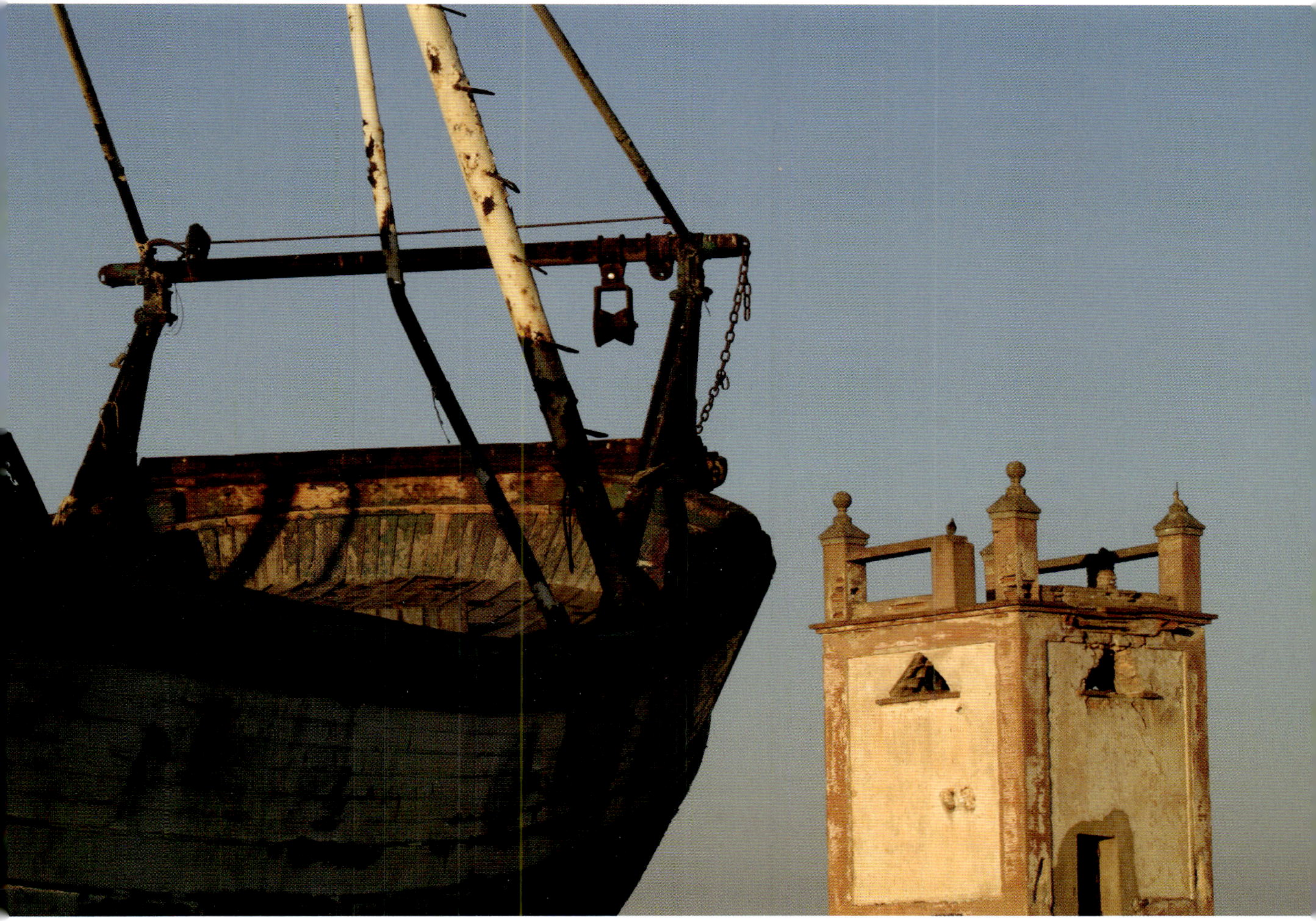

Belichtung: Brennweite: 70 mm
Belichtungszeit: 1/250, Blende: 13

Die Vogelperspektive

Von oben herab

Die Sehweise von oben herab ermöglicht Ihnen einen guten Überblick. Um auf perspektivische Entdeckungsreisen zu gehen, brauchen Sie nur ein wenig Abenteuerlust. Der Mut zu ausgefallenen Perspektiven entwickelt sich von ganz allein – durch Bewegung.

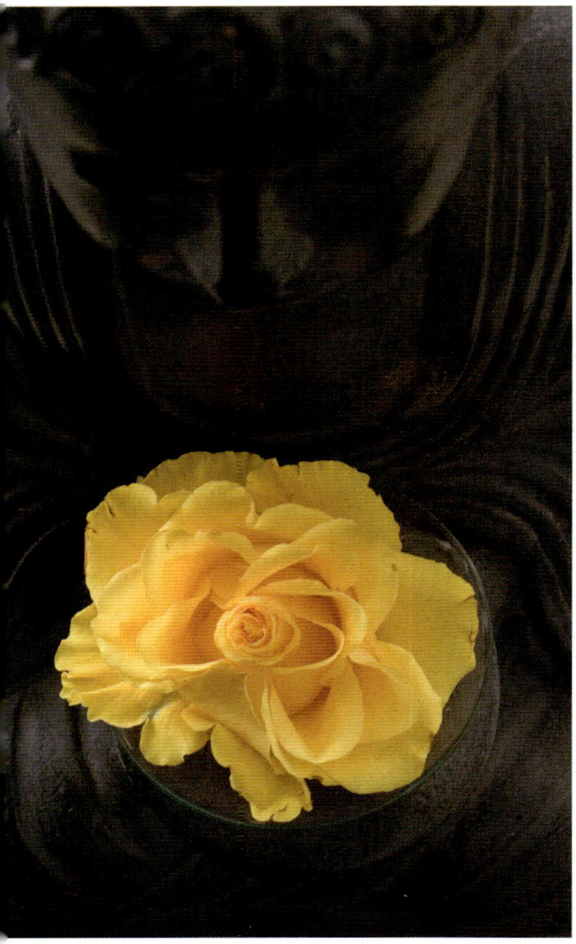

Abbildung 4.1: Durch Verwendung einer offenen Blende entstand eine sehr geringe Tiefenschärfe. Belichtung Brennweite: 105 mm, Belichtungszeit: 1/100, Blende: 11

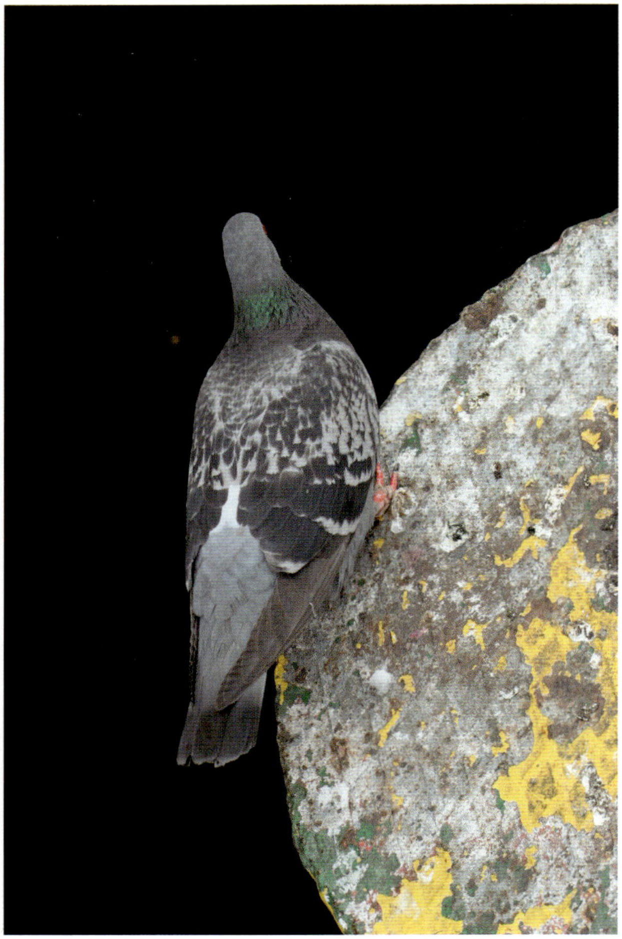

Abbildung 4.2: Eine Vogelperspektive wörtlich genommen. Diese Taube zoomte ich mit einem 70-200 mm Zoom von oben heran. Durch den dunklen Hintergrund "drängt" sich die Taube förmlich in den Vordergrund. Belichtung: Brennweite: 70 mm, Belichtungszeit: 1/250, Blende: 7,1, ISO: 400

Sie können Ihren Standpunkt gar nicht oft genug überprüfen. „Stehe ich so richtig, was kann ich ausblenden, welchen Hintergrund möchte ich auf meinem Bild haben und was ist mein eigentliches Motiv? Und warum wähle ich gerade für dieses Motiv die Vogelperspektive?" Fragen Sie sich, ob diese Perspektive Ihre Bildaussage verstärkt oder eher nicht. Das können Sie leicht überprüfen, indem Sie sich in eine andere Position begeben – zum Beispiel in die Froschperspektive.

Bei Aufnahmen von oben herab ist die Blende manchmal nicht relevant, da die Raumtiefe nicht weiter als bis zum Boden reicht, wie das Steinbild zeigt. Eine geschlossene Blende (22) zu wählen macht in solchen Fällen keinen Sinn, weil die Tiefe begrenzt bleibt. Eine geschlossene Blende würde nur Ihr „Arbeitslicht" reduzieren.

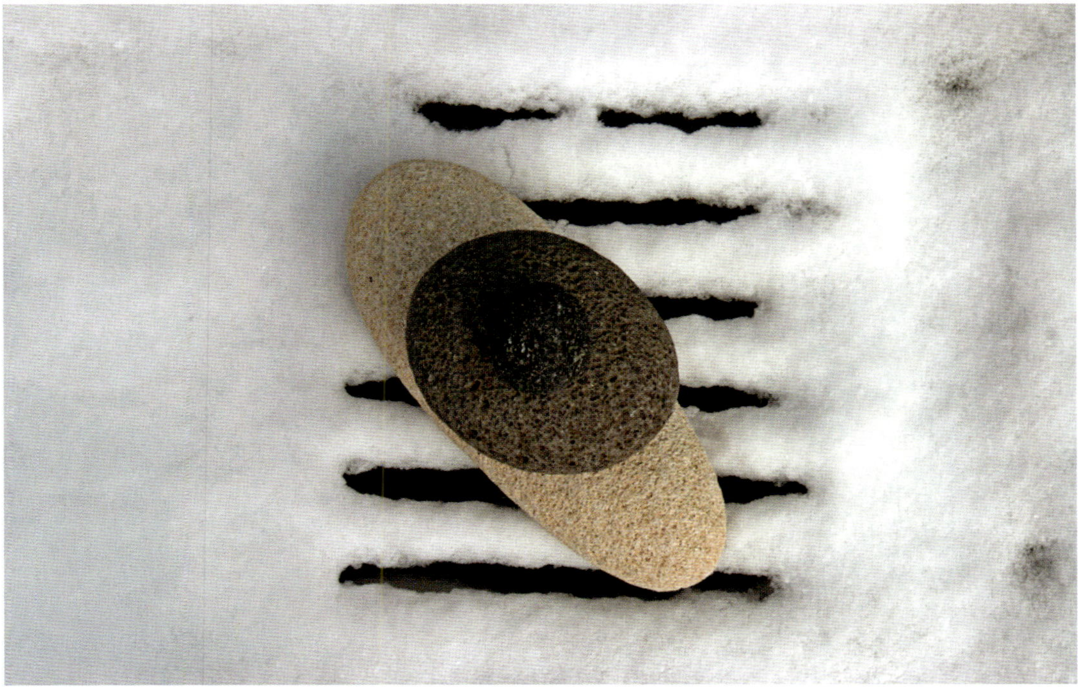

Abbildung 4.3: Diese grafische Aufnahme mit aufeinander balancierten Steinen ist mit einem Normalobjektiv aus Augenhöhe gemacht worden. Die gleiche Blende wie oben ermöglicht hier eine größere Tiefenschärfe. Zudem entsteht in der Aufsicht weniger Raumtiefe!
Belichtung: Brennweite: 53 mm, Belichtungszeit: 1/250, Blende: 11

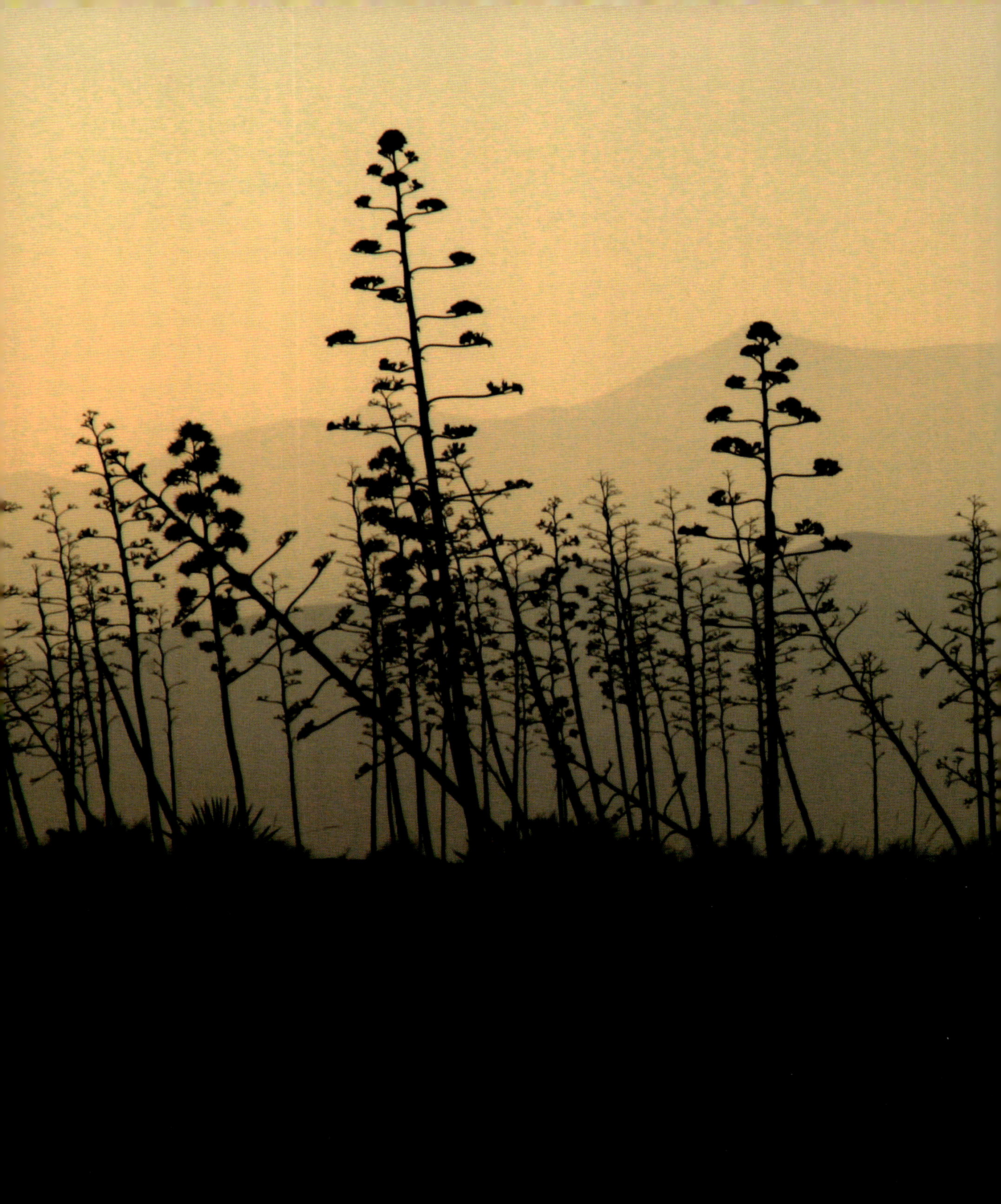

Foto: Almut Adler   Brennweite: 210 mm   Belichtungszeit: 1/250 Sek.   Blende: 22   ISO: 200

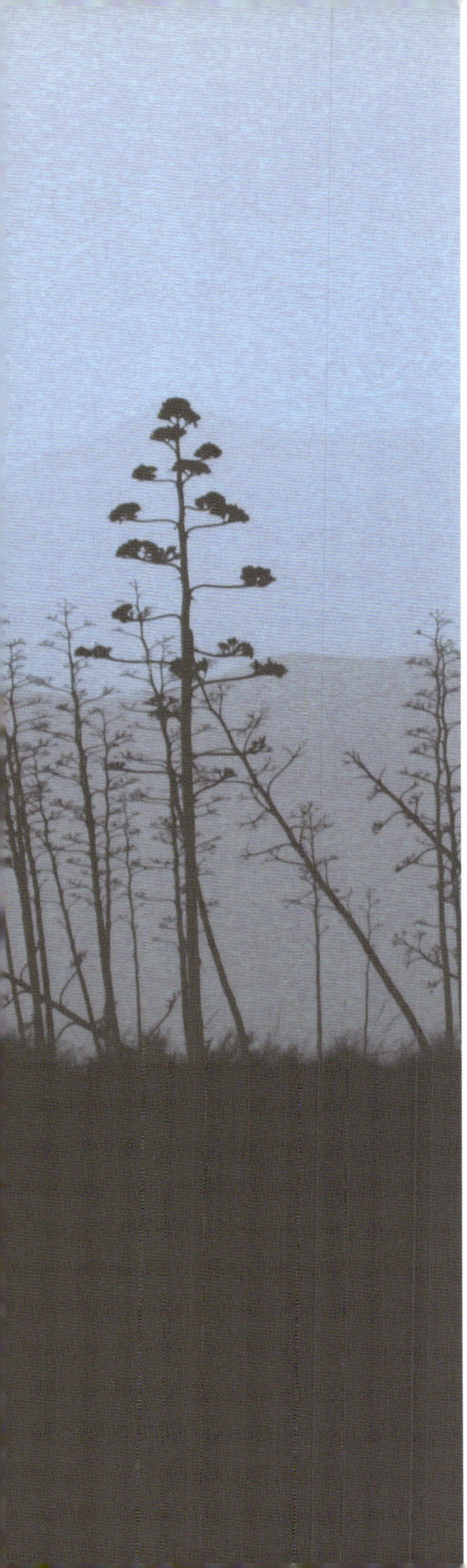

Kapitel 5

Das Licht

Lichtgestalten

Fotografieren funktioniert nie ohne Licht. Selbst in der Nacht „fangen“ Sie das Licht ein und benötigen für Ihr Foto eine längere Zeit. Licht und Zeit sind nicht voneinander zu trennen, denn das Licht gibt der Kamera die Information zur Belichtung. Egal wo Sie sich befinden und zu welcher Tageszeit Sie fotografieren, Licht ist die Basis für Ihre Aufnahmen.

Ins rechte Licht gerückt

Das Auflicht

Steht die Sonne im Zenit, so haben Sie das Licht direkt über sich – das ist um die Mittagszeit. Möchten Sie ein Motiv von oben herab fotografieren, so wäre dieser Sonnenstand sehr hilfreich. Für Porträtaufnahmen wirkt die „harte" Ausleuchtung jedoch zu krass, denn dem Gesicht schmeichelt eher die rötliche Abendsonne.

Das direkte Licht

Licht belebt die Fotografie. Ob Frontallicht oder Seitenlicht, Gegenlicht oder Auflicht – jedes Licht bringt Ihr Motiv anders zur Geltung. Welches Licht Sie wählen, ist letztendlich von den Gegebenheiten abhängig. Dennoch haben Sie die Wahl, das Licht seitlich auf Ihr Motiv zu lenken oder es eventuell im Gegenlicht besser zur Geltung zu bringen – Sie sind die Lichtgestalterin Ihres Bildes.

Direktes Sonnenlicht kann für manche Motive (links) besonders vorteilhaft sein. Für Porträtaufnahmen wirkt es sich möglicherweise sehr unvorteilhaft aus, weil das Modell in die Sonne blinzeln muss. In diesem Fall sollten Sie Ihr Modell bitten, eine andere Position einzunehmen.

Es gibt Situationen, in denen das natürliche Tageslicht nicht mehr ausreicht. Auch wenn Sie Ihre Blende ganz öffnen oder Ihre Belichtungszeit verlängern – an regnerischen Tagen, in der Dämmerung oder in geschlossenen Räumen wird Ihnen diese Maßnahme nicht mehr weiterhelfen. Einziger Ausweg ist das Stativ oder der eingebaute Blitz an Ihrer Kamera. Der reicht jedoch für einen größeren Bildradius nicht aus. Nur ein externes Blitzlicht mit einer größeren Leitzahl (LZ = Lichtkraft) könnte hier Abhilfe schaffen.

Das Seitenlicht

Steht die Sonne tiefer, dann wirft sie längere Schatten. Das ist die ideale Ausgangsbasis für ausdrucksstarke Bilder mit Seitenlichteffekt. Aber auch hier müssen Sie sich als Fotografin fragen, was Sie erreichen wollen. Macht ein „langer" Schatten für dieses Foto Sinn oder wirkt er eher störend?

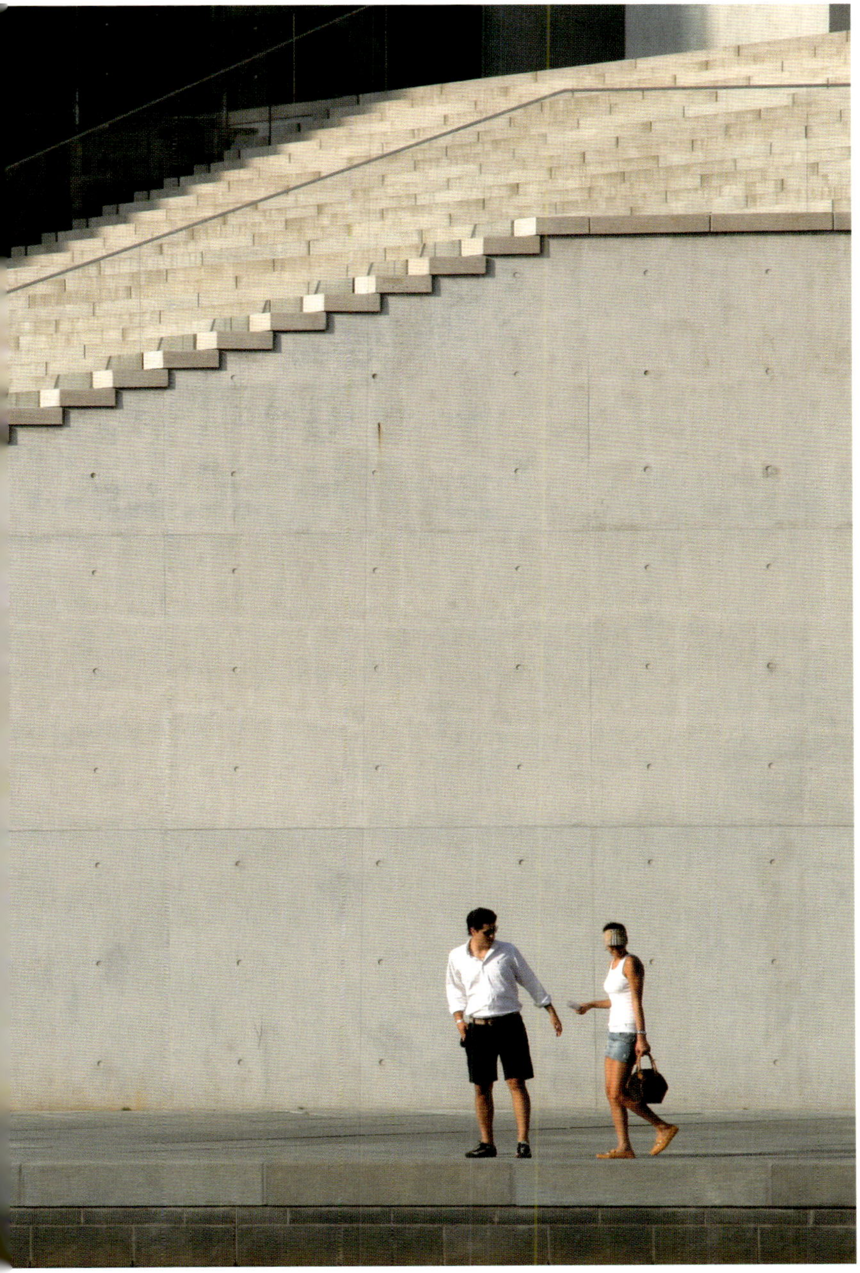

Abbildung 5.1: Direktes Mittagslicht setzt das Paar vor dem Hintergrund schattenlos in Szene

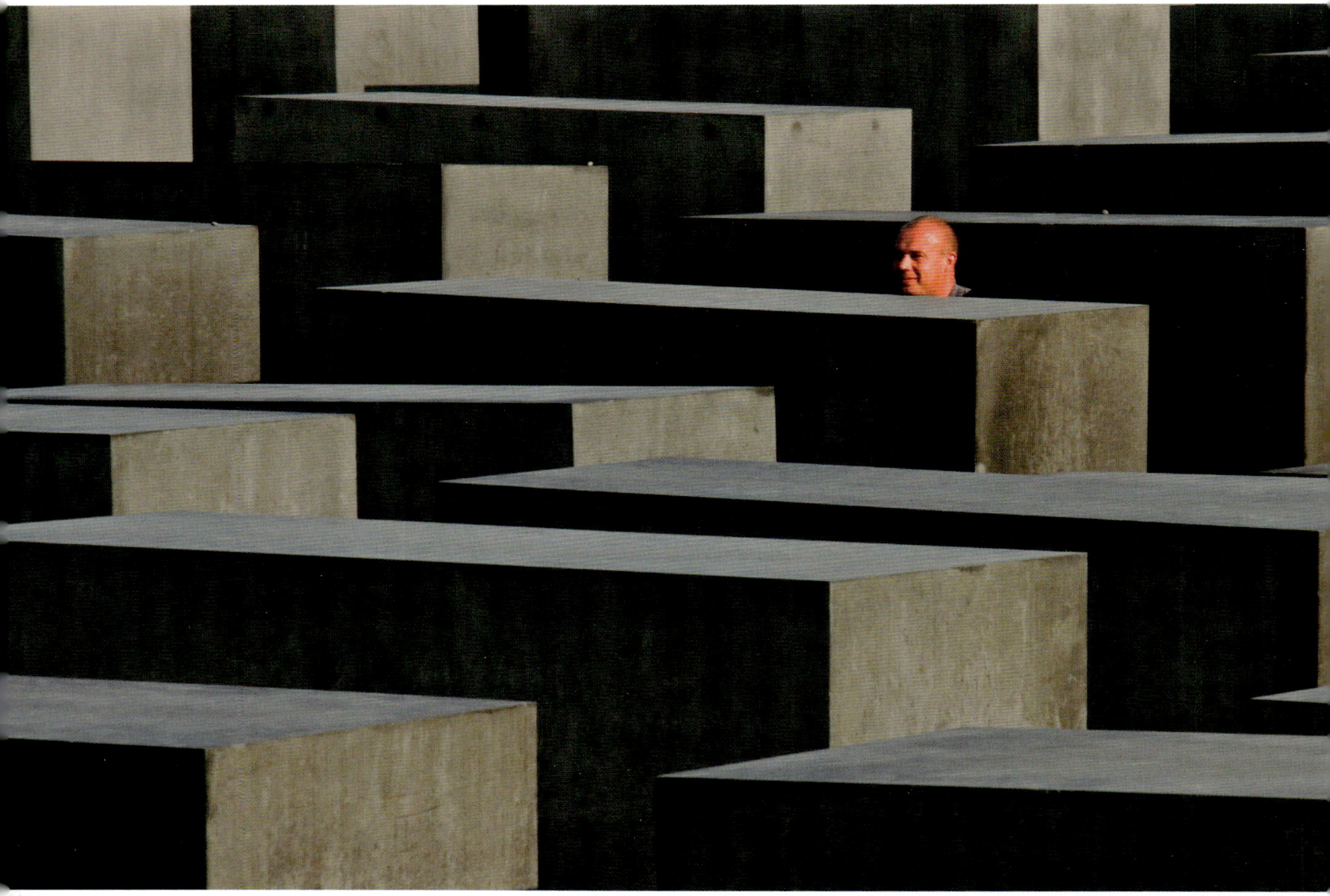

Abbildung 5.2: Das Seitenlicht der frühen Abendsonne zaubert kontrastreiche Schatten. Dadurch wird die Kantigkeit der Steinblöcke charakteristisch hervorgehoben. Mit exakt den gleichen Belichtungsdaten wie auf dem oberen Bild wurde durch verschiedene Lichtverhältnisse ein anderer Bildcharakter erzielt

Im Fall des Jüdischen Mahnmals in Berlin (linke Seite) bietet sich der Schlagschatten geradezu an, um die Wirkung der Betonblöcke zu verstärken. Für eine Porträtaufnahme hätte sich diese Schattenbetonung störend ausgewirkt, da das schräg einfallende Licht im Gesicht einen langen Nasenschatten erzeugt hätte. Ihr Modell wäre über diese fotografische Entstellung sicherlich nicht glücklich.

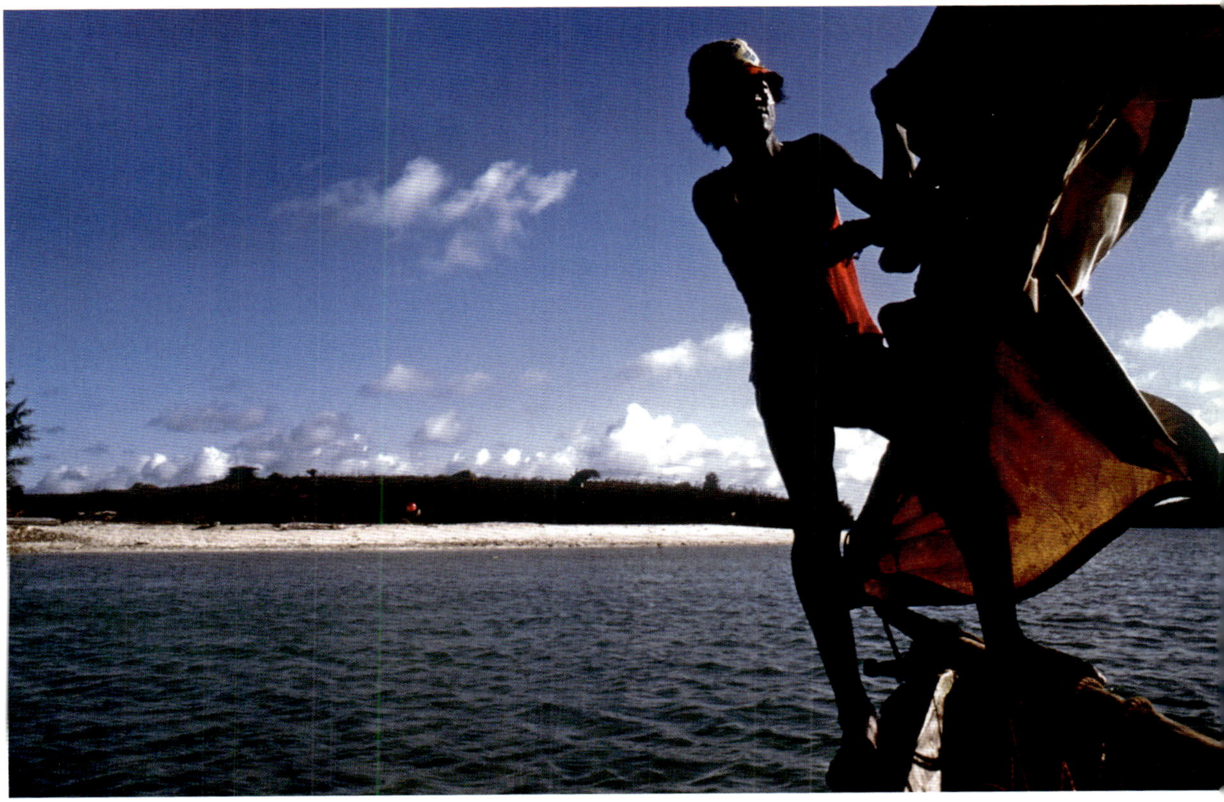

Abbildung 5.3: Im Gegenlicht kommen nur direkt angestrahlte Farben zum Leuchten. Belichtung: Brennweite: 40 mm, Belichtungszeit: 1/500, Blende: 16

Das Gegenlicht

Frontales Licht erzeugt die stärksten Kontraste und stellt Sie vor eine kniffelige Aufgabe. Mit etwas Sachkenntnis können Sie dieses Problem schnell lösen. Die exakte Ausleuchtung Ihres Motivs erhalten Sie, indem Sie genau den Punkt mit dem Belichtungsmesser Ihrer Kamera (Spotmessung (•) anvisieren, den Sie richtig belichtet haben möchten. Liegt Ihr Motiv im Schatten, dann messen Sie genau in den Schatten. So werden die normalerweise unterbelichteten Bereiche exakt belichtet. Die hellen Bereiche Ihres Bildes „reißen" jedoch aus, d. h., sie werden heller dargestellt. Bei Gegenlichtaufnahmen können kissenartige Reflexe entstehen, wenn die Sonne in einem bestimmten Winkel auf die Objektivoberfläche trifft. Abhilfe schaffen Sie in diesem Fall mit einer Gegenlichtblende. Die Auswirkung dieser Reflexe ist auf dem oberen Bild an den hellen Flecken sichtbar.

Abbildung 5.4: Dieses Schwarzweißfoto einer Straßenszene in Leh/Ladakh ist ein Paradebeispiel dafür, dass Gegenlicht auch bewusst zur Bildgestaltung eingesetzt werden kann

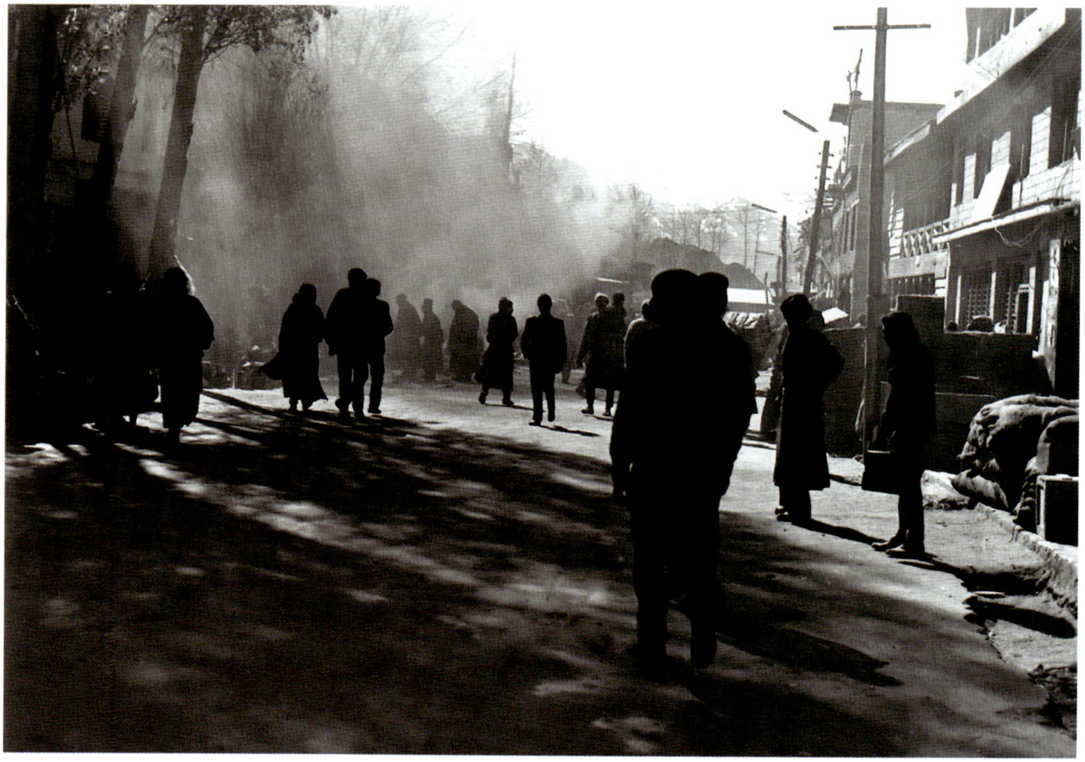

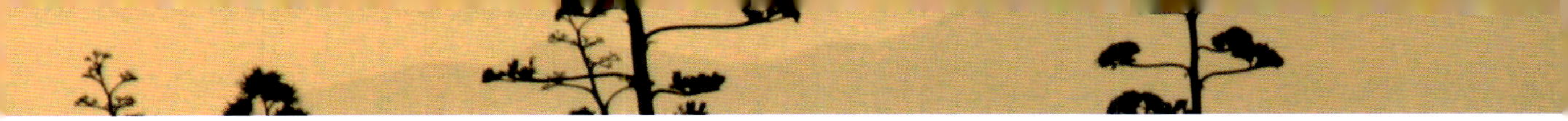

Das diffuse Licht

Bei bewölktem Himmel erzeugt das Licht kaum Schatten. Das führt zu einem „weichen“ Bild mit schwachen Kontrasten. Diffuses Licht umspielt das gesamte Motiv und eignet sich hervorragend für die Porträtfotografie.

Diffuses Kunstlicht in der Porträtfotografie erhalten Sie durch die Verwendung weiß bespannter Schirme, die vor eine Lichtquelle angebracht werden. Auch sogenannte Softboxen und Diffusionsfolien vermeiden harte Schatten.

Das Blitzlicht

Die meisten Kameras besitzen ein „Notblitzlicht“ auf dem Prismadach. Dass Blitzlichter kein Tageslicht ersetzen und eine gewisse Künstlichkeit erzeugen, dürfte klar sein. Die Verwendung von Blitzlicht ist für mich nur eine Notlösung.

Externe, aufsteckbare Blitzlichtgeräte schaffen da schon mehr. Ihre Ausleuchtung umfasst, je nach Leitzahl (LZ) des Blitzes, einen wesentlich größeren Bereich. Die Leitzahl ist ein Maß für Helligkeit und Reichweite eines Blitzgeräts. Je höher die Leitzahl, desto weiter reicht die Ausleuchtung des Blitzes. Um rote Augen und Lichtreflexe zu vermeiden, sollten Sie indirekt blitzen, d. h., Sie schwenken den Blitz beim Auslösen z. B. nach oben an die Zimmerdecke. In der Makrofotografie wird für eine schattenlose Ausleuchtung ein Ringblitz verwendet, der um das Objektiv gesetzt wird.

Tipp

Kleben Sie vor Ihr externes Blitzlicht oder Ihren Kamerablitz eine weiße Folie oder eine dünne Lage Papiertaschentuch. Das vermeidet harte Blitzschatten und softet das Licht ab.

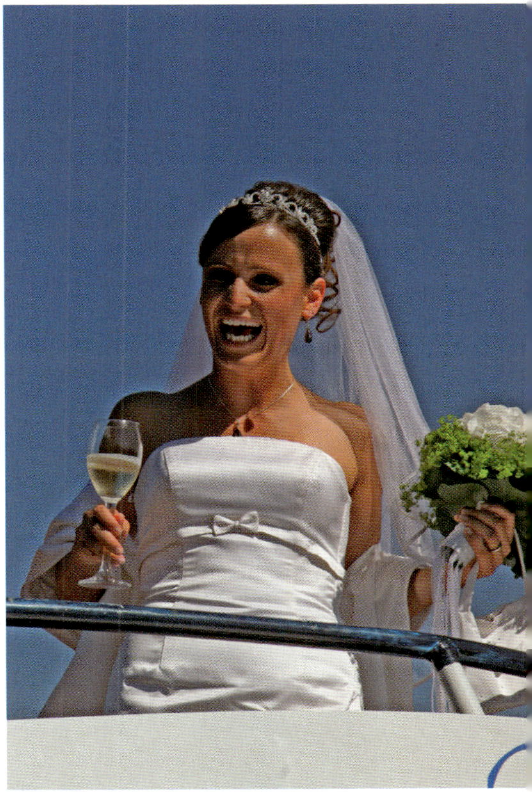

Abbildung 5.5: Für diese Aufnahme verwendete ich ein externes Blitzlicht, um harte Schlagschatten der Mittagssonne zu vermeiden.

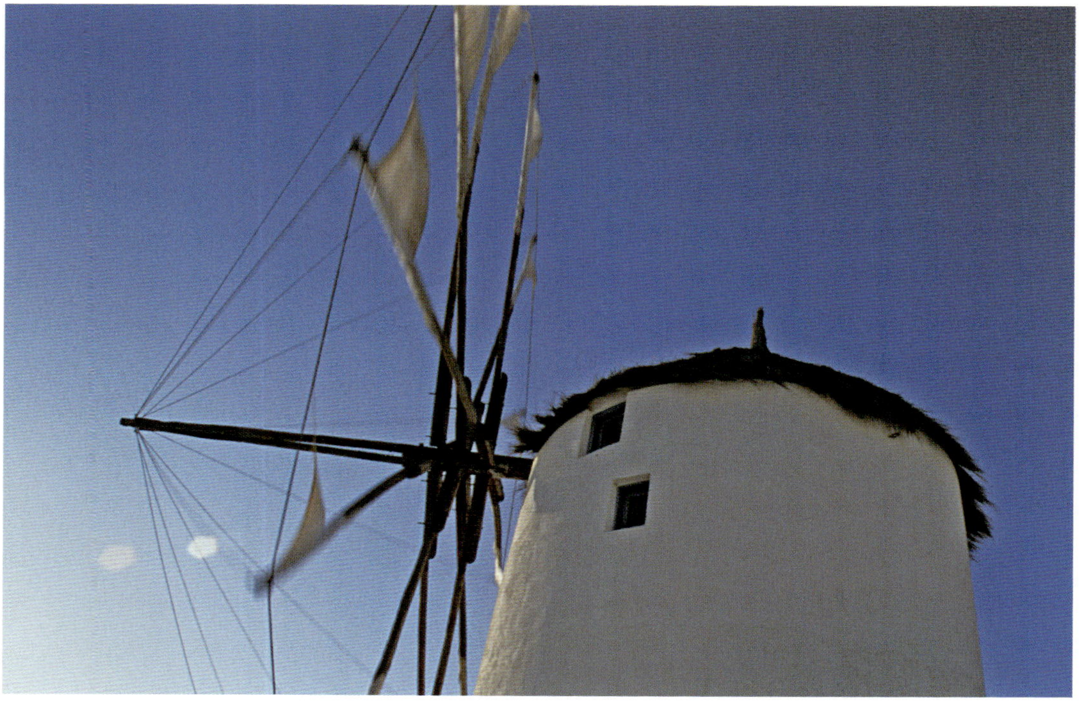

Abbildung 5.6: Auswirkungen des Gegenlichts sind die Lichtreflexe auf der Objektivoberfläche

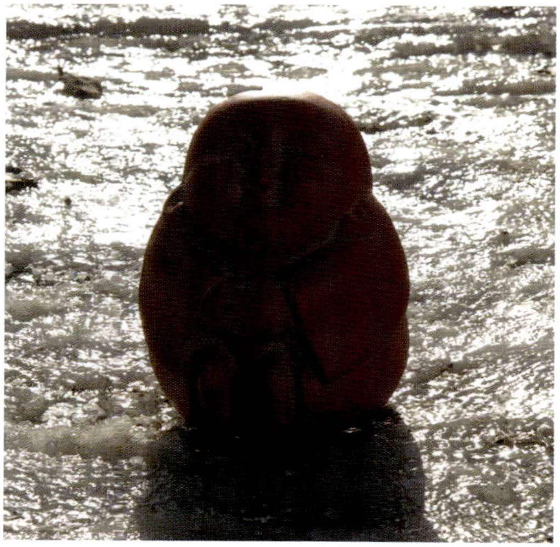

Abbildung 5.7: Gegenlicht stellt Buddha in den Schatten und lässt den Hintergrund „erleuchten"

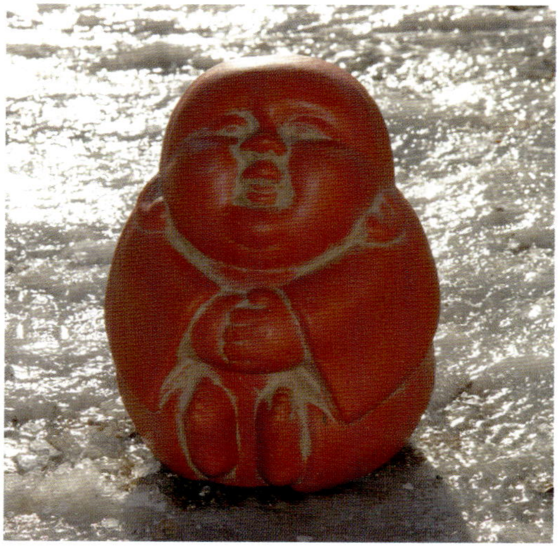

Abbildung 5.8: Direkte Sonnenbestrahlung setzt Buddha ins rechte Licht

Die Temperatur des Lichtes

Kaltes oder Warmes?

Die Temperatur vom Tageslicht liegt bei etwa 5000 Kelvin und wird als Normallicht bezeichnet. Je niedriger die Kelvinzahl, umso wärmer und rötlicher erscheint das Licht. An Digitalkameras kann ein warmer Farbstich ausgeglichen werden, indem Sie entgegenwirken und die Kelvinzahl höher als 5000 K einstellen. Fotografieren Sie bei Kerzenlicht und möchten einen kühlen Blauton erhalten, so erhöhen Sie die Kelvinzahl im Kameramenü auf 7000 K. Möchten Sie jedoch den warmen Kerzenlichtcharakter erhalten, so verwenden Sie die unkorrigierte Normaleinstellung der Kamera, nämlich 5000 Kelvin. Vor experimentellen Einstellungen an der Kamera rate ich Ihnen jedoch ab. Jedes Foto lässt sich hinterher am Monitor wesentlich genauer bearbeiten. Zudem wird das Umstellen an der Kamera auf den automatischen Weißabgleich hinterher leicht vergessen.

Für Lichtexperimente gibt es in der Analogfotografie Filme mit „kälterem" und „wärmerem" Charakter: Tageslichtfilme und Kunstlichtfilme. Möchten Sie den warmen Charakter eines Wohnraums am Abend abkühlen und in Tageslicht umwandeln, dann verwenden Sie einen Kunstlichtfilm. Wenn Sie in Räumen mit kalter Neonbeleuchtung fotografieren und die Atmosphäre wärmer wirken soll, so nehmen Sie einen Tageslichtfilm.

Tageslichtfilme geben Farben richtig wieder, wenn die Beleuchtung eine „kalte" Farbtemperatur von 5.500 Kelvin hat.

Kunstlichtfilme geben die Farben richtig wieder, wenn das Licht eine „warme" Farbtemperatur von 3200 Kelvin hat.

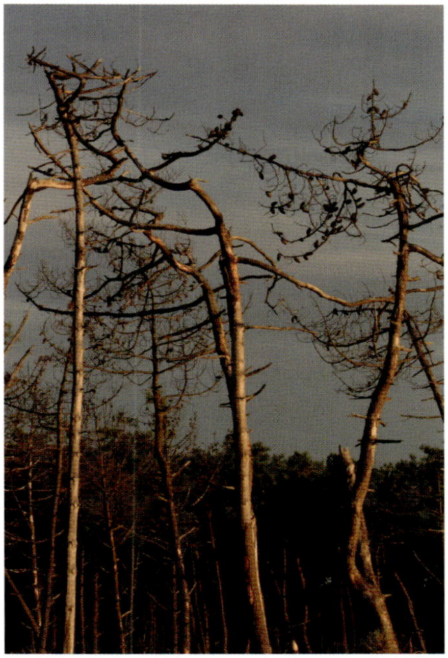

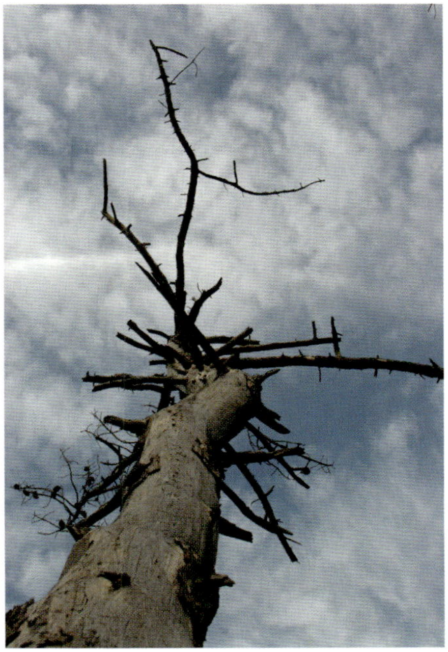

Abbildung 5.9: Beide Fotos wurden weder durch einen speziellen Film, noch durch Farbverschiebungen an der Kamera korrigiert. Die unterschiedliche Wirkung liegt an der Temperatur des Lichts. Das obere Foto vermittelt einen warmen Eindruck, weil es in der Abendsonne aufgenommen wurde. Das untere Bild wurde 2 Stunden früher aufgenommen, als keine Sonne schien. Die kühlere Bildwirkung entsteht durch eine höhere Kelvinzahl

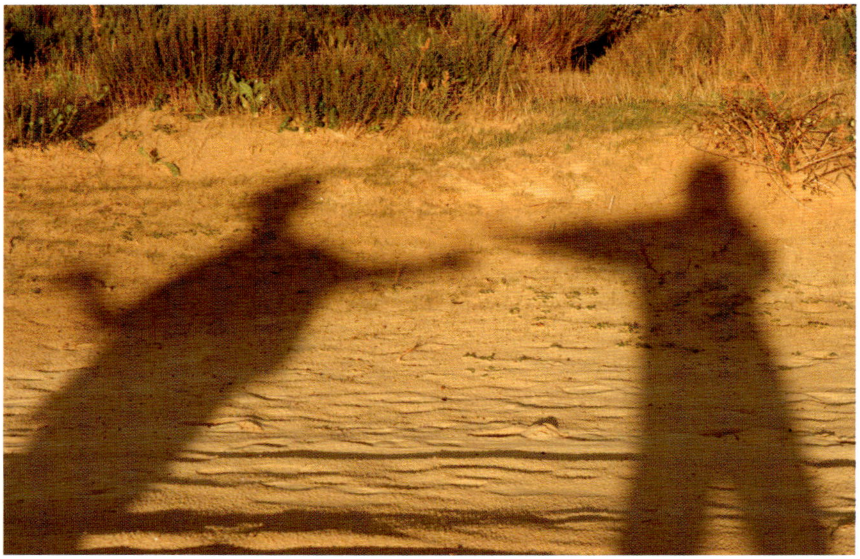

Abbildung 5.10: Diese Aufnahme wurde unkorrigiert mit 5000 K im rötlichen Licht der Abendsonne aufgenommen und erscheint deshalb in warmen Tönen. Belichtung: Brennweite: 85 mm, Belichtungszeit: 1/160, Blende: 13, ISO: 200

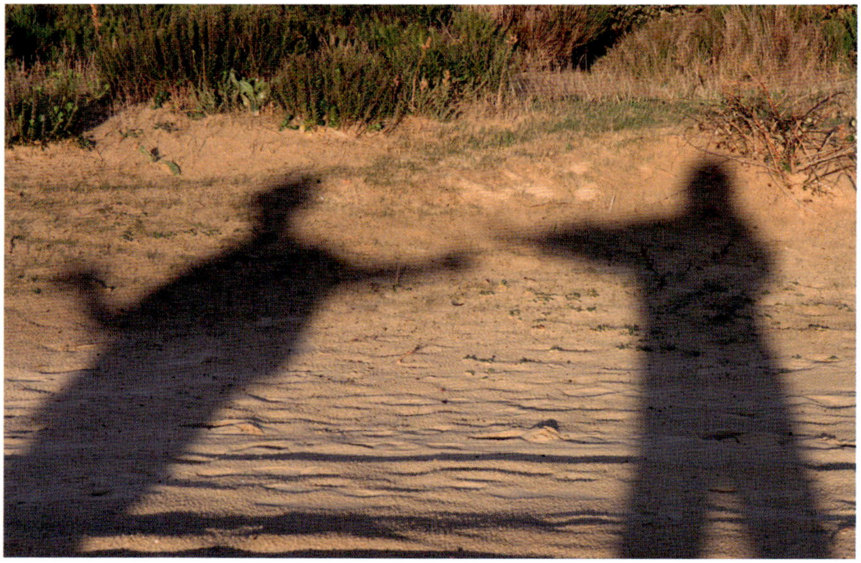

Abbildung 5.11: Die Aufnahme wurde an der Kamera mit 7000 K korrigiert und wirkt blaustichig

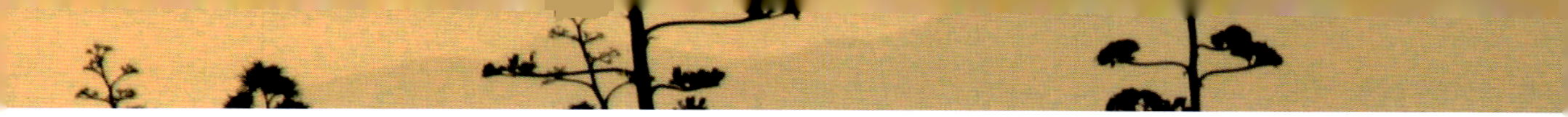

Empfindlichkeiten

Der Norm entsprechend

Die früher verwendete Bezeichnung DIN war die Angabe der Lichtempfindlichkeit und bedeutet Deutsche Industrie Norm. Auch die Bezeichnung ASA ist für die Lichtempfindlichkeit sehr gebräuchlich. Heute hat sich der internationale Standardwert ISO durchgesetzt. Vergleichen Sie die ISO- und ASA-Werte der Tabelle miteinander, so stellen Sie fest, dass sie identisch sind. Eine Umrechnung ist also nur bei DIN-Werten erforderlich.

Bei DIN-Werten steigt die Zahl um 3 an, was eine Verdopplung der Empfindlichkeit bedeutet. Mit anderen Worten: Ihnen steht mit 21 DIN doppelt so viel Licht zur Verfügung als mit 18 DIN.

Bei der ISO- oder ASA-Einstellung verdoppelt sich mit dem Zahlenwert auch die Lichtempfindlichkeit. Das wiederum bedeutet: wenn Sie Ihre ISO-Einstellung von 400 auf 800 ISO erhöhen, können Sie Ihre Verschlusszeit halbieren, um bewegte Motive zu fotografieren. Oder Sie schließen Ihre Blende um einen Sprung, um eine größere Tiefenschärfe zu erhalten.

Beispielwert mit 400 ISO: Blende 5,6, Belichtungszeit 1/250 Sekunde

Beispielwert mit 800 ISO: Blende 5,6, Belichtungszeit 1/500 Sekunde

ISO	ASA	DIN
6	6	9
12	12	12
25	25	15
50	50	18
100	100	21
200	200	24
400	400	27
800	800	30
1600	1600	33
3200	3200	33
6400	6400	39

Pushen – ein Lichtgewinn

Unzureichende Lichtverhältnisse sind für die Digitalfotografin kein Problem mehr. Mit dem Erhöhen der ISO-Zahl von 100 auf 1600 oder gar 3200 ISO ist die Dunkelheit nicht mehr zu fürchten. Dieser Prozess nennt sich in der Fotografie „pushen“. Gleiches kann auch mit Filmen gemacht werden, ist jedoch nachteiliger, weil der gesamte Film nun mit dieser Einstellung fotografiert werden muss. Digital kann ich hingegen jedes einzelne Bild mit einer anderen ISO-Einstellung belichten.

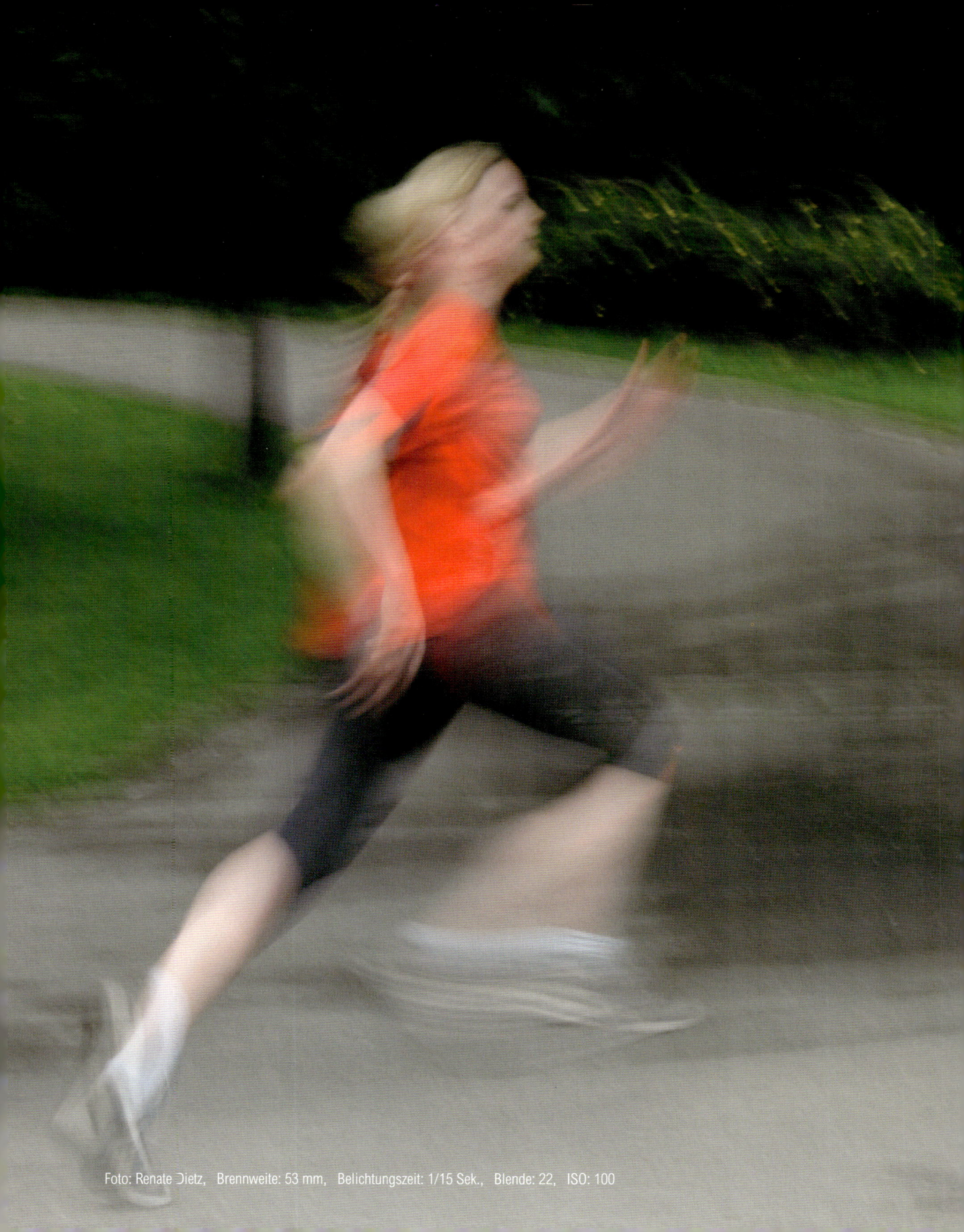

Foto: Renate Dietz, Brennweite: 53 mm, Belichtungszeit: 1/15 Sek., Blende: 22, ISO: 100

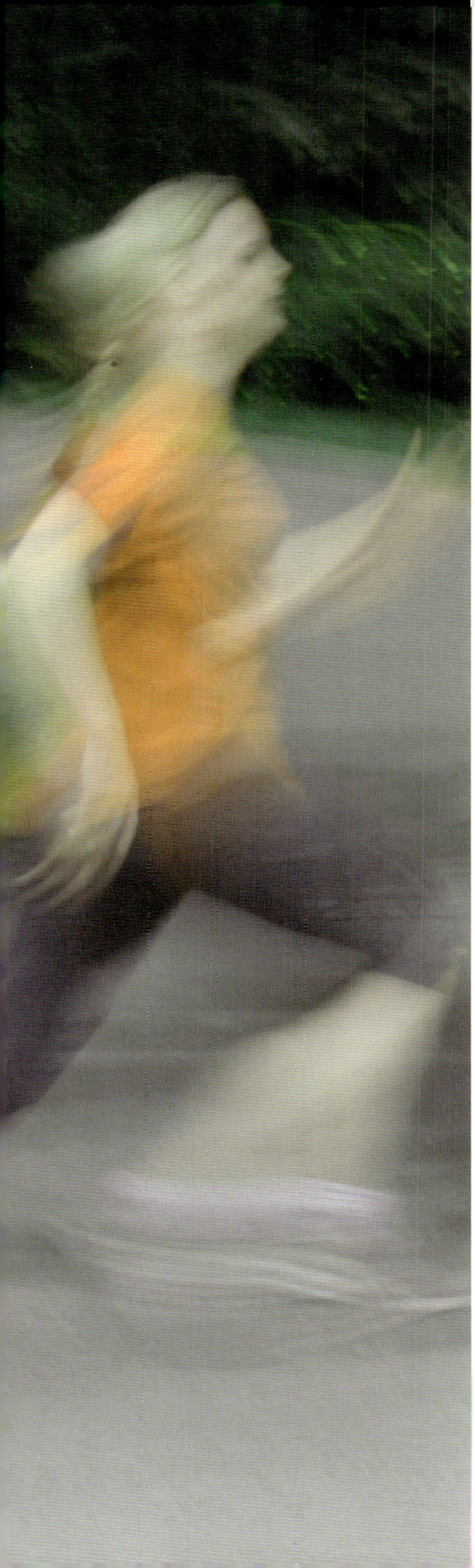

Kapitel 6

Die Action-fotografie

Dynamischer Auslöser

Bewegung ist Action, Fotografie ist Bewegung. Es kommt darauf an, wie Sie Ihr Objekt darstellen möchten. Bewegt, mitgezogen oder „eingefroren", d. h. scharf abgebildet. Der Reiz liegt in der Bewegung. Ein Actionfoto lebt von Bewegung, es „darf" sogar teilweise oder ganz „verwackelt" sein. Dadurch entsteht Dynamik. Um gelungene Actionfotos zu schießen, müssen Sie schnell reagieren und vorher üben. Und ganz ehrlich gesagt, es gehört auch eine Portion Glück zum Supertreffer.

Das Mitziehen der Kamera (Panning)

Mitziehen ist hier Bedingung

Um Ihrem Foto eine gewisse Dynamik zu verleihen, müssen Sie die Kamera dem sich bewegenden Objekt hinterherziehen. Auf diese Art können Sie Ihren Bildhintergrund verwischt darstellen. Das ist für den Anfang eine schwierige Aufgabe, da Sie sich sehr auf das Motiv konzentrieren müssen.

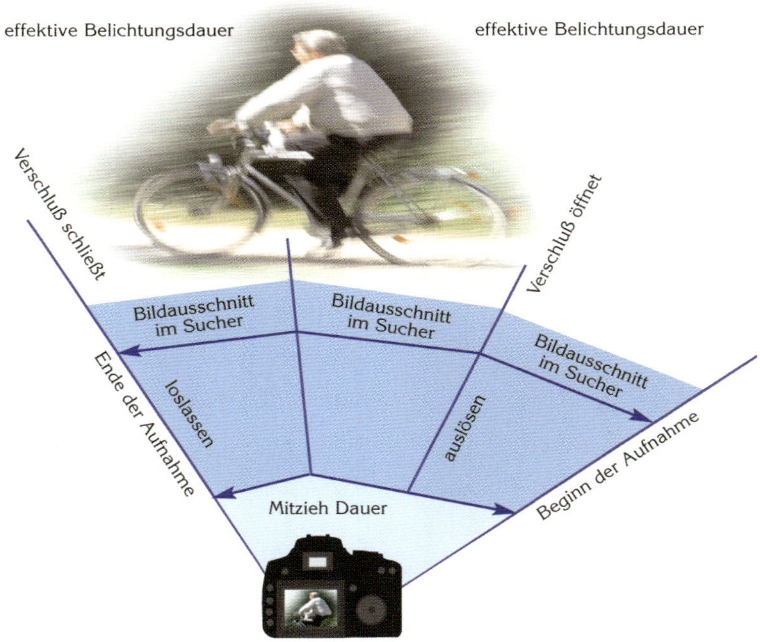

Abbildung 6.1: Sie müssen das Motiv mit der Kamera vor und nach dem Auslösen „verfolgen", damit der gewünschte Zieheffekt gelingt

Mit einem 50 mm Objektiv und der Belichtungszeit 1/125 Sekunde machen Sie eine relativ scharfe Aufnahme.

Bei 1/8 Sekunde löst sich das Bild in ein abstraktes „Gemälde“ auf. Die Technik des Mitziehens ist reine Übungssache. Verzweifeln Sie also nicht, wenn Ihnen das Motiv mehrmals aus dem Bild läuft.

1. Wählen Sie eine Belichtungszeit zwischen 1/60 Sekunde und 1/15 Sekunde. Verfolgen Sie das Motiv vom Start weg durch den Sucher, um die Bewegung im richtigen Moment einzufangen.
2. Es ist wichtig, die Kamerabewegung gleichmäßig fortzuführen. Durch das Mitziehen passen Sie sich der Bewegungsschnelligkeit des Motivs an.
3. Lösen Sie aus, wenn sich das Motiv parallel vor Ihnen befindet. Dadurch erreichen Sie im bewegten Motiv mehr Schärfe als im starren Hintergrund.
4. Ziehen Sie die Kamera auch während des Auslösens weiter mit und stoppen Sie den Vorgang nicht abrupt. Fotografieren Sie dem Motiv nicht hinterher, weil sich die Bewegungsdynamik sonst aufhebt. Selbiges gilt, wenn das Motiv auf Sie zuläuft. Die Bewegung sollte immer parallel vor Ihnen ablaufen.

Um Ihr Motiv klar herauszustellen, sollten Sie auf unruhige Hintergründe verzichten.

Das Mitziehen (Panning) ist wirkungslos, wenn Sie eine „schnelle“ Belichtungszeit von 1/500 Sekunde wählen. So „frieren“ Sie nur Ihr Motiv in der Bewegung ein.

Faustregel

Je länger die Belichtungszeit, umso länger wird die Bewegung.

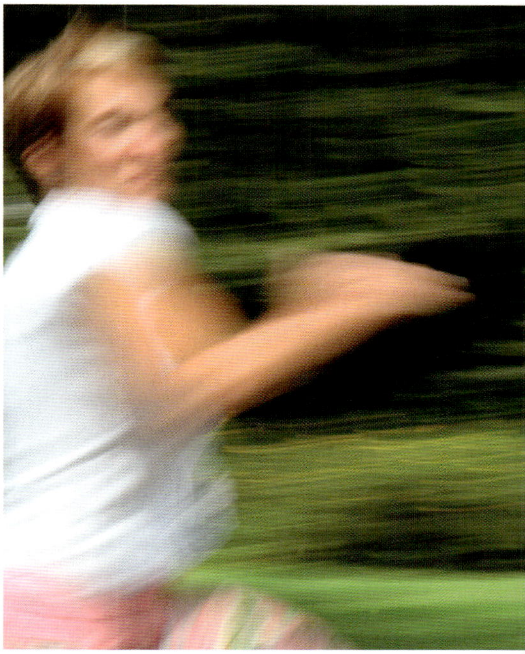

Abbildung 6.2: Ein ruhiger Hintergrund ist für das Mitziehen besonders geeignet, um die bewegte vom Hintergrund abzuheben

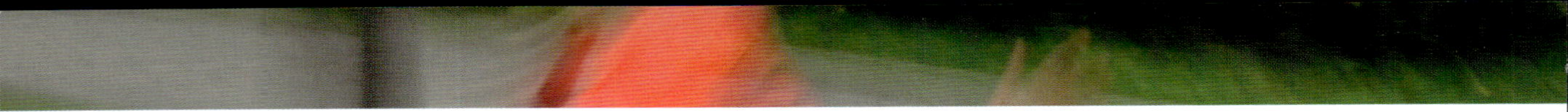

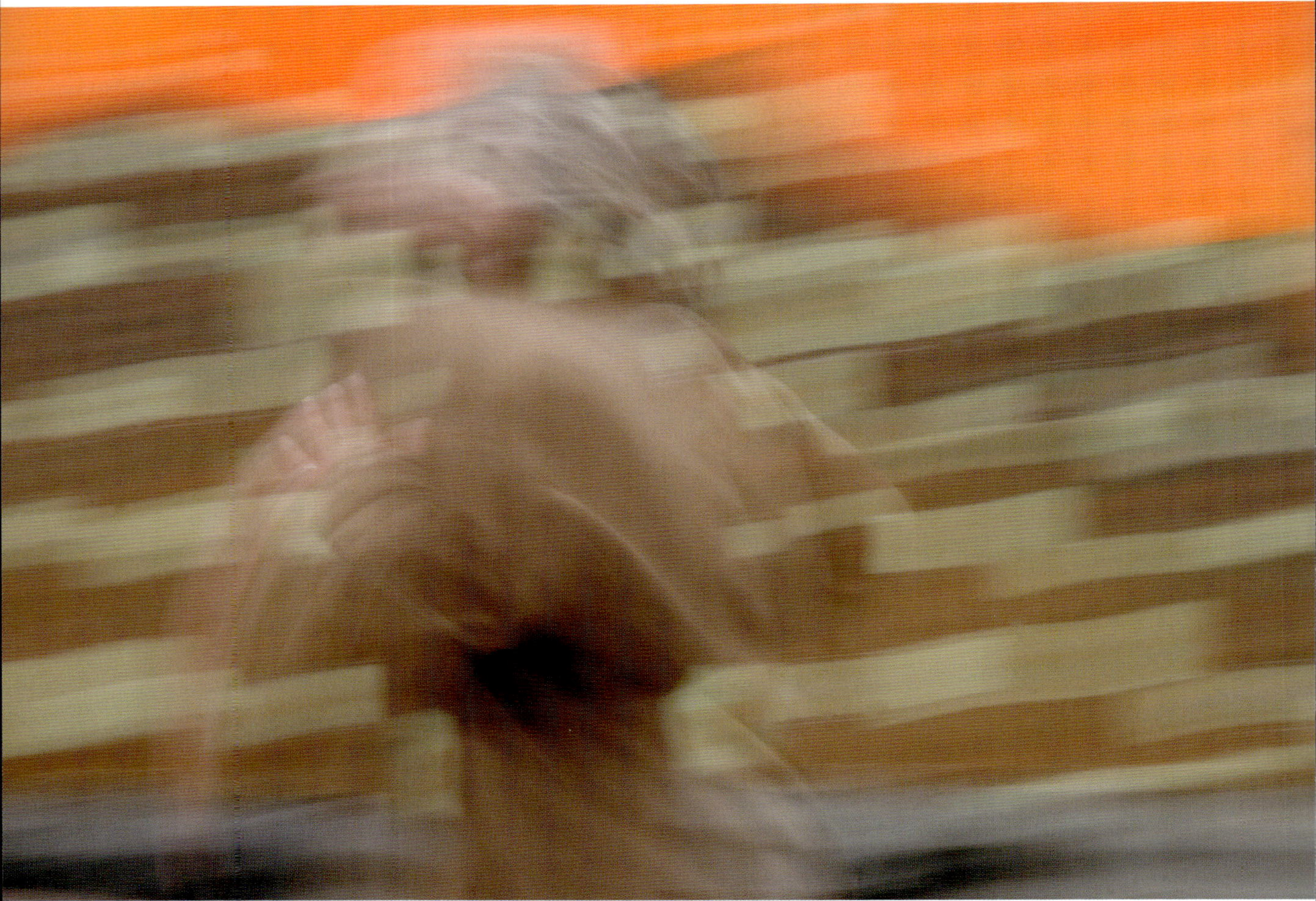

Abbildung 6.3: Mit dem Teleobjektiv und 1/30 Sekunde Belichtungszeit entstehen typische Zieh- und Bewegungseffekte

Fotografieren ist wie Schreiben mit Licht,
wie Musizieren mit Farbtönen,
wie Malen mit Zeit und Sehen mit Liebe.

Almut Adler, 1951, Fotokursleiterin

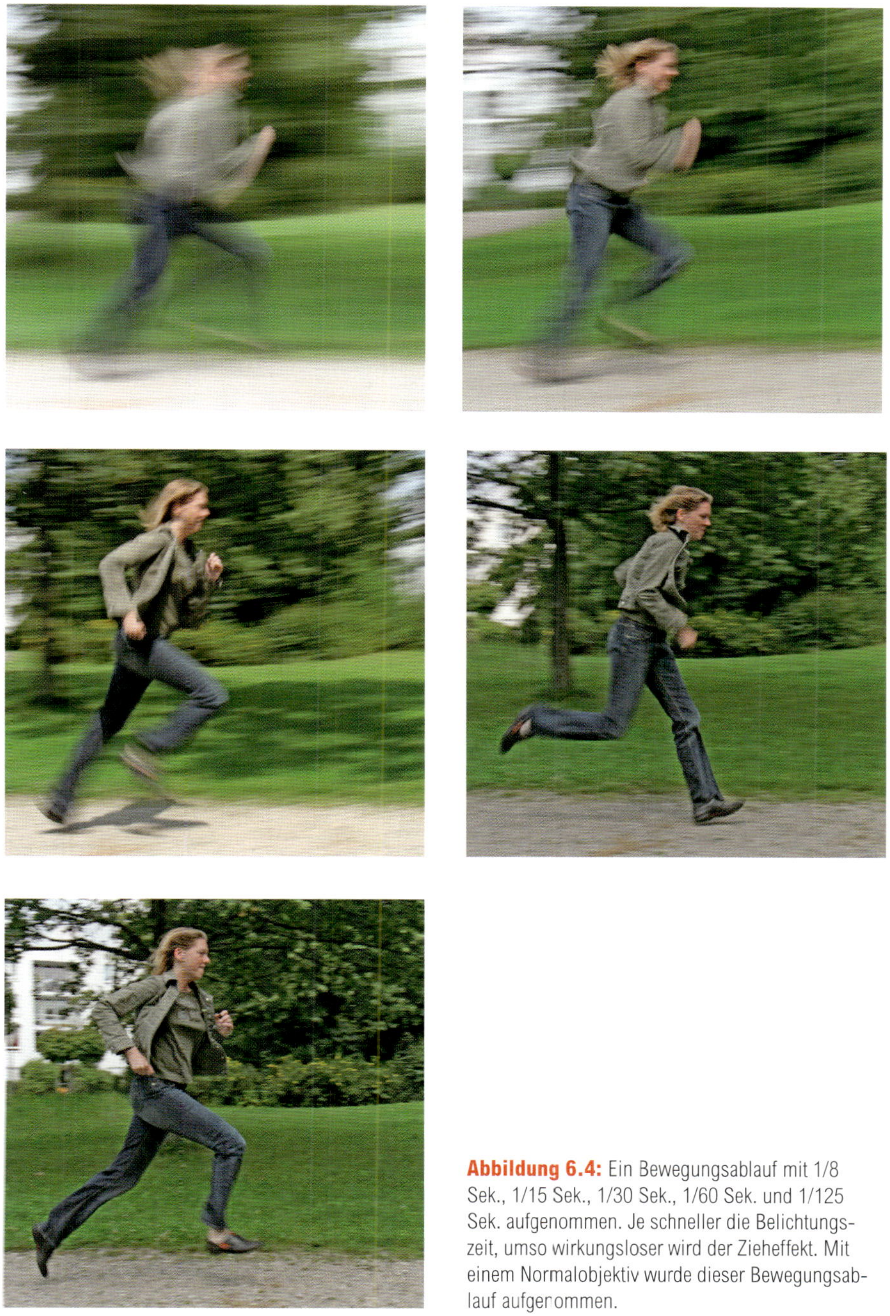

Abbildung 6.4: Ein Bewegungsablauf mit 1/8 Sek., 1/15 Sek., 1/30 Sek., 1/60 Sek. und 1/125 Sek. aufgenommen. Je schneller die Belichtungszeit, umso wirkungsloser wird der Zieheffekt. Mit einem Normalobjektiv wurde dieser Bewegungsablauf aufgenommen.

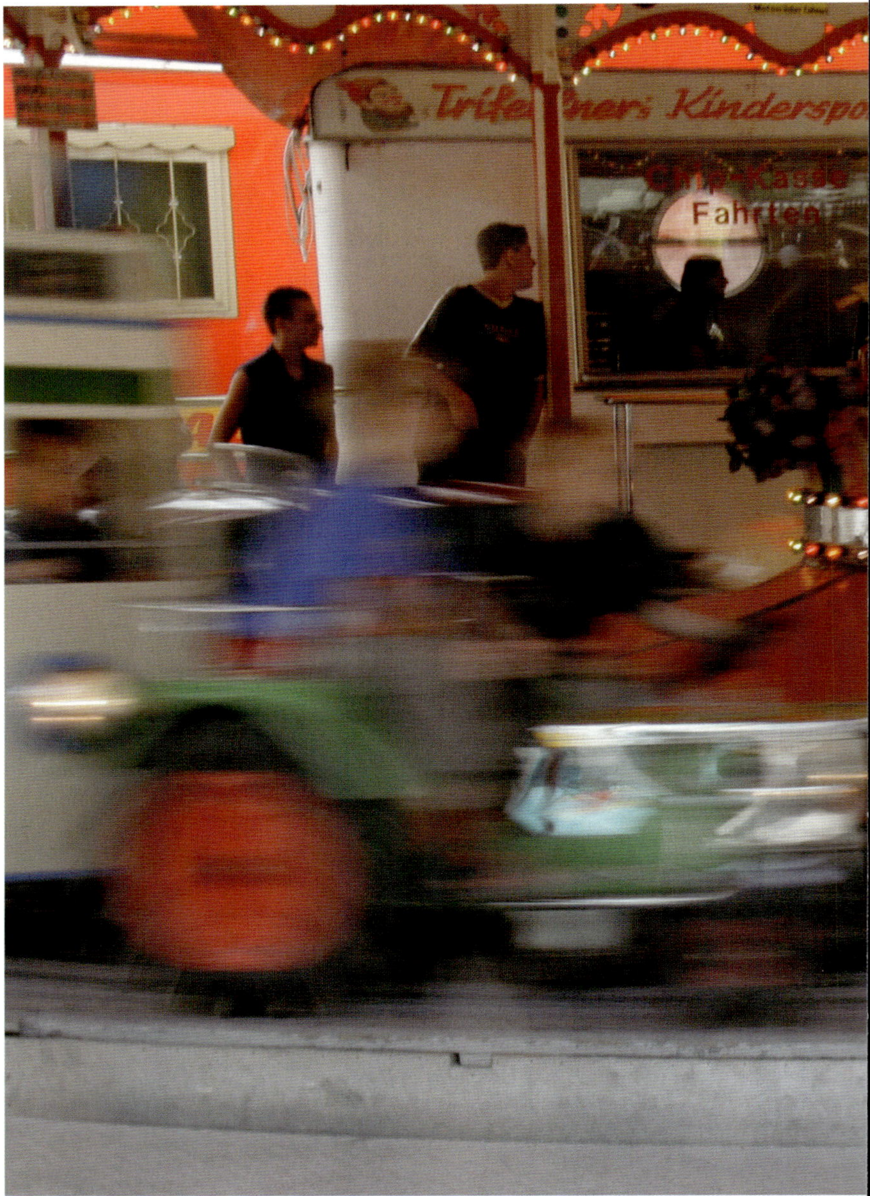

Abbildung 6.5: Mit einem 50 mm Normalobjektiv und 1/30 Sek. Belichtungszeit wurden die sich bewegenden Objekte unscharf. Durch die lange Belichtungszeit wurden allerdings auch die stehenden Personen nicht 100-prozentig scharf dargestellt

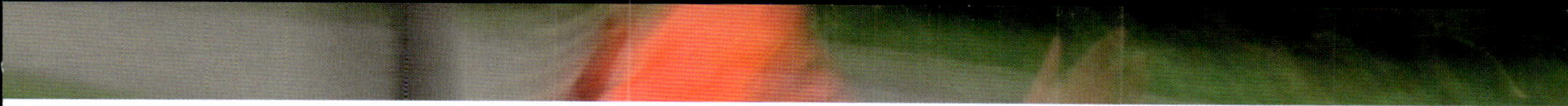

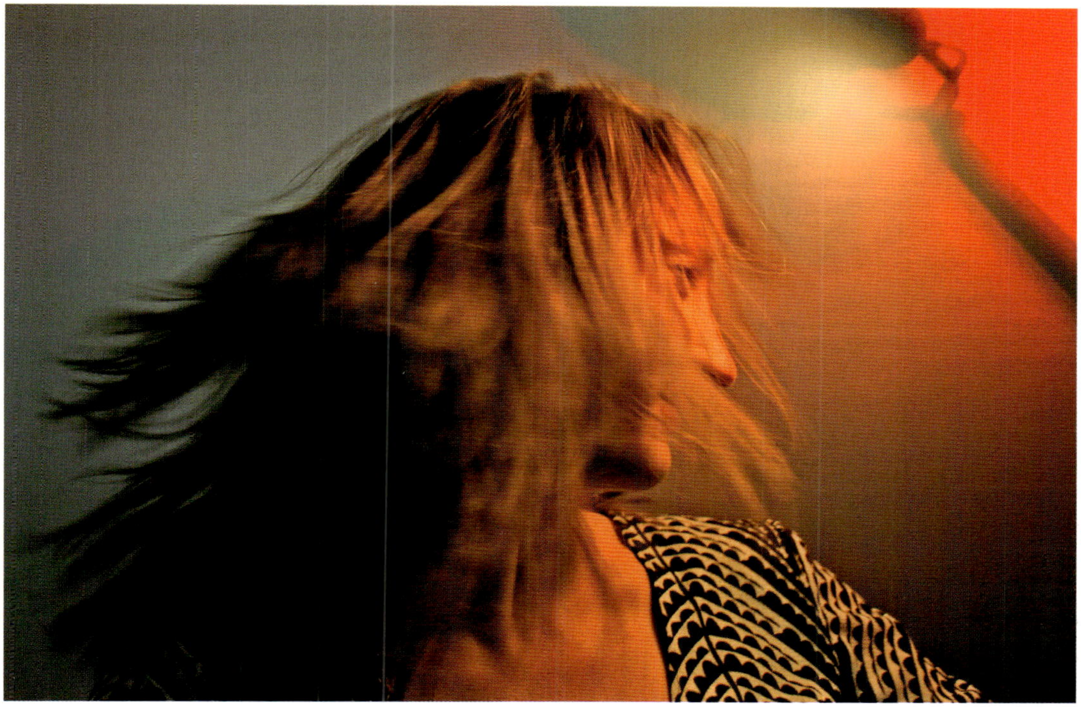

Abbildung 6.6: Die Innenaufnahme mit einem 24 mm Weitwinkelobjektiv wurde trotz heftiger Bewegung des Modells bei 1/60 Sek. „einigermaßen" scharf. Je kürzer die Brennweite, desto geringerer ist die Verwacklungsgefahr

Das eingefrorene Bild

In der Bewegung liegt die Schärfe

Möchten Sie Ihr bewegtes Motiv gestochen scharf abbilden, so müssen Sie eine kurze Verschlusszeit anwenden. Je nachdem, welches Objektiv Sie benutzen, verwenden Sie unterschiedliche Belichtungszeiten, um den gleichen Effekt der eingefrorenen Schärfe zu erreichen: mit einem Weitwinkelobjektiv 1/60 Sek., mit einem Normalobjektiv 1/250 Sek. Bei einem Teleobjektiv kürze ich meine Belichtungszeit wegen der langen Brennweite auf 1/500 Sekunde oder 1/1000 Sekunde. Denn je länger die Brennweite des Objektivs, desto kürzer die Belichtungszeit.

Faustregel

Je schneller das Objekt, desto schneller (kürzer) die Belichtungszeit.

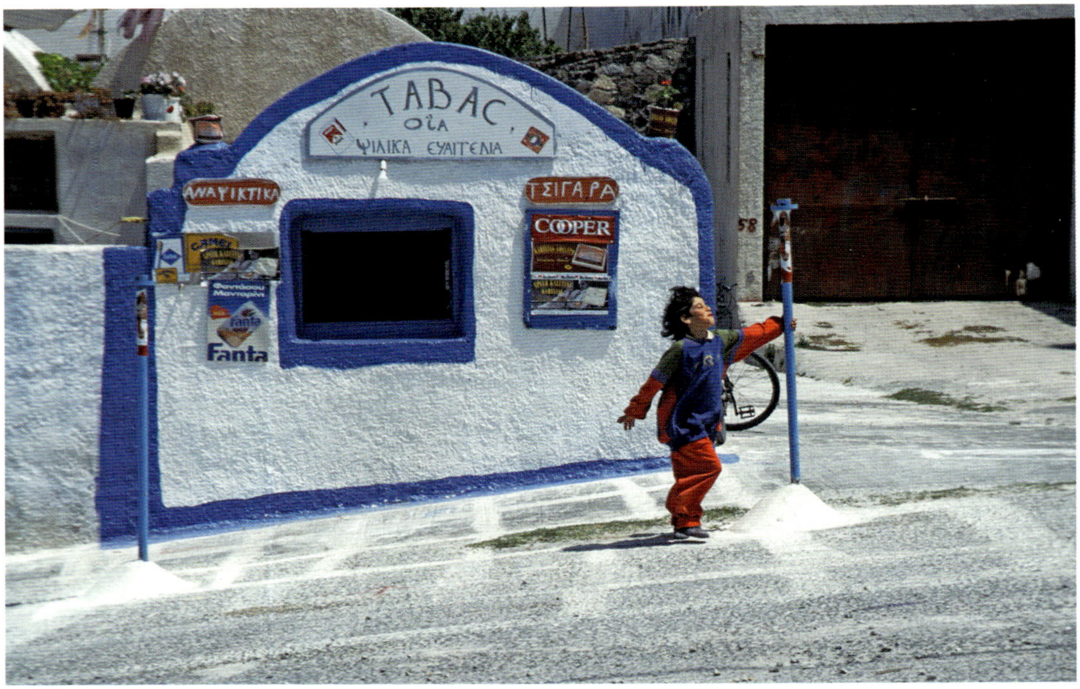

Abbildung 6.7: Mit einem Normalobjektiv und 1/250 Sek. Belichtungszeit wurde die Bewegung des Jungen „eingefroren"

Nicht mitgezogen

Ziehen Sie Ihre Kamera nicht wie beim Panning mit, so erreichen Sie bei gleicher Belichtungszeit das Gegenteil: Der Hintergrund bleibt scharf, während Ihr bewegtes Motiv verwischt abgebildet wird.

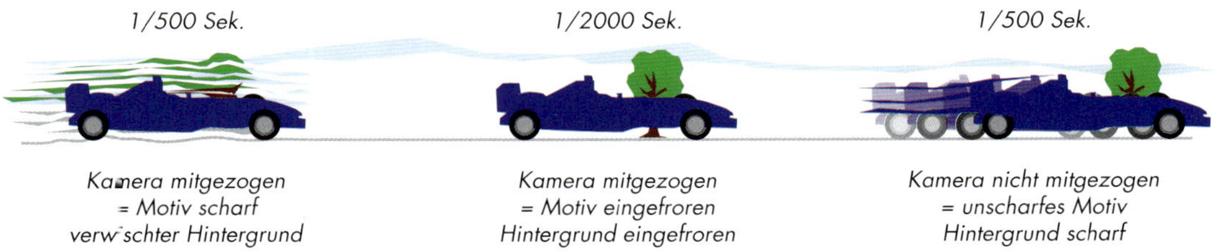

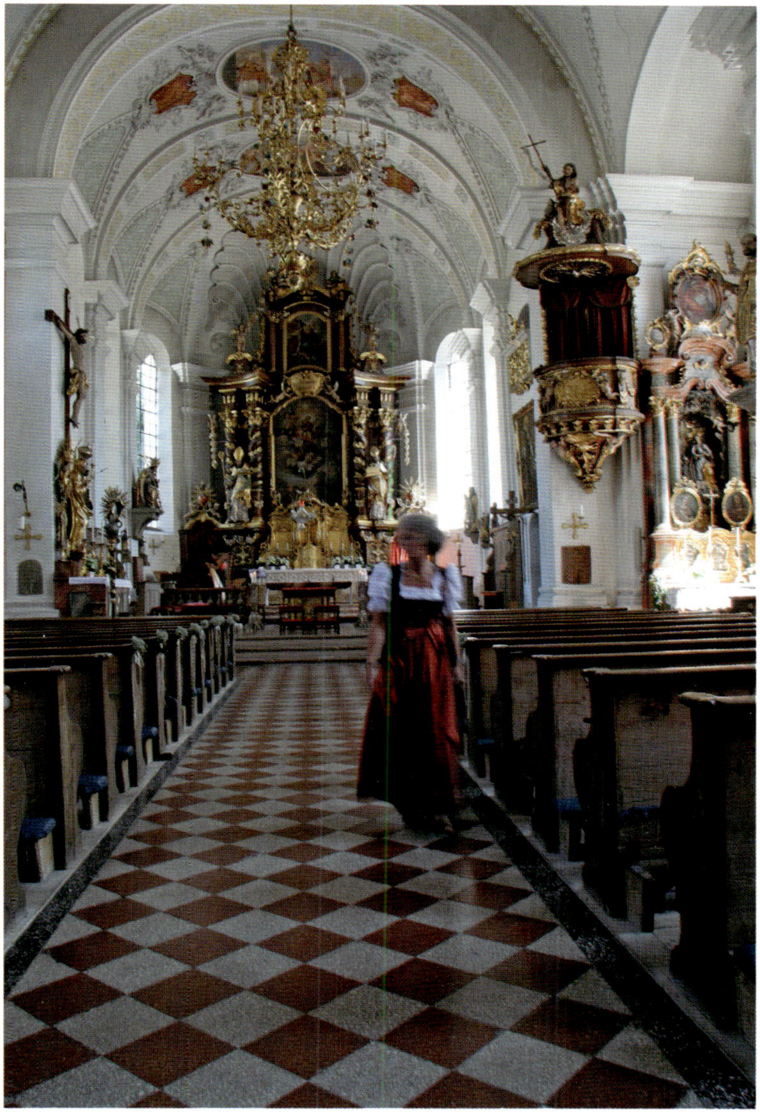

Abbildung 6.8: Diese Aufnahme vereint Schärfe und Unschärfe geradezu vorbildlich. Das Kirchenfoto wurde auf einem Stativ gemacht und bildet alle sich nicht bewegten Gegenstände scharf ab. Nur die Frau im Dirndl bewegt sich auf diesem Bild und erscheint deshalb „verwackelt“. Brennweite: 17 mm, Belichtungszeit: 1/6 Sek., Blende: 10, ISO: 200

Möchten Sie Ihr Motiv „einfrieren“, dann passen Sie die Belichtungszeit der Bewegungsschnelligkeit des Motivs an. Fotografieren Sie mit einer Brennweite von 50 bis 85 mm, dann reichen folgende Belichtungszeiten aus: für Fußgänger 1/250 Sekunde, für Radfahrer 1/500 Sekunde, für Rennfahrer 1/2000 bis 1/4000 Sekunde.

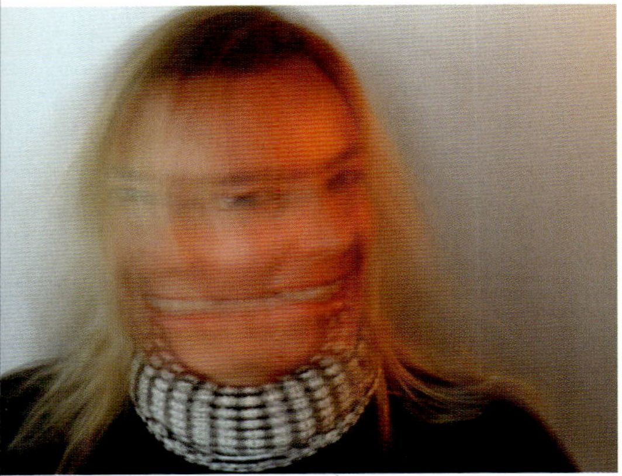

Faustregel

Die Belichtungszeit sollte zahlenmäßig in der Nähe Ihrer Brennweite liegen.
Die 1:1-Formel, Brennweite 200 mm, Belichtungszeit 1/200 Sek.

Still gestanden

Brennweite	Belichtungszeit
17-35 mm	1/8-1/30 Sekunde
35-50 mm	1/40-1/50 Sekunde
85-105 mm	1/80-1/100 Sekunde
200-300 mm	1/200-1/320 Sekunde
500-1000 mm	1/500–1/1000 Sekunde

Was unterscheidet Unschärfe von Verwackeln? Wie erkennen Sie, ob eine Aufnahme verwackelt ist oder einfach nur unscharf? Wichtigstes Kriterium für verwackelte Aufnahmen ist die Belichtungszeit. Um das Risiko einer Verwacklung möglichst gering zu halten, müssen Sie sich die Kombination von Brennweite und Belichtungszeit bewusst machen (siehe Tabelle). Je länger die Brennweite, umso leichter kann eine Aufnahme verwackeln.

Wenn Sie für eine schnelle Bewegung eine lange Verschlusszeit einstellen, so wird Ihr Foto verwackelt sein. Heftige Erschütterungen in einem schaukelnden Auto können ebenso für Verwacklungen verantwortlich sein, obwohl die Belichtungszeit normalerweise ausgereicht hätte. Für Aufnahmen im Weitwinkelbereich (17-35 mm) kann die Belichtungszeit etwas unter der Brennweite liegen: Bei einem Fisheye- oder Weitwinkelobjektiv mit 17/24 mm Brennweite sogar nur 1/8 Sekunde.

Hokusfokus?

Verschwommene Unschärfe hat in den meisten Fällen ebenso wenig mit der Belichtungszeit zu tun wie mit der Brennweite.

Fotografieren Sie ein Stillleben, denn es hält logischerweise still. Nehmen Sie dafür ein 105 mm Objektiv und belichten Ihr Motiv mit 1/250 Sekunden, haben Sie alles richtig gemacht. Dennoch erhalten Sie eine unscharfe Aufnahme und fragen sich zu Recht: „Was habe ich jetzt falsch gemacht?“

In diesem Fall gibt es nur eine Erklärung – Sie haben die Schärfedistanz vom Autofokus unterschritten – mit anderen Worten, Sie sind Ihrem Motiv zu nah gerückt. Der Schärfenindikator in Ihrem Sucherfenster hat heftig geblinkt – doch Sie haben ihn hartnäckig ignoriert.

Verschwommene Unschärfe macht sich „weicher" bemerkbar und Sie haben nur den Vordergrund unscharf, weil Sie zu nah dran waren. Eine verwackelte Aufnahme unterscheidet sich von einem verschwommenen Bild durch Gesamtunschärfe und durch Bewegungswischer.

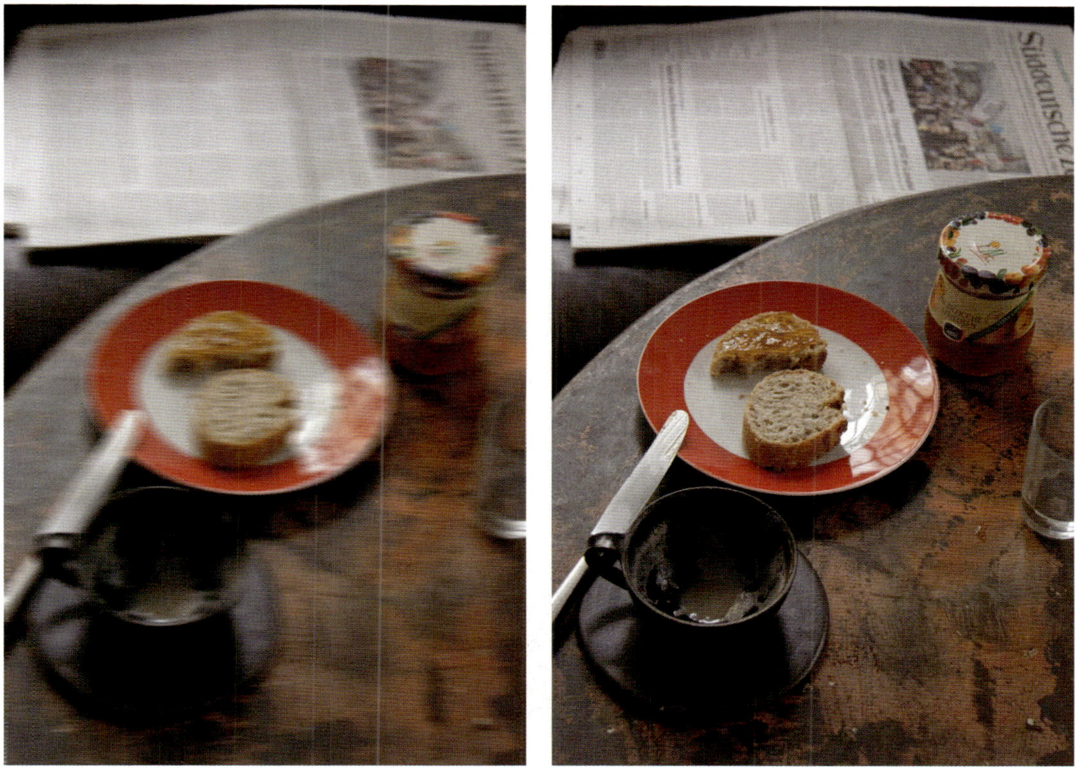

Abbildung 6.9: Die verschwommene Unschärfe dieser Frühstücksszene entstand durch die Unterschreitung der Schärfedistanz am Autofokus – d. h. zu nah dran. Ein leichter Schritt zurück hat in diesem Fall Abhilfe geschafft

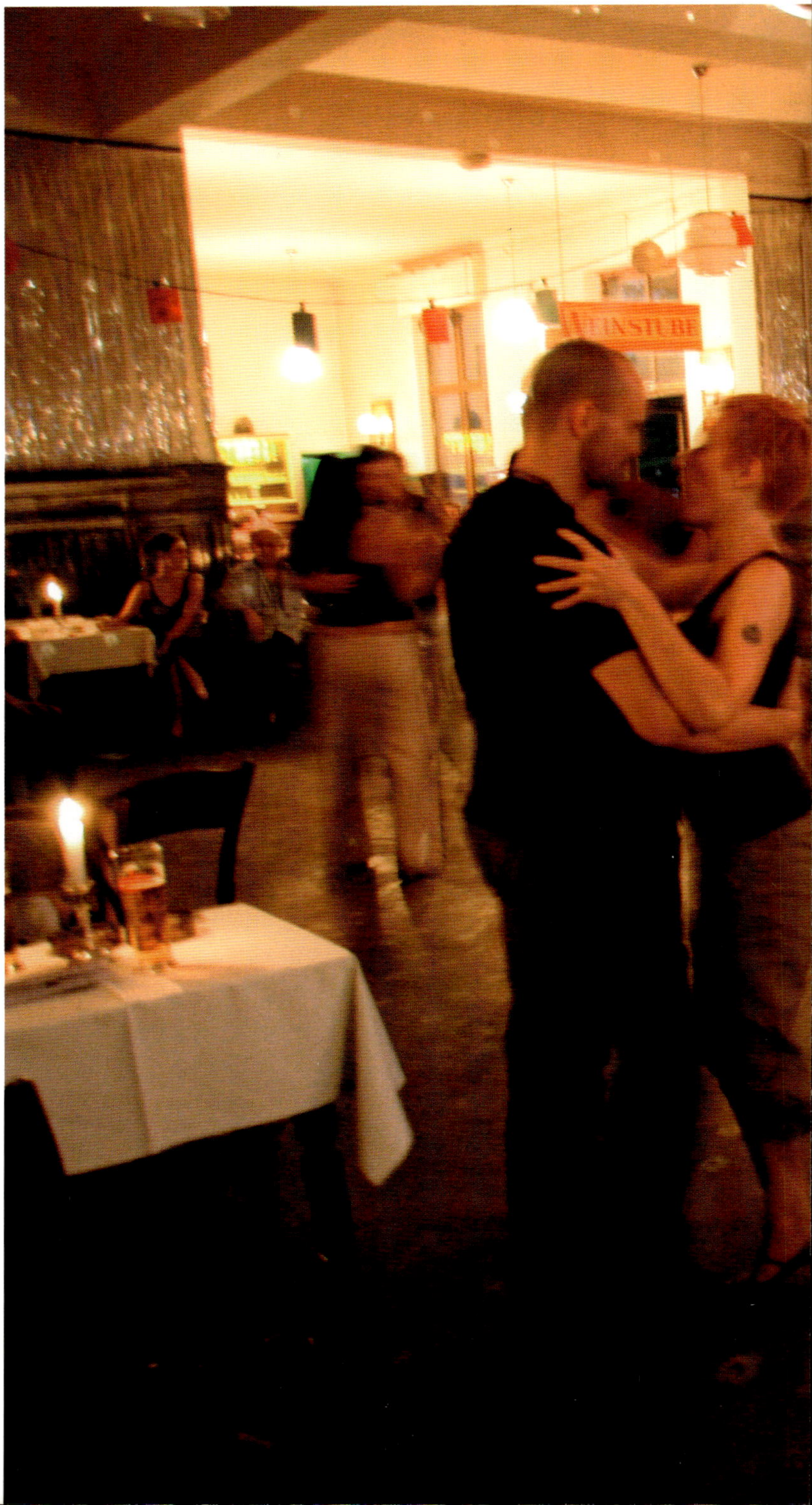

Abbildung 6.10: Um die schummerige Atmosphäre dieses alten Tanzpalastes nicht „kaputt" zu blitzen, habe ich meinen ISO-Wert auf 1600 eingestellt und mit 1/8 Sekunde aus der Hand fotografiert. So kommen die Tanzbewegungen nur leicht verwischt heraus und stehende Personen sind gut erkennbar. Brennweite: 17 mm, Belichtungszeit: 2/5 Sek., Blende: 4, ISO: 1600

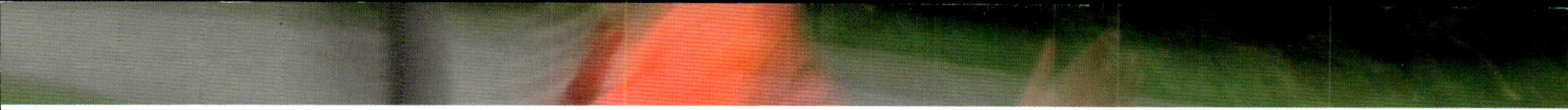

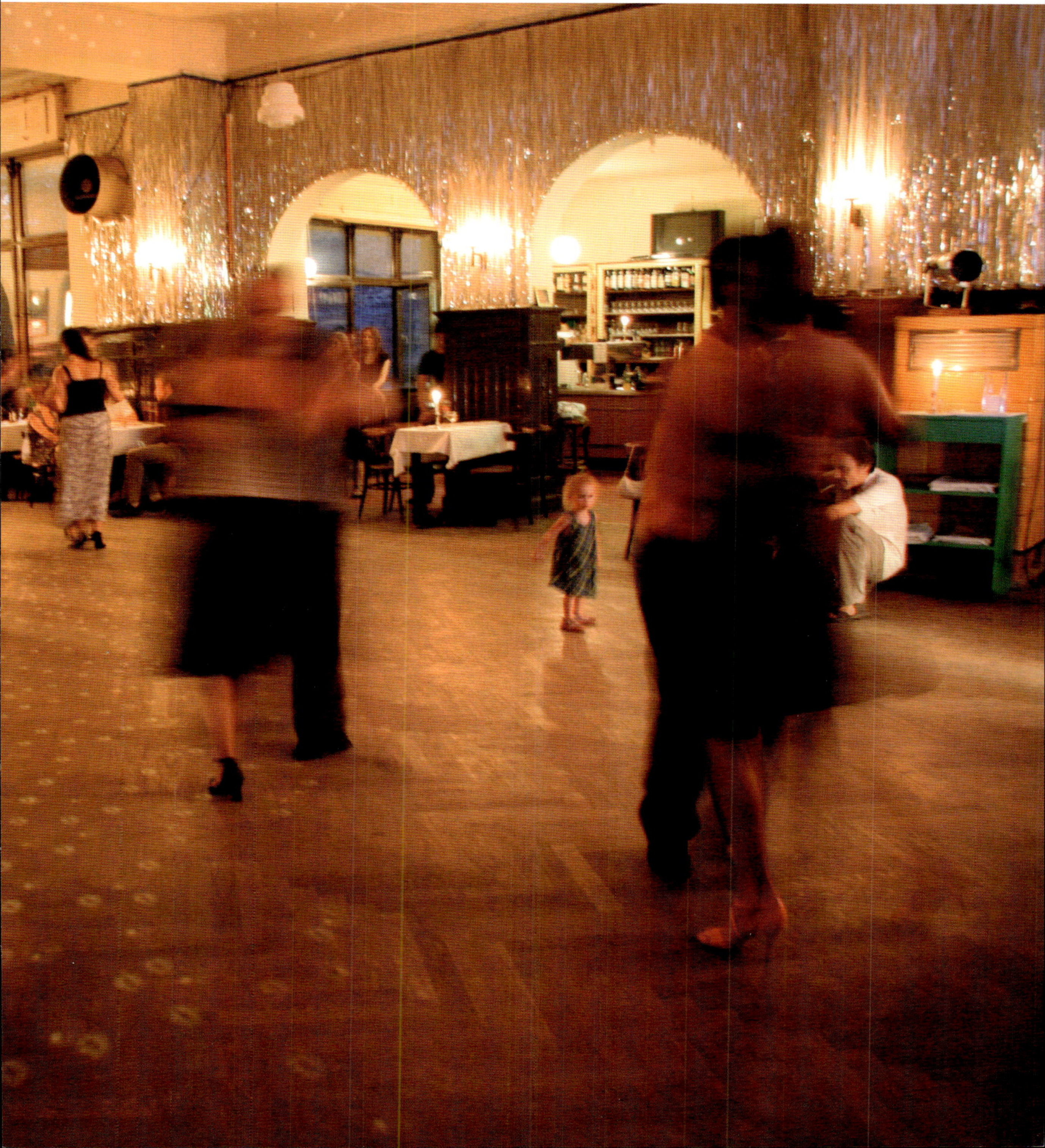

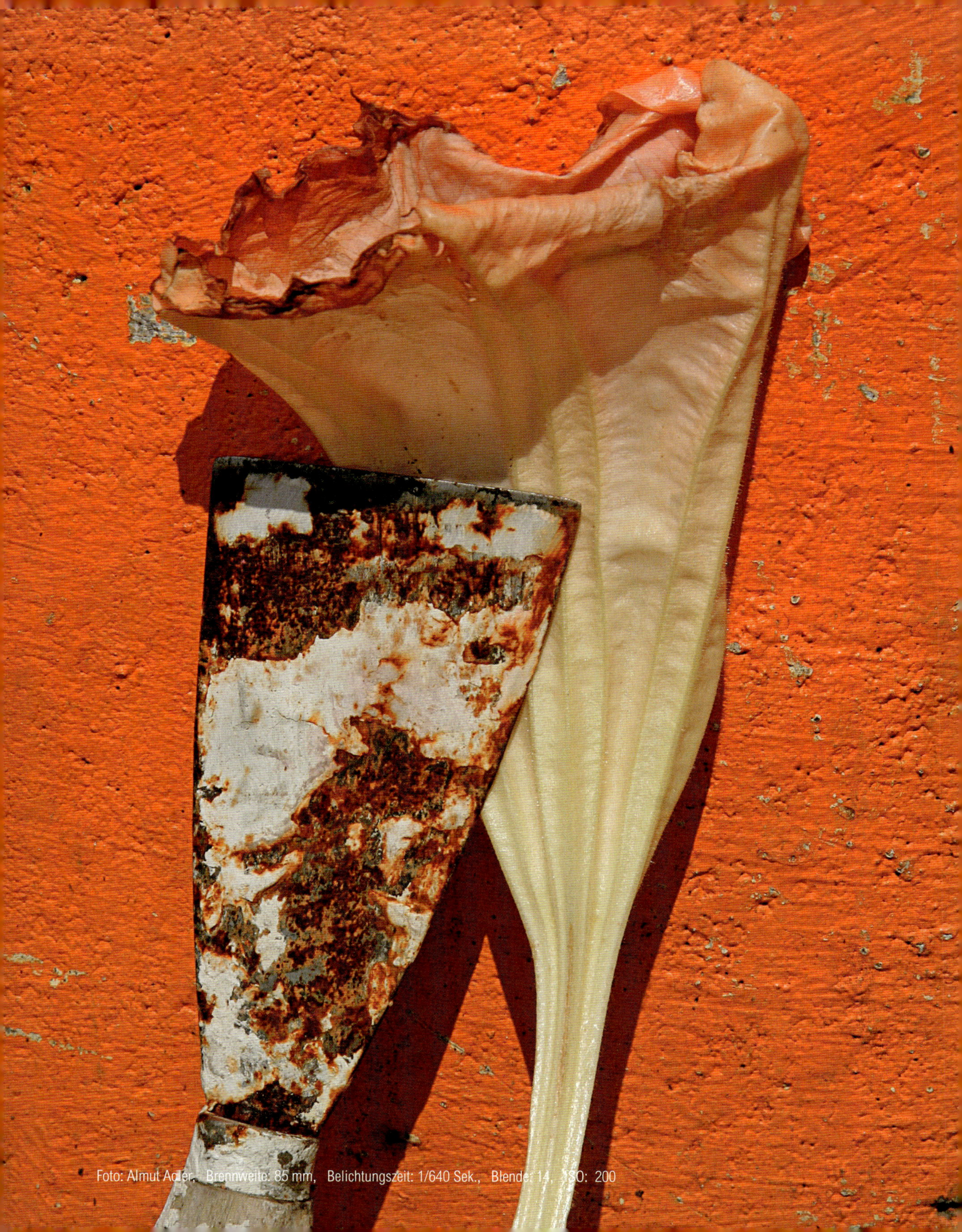

Foto: Almut Adler, Brennweite: 85 mm, Belichtungszeit: 1/640 Sek., Blende: 14, ISO: 200

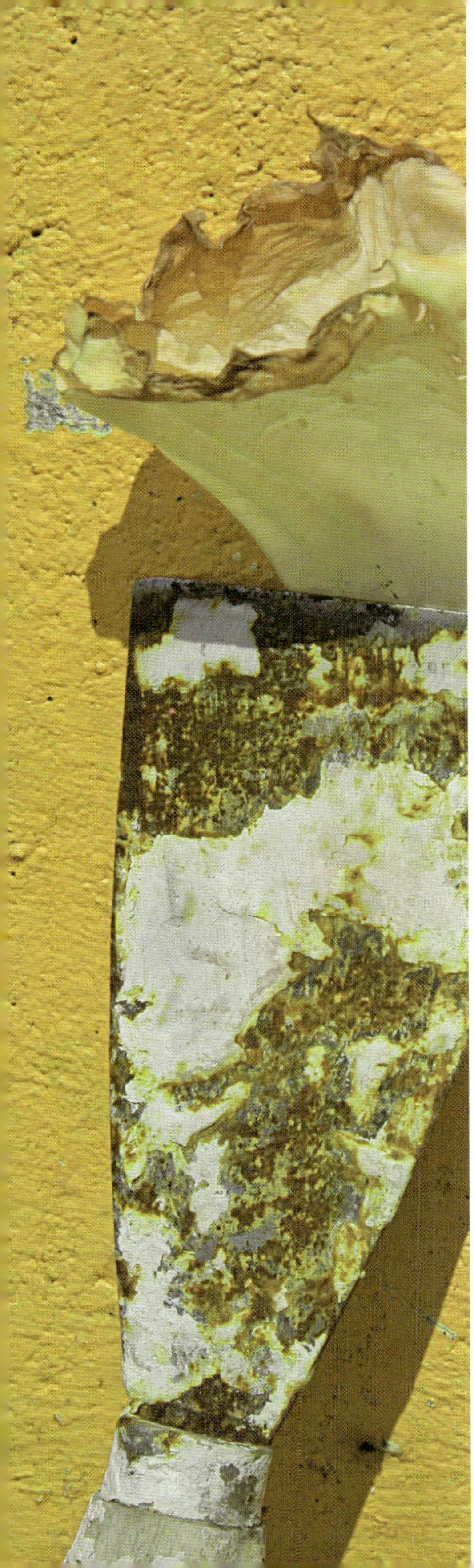

Kapitel 7

Das Fotomotiv

Neugierde im Blick

Fotomotive gibt es wie Sand am Meer – und auch dieser ist schon ein Fotomotiv. Die Fotografie wird in folgende klassische Bereiche eingeteilt: Stillleben, Porträt, Akt, Architektur, Sport/Action, Reportage, Landschaft/Natur, Menschen und Tiere. Die Vorliebe für eine Stilrichtung entwickelt sich oft erst nach Jahren oder sie verändert sich im Laufe der Zeit. Das Wichtigste am Fotografieren ist jedoch die Neugierde im Blick und die Freude am Motiv.

Stillleben/still life

Ein Stillleben ist die lebendige Darstellung eines unbewegten Gegenstands. Ästhetisch oder eklig, farbig oder schwarzweiß, natürlich oder künstlich, zufällig oder arrangiert, die Fotografin komponiert ihr Bild in aller Ruhe. Ein Stillleben hält still, es läuft nicht davon. Dieses Genre der Fotografie hat den Vorteil, sich Zeit nehmen zu können. Stillleben sollten aus unterschiedlichen Perspektiven fotografiert werden. Um das Besondere hervorzuheben, muss die Eigenart eines Motivs erfasst werden.

Stehhöhe

Die Stehposition ist nötig, um die Struktur des durchsägten Baumstamms zu zeigen. So arrangierten sich die unterschiedlichen Strukturen von Holz, Muschel und Rosenblättern zu einem geschmackvollen Stillleben.

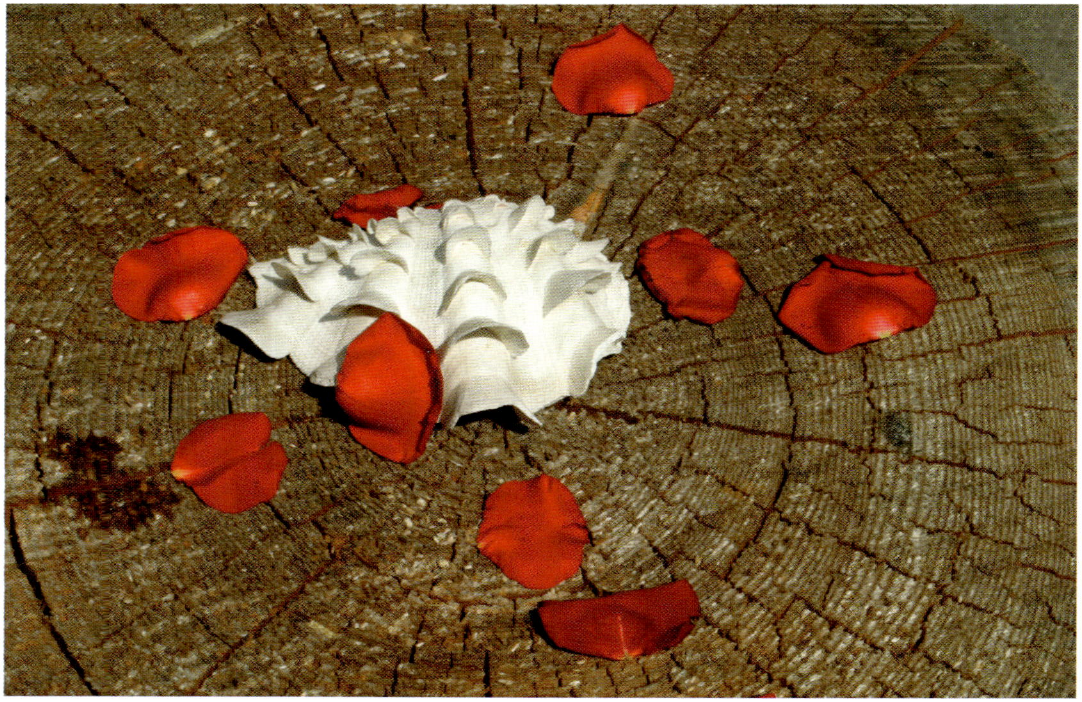

Belichtung: Brennweite: 55 mm, Belichtungszeit: 1/90, Blende: 27, ISO: 200

Augenhöhe

Aus der Augenhöhe entsteht mit einem 50 mm Normalobjektiv ein perspektivisch unverzerrtes Bild. Auf diese Weise dringt der Blick durch das Glas und die Früchte spiegeln sich hinter dem Kristall. Die geringe Tiefenschärfe bringt das Hauptmotiv klar in den Vordergrund.

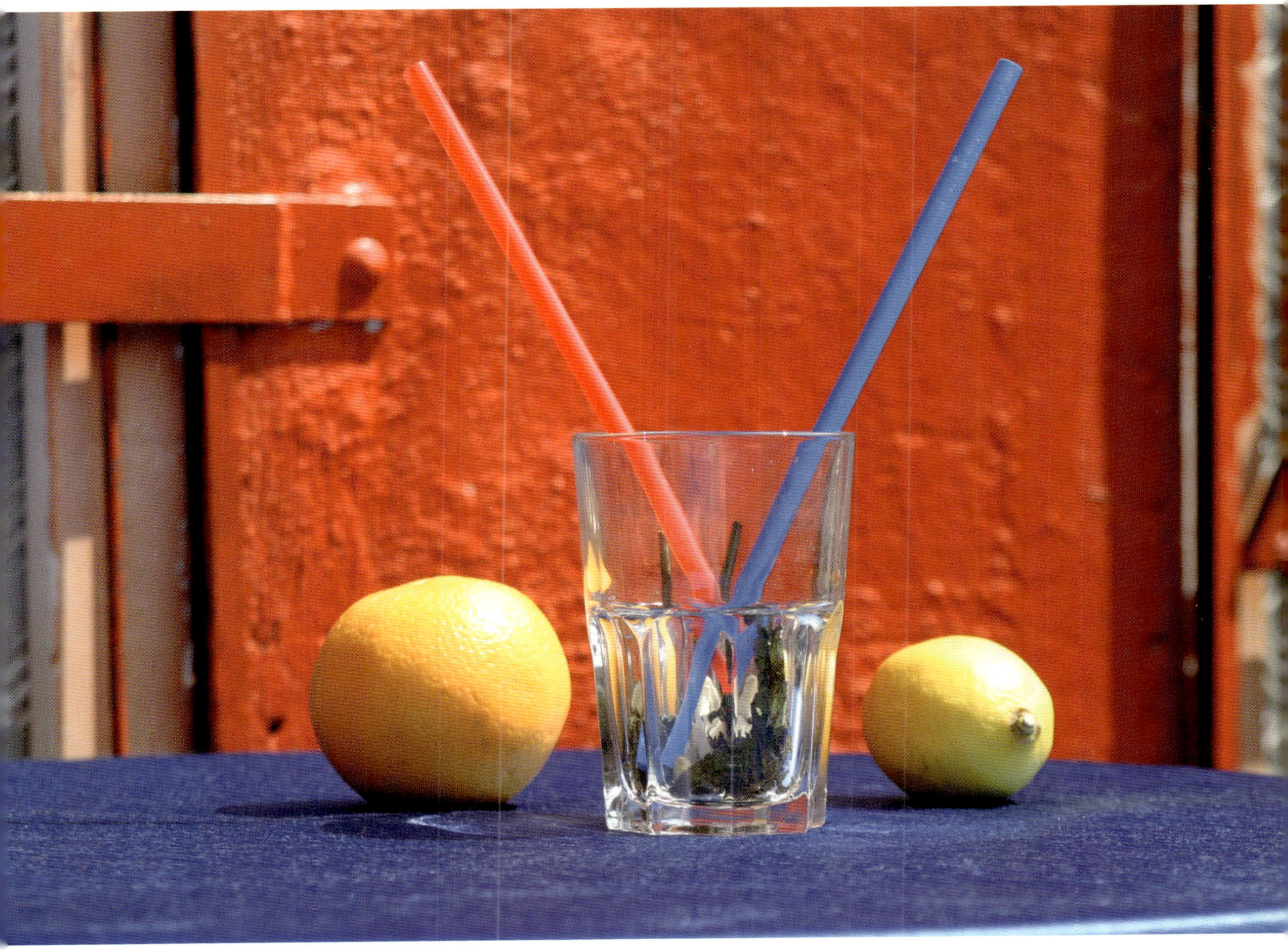

Belichtung: Brennweite: 50 mm, Belichtungszeit: 1/125, Blende: 2,8, ISO: 200

Bodennähe

Kleine Motive wirken größer, wenn Sie sich auf gleiche Ebene begeben. Das reflektierende Licht im Vordergrund und die punktuelle Beleuchtung machen die Rose zum Hauptmotiv.

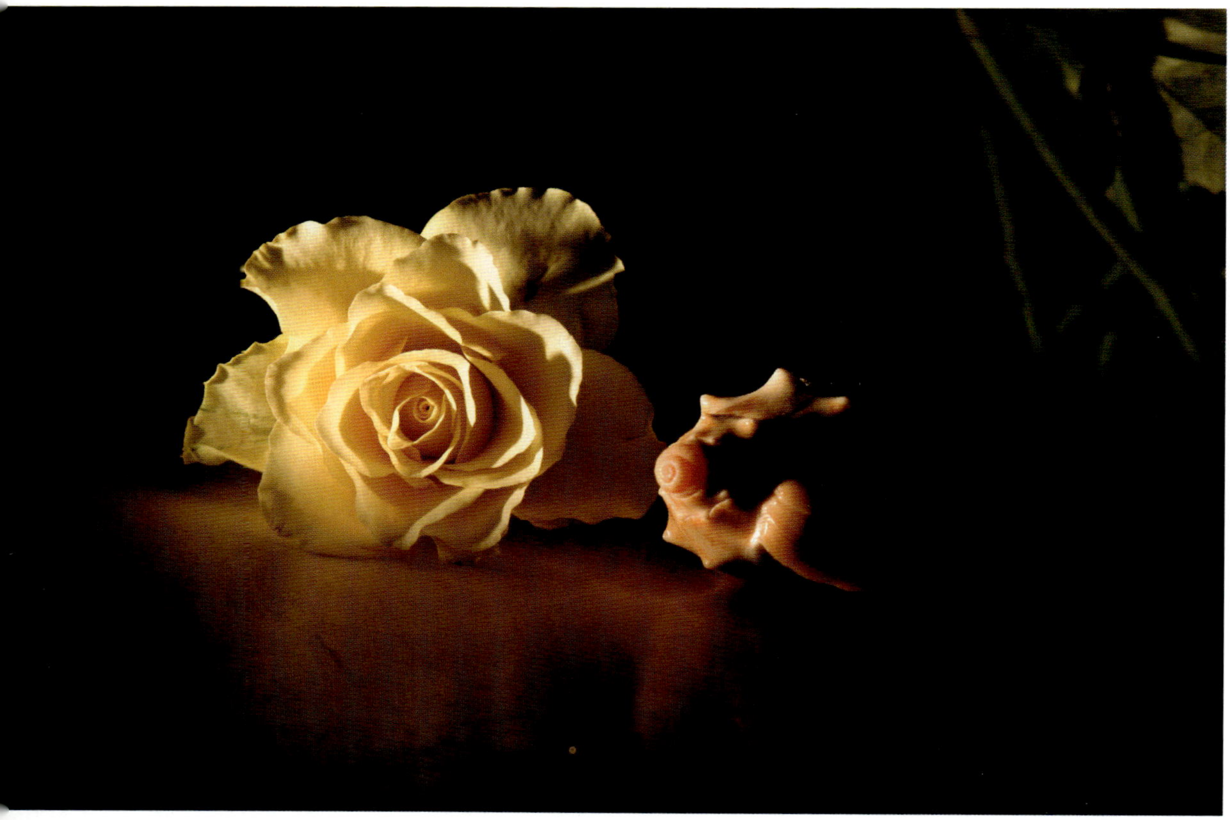

Belichtung: Erennweite: 105 mm, Belichtungszeit: 1/100, Blende: 9,5, ISO: 200

Erhöhter Stand

Um Einblick in die Schale zu erhalten, um das Grün der Wiese hervorzuheben und um die Herbstblätter abzubilden, müssen Sie sich senkrecht über die Schale stellen.

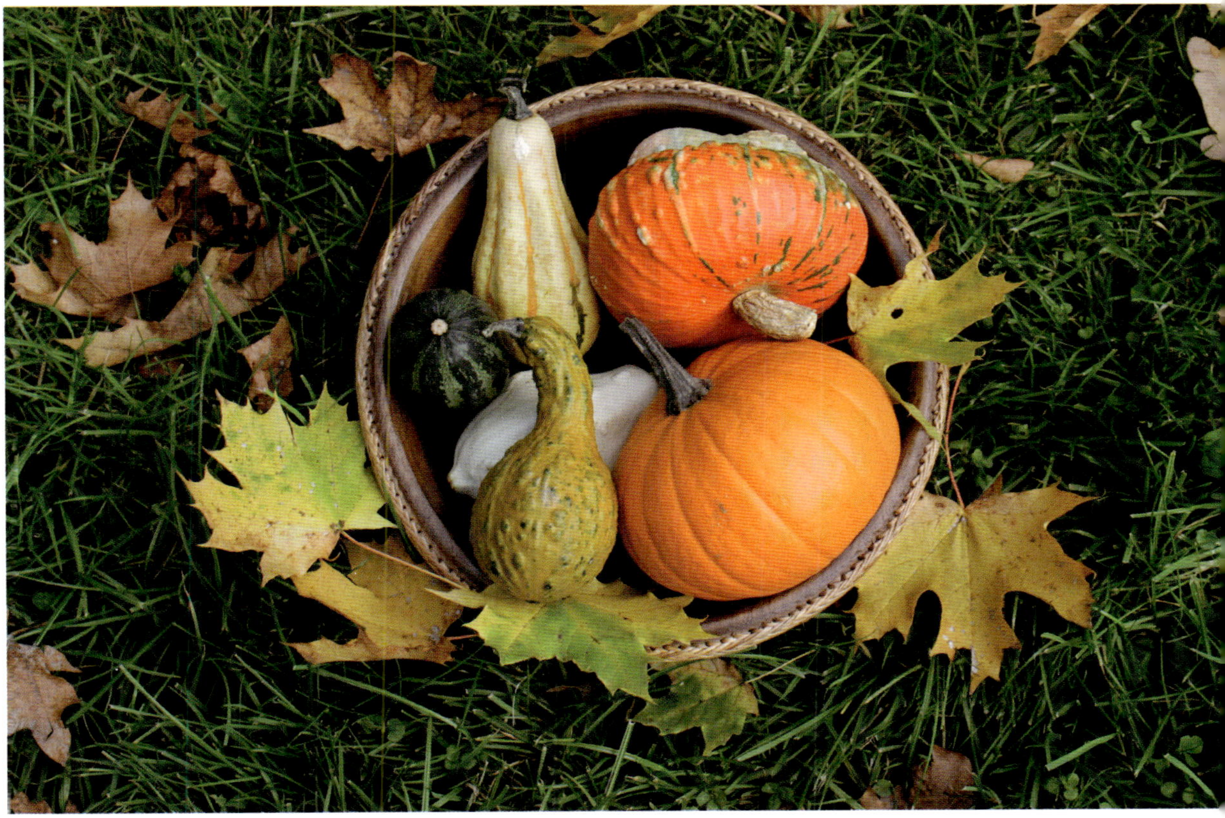

Belichtung: Brennweite: 40 mm, Belichtungszeit: 1/180, Blende: 8, ISO: 400

Strukturen

Symmetrisch oder asymmetrisch – Strukturen erwecken den Eindruck von Mustern, wenn sie formatfüllend für sich allein stehen. In dieser Bildfolge habe ich technische (links) und natürliche (rechts) Strukturen, die sich ähneln, nebeneinander gestellt.

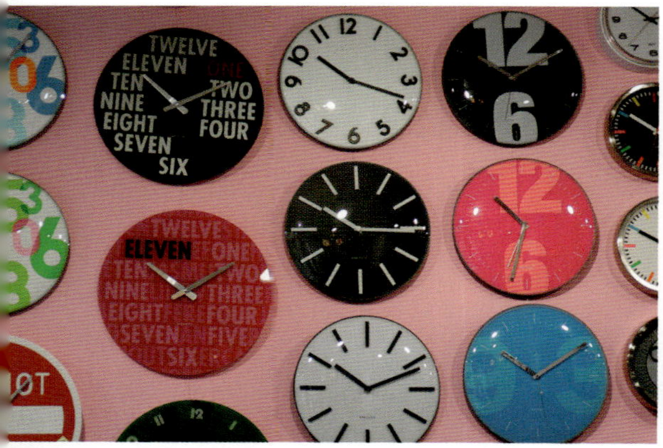

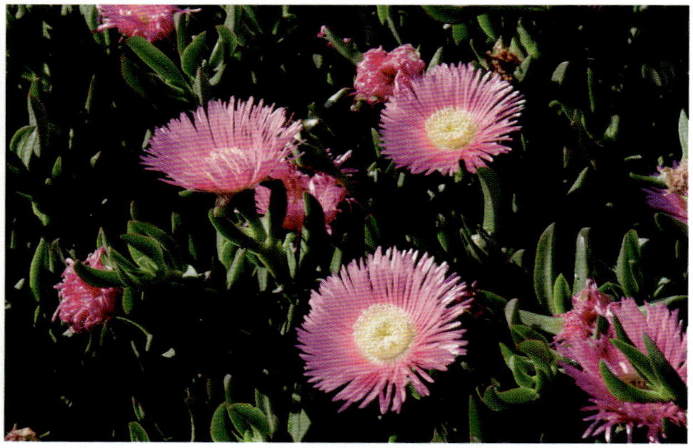

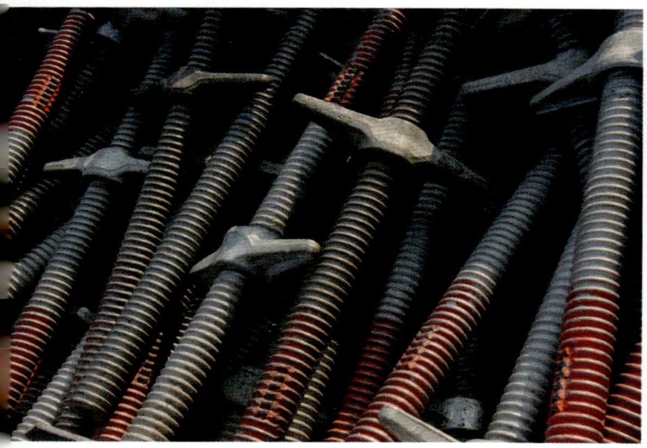

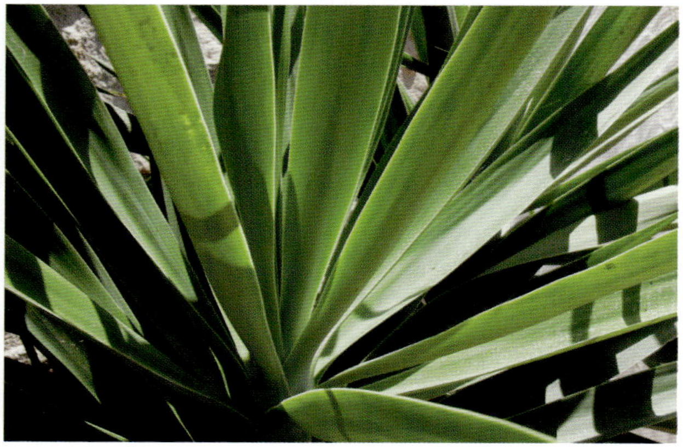

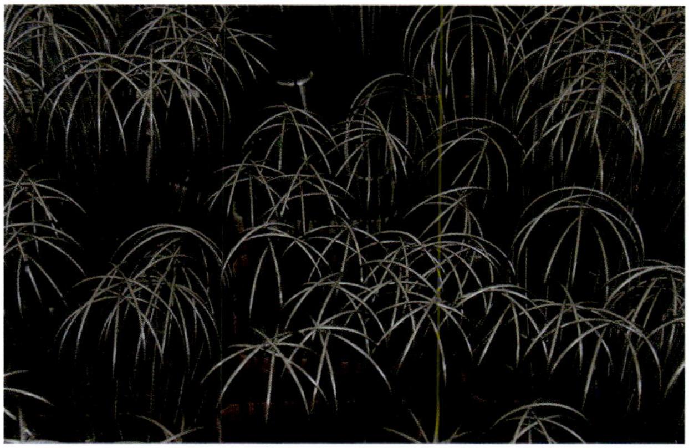

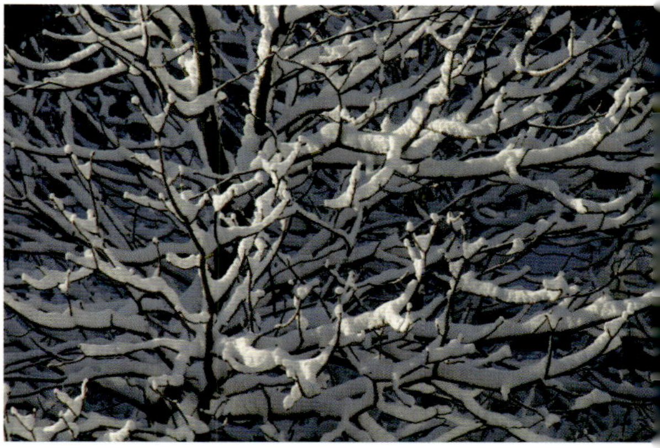

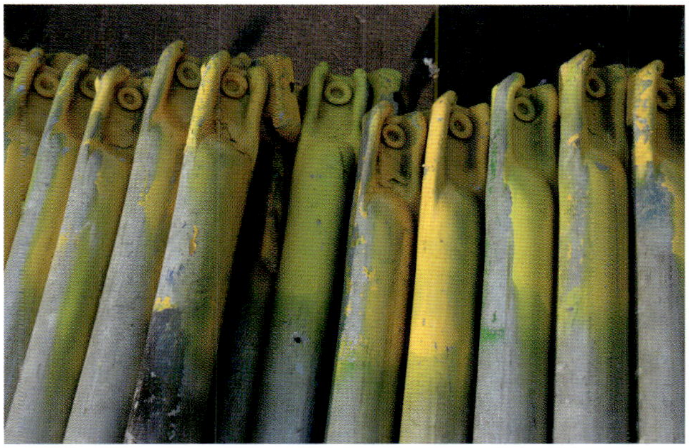

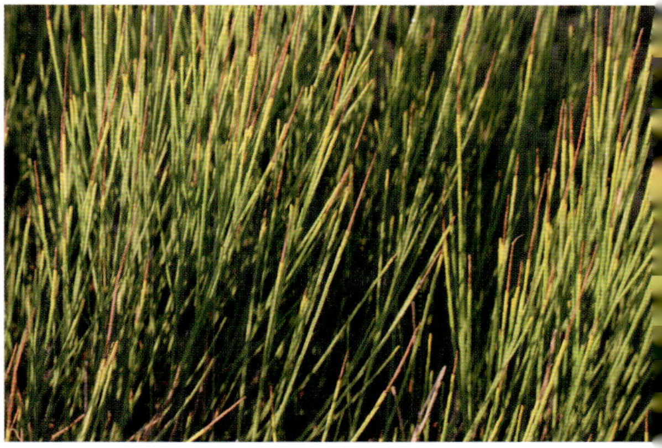

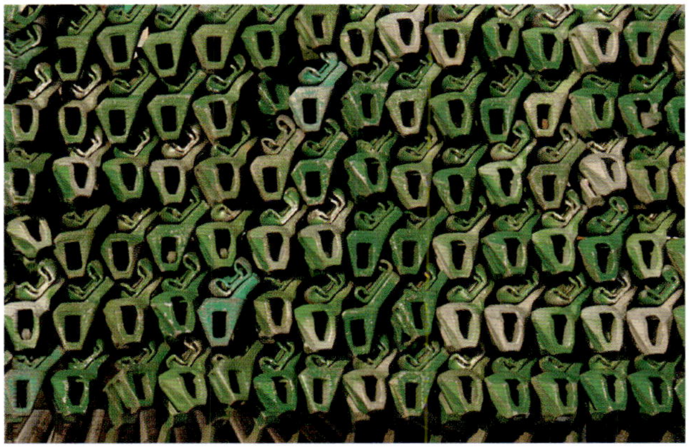

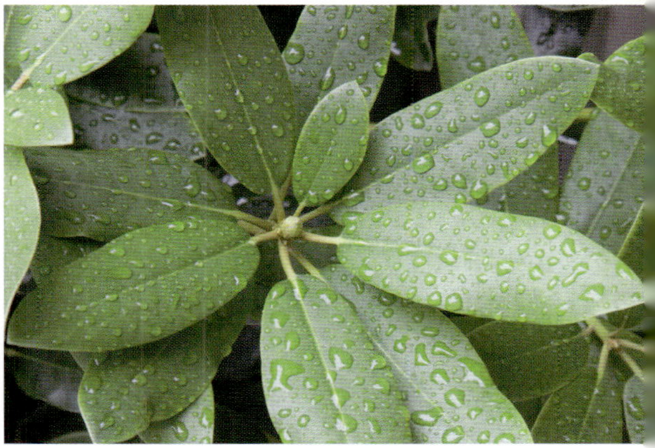

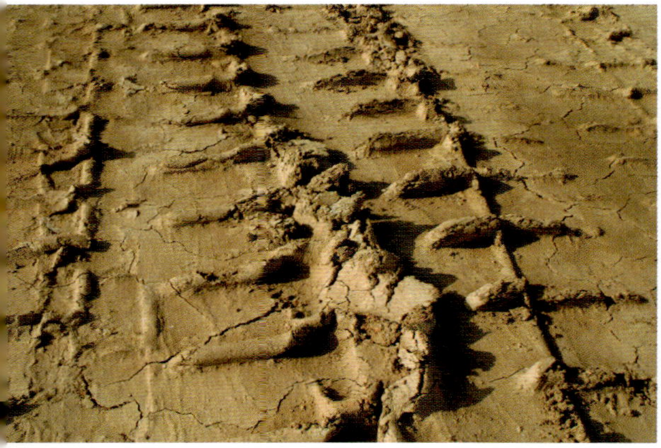

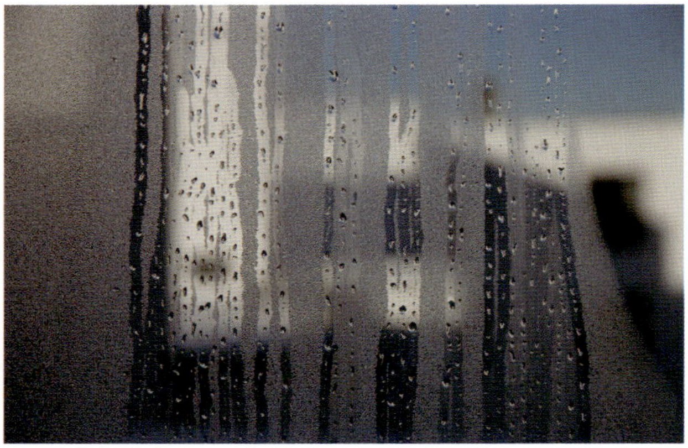

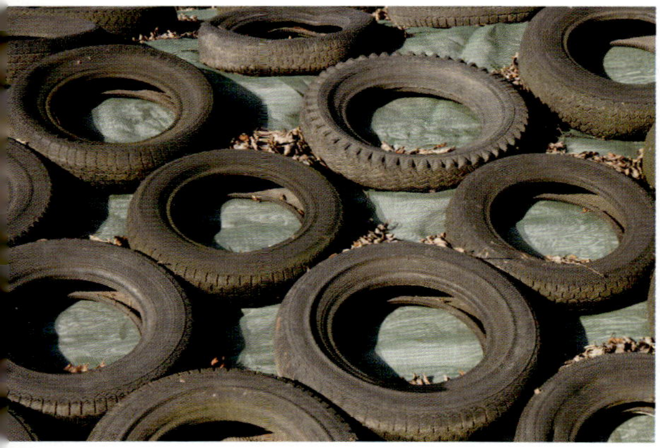

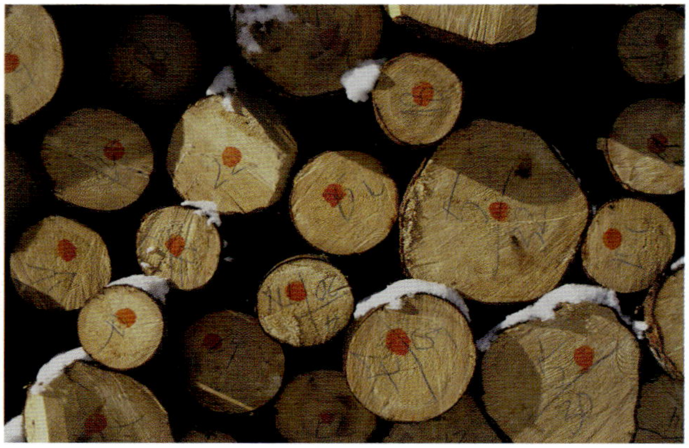

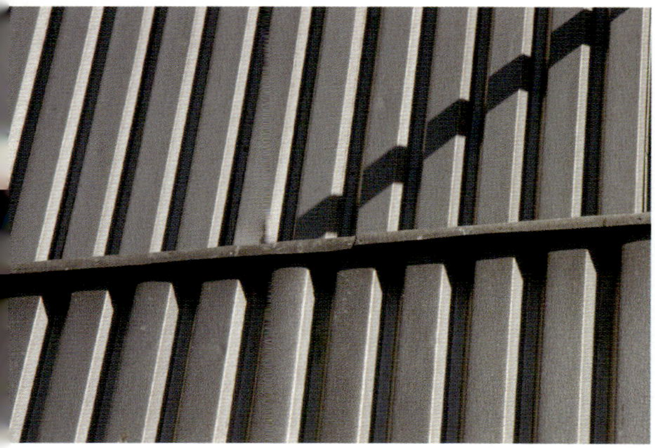

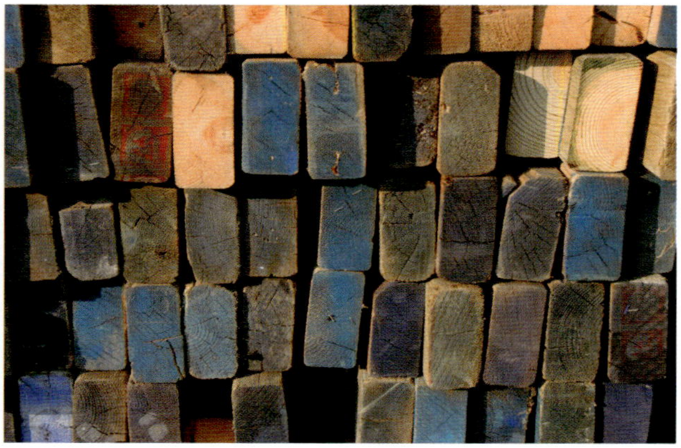

Das Porträt

Das A und O in der Porträtfotografie sind die richtige Ausleuchtung, die Aufnahmeposition und das Spiel mit verschiedenen Lichtquellen. Weil das normale Tageslicht in vielen Fällen nicht mehr ausreicht, ist für Aufnahmen in geschlossenen Räumen ein Stativ unumgänglich. Die beste Brennweite für Porträtaufnahmen ist ein Objektiv mit 85 bis 100 mm.

Diaprojektoren zaubern durch ihren scharf begrenzten Lichteinfall effektvolle Schattengebilde auf eine Gesichtspartie. Blasse Hintergründe können Sie farblich auf- peppen, indem Sie für die Projektion transparente Farbfolien in einen Diarahmen legen.

Belichtung: Brennweite: 56 mm, Belichtungszeit: 1/60, Blende: 7,1, ISO: 400

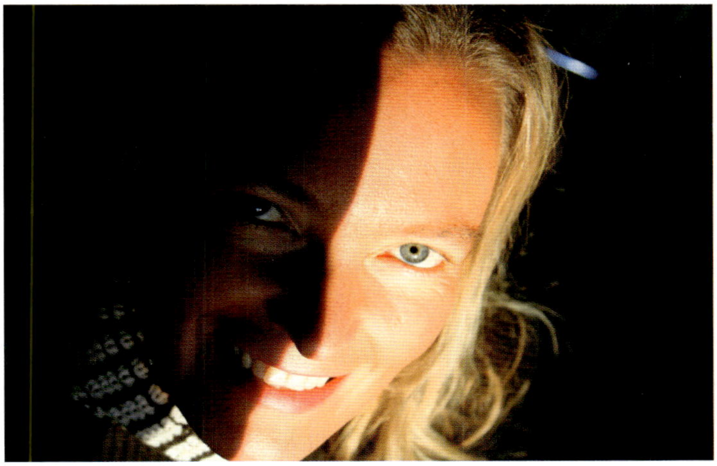

Infrarotlampen können mit ihrer extremen Rotfärbung für interessante Lichteffekte auf einem Gesicht oder Hintergrund sorgen.

Belichtung: Brennweite: 85 mm, Belichtungszeit: 1/125, Blende: 5,6, ISO: 400

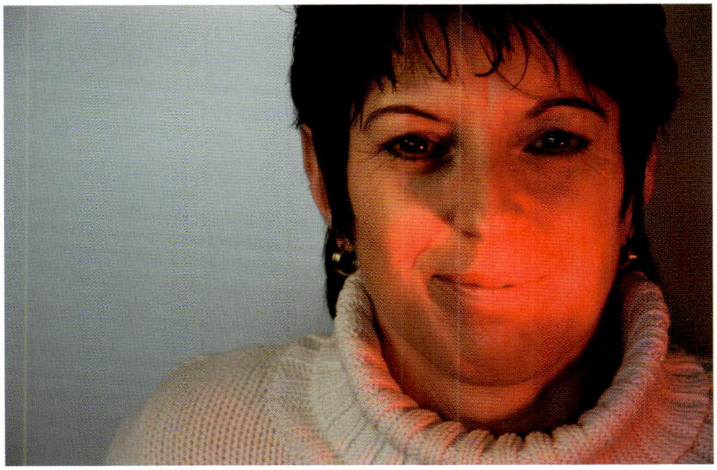

Lichtspiele

Möchten Sie für Porträtaufnahmen kein Blitzlicht verwenden, können Sie die ISO oder ASA an Ihrer Kamera erhöhen (pushen), einen lichtempfindlicheren Film oder ein Kunstlicht zu verwenden (siehe Kapitel 5 „Das Licht“). Experimentieren Sie bei jeder Aufnahme mit verschiedenen Lichtquellen und Perspektiven. Dadurch entstehen lebendige Aufnahmen mit interessanten Schattenspielen.

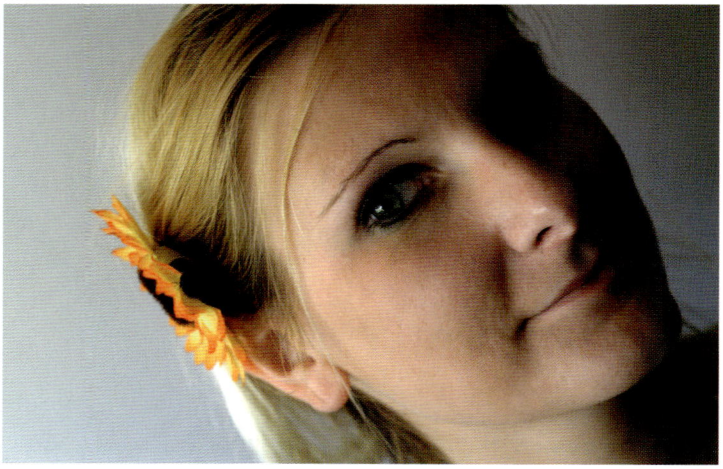

Nitraphotlampen, große Glühbirnen mit 500 Watt, sind bestens für Porträtaufnahmen geeignet, da sie ein helles, jedoch natürliches Licht abstrahlen.

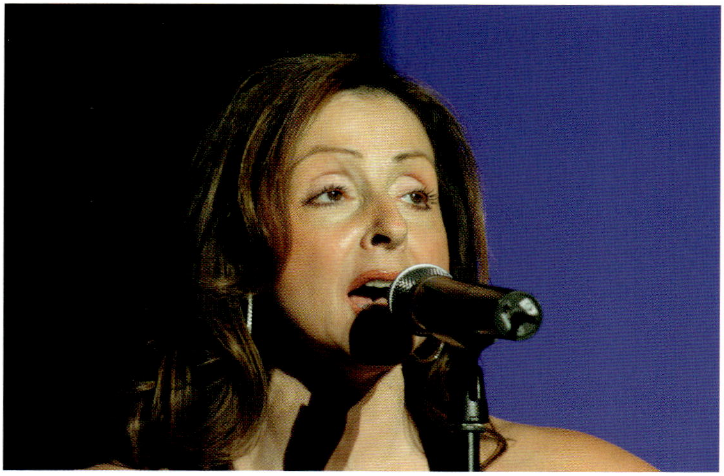

Blitzlichter an Kameras sind nur Hilfslichter. Für eine bessere Ausleuchtung sorgen externe Blitzgeräte. Nachteile von Blitzaufnahmen sind eine glänzende „Speckhaut“, spitze Augenreflexe oder rote Kaninchenaugen. Deshalb ist es ratsam, indirekt zu blitzen, das heißt, den Blitz gegen die Raumdecke zu richten.

Tageslicht ist in jedem Fall die natürlichste Lichtquelle, kann aber je nach Tageszeit vom pastellig weichen Licht am Morgen zum harten Kontrastlicht am Mittag bis hin zum schmeichelwarmen Licht am Abend variieren.

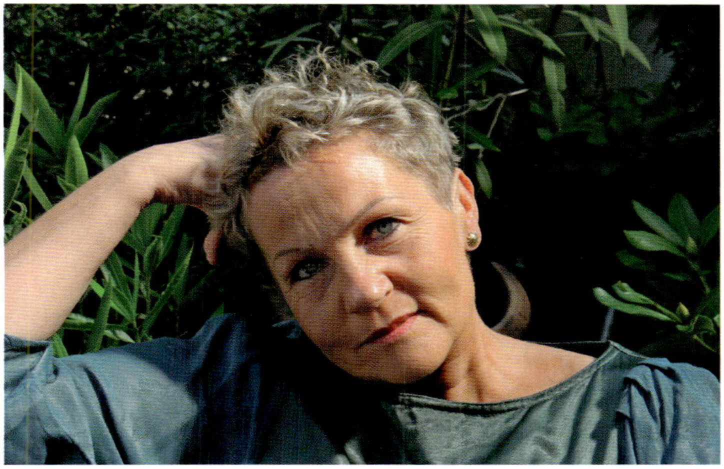

Pushen ist die unkomplizierte Möglichkeit, bei schlechten Lichtverhältnissen ohne Blitzlicht zu fotografieren. Dabei wird der ISO-Wert der Kamera höher eingestellt. Nachteil: Die Fotos werden grobkörniger, je höher die ASA-Zahl des Films ist oder wenn der ISO-Wert (digital = Rauschen) an der Kamera eingestellt wird. Analog 100-800 ASA, digital bis 1600 ISO und höher.

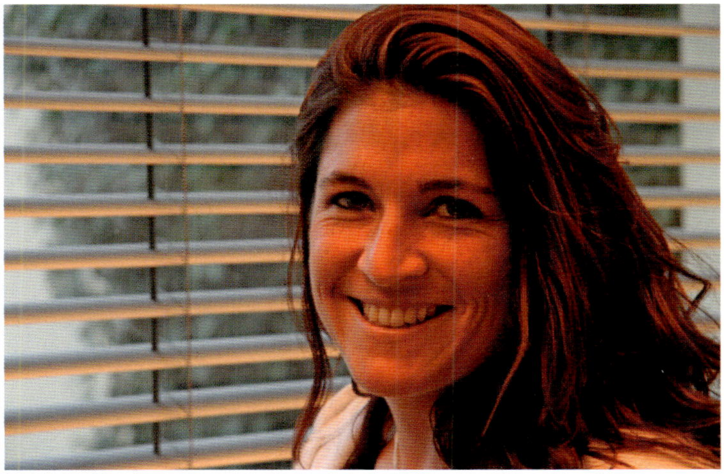

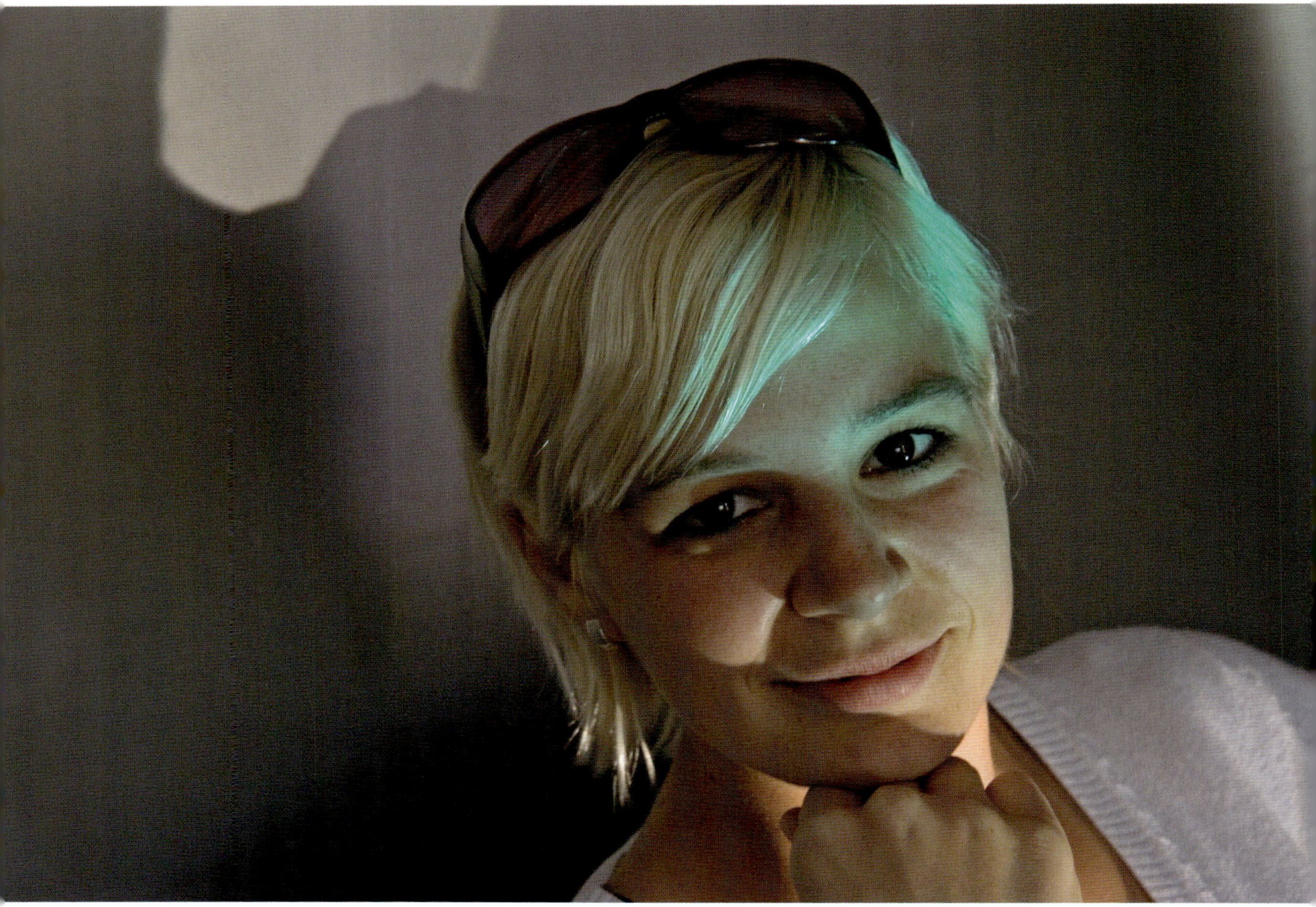

Abbildung 7.1: Wenn Farbfolien vor einen Diaprojektor gehalten werden, sorgen sie je nach Farbwahl für peppige Lichtspielereien auf den Haaren oder in Gesichtern. Auch langweilig weißen Hintergründen geben diese Farbakzente eine geheimnisvolle Atmosphäre. Brennweite: 68 mm, Belichtungszeit: 1/25 Sek./Stativ, Blende: 6,3, ISO: 400

Das Selbstporträt

Ein Selbstporträt ist eine sehr persönliche Angelegenheit. Vor allem wenn Sie sich in einer ausgefallenen Pose präsentieren möchten.

Heldin des Alltags

Als Erstes benötigen Sie ein Stativ und einen Fern- oder Drahtauslöser. Sie können ebenso gut die Selbstauslöser-Einstellung an Ihrer Kamera benutzen. Gönnen Sie sich Ruhe und Zeit, dann kommen die besten Ideen. Beobachten Sie sich vorab im Spiegel und überlegen Sie, was Sie mit Ihrer Aufnahme aussagen möchten. Sehen Sie sich als verträumte Romantikerin, unaufgeräumte Chaotin, ernste Persönlichkeit oder einfach als die Frau hinter ihrer Kamera?

Spielen Sie mit Mimik und Posen, spinnen Sie einfach mit sich herum. Sie können sich körperlich komplett ablichten oder im Halbporträt – alternativ auch nur Ihren Kopf, einen präzisen Ausschnitt Ihrer Augen oder den Mund. Jede Einstellung kann Ihre Person interessant charakterisieren.

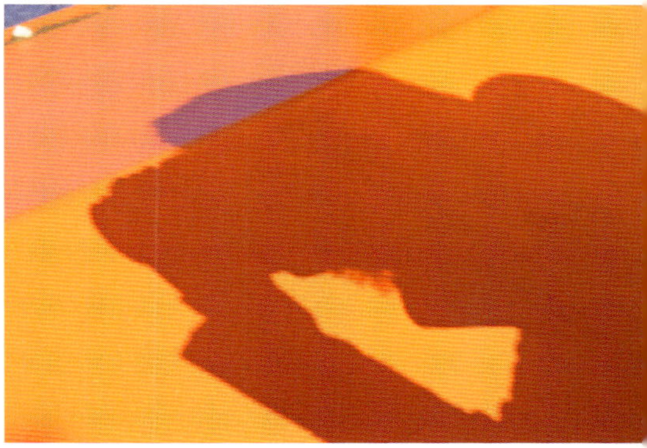

Abbildung 7.2: Auch Ihr eigenes Schattenbild eignet sich zur Selbstdarstellung.

Meine Kamera und ich

Steht Ihre Kamera tief am Boden, dann werden Sie mächtig in Szene gesetzt. Fotografieren Sie sich von oben, so entsteht eher ein zurückhaltender Eindruck. Die Augenhöhe vermittelt den normalsten Eindruck Ihrer Person. Stellen Sie sich neben ein Fahrrad, sitzen im Auto oder auf dem Sofa, so entstehen jeweils wieder andere Aussagen. Kommt Licht von unten, so wirken Sie dramatisch, kommt Licht von oben, so erscheinen Sie „beseelt". Viel Schatten macht Sie ernst oder geheimnisvoll, eine ausgleichende Beleuchtung kann Ihre Falten optisch glätten. Inszenieren Sie sich mit viel Fantasie und Experimentierfreudigkeit.

Du darfst niemandem etwas wegnehmen, weder die Persönlichkeit oder die Würde noch die Integrität.

Dorothea Lange, 1895–1965, amerikanische Fotografin

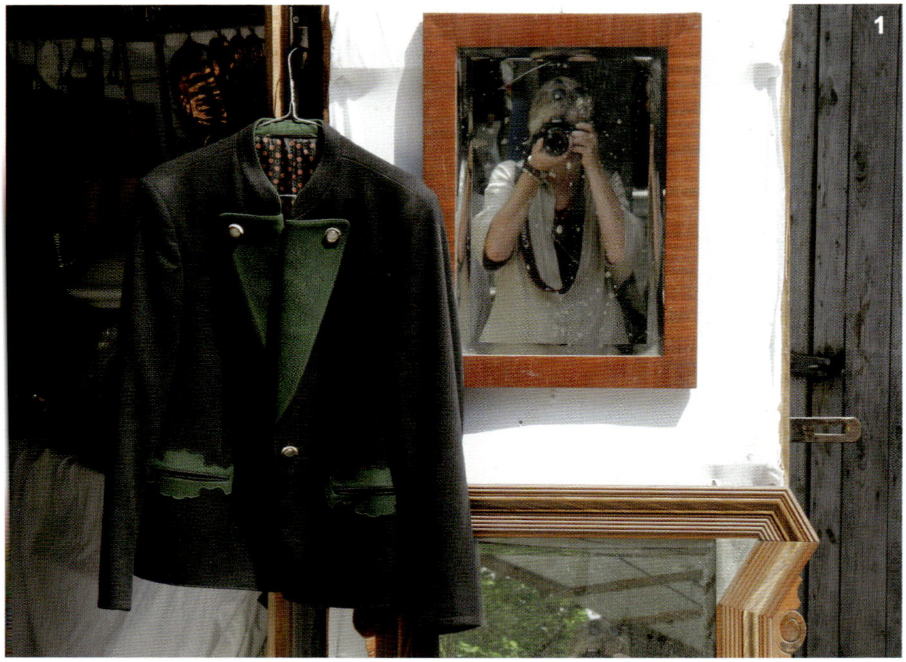
1

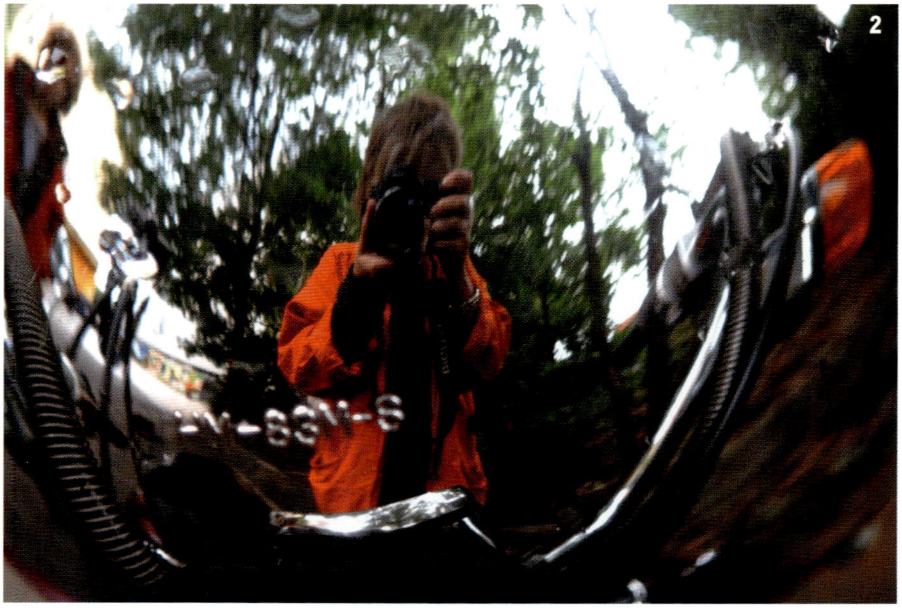
2

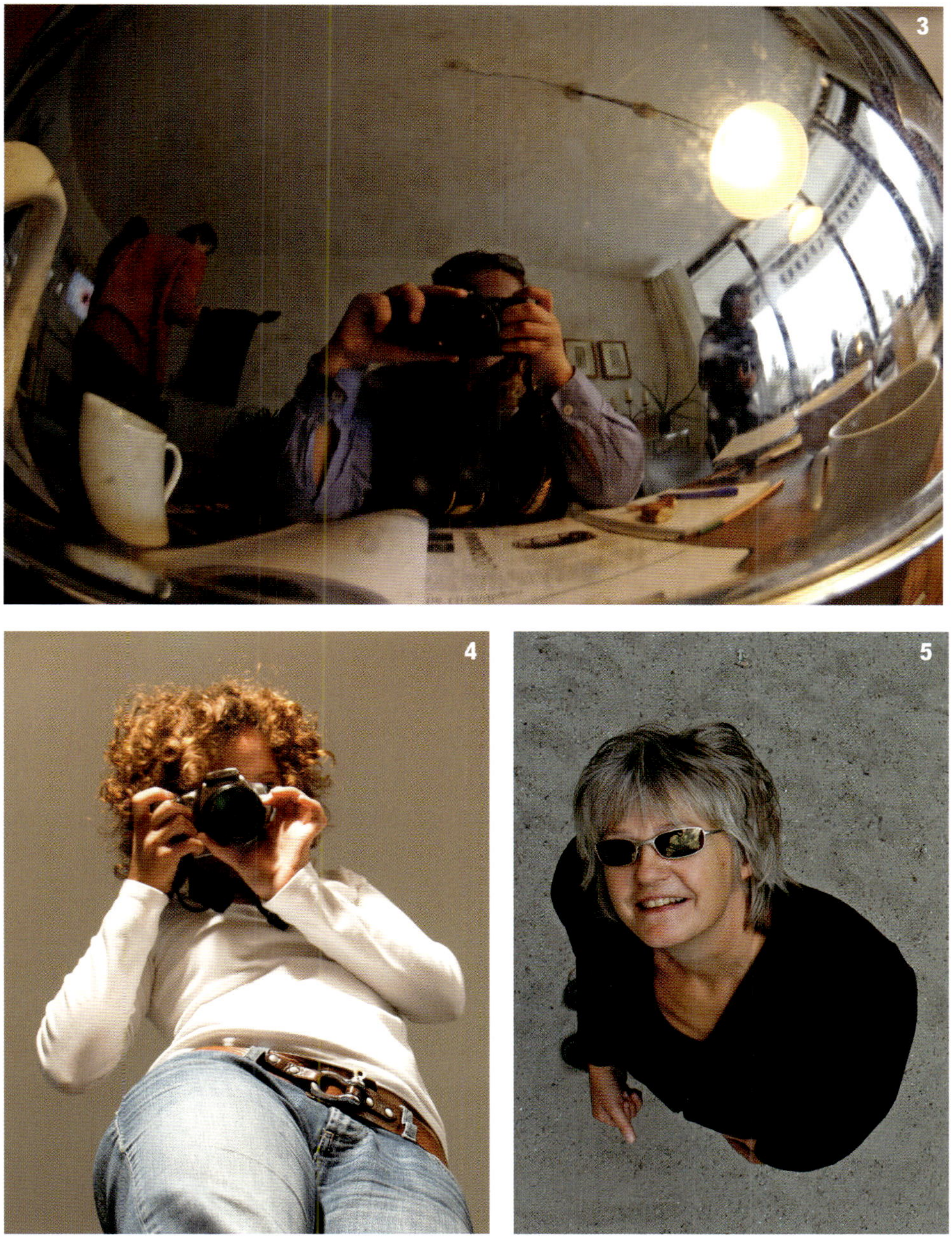

Abbildung 7.3: Fünf verschiedene Selbstporträts: 1 Spiegel auf dem Flohmarkt, 2 Chromtank vom Motorrad, 3 Silberne Teekanne, 4 Spiegel von oben, 5 Mit Selbstauslöser von oben

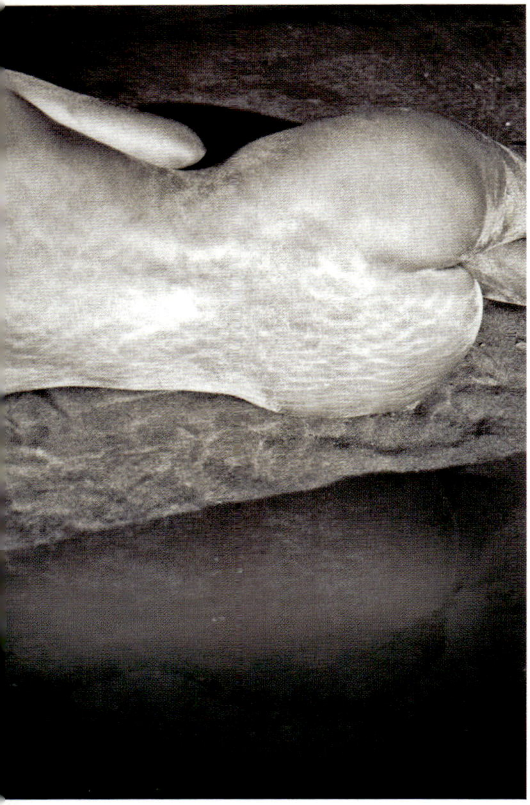

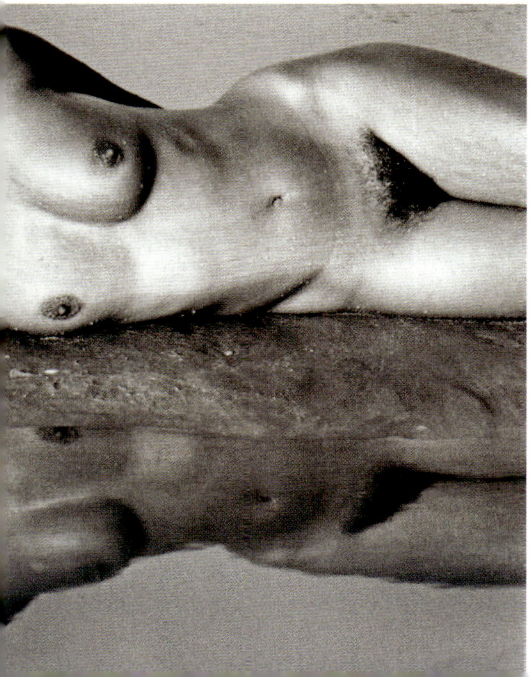

Tipps für Porträt- und Aktfotografie

Um ein Modell vorteilhaft zu fotografieren, sollten Sie sich Zeit nehmen und ein paar hilfreiche Tricks anwenden.

- Achten Sie auf Gesichtsausdruck und Körperhaltung Ihres Modells.
- Warten Sie nicht zu lange mit dem Auslösen, ein eingefrorenes Lächeln wirkt unnatürlich. Lösen Sie mehrmals hintereinander aus.
- Beobachten Sie den Stand der Sonne. Gesichter sollten nicht im Schatten liegen.
- Achten Sie auf Ihren eigenen Schatten, er darf nie in den Bildausschnitt fallen.
- Ein Foto wirkt unvorteilhaft, wenn das Modell in die Sonne blinzeln muss.
- Machen Sie keine Porträts im Gegenlicht, sie werden dunkel und leblos.
- Aufnahmen ohne Lichtregie wirken tot. Lichtregie ist in der Schwarzweißfotografie unverzichtbar.
- Sorgen Sie bei Aktaufnahmen für behagliche Raumtemperaturen.
- Bitten Sie Ihr Aktmodell, sich 1/2 Stunde vor dem Fotografieren auszuziehen, um Abdrücke von Kleidern auf der Haut zu vermeiden.
- Fotografieren Sie Gesichter nicht von unten, sie werden fülliger. Am vorteilhaftesten ist leicht von oben oder auf Augenhöhe.
- Reizvolle Hauteffekte erzielen Sie mit einer Wassersprühflasche oder Olivenöl.
- Experimentieren Sie viel mit Licht, Perspektive und Bewegung.
- Umlaufen Sie Ihr Modell, suchen Sie die „Schokoladenseite" der Person. Bringen Sie Requisiten ins Spiel, sie machen das Modell lockerer.

- Unterhalten Sie Ihr Modell und heitern Sie es durch lockere Sprüche auf.
- Aufheller, Reflektoren oder Absofter verteilen das Licht und sorgen für einen weichen Hautton. Hobbyfotografen können genauso gut Spiegel oder Alufolie verwenden.
- Innenaufnahmen machen Sie lieber auf einem Stativ als zu blitzen. Ihr Blick konzentriert sich dann mehr auf das Modell.
- Bestes Objektiv für Porträt- und Aktaufnahmen ist die Brennweite 85 bis 130 mm/digital 35 bis 85 mm.
- Sorgen Sie für einen ebenmäßigen Teint und decken Sie eventuelle Augenränder des Modells mit getönter Creme. Für Pickel verwenden Sie einen Abdeckstift.
- Probieren Sie bei Farbaufnahmen mal farbige Lippenstifte für Ihr Modell aus, bringen Sie Farben ins Spiel.
- Achten Sie auf unordentliche Haare des Modells und stylen Sie etwas nach.
- Gebräunte oder farbige Haut wirkt mit einem Rotfilter heller, die Lippen jedoch blasser. Mit einem Grünfilter wirkt die Haut gebräunt, die Lippen erscheinen dunkler. Diese Wirkung der Farbfilter erzielen Sie nur bei Schwarzweißaufnahmen!

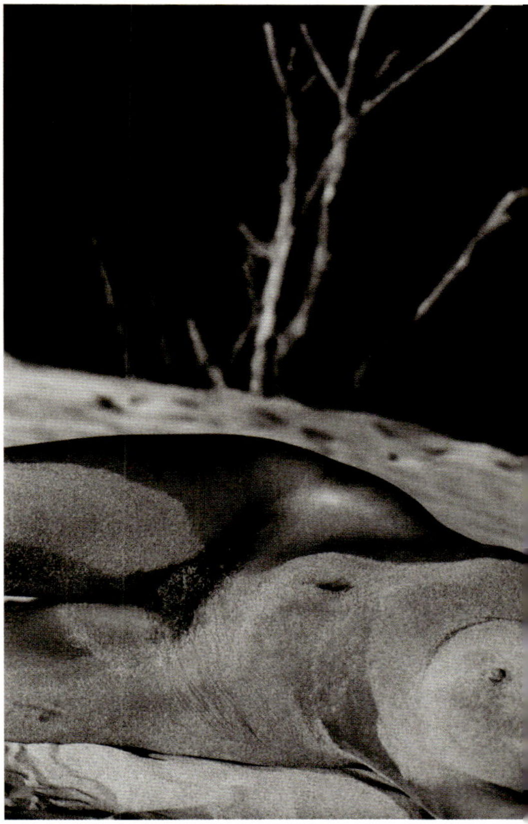

Umlaufen Sie Ihr Modell. Bewegen Sie sich. Gehen Sie auch mal sehr nah heran. Setzen Sie sich in die Hocke. Knien Sie sich vor Ihr Modell. Stellen Sie sich auf eine Erhöhung. Experimentieren Sie mit Perspektiven. Spielen Sie mit Schatten und Licht. Verwenden Sie Hoch- und Querformat.

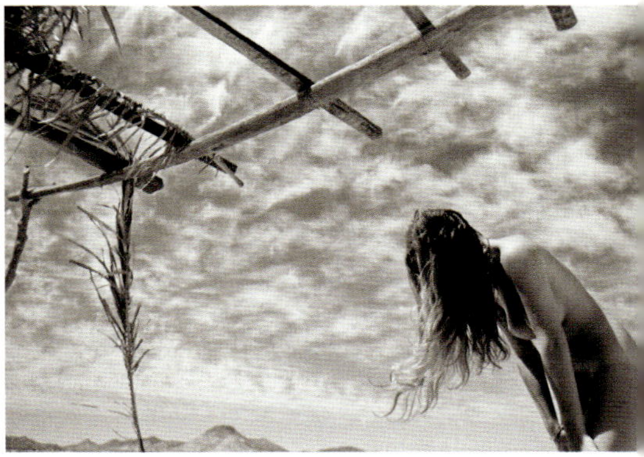

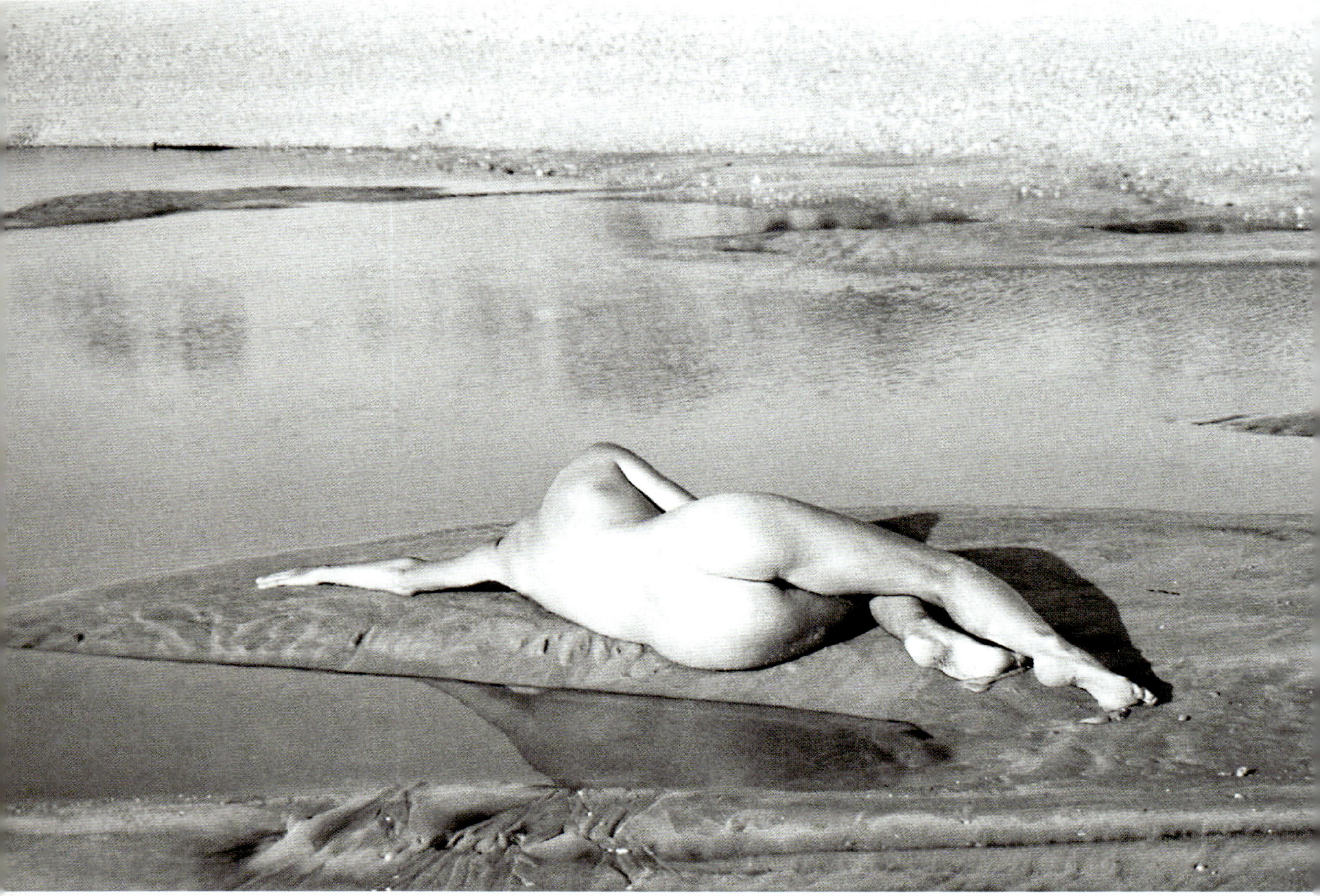

Abbildung 7.4: Natürliche Formen miteinander in Bezug bringen, das macht die Aktfotografie lebendig und gibt ihr gleichzeitig etwas „Weiches“. Aktfotos sollten nie ordinär wirken

Kinderfotografie

Spielerisch erfasst

Das spontane Fotografieren unserer Kleinen ist zwar kinderleicht, doch es bedarf etwas Einfühlungsvermögen. Kinder nehmen die Stimmung eines Erwachsenen intuitiv wahr und spüren sofort, wenn die Fotografin verspannt ist. Am besten machen Sie gleich mehrere Aufnahmen hintereinander, denn nach einiger Zeit lässt die anfängliche Neugier auf Kamera und Fotografin nach. Meistens sind Kinder so mit sich selbst beschäftigt, dass es nur auf den richtigen Zeitpunkt ankommt, um den schönsten Moment einzufangen. Bei Nahaufnahmen wirken Kinder manchmal nachdenklich oder interessiert, jedoch der Situation entsprechend natürlich. Zudem sollten Sie sich auf die gleiche Augenhöhe begeben, wenn das Kind gemäß seiner Altersgruppe wirken soll. So erscheint es am natürlichsten.

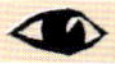

Ehe Sie mit dem Fotografieren loslegen, sollten Sie ein ungezwungenes Gespräch mit den Kindern beginnen.

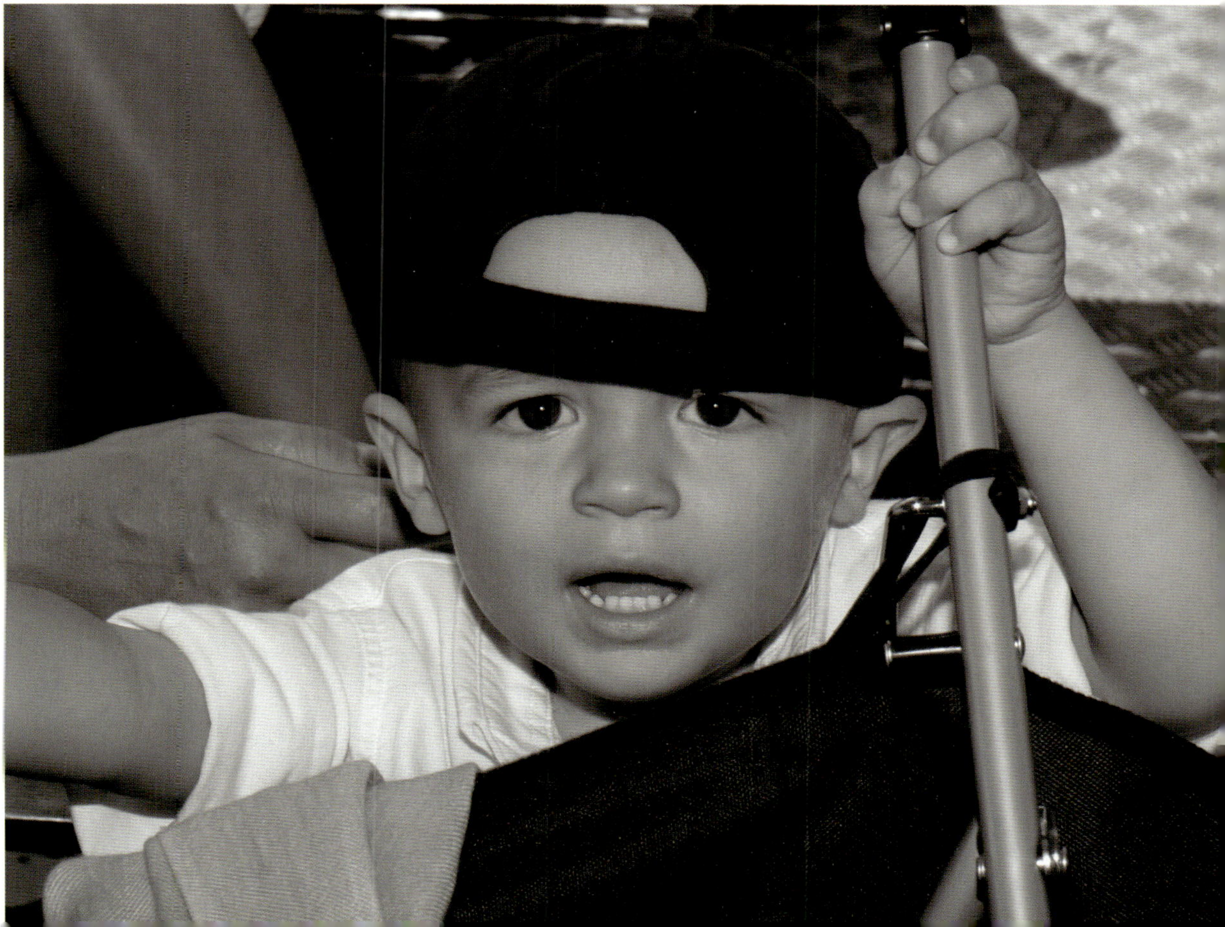

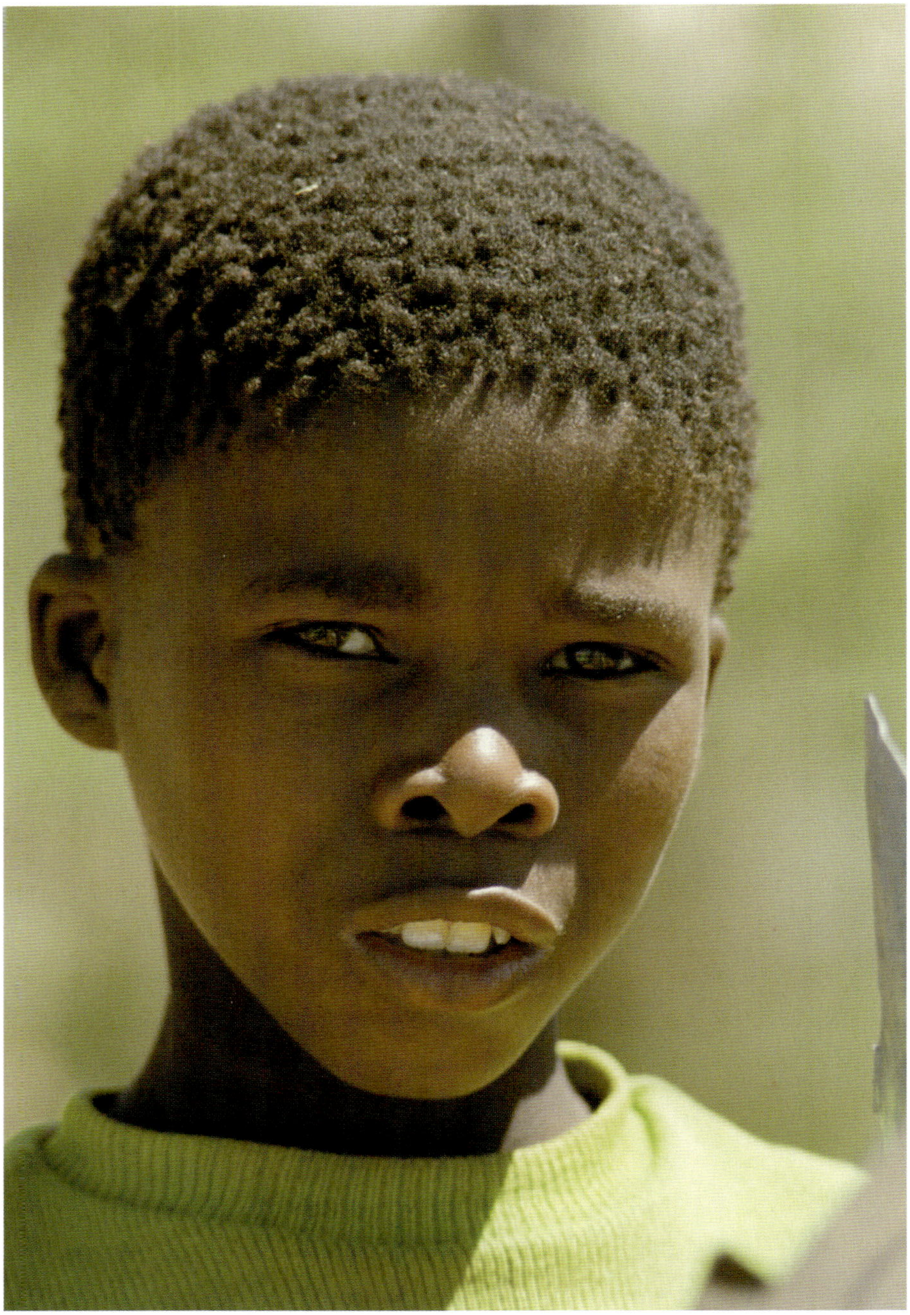

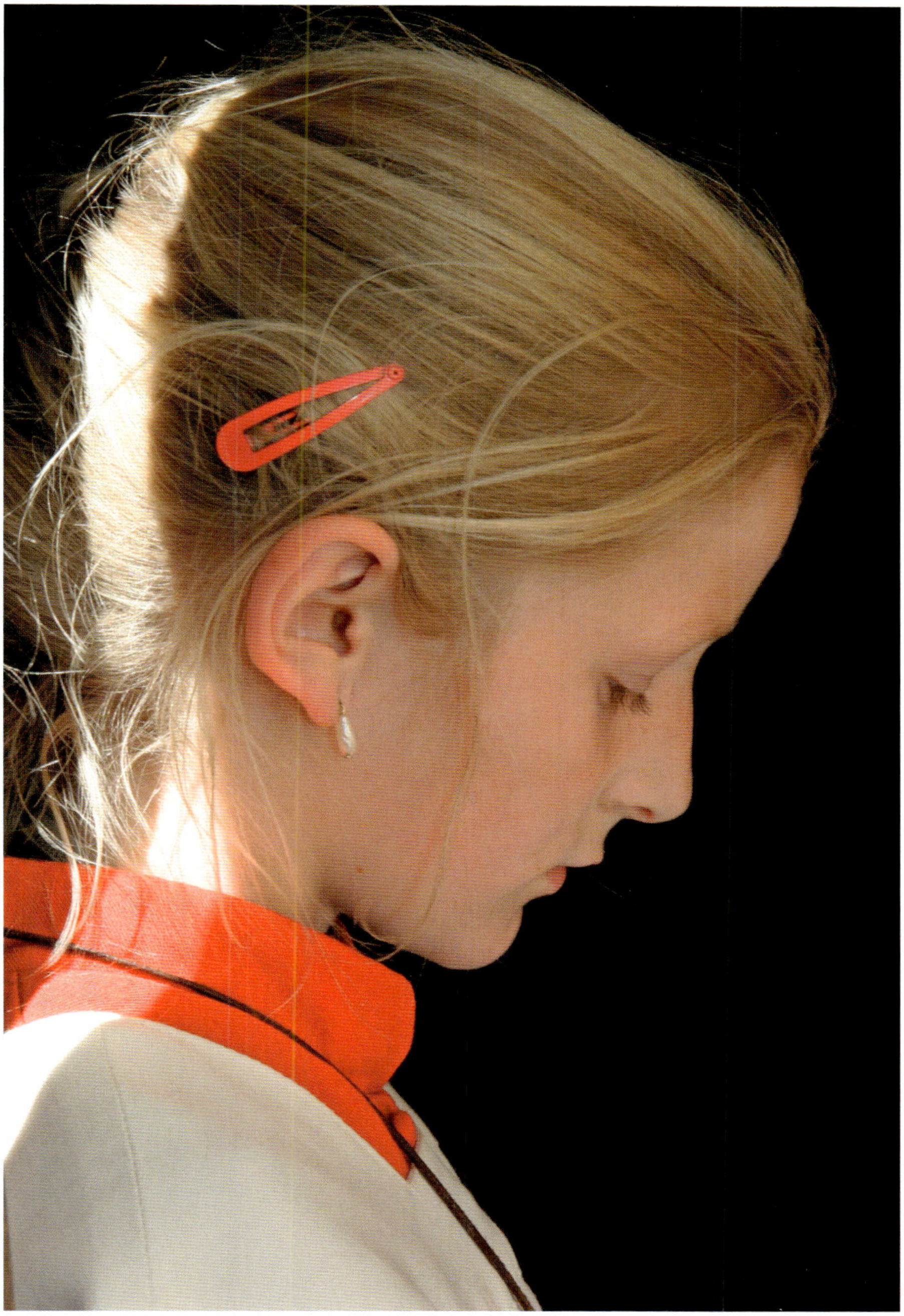

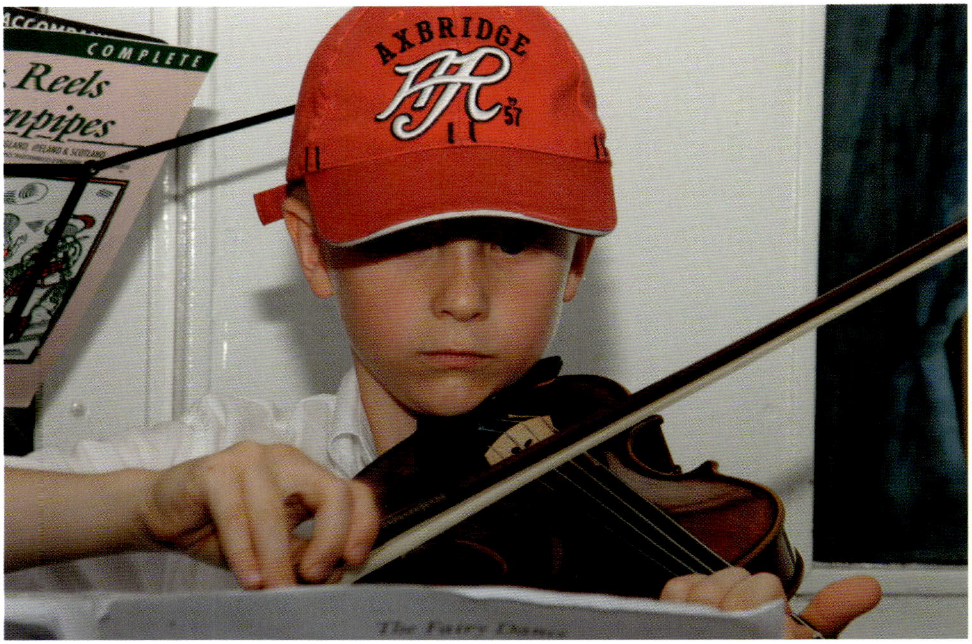
COMPLETE
Reels
AXBRIDGE

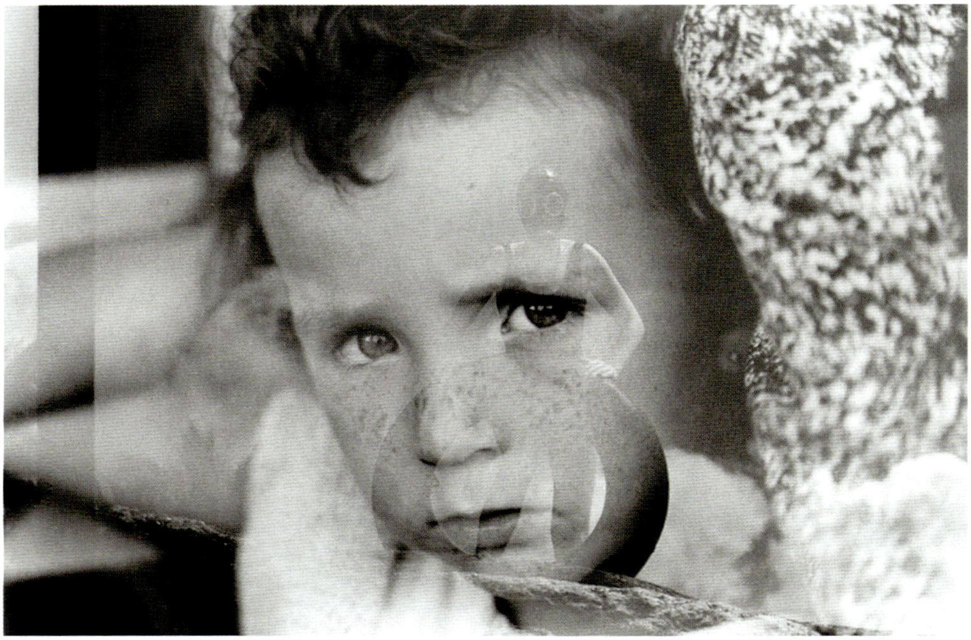

Tierfotografie

Gelungene Tierfotos erfordern besonders viel Geduld und eine spezielle Kameraausrüstung. Sich auf freier Wildbahn an Tiere heranzupirschen, gelingt nur dem erfahrenen Tierfotografen. Die Fotografin im Zoo kann ihrem Einfallsreichtum jedoch freien Lauf lassen, um eine schöne Bild-Ausbeute zu machen. Ein Tele-Zoom ist dabei unerlässlich.

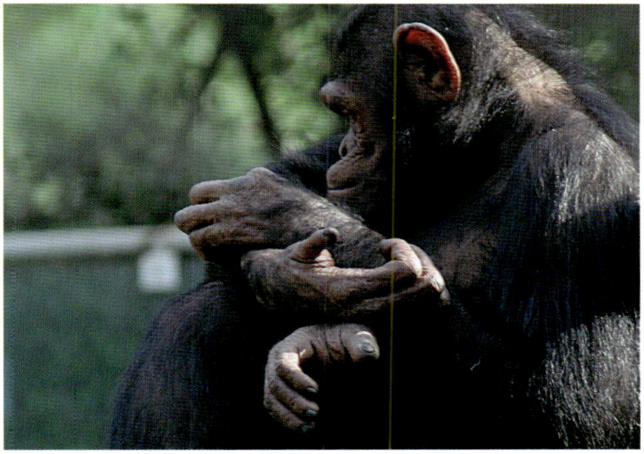

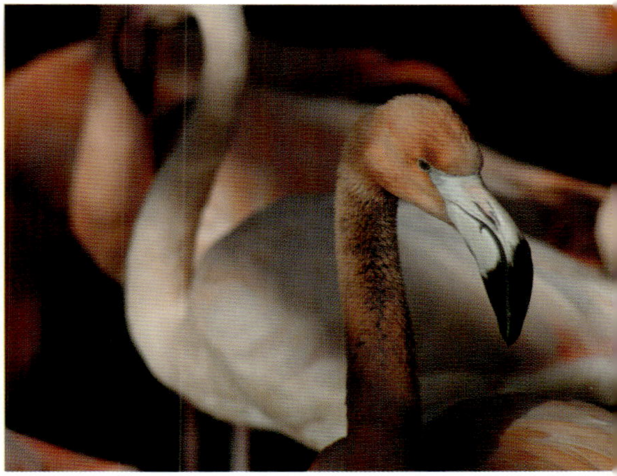

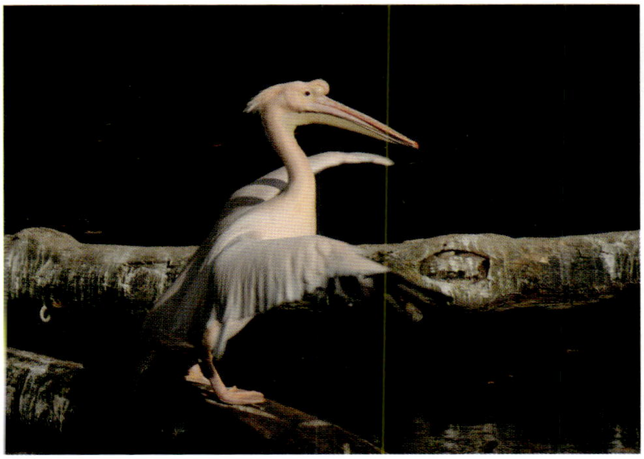

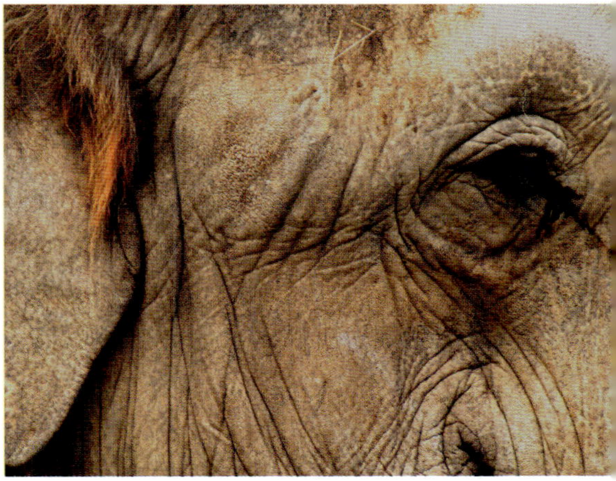

Gitterstäbe ausblenden

Der Vorteil am Fotografieren im Zoo ist ein ganz profaner: Die Tiere können nicht davonlaufen. Dafür ergibt sich jedoch ein anderes Problem. Zäune, Gitterstäbe oder Glaswände versperren Ihnen den freien Blick auf das Motiv. Dabei lassen sich Zäune und Gitterstäbe mit einem simplen Trick wegzaubern.

1. Gehen Sie mit Ihrer Kamera direkt vor den Maschendrahtzaun.
2. Benutzen Sie Ihre längste Brennweite (200/300 mm).
3. Stellen Sie die offenste Blende ein.
4. Drücken Sie das Objektiv direkt an den Maschendrahtzaun.
5. Haben Sie das Tier im Sucher scharf gestellt, ist das störende Zaunmuster verschwunden.
6. Lösen Sie aus. Der Löwe präsentiert sich Ihnen nun wie in freier Natur.

Abbildung 7.5: Ein Maschendrahtzaun wird mit Teleobjektiv und ganz geöffneter Blende weggezaubert. Um Spiegelungen in einer Glasscheibe verschwinden zu lassen, gehen Sie ebenfalls mit dem Objektiv direkt an die Scheibe oder verwenden einen Polfilter (Polarisationsfilter).

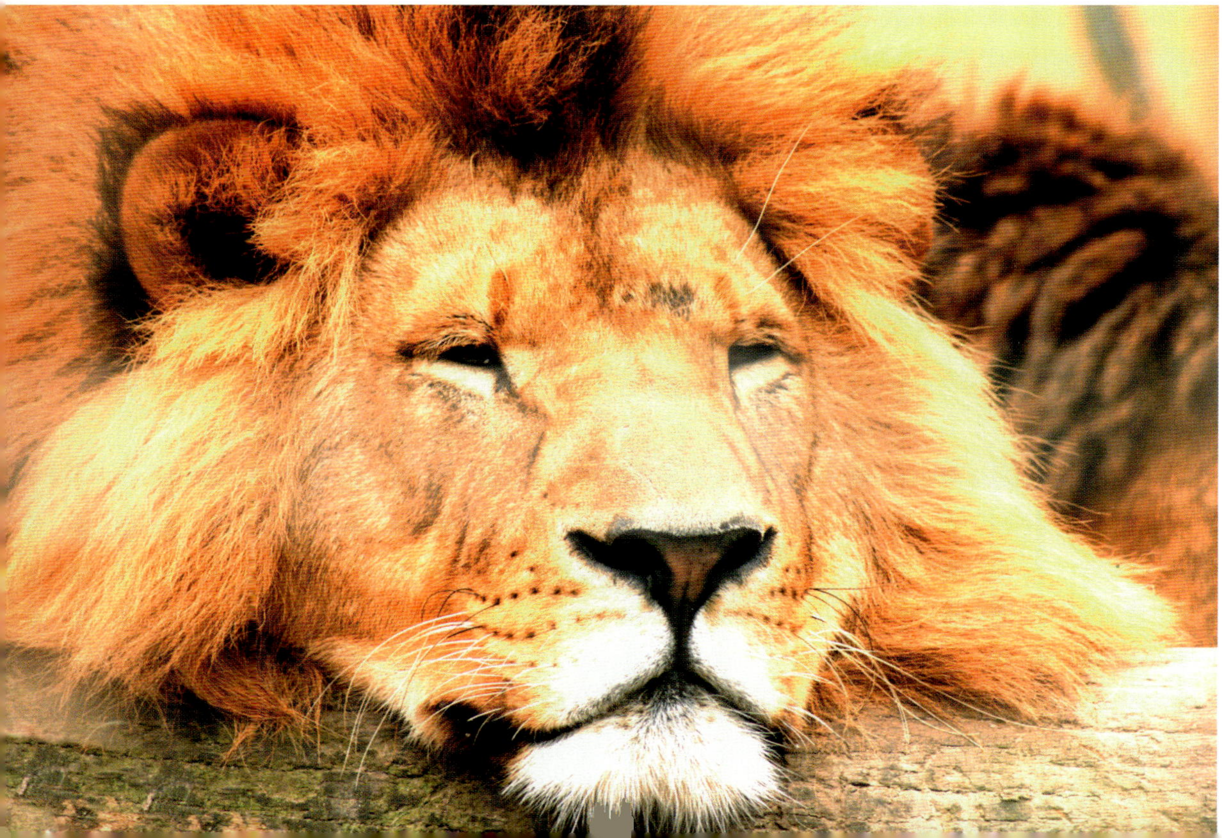

Hund in Vogelperspektive

Mit unterschiedlichen Perspektiven lassen sich besonders Tiere interessant fotografieren. Durch Aufnahmen aus der Frosch- oder der Vogelperspektive werden Proportionen verzerrt. Von unten wirkt eine Giraffe noch gestreckter und von oben erscheint sie besonders kurzbeinig. Durch Nahaufnahmen mit einem Weitwinkelobjektiv verstärken sich Verzerrungseffekte und wirken wie durch ein Vergrößerungsglas. Mit einem Teleobjektiv können Sie großen Tieren besonders nah „auf die Pelle rücken".

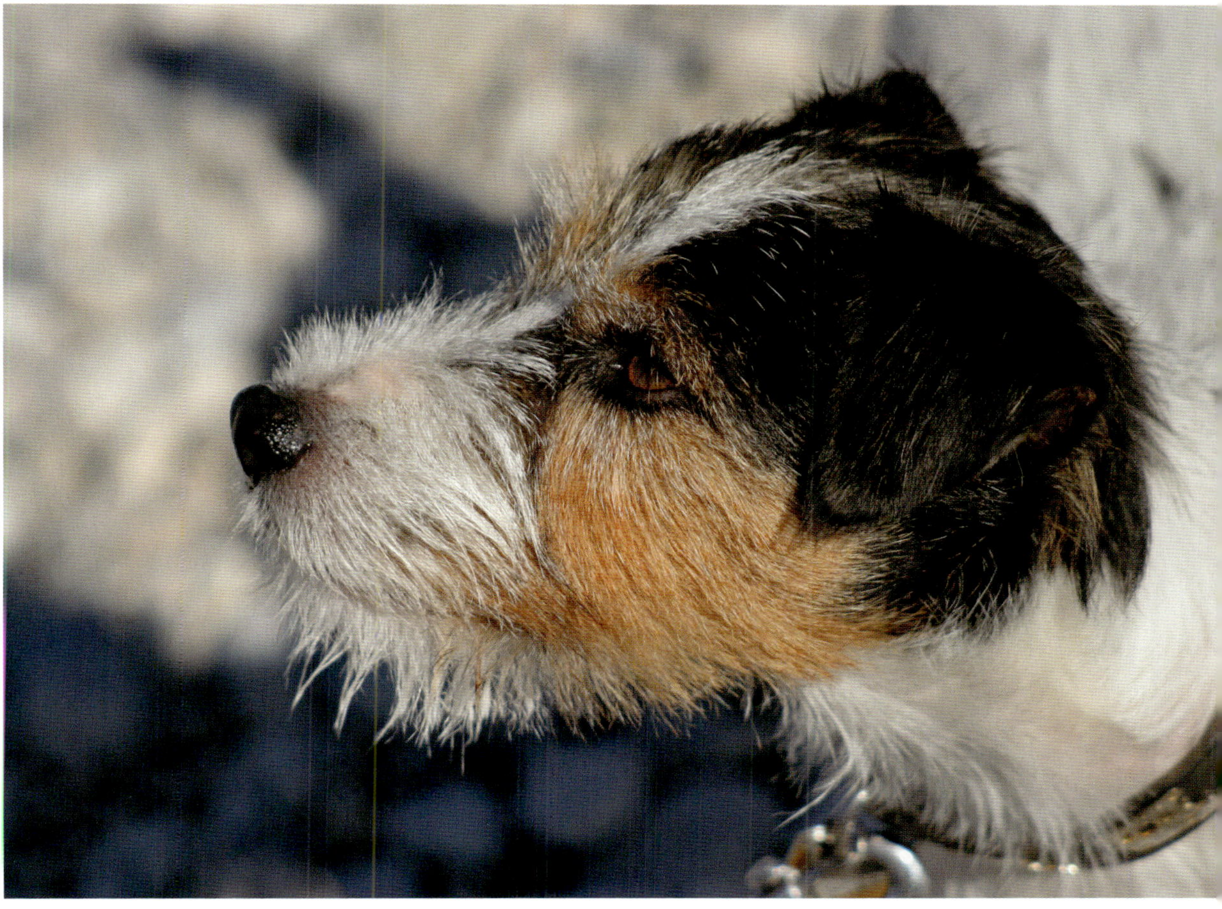

Abbildung 7.6: Ein Parson Jack Russel Terrier aus der leichten Vogelperspektive

Geräusche

Manche Tiere reagieren verschreckt auf Kamerageräusche, selbst auf den für menschliche Ohren lautlosen Autofokus-Ultraschallsensor (*Canon* Ultrasonic). Deshalb ist es ratsam, die manuelle Scharfeinstellung zu benutzen und/oder die Piepsfunktion an der Kamera abzuschalten.

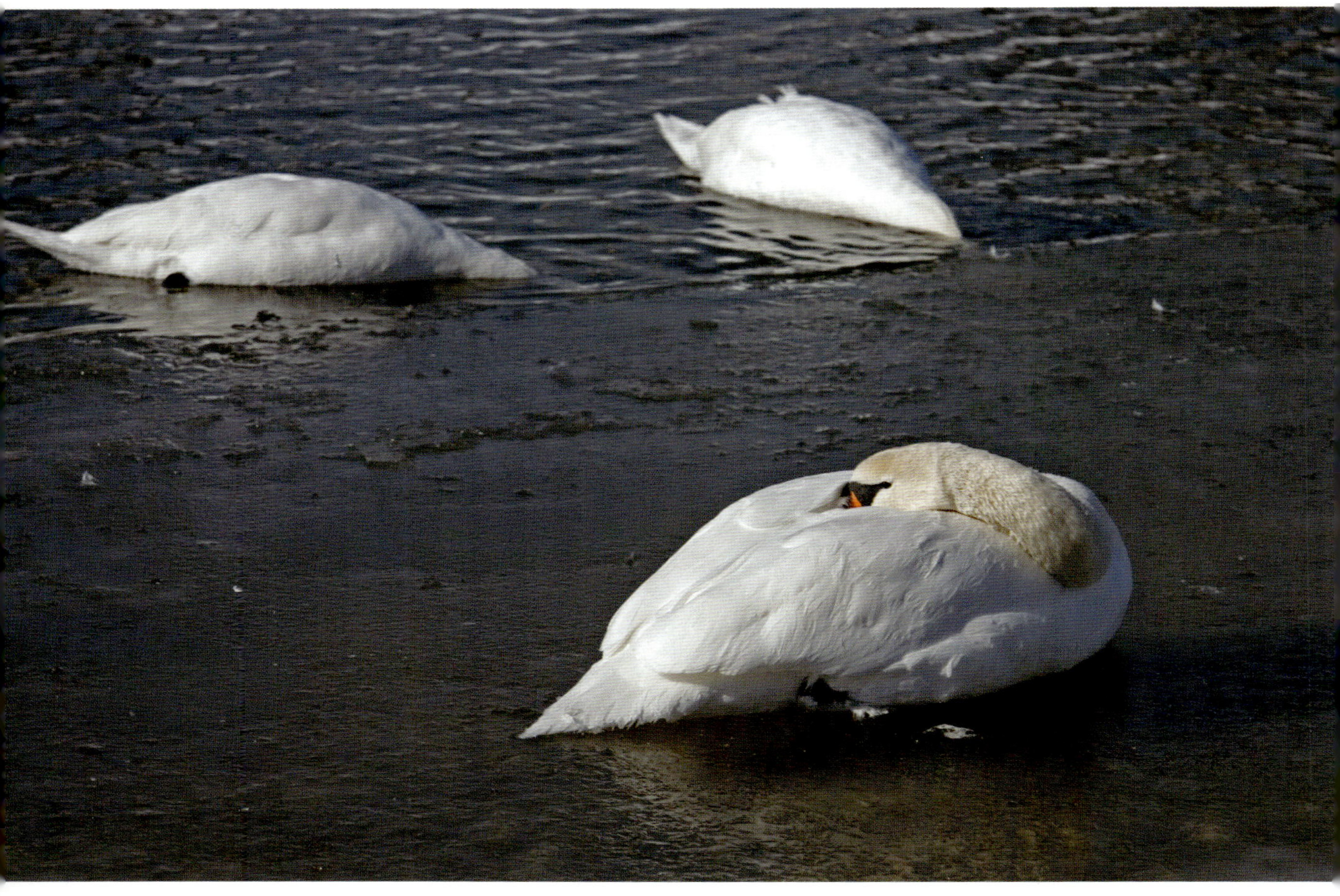

Abbildung 7.7: Diese „abgetauchten" Schwäne wirken deshalb so amüsant, weil sie sich der Fotografin scheinbar entziehen wollten. Belichtung: Brennweite: 72 mm, Belichtungszeit: 1/2000, Blende: 5,6, ISO: 100

Natur- und Landschaftsfotografie

Landpartien

Bei Naturaufnahmen kann sich die Fotografin viel Zeit lassen – das Motiv läuft nicht davon! Selbst wenn sich das Wetter schnell verändern sollte – gut so, dann gibt es noch zusätzliche Motive. Die Tageszeiten spielen bei Naturaufnahmen eine große Rolle. Das pastellige Morgenlicht (1) eignet sich sehr schön für harmonische Landschaftsaufnahmen, das krasse Mittagslicht (2 + 4) ist ideal für Detailaufnahmen wie z. B. Blumen. Die goldenen Töne der Abendsonne hingegen (3 + 5) tauchen eine Landschaft in romantisches Licht.

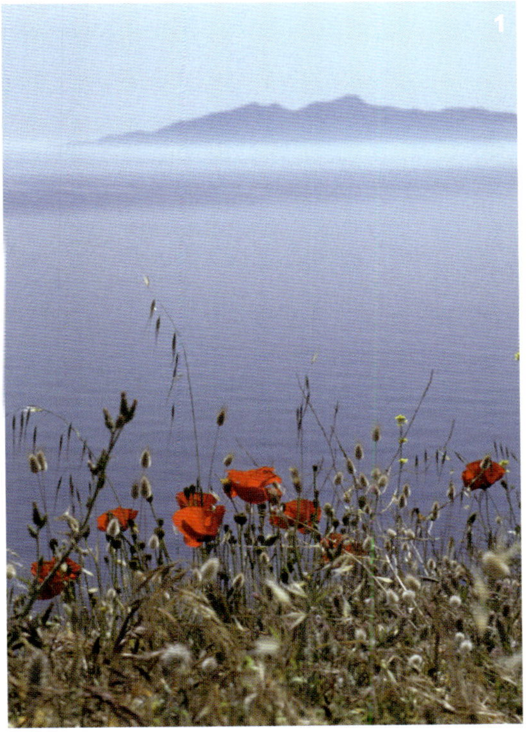

Belichtung: Brennweite: 28 mm, Belichtungszeit: 1/200, Blende: 16, ISO: 200

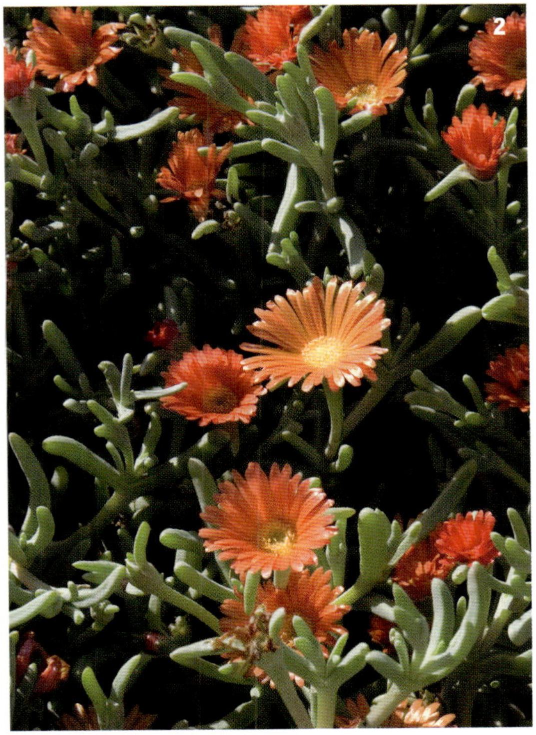

Belichtung: Brennweite: 28 mm, Belichtungszeit: 1/60, Blende: 11, ISO: 100

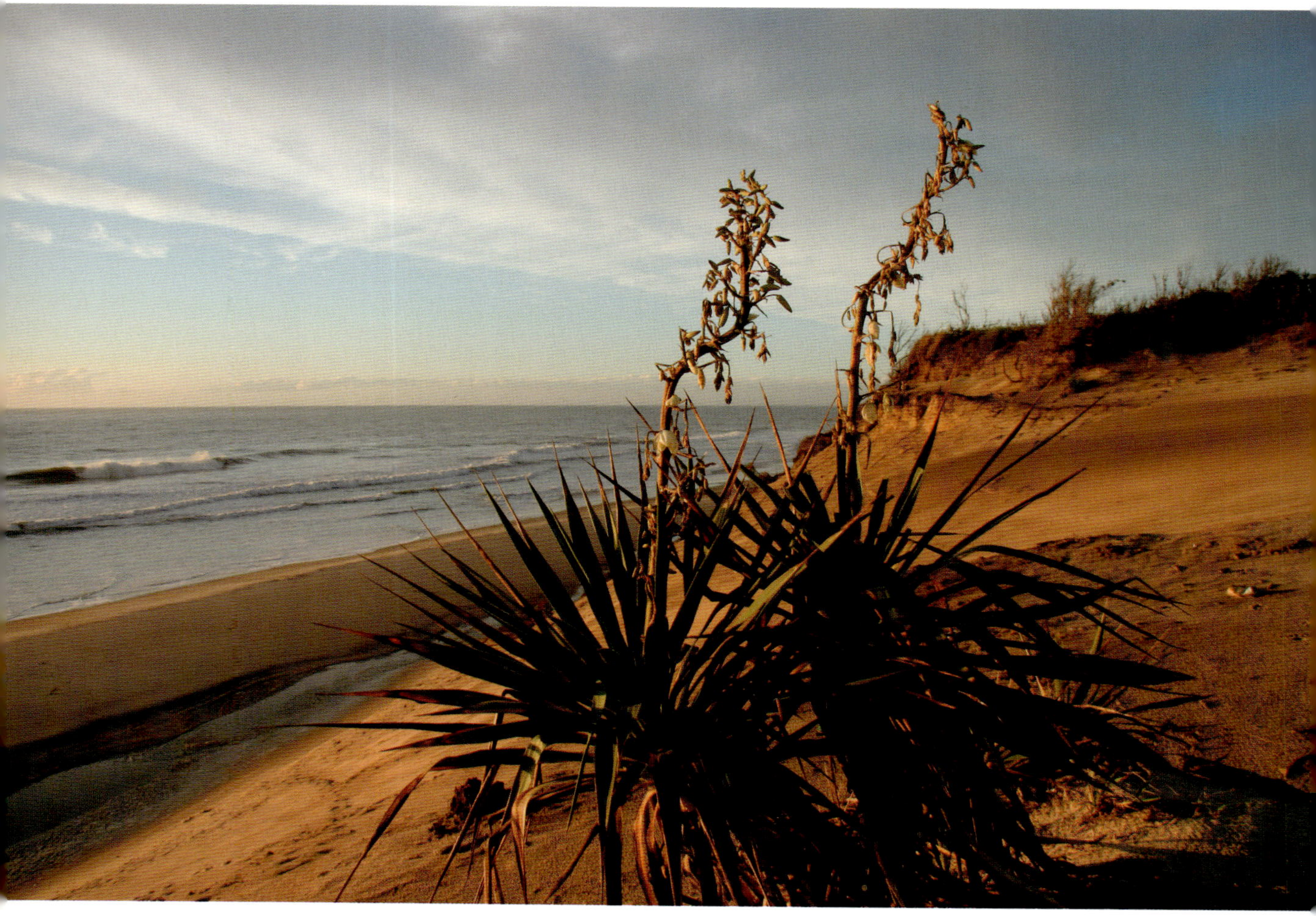

Belichtung: Brennweite: 17 mm, Belichtungszeit: 1/320, Blende: 6,3, ISO: 200

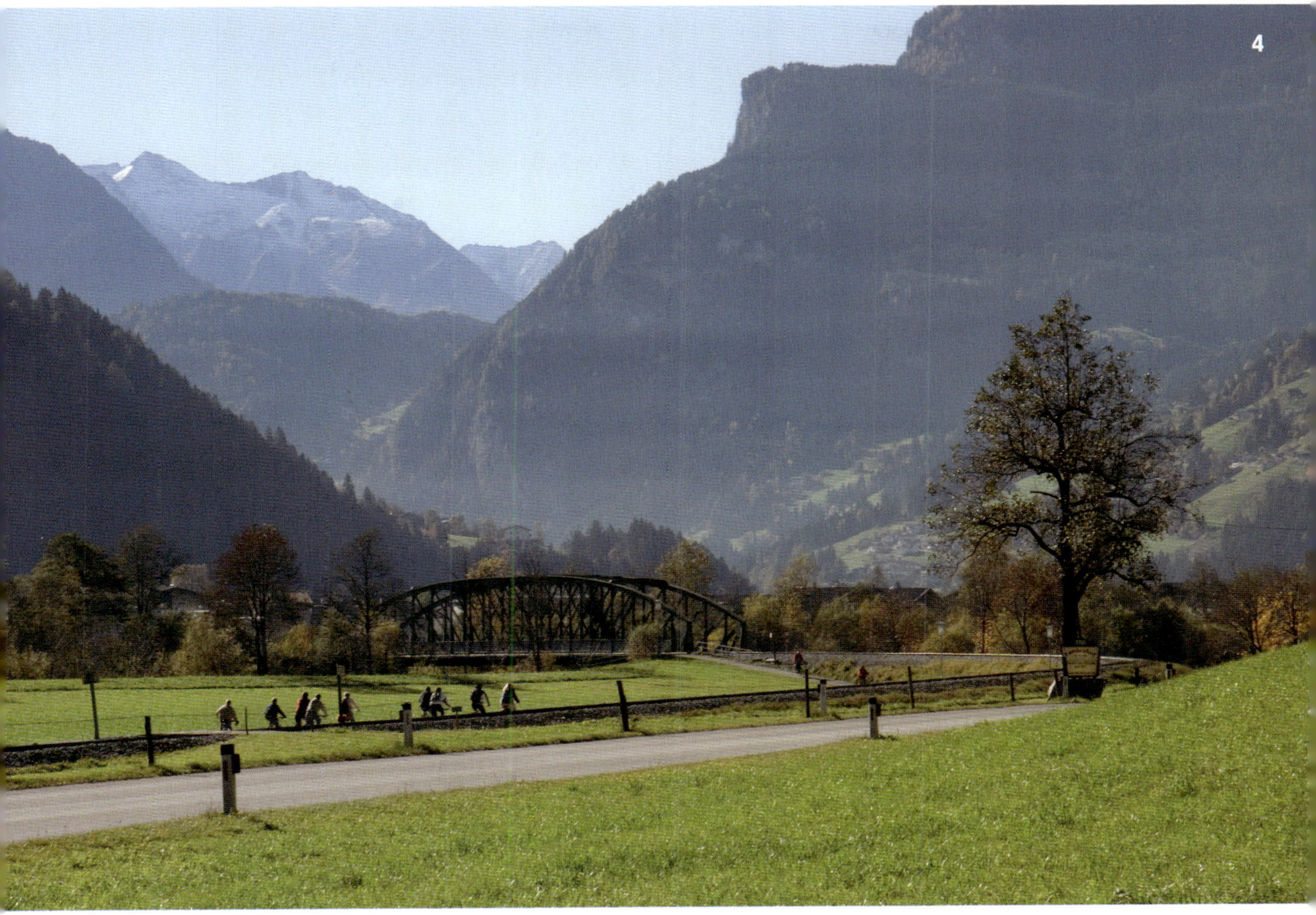

Belichtung: Brennweite: 85 mm, Belichtungszeit: 1/125, Blende: 16, ISO: 200

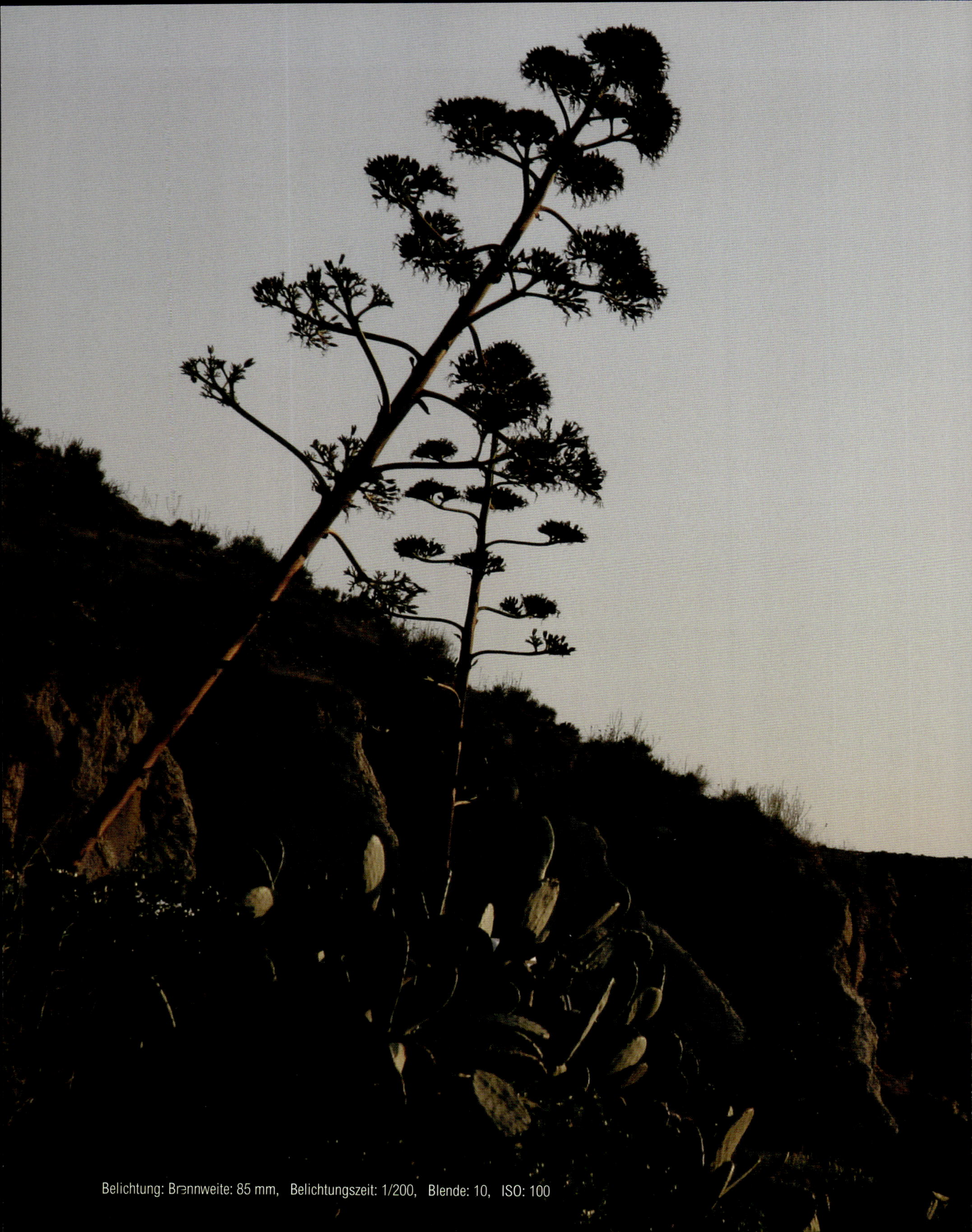

Belichtung: Brennweite: 85 mm, Belichtungszeit: 1/200, Blende: 10, ISO: 100

Fotografiere niemals etwas, das dich nicht interessiert!

Lisette Modell, 1901–1983, Wiener Fotografin

Natur- und Makrofotografie

In Augenhöhe

Die Mehrzahl aller Aufnahmen wird anfangs aus der Augenhöhe gemacht – und meistens im Querformat. Achten Sie darauf, dass Aufnahmeperspektive und Aufnahmeformat mit dem Motiv harmonieren. Eine schlanke, hohe Tanne sollte deshalb nicht unbedingt im Querformat aufgenommen werden. Der Platz links und rechts im Bild wäre „verschenkter Raum".

Der Sache auf den Grund gehen

Pflanzen, Blumen und Blüten würde ich formatfüllend aufnehmen und immer aus nächster Nähe. Kleine und zarte Blüten könnten sich auf dem Bild verlieren. Für Nahaufnahmen verwenden Sie die Makroeinstellung (Blumenmotiv) am Moduswahlrad der Kamera oder ein spezielles Makroobjektiv. Diese Objektive haben den Vorteil, dass Sie noch näher an Ihr Motiv herangehen können.

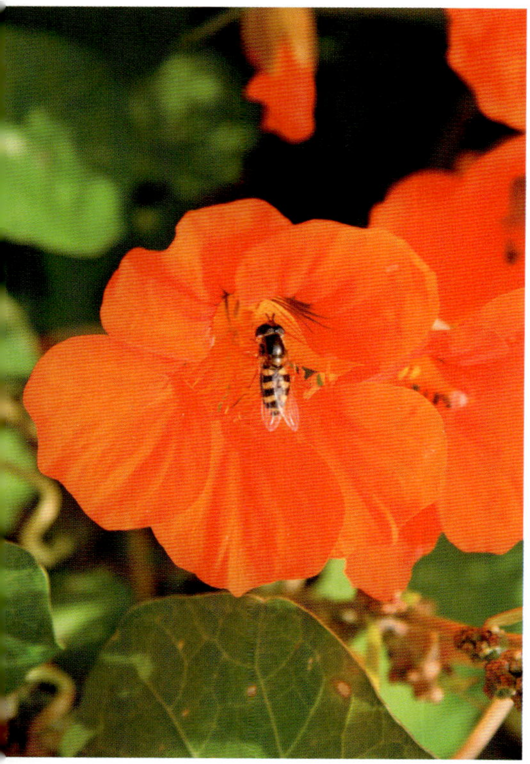

Beim Fotografieren im Nahbereich erschließt sich der Fotografin eine besondere Sichtweise. Alltägliche Dinge beginnen sich vor unseren Augen neu zu entfalten. Sie entdecken Ihren Kosmos mit großen Augen. Die Faszination liegt eindeutig in der Vergrößerung. Um Farben und Strukturen auf die Schliche zu kommen, tauchen Sie mit der Makrofotografie in eine Welt ein, die dem Normalblick verborgen bleibt. Makroobjektive ermöglichen scharfe Abbildungen aus allernächster Nähe. Diese Objektive sind speziell für kurze Aufnahmeabstände konzipiert und erreichen Abbildungsmaßstäbe zwischen 1:1 und 1:10. Objektive mit dem Abbildungsmaßstab 1:1 erlauben Fotos in Lebensgröße. Makroobjektive für Kleinbildkameras werden mit Brennweiten zwischen 100 mm und 50 mm hergestellt, mit Blendenöffnungen von 1:2,8 bis 1:4.

Makroringe sind ein preiswerter Kompromiss zu einem Makroobjektiv. Sie werden zwischen Kameragehäuse und Objektiv gesetzt und ermöglichen Ihnen durch den größeren Abstand, näher an Ihr Motiv heranzugehen.

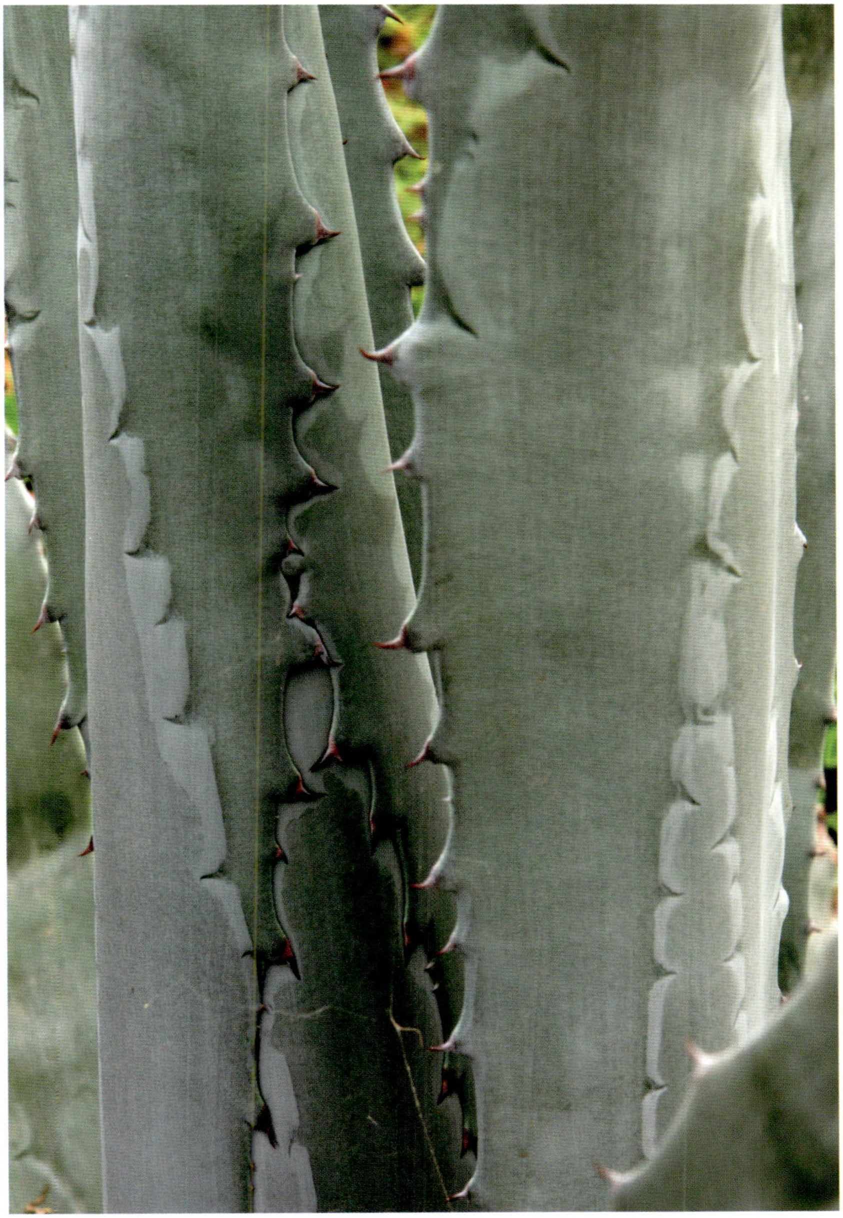

Abbildung 7.8: Diese Agavenblätter wurden in Augenhöhe fotografiert, um die spitzen Blattdornen besser sichtbar zu machen

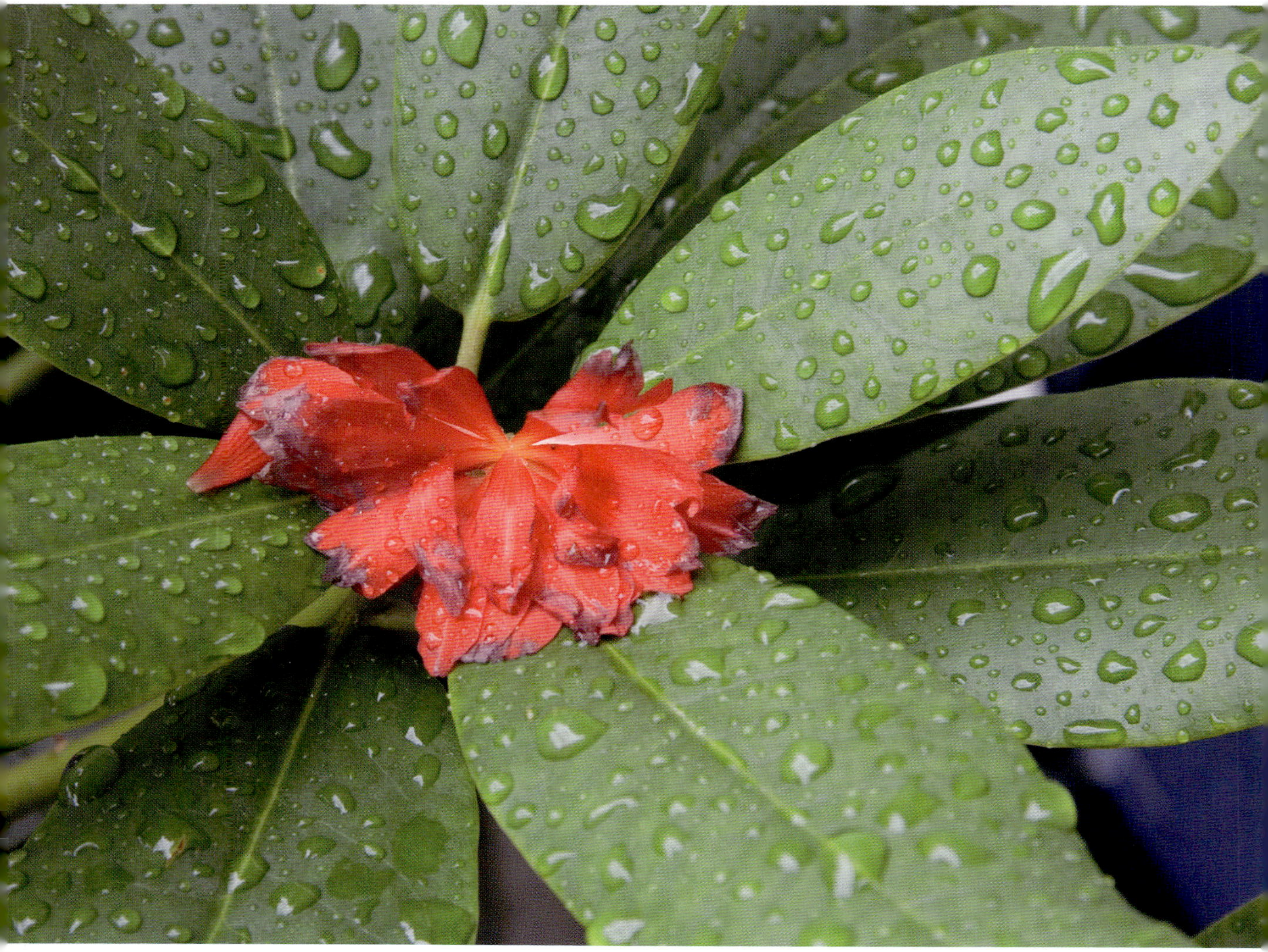

Abbildung 7.9: Von oben fotografiert heben sich die Regentropfen und eine herabgefallene Blüte auf den Blättern des Rhododendrons besonders deutlich hervor

Requisiten

Die kleinen Helfer

Gerade für Anfängerinnen eignen sich Requisiten hervorragend als Fotomotive für Stillleben. Sie können sich viel Zeit bei Ihren Einstellungen lassen, denn sie halten still! Zum Experimentieren eignen sich beinahe alle Gegenstände. Sicherlich werden Sie zu Hause oder in Ihrem Keller fündig. Auf den nächsten Seiten präsentieren sich unterschiedliche Aufnahmen mit Requisiten. Lassen Sie sich überraschen, wie die kleinen Helfer Sie zu kreativen Höhenflügen motivieren können.

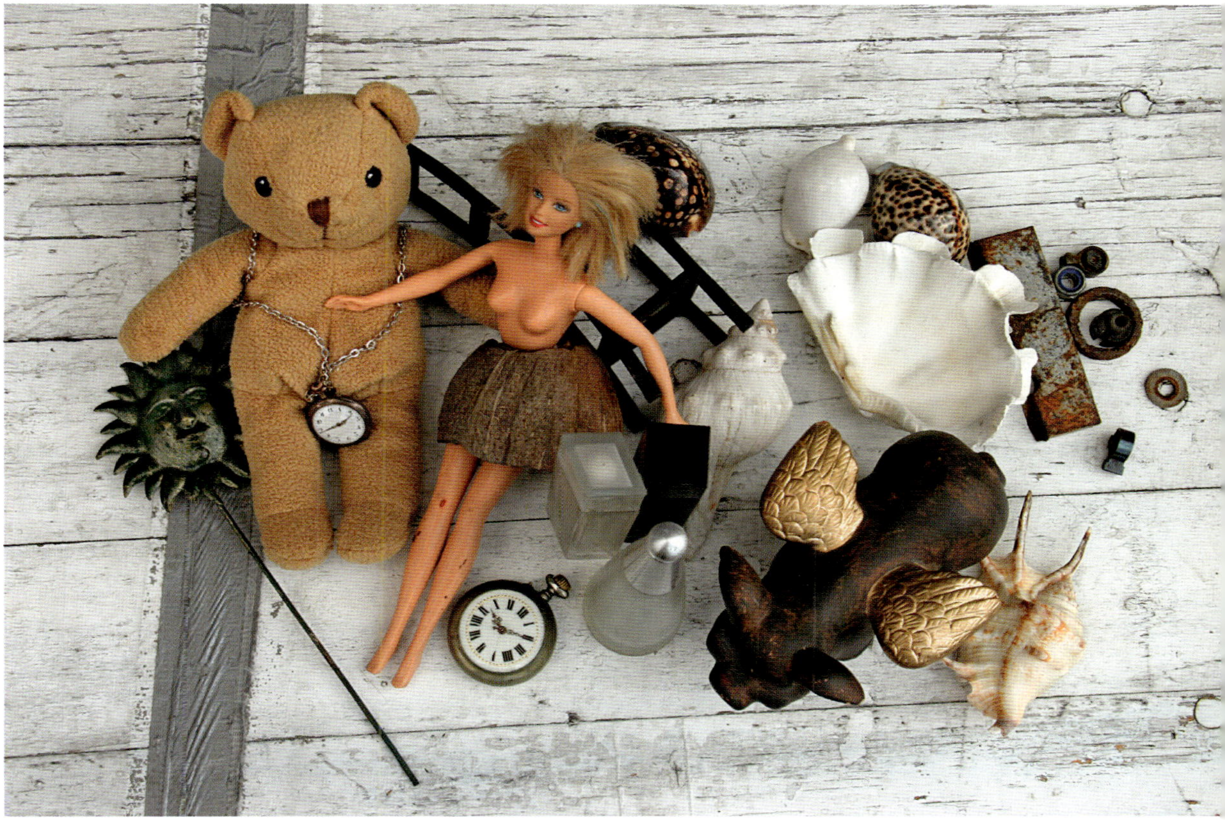

Abbildung 7.10: Nahezu jeder Gegenstand lässt sich als Fotomotiv verwenden. Mit viel Kreativität können Sie Requisiten wirkungsvoll in Szene setzen

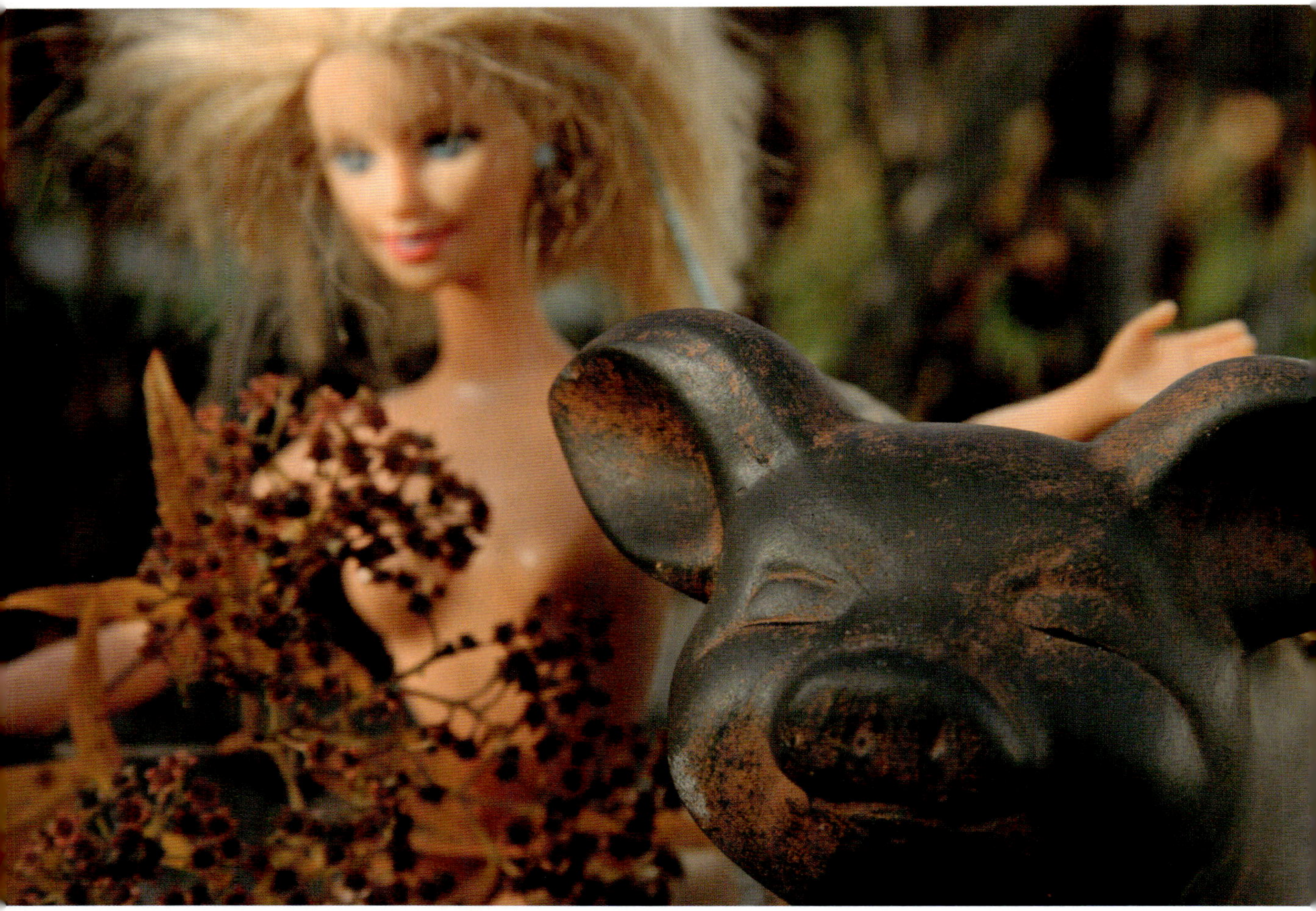

Abbildung 7.11: Diese beiden Requisiten wurden ein fröhliches Motivgespann

*Gegenstand ist nicht die gute Fotografie,
die Auswirkungen der Fotografie ist der Gegenstand.*

*Dorothea Lange, 1895–1965,
amerikanische Dokumentarfotografin*

Mit dem Motiv in Serie gehen

Je offener der Blick in die Ferne schweift, desto einfallsreicher können Sie Ihrer Urlaubsstimmung Ausdruck verleihen. Gerade in mediterranen Ländern lassen sich wunderschöne Serienmotive finden.

Fenster, Türen, Stühle, Pflanzen, Muscheln, Steine, Accessoires oder landestypische Architektur. Genauso gut können Sie eine originelle Serie von Trachten machen oder traditionelle Gebrauchsgegenstände fotografieren.

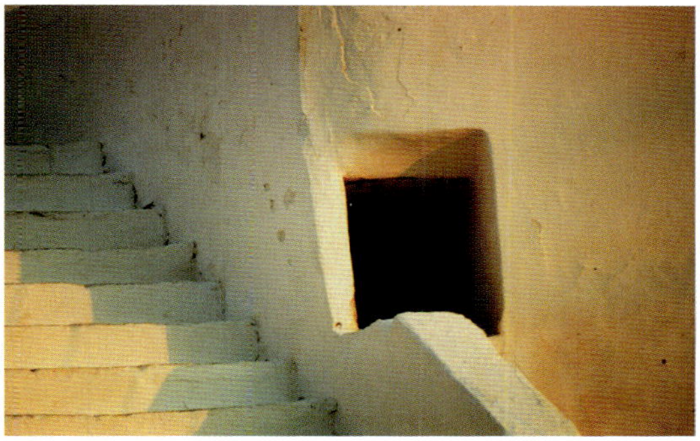

Brennweite: 200 mm, Belichtungszeit: 1/250, Blende: 11, ASA: 200

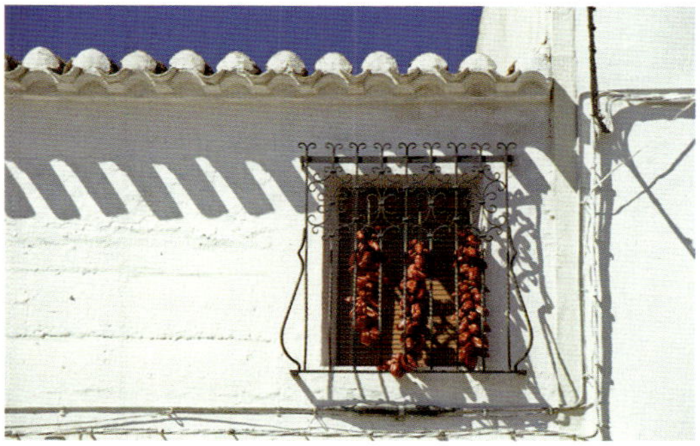

Brennweite: 80 mm, Belichtungszeit: 1/500, Blende: 16, ISO: 200

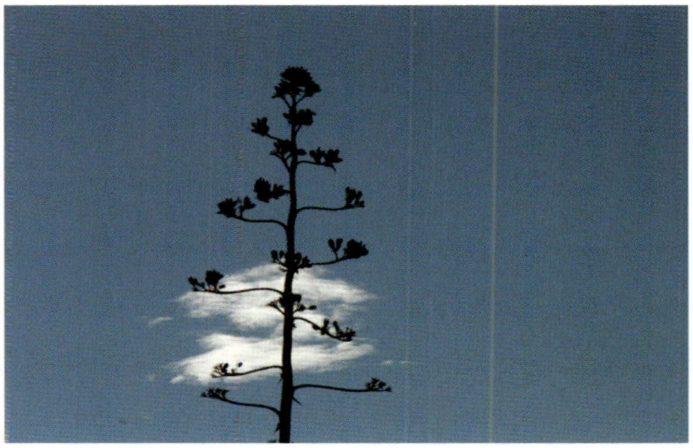

Brennweite: 85 mm, Belichtungszeit: 1/800, Blende: 14, ISO: 200

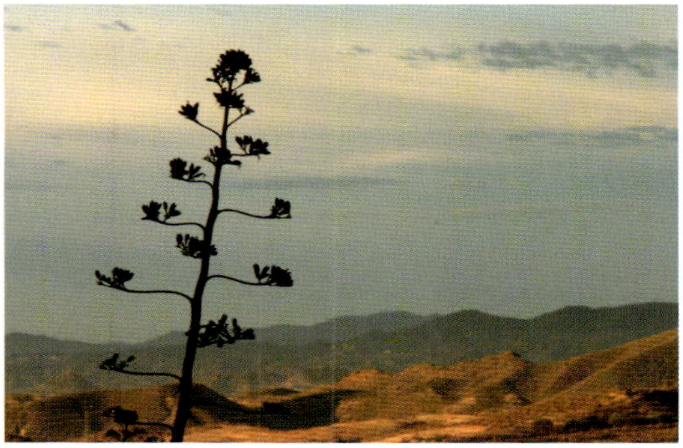

Brennweite: 79 mm, Belichtungszeit: 1/320, Blende: 11, ISO: 400

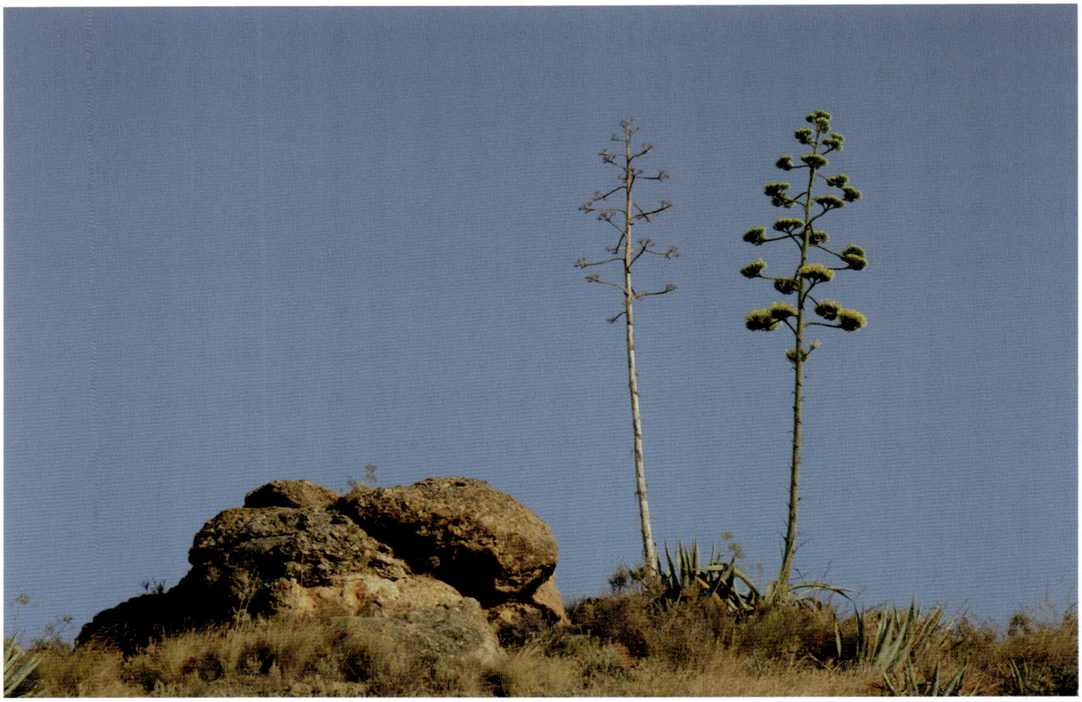

Brennweite: 79 mm, Belichtungszeit: 1/160, Blende: 11, ISO: 100

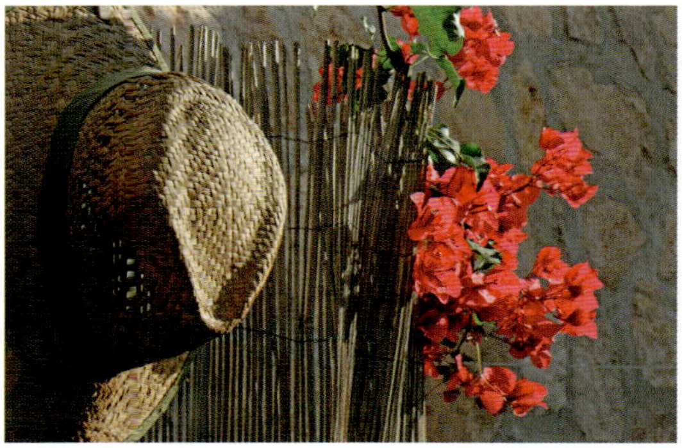

Brennweite: 47 mm, Belichtungszeit: 1/80, Blende: 16, ISO: 100

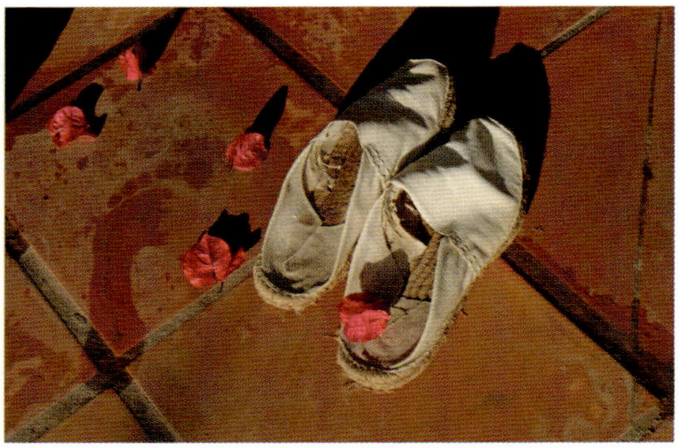

Brennweite: 35 mm, Belichtungszeit: 1/320, Blende: 16, ISO: 400

Buchstabenserie

Gehen Ihnen die Motive aus? Dann gehen Sie in die Schule des Sehens und begeben Sie sich auf Buchstabensuche. Mit Lettern lassen sich wunderbare Serien erstellen – im Hoch- und im Querformat.

Zusammengefügt kann eine Buchstabenserie ein dekoratives Tableau ergeben. Sie können auch Ute oder Paul zum Geburtstag mit einer individuellen Buchstabenkarte überraschen. Solche Bildgeschenke sprechen persönlich an.

Je flacher ein Buchstabe sich gestaltet, desto weniger Tiefenschärfe benötigt seine Darstellung. Die Blende kann also relativ offen sein. Ist ein Buchstabe jedoch strukturiert und steht hervor, dann fotografieren Sie ihn mit einer weiter geschlossenen Blende.

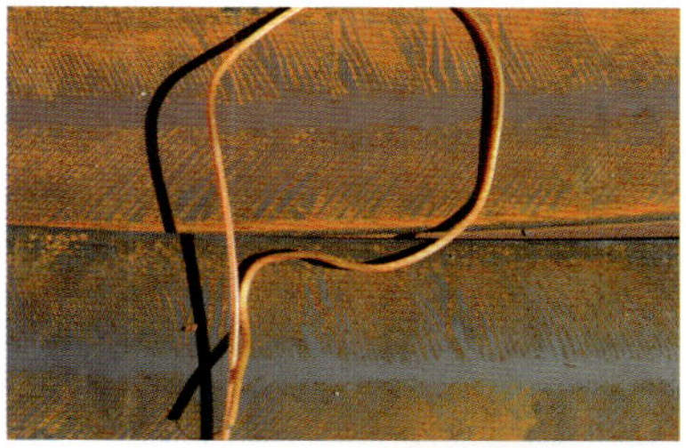

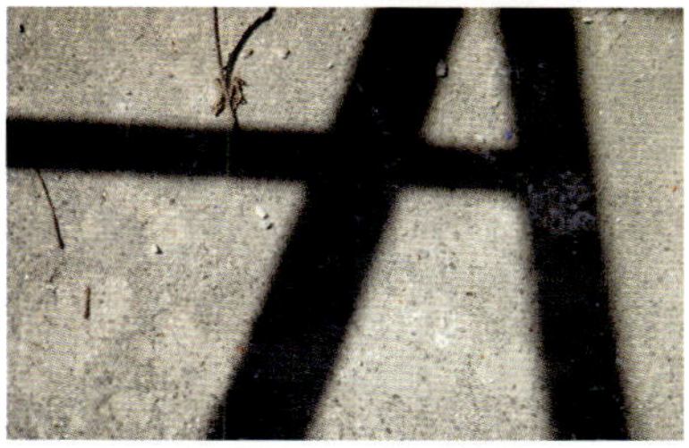

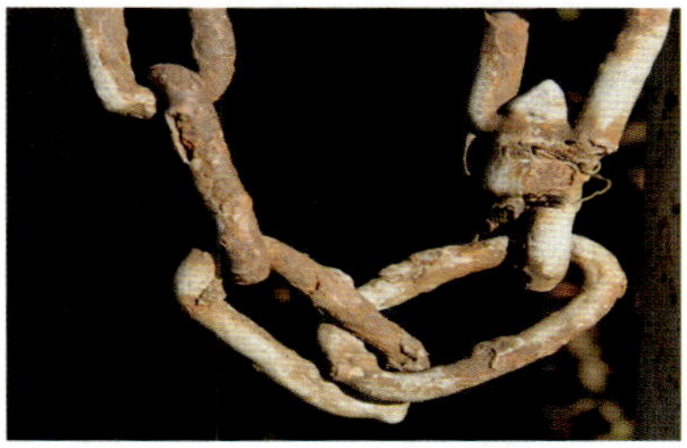

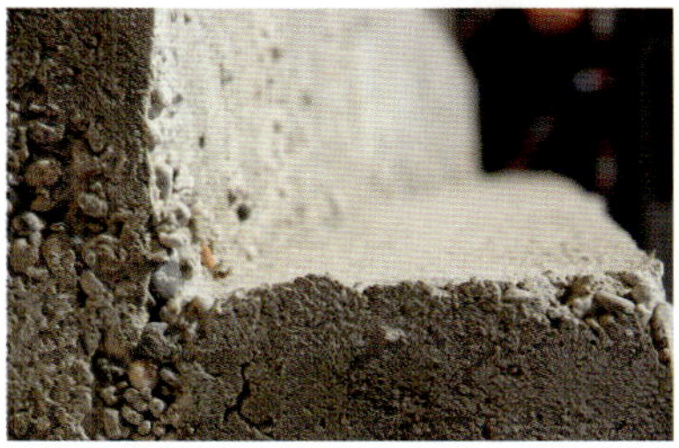

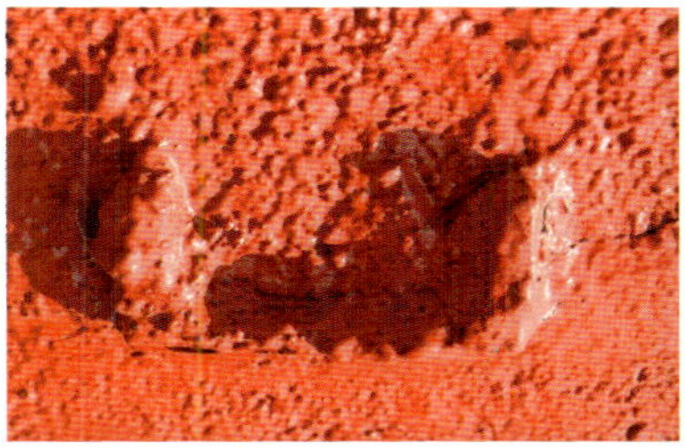

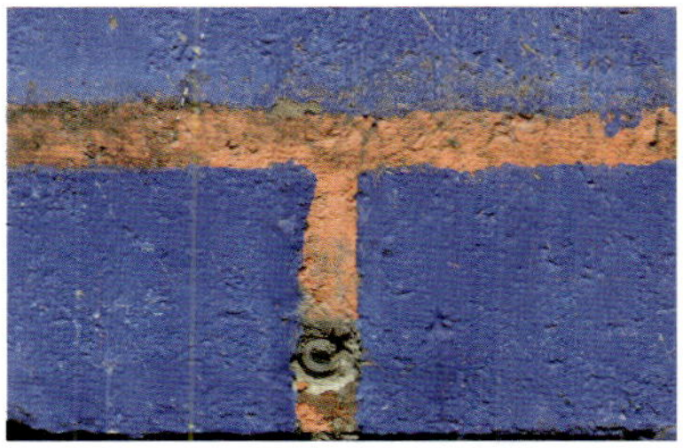

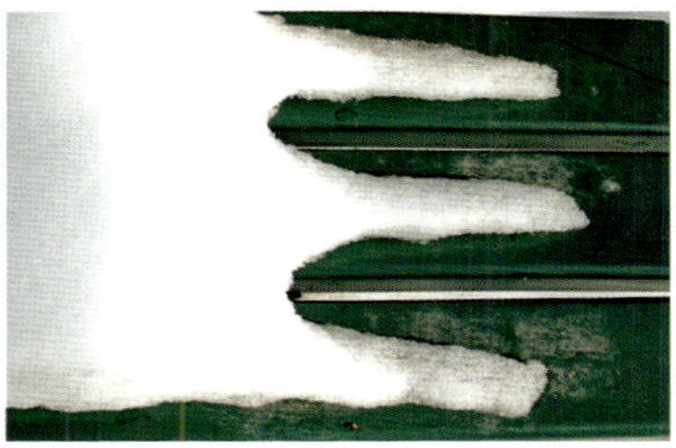

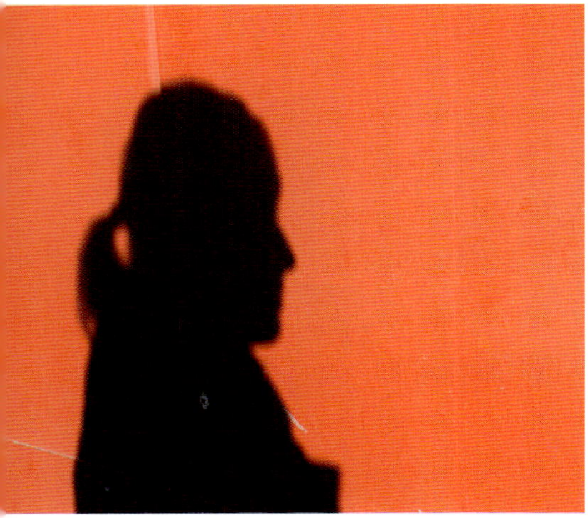

Farbserie Rot und Blau

Alltägliche Gegenstände nehmen wir oft gar nicht mehr richtig wahr. Doch wenn wir sie als Motive betrachten lernen, erscheinen sie plötzlich in einem anderen Licht. Sie sind in der Lage, den künstlerischen Aspekt eines Motivs „herauszukitzeln“, indem Sie die Dinge mit anderen Augen betrachten. Fotografieren Sie Blau oder sehen Sie einfach mal Rot!

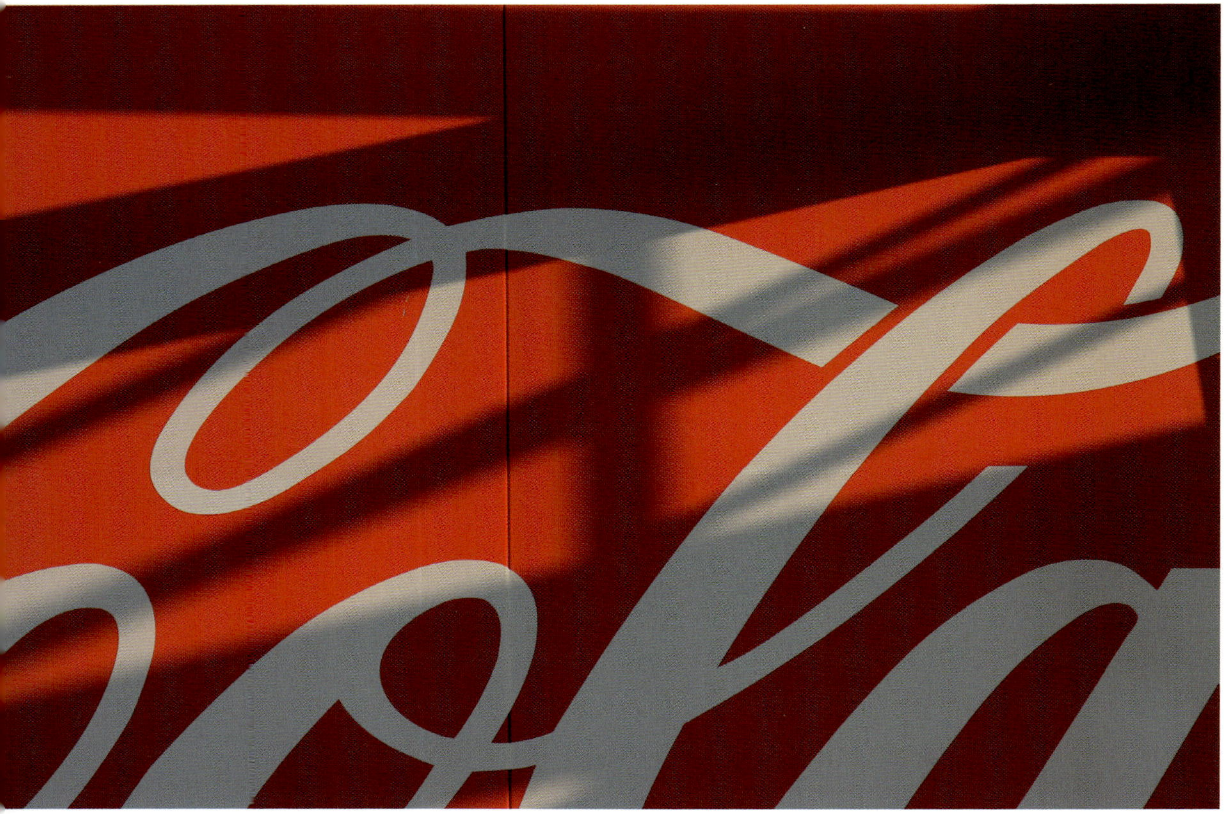

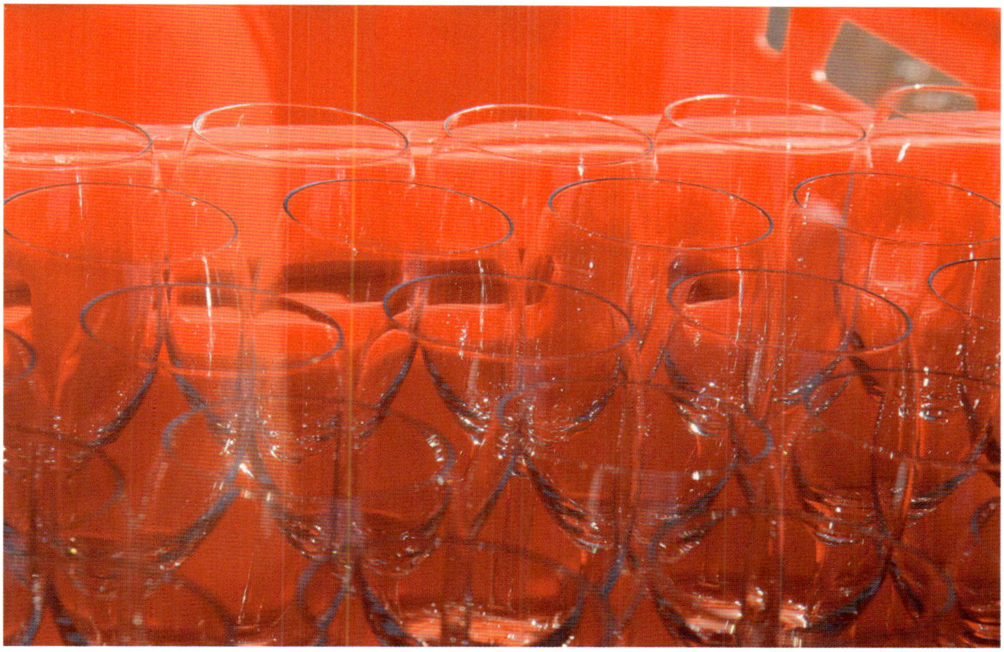

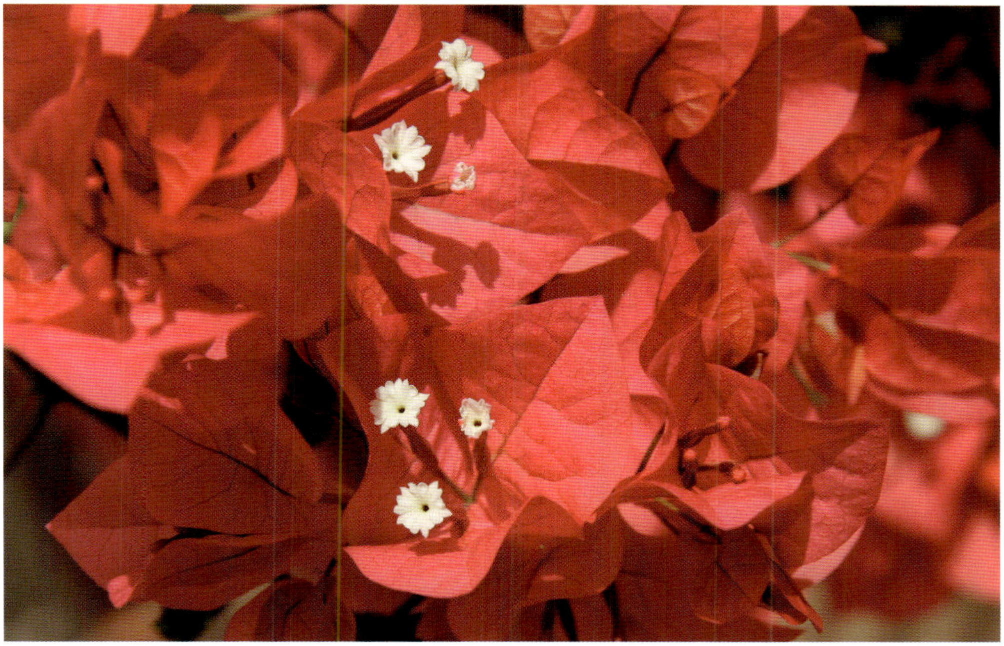

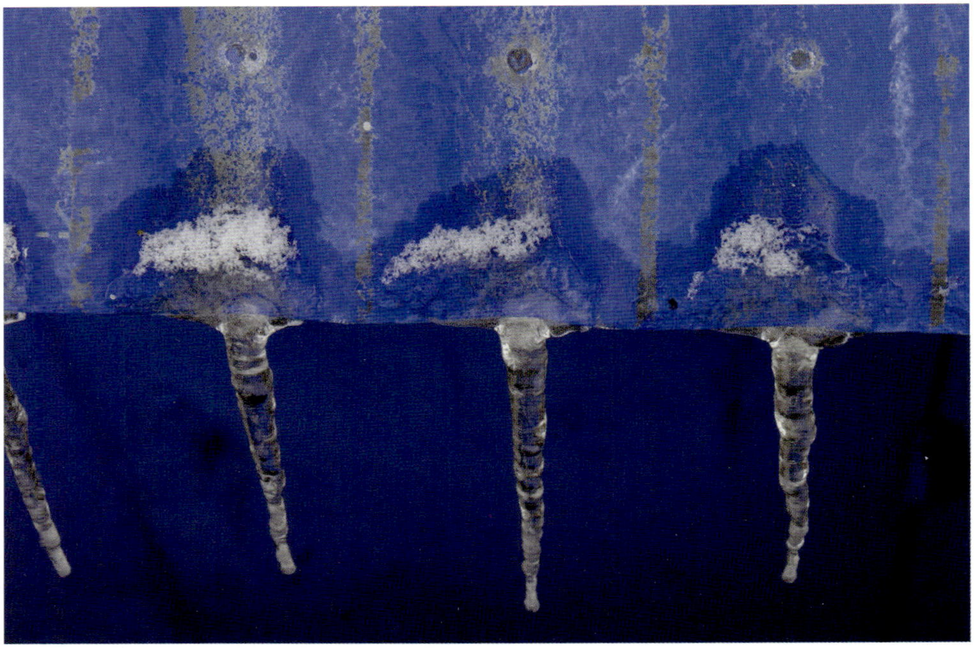

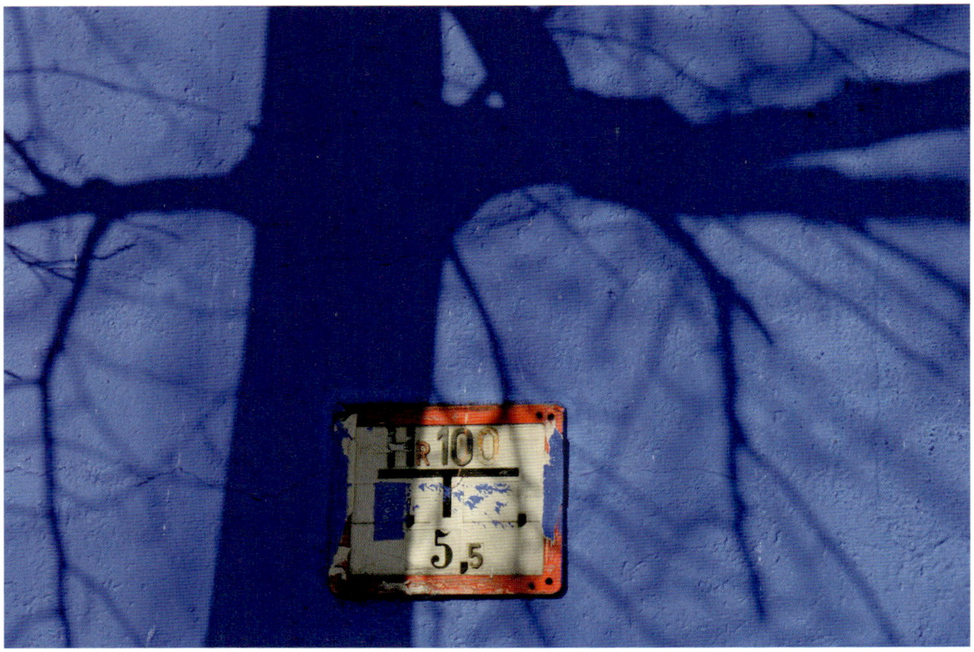
HR100
5,5

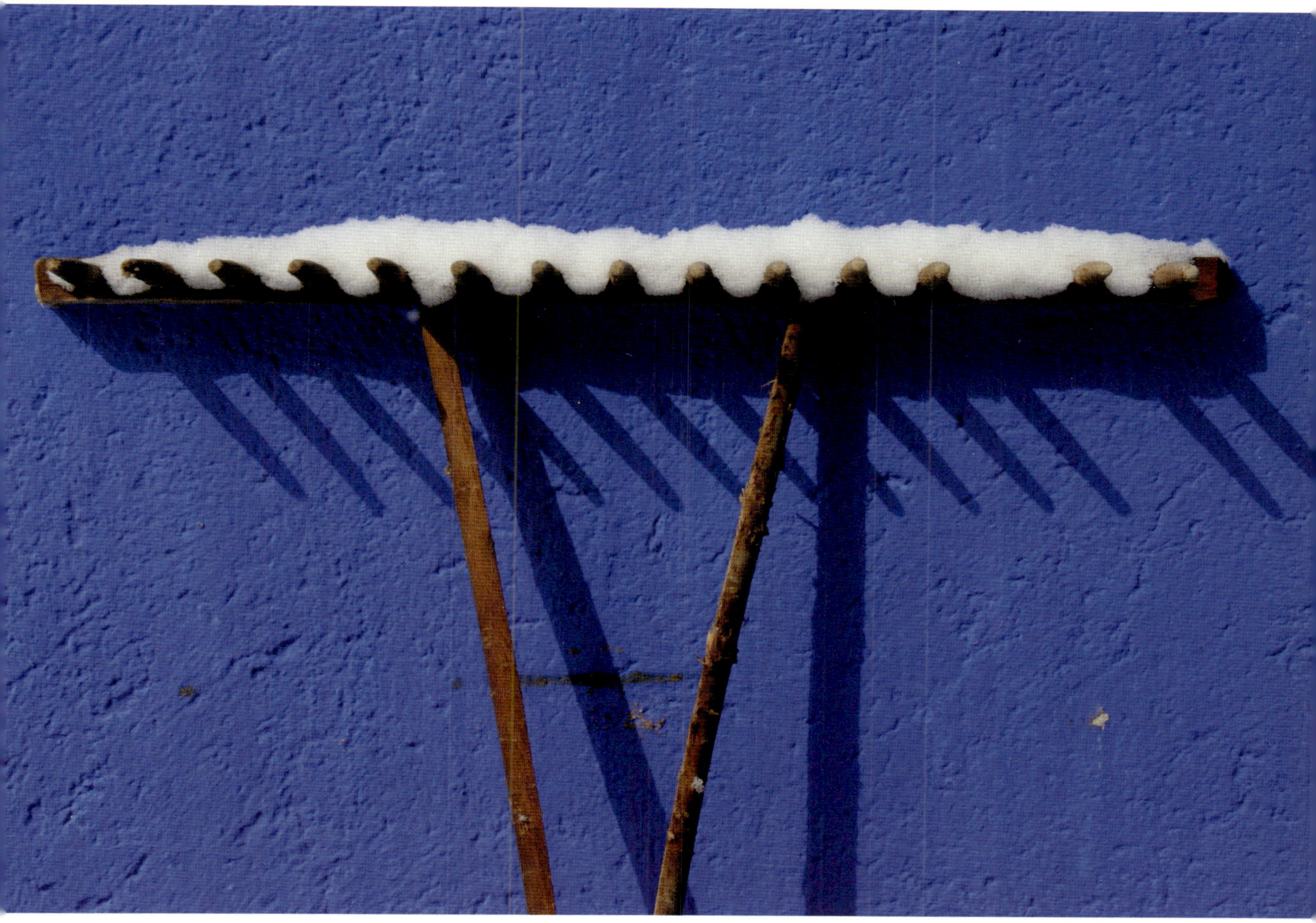

Meine eigene Herangehensweise gründet sich auf drei Überlegungen:

1. Alles, was ich fotografiere, verändere oder arrangiere ich in keiner Weise.

2. Alles, was ich fotografiere, versuche ich als Teil seines Umfeldes abzubilden, dort, wo es verwurzelt ist.

3. Alles, was ich fotografiere, versuche ich so zu zeigen, dass seine Stellung in der Vergangenheit oder Gegenwart sichtbar wird.

Dorothea Lange, 1895–1965, amerikanische Dokumentarfotografin

Flaconserie

Die Duftserie der Kursteilnehmerin Margarete Hermanns zeigt ein sensibles Farb- und Formempfinden für das Motiv in seiner Umgebung. Die einfühlsame Umsetzung der Annäherung von „Mann und Frau“ wird in seiner körperlichen Darstellung förmlich spürbar. Die folgenden Seiten zeigen, dass bei Aufnahmen im Freien gutes Sonnenlicht für metallische Gegenstände und Motive aus Glas unbedingt notwendig ist.

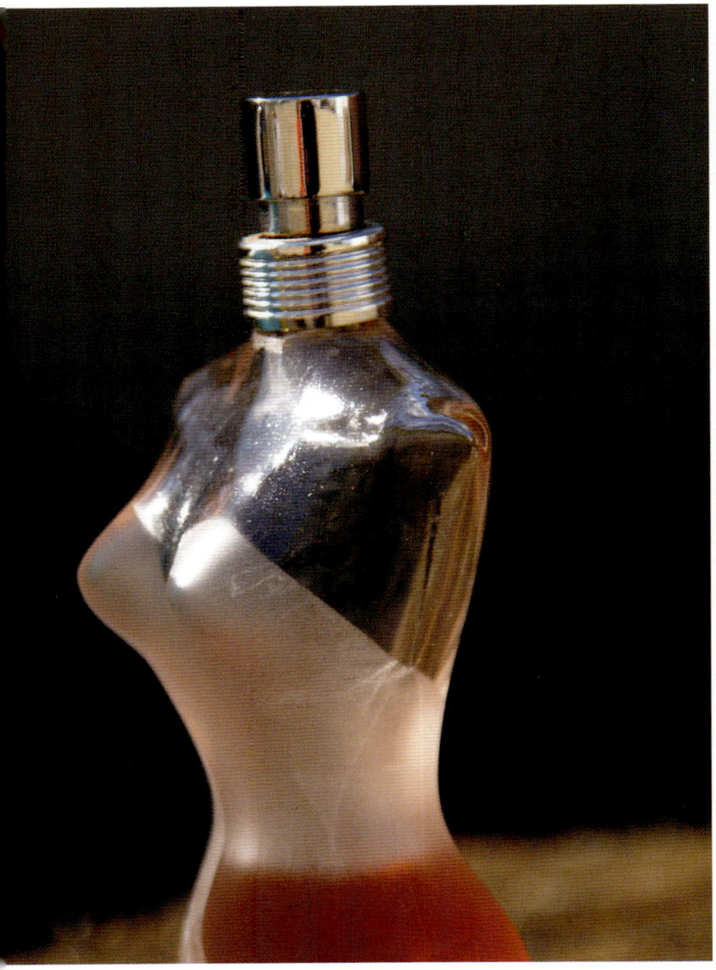

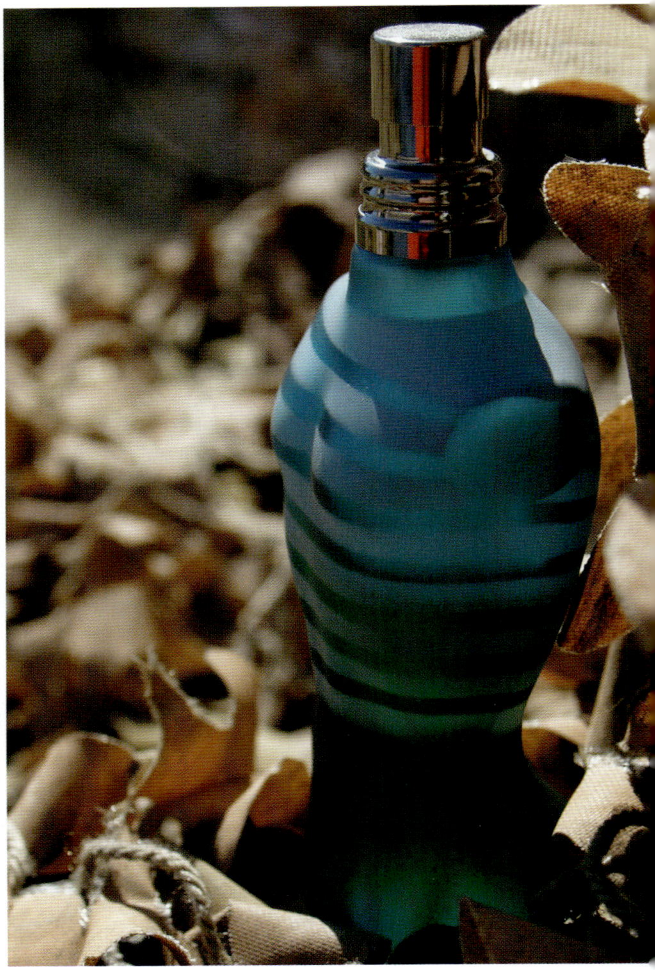

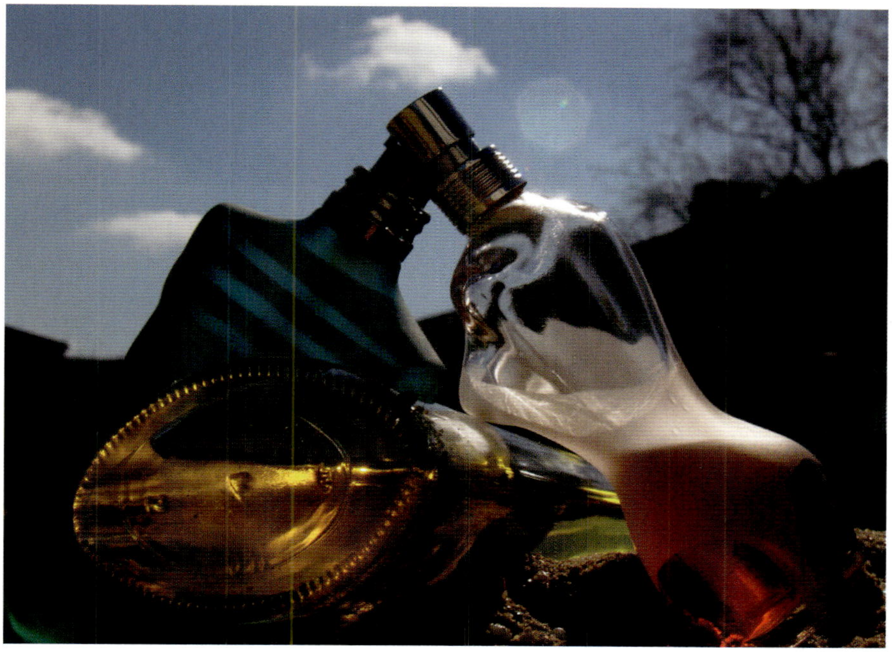

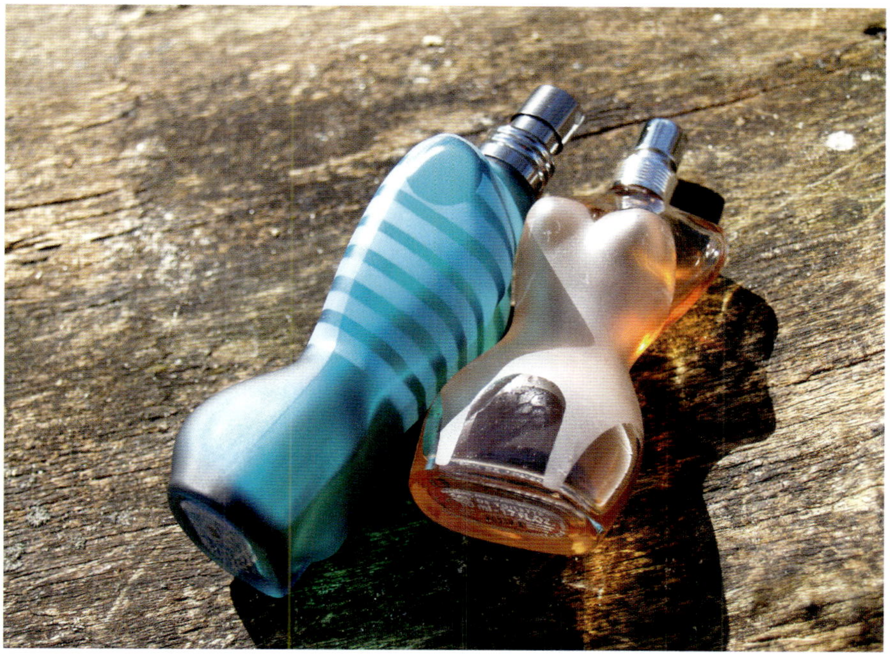

Teekannenserie

Britta Klein hat ihre Kurslektion gelernt. Mit großer Sensibilität kombinierte sie farbige Hintergründe zu ihren Motivausschnitten. Das Spiel mit der Tiefenschärfe beherrscht sie perfekt und macht diese Teekannenserie zu einem Märchen aus 1001 Nacht.

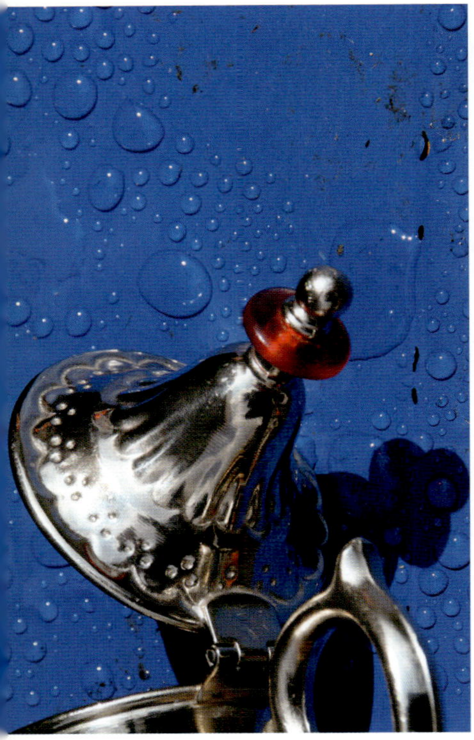

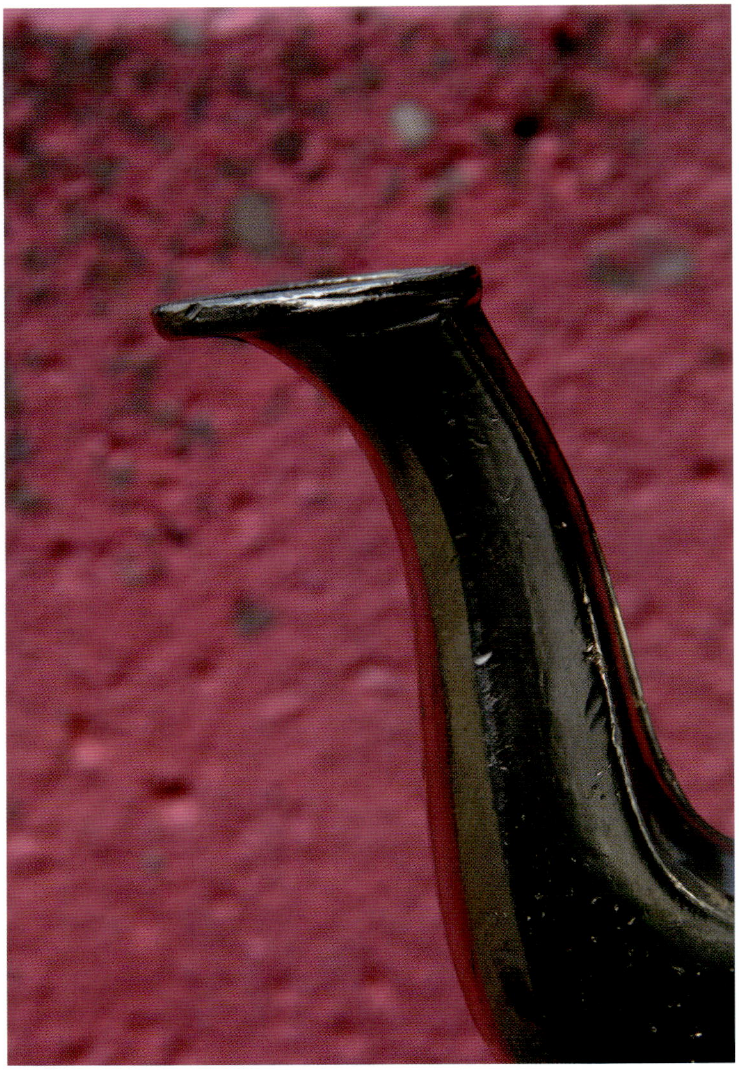

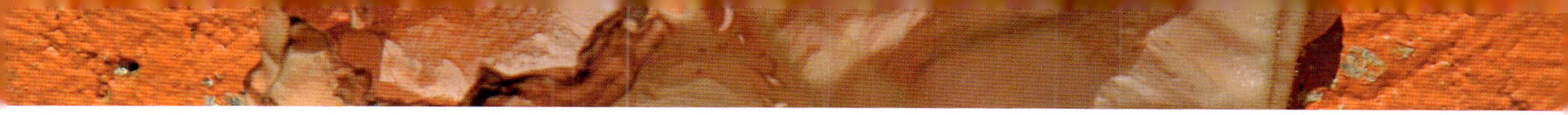

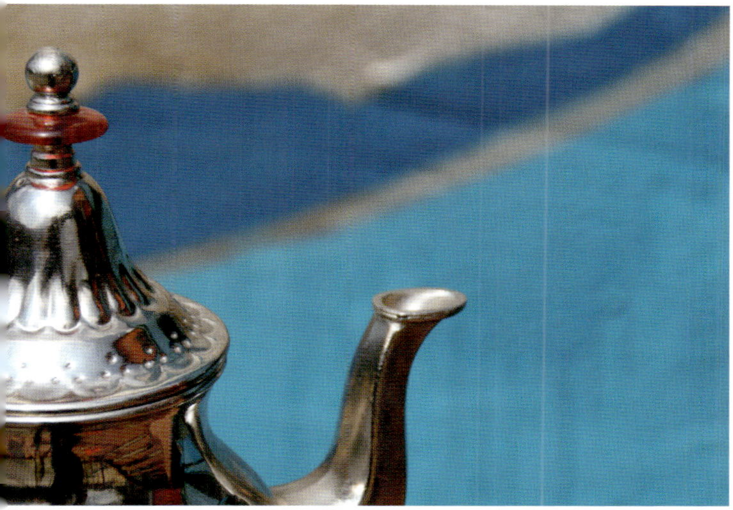

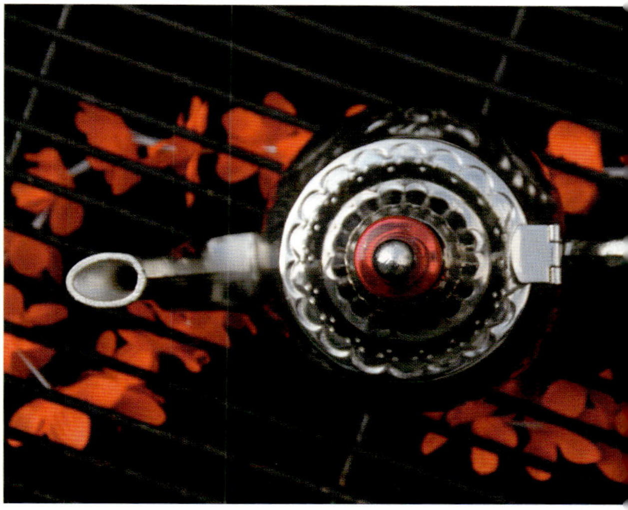

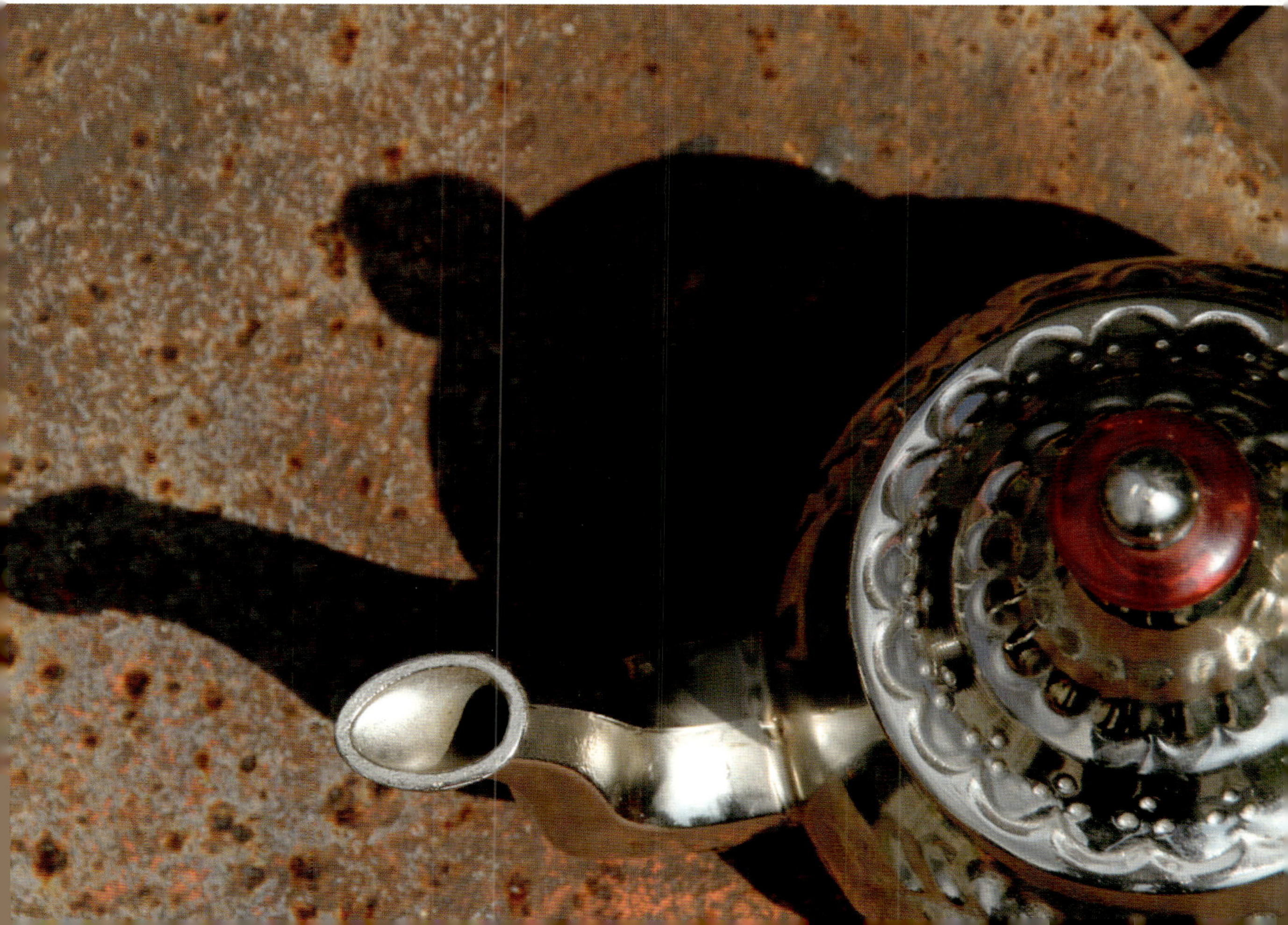

Schuhlöffelserie

Nomen est omen. Diesen Schuhlöffel machte die Kursteilnehmerin Sandra Fuß zu einem anziehenden Motiv. Fantasievoll wurde der schmucklose Gegenstand neu definiert und verliert seine Alltäglichkeit. Die Fotografin zeigt ein sehr gutes Gefühl für Spannung und Formgestaltung durch Perspektiven.

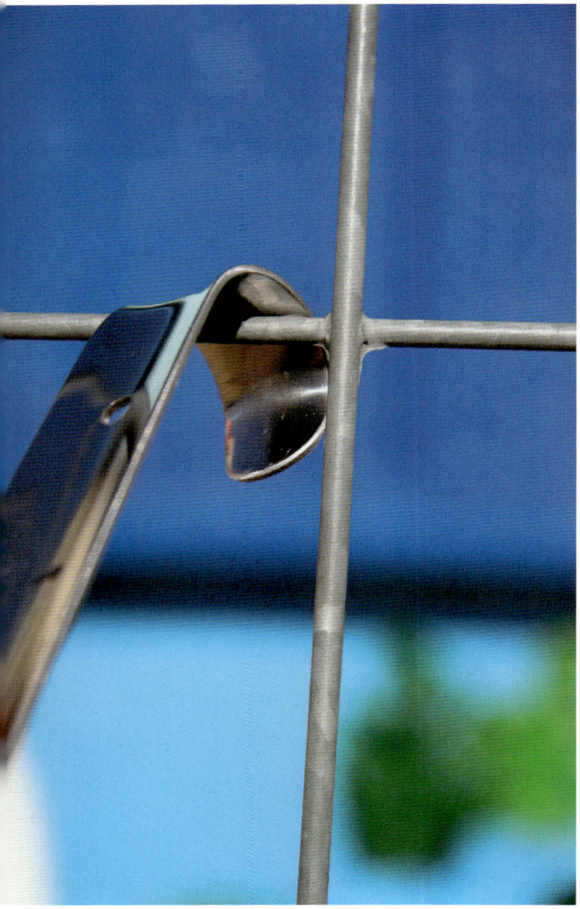

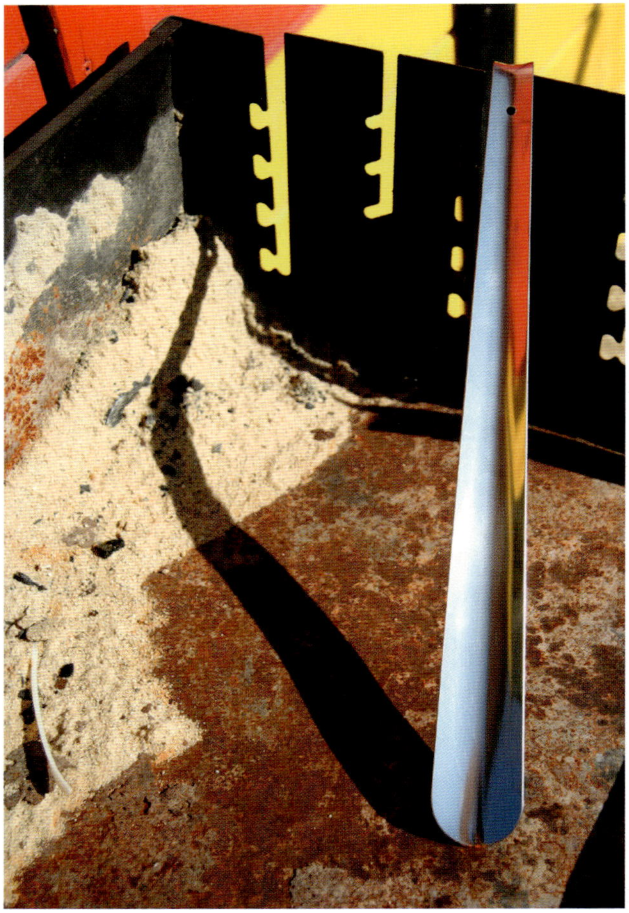

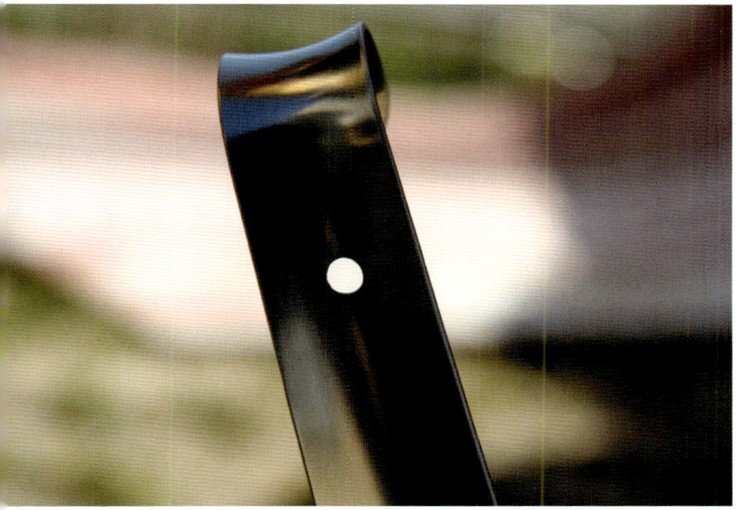

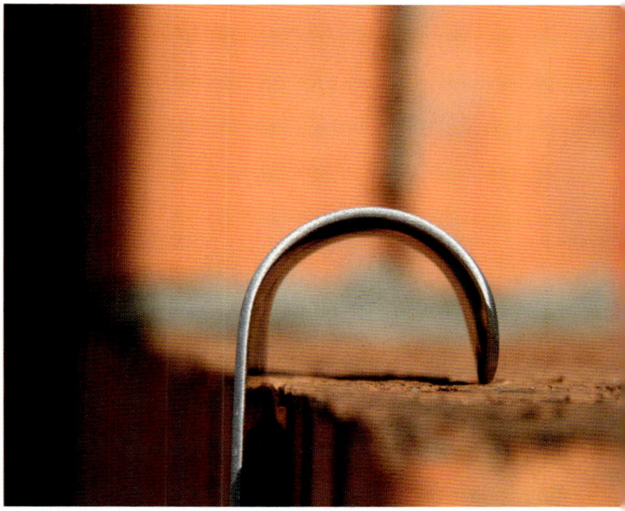

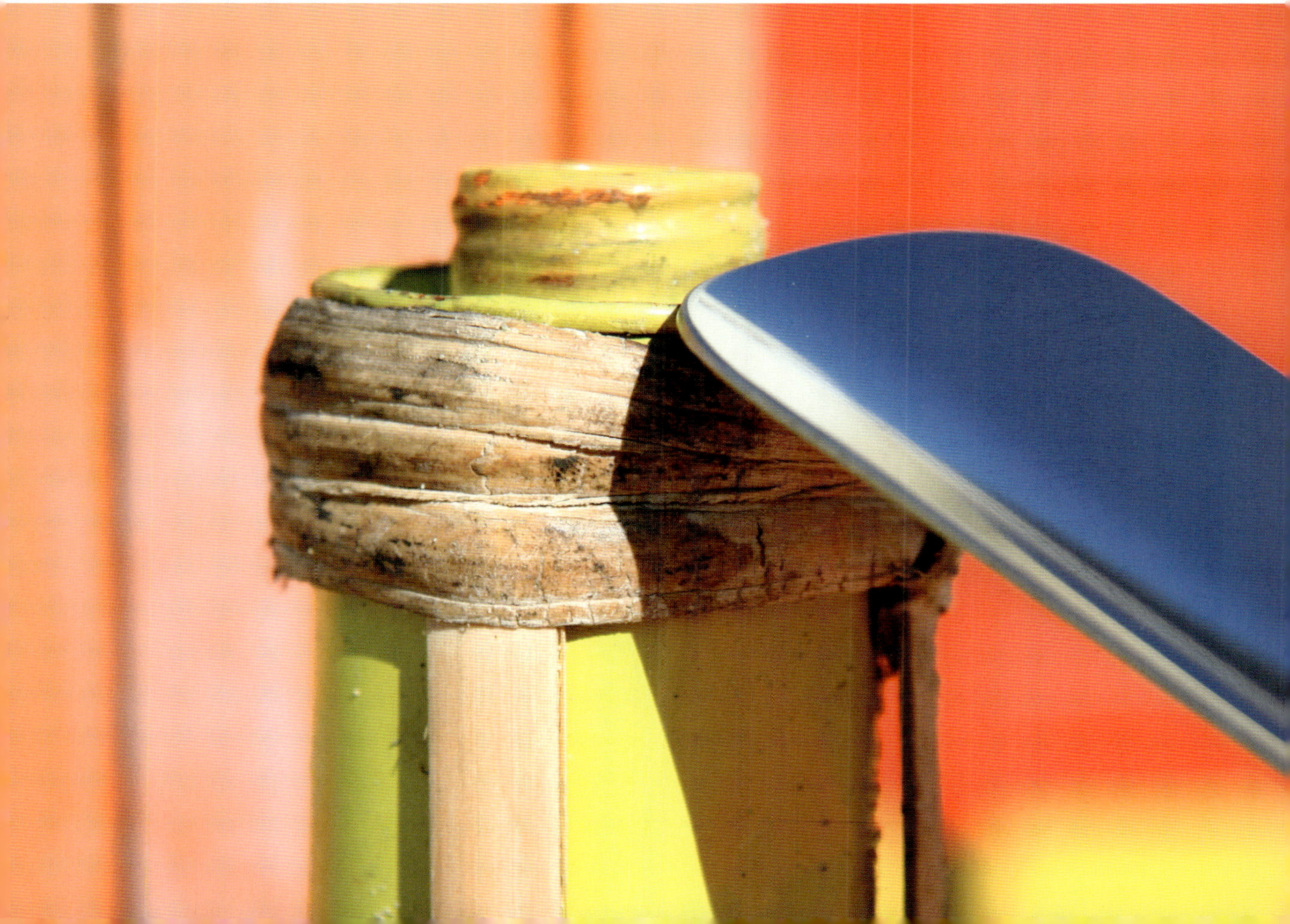

Flaschenserie

Die eindrucksvolle Abschlussarbeit der Kursteilnehmerin Johanna Neuberger zeigt, wie eine farblose Flasche ein buntes Eigenleben entwickeln kann. Hier wurde bewusst mit der Transparenz und Tiefenschärfe gespielt, um durch abstrakte Hintergründe Lebendigkeit zu erzeugen.

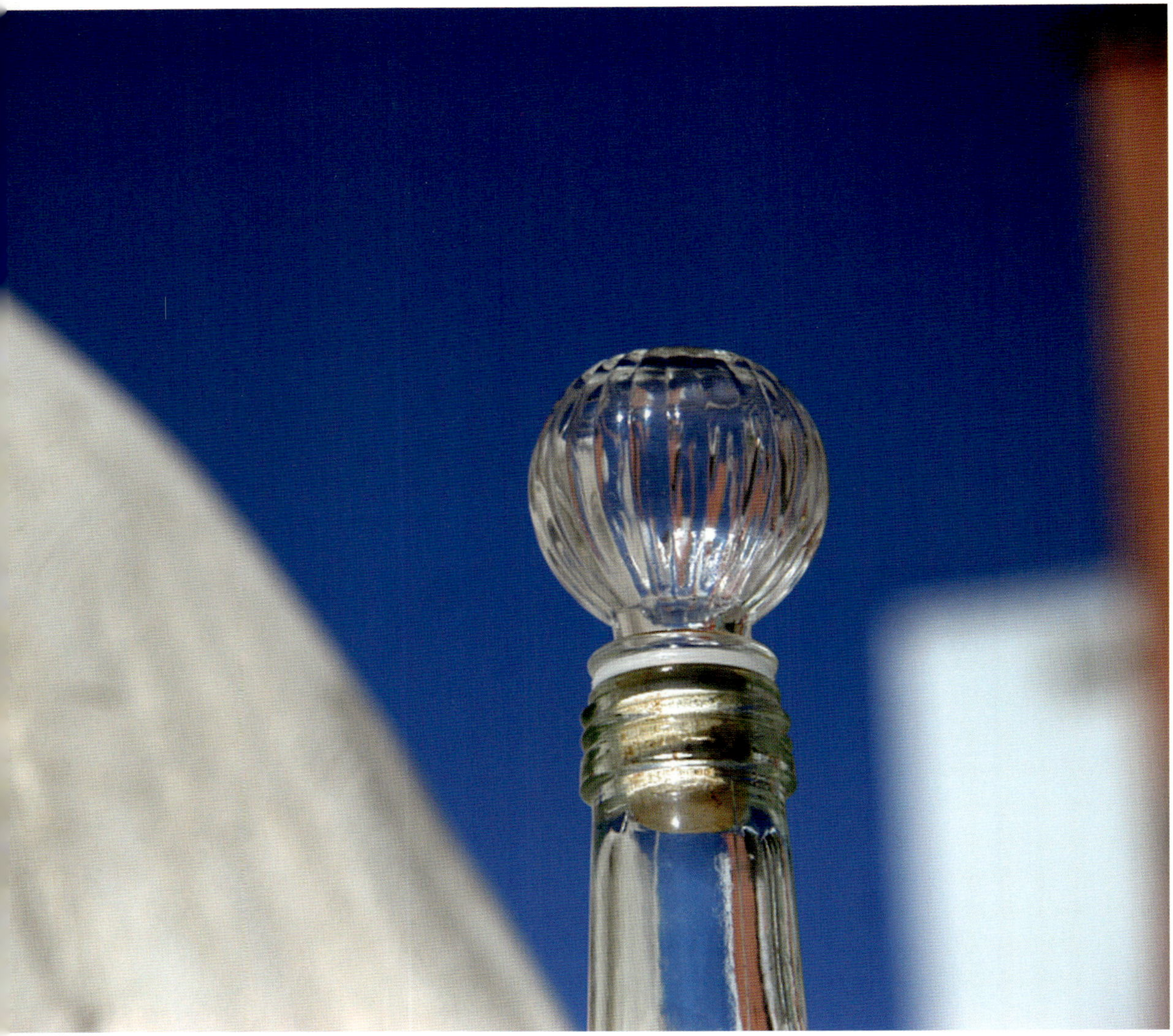

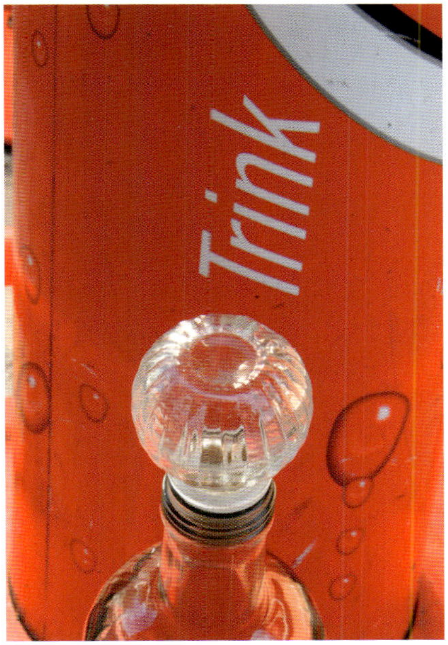
Trink

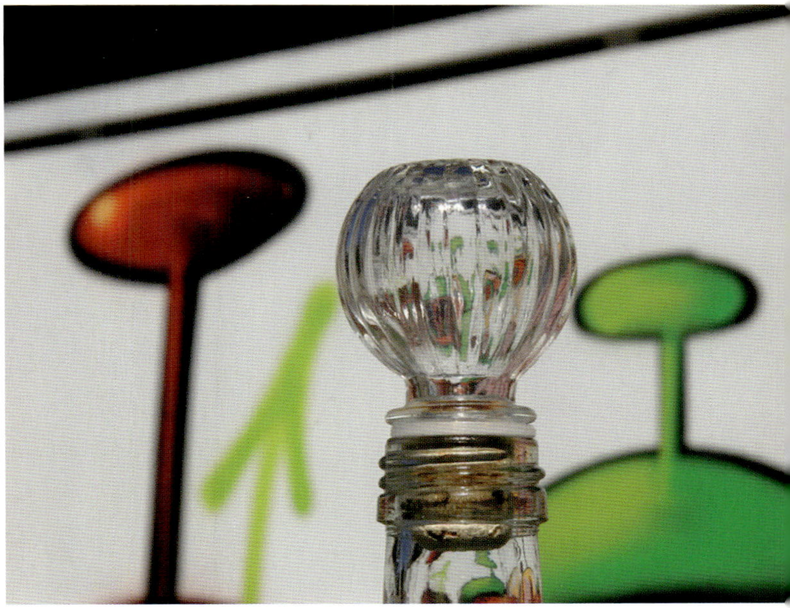

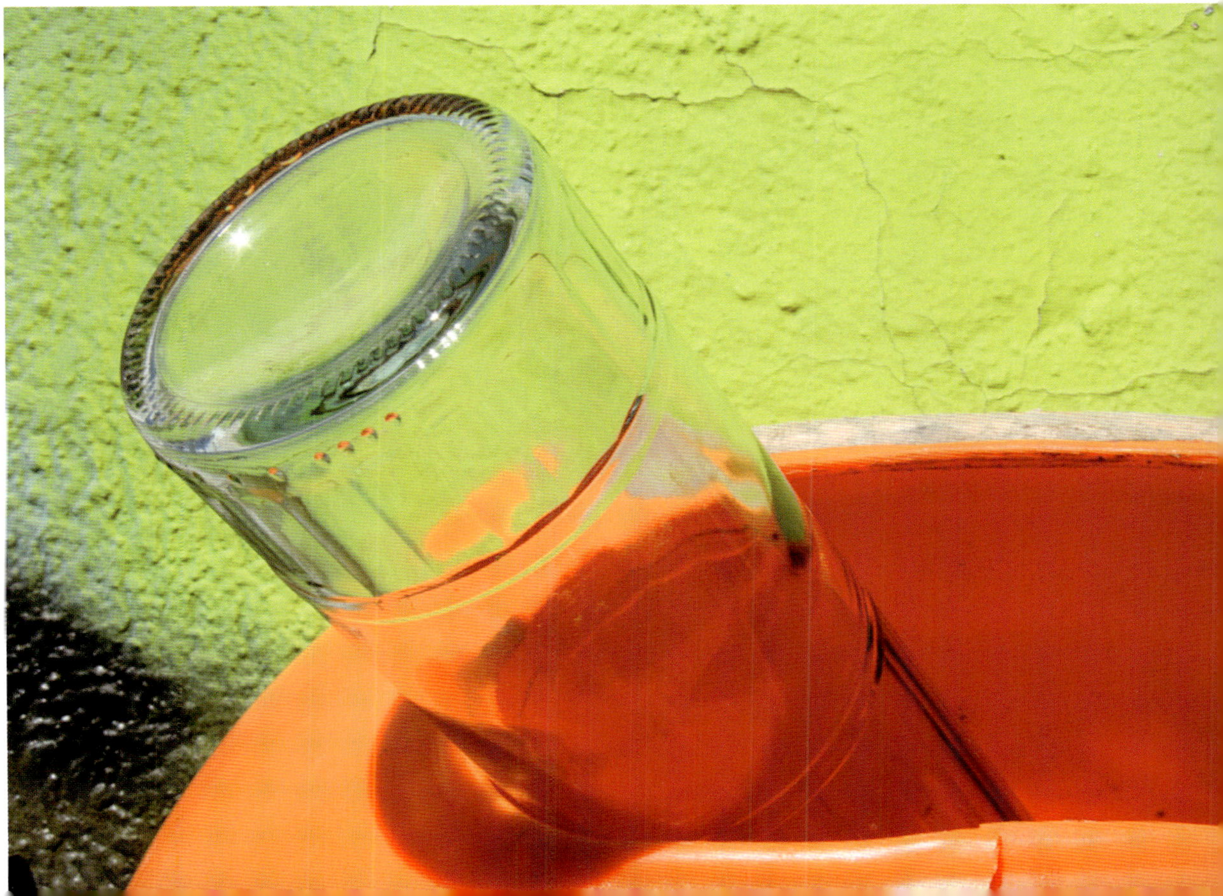

Alltägliches in Szene gesetzt

Farbe

Die rote Farbe des Hebels macht aus dem unscheinbaren Zulaufrohr eines Swimmingpools das Tüpfelchen auf dem i.

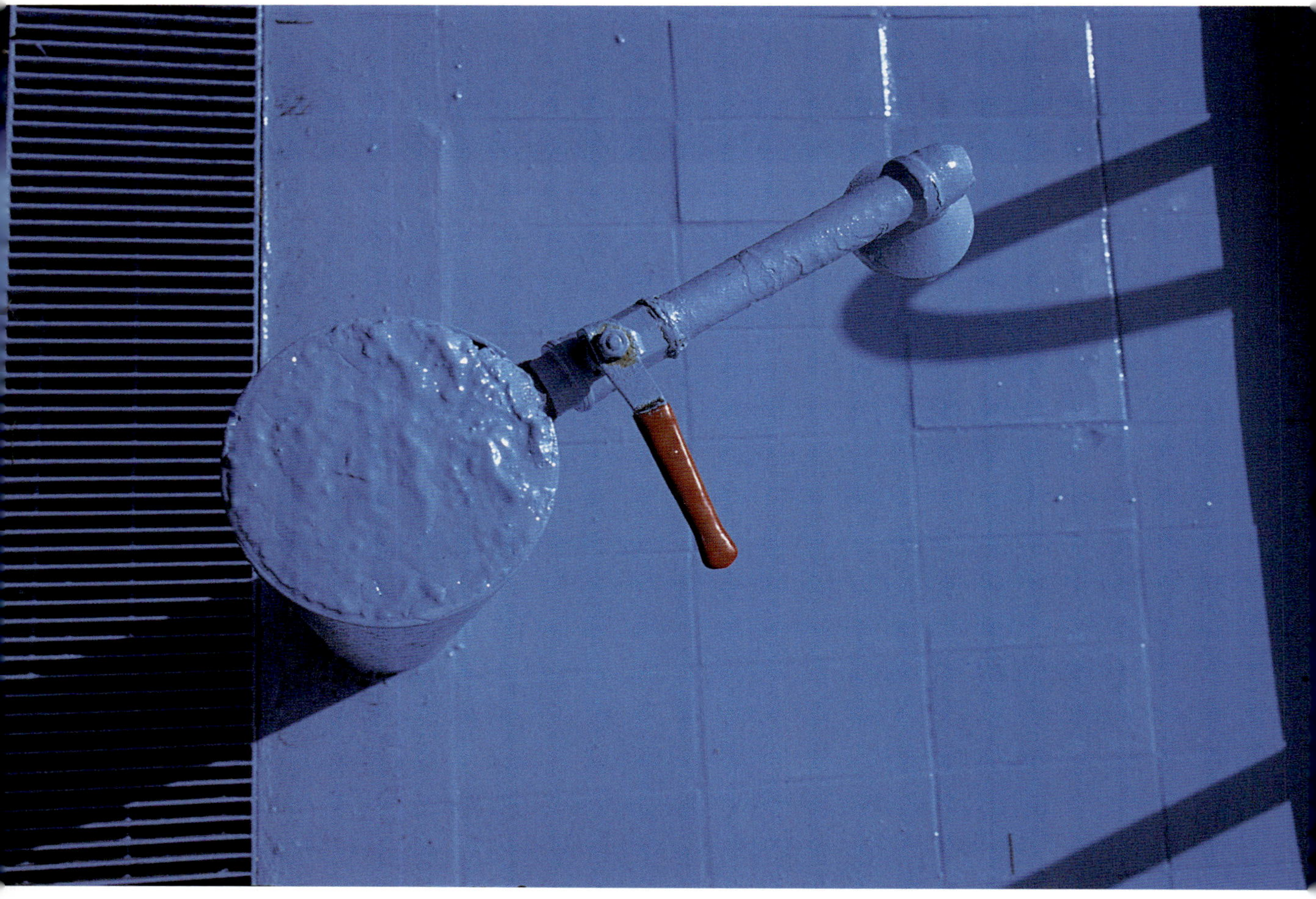

Belichtung: Brennweite: 80 mm, Belichtungszeit: 1/250, Blende: 16, ISO: 200

Monochrom

Die nahezu farblose Szene erhält Bewegungsdynamik und Spannung durch die „Flucht“ des wehenden Vorhangs aus dem dunklen Raum.

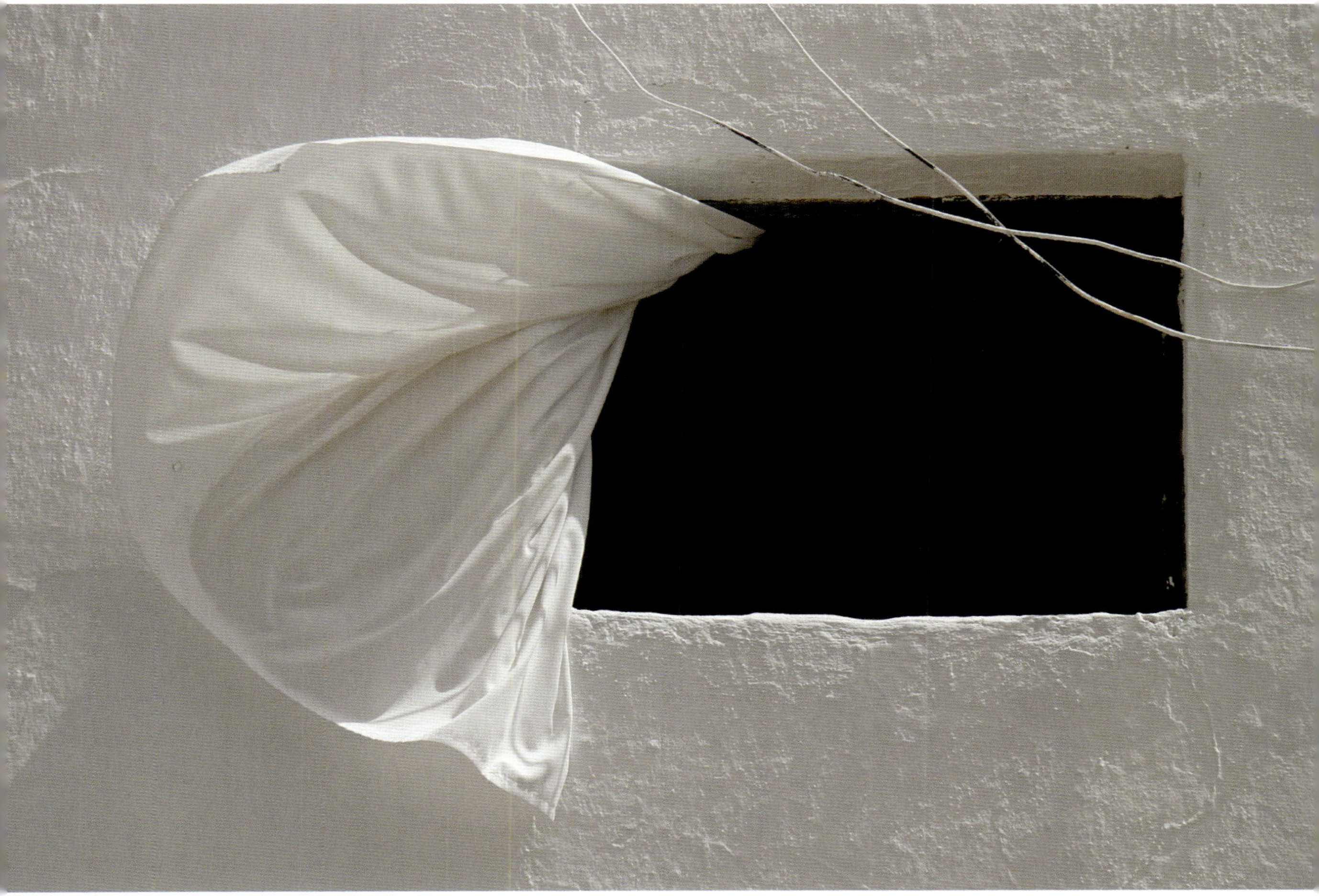

Belichtung: Brennweite: 95 mm, Belichtungszeit: 1/500, Blende: 11, ISO: 100

Licht

Das reflektierende Licht auf dem Wasser und die Sonne auf dem dahintreibenden Blatt machen das sonst eher Unscheinbare zu einem Naturkunstwerk.

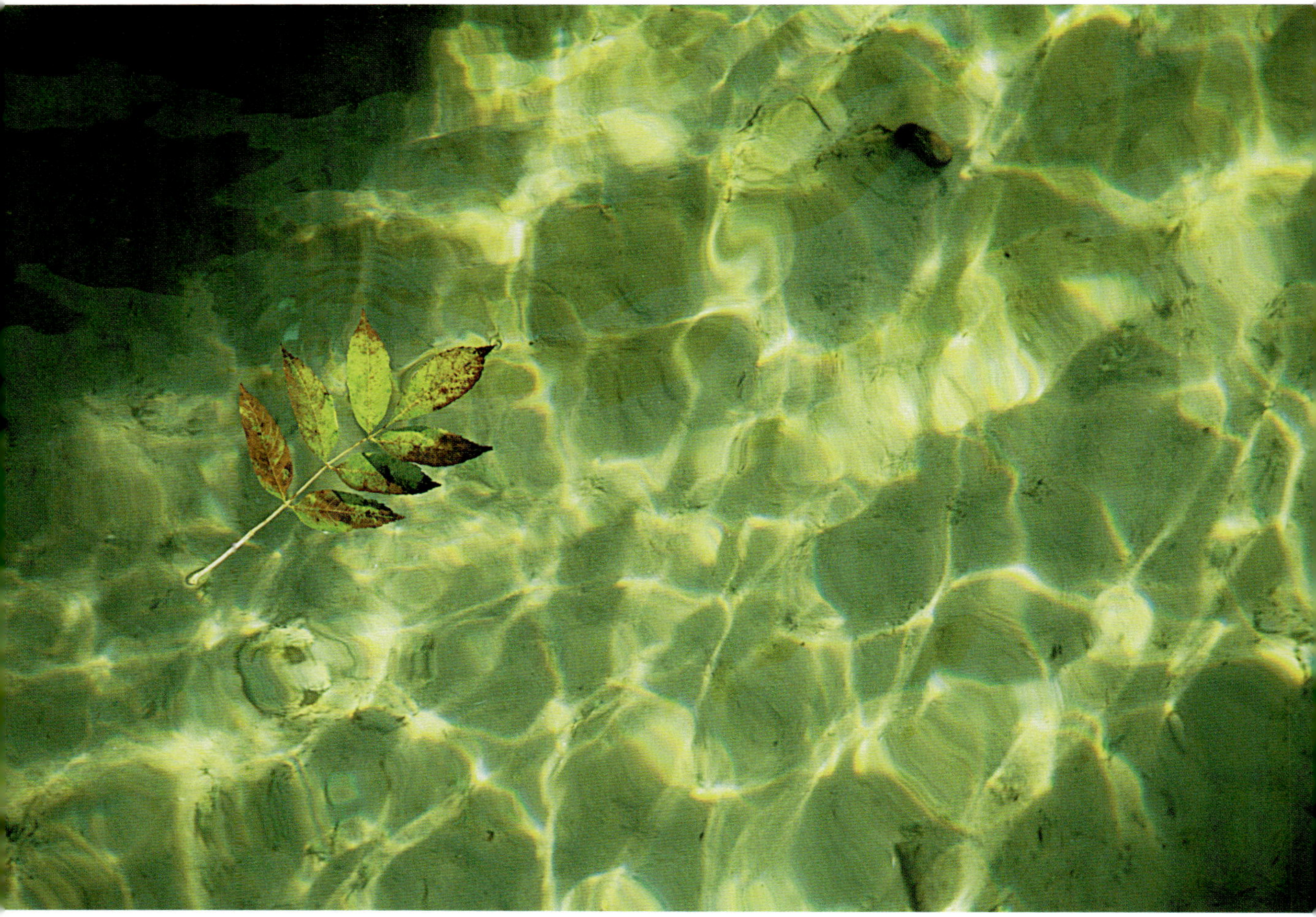

Belichtung: Erennweite: 85 mm, Belichtungszeit: 1/200, Blende: 11, ISO: 200

Schatten

Direktes Gegenlicht lässt eine Amaryllisblüte durch den hellen Vorhangstoff als Schattensilhouette „erblühen".

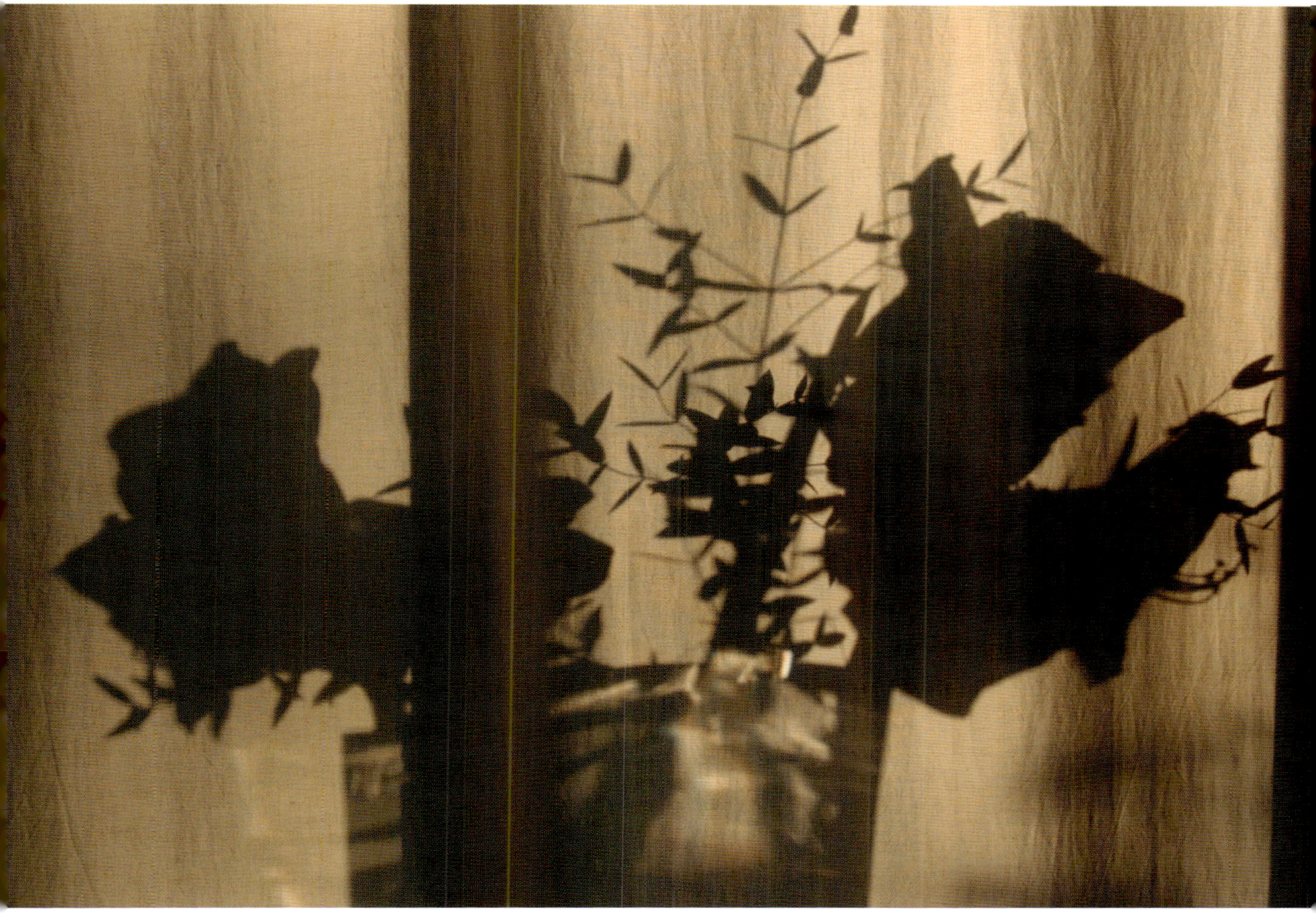

Belichtung: Brennweite: 38 mm, Belichtungszeit: 1/100, Blende: 11, ISO: 200

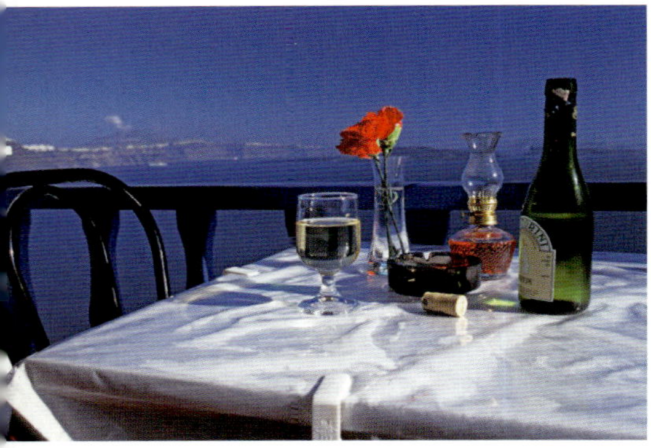

Wie – wo – was?

Um das Hauptmotiv scharf ins Bild zu bekommen, sollte der AF-Sensor auf das Wesentliche gerichtet werden. Für verwacklungsfreie Bilder, die Sie aus freier Hand fotografieren, lautet die *Faustregel: Brennweite = Belichtungszeit*. Bei einer Brennweite von 50 mm sollten Sie mit 1/60 Sekunde fotografieren. Bei einer Brennweite von 200 mm verwenden Sie mindestens eine Belichtungszeit von 1/200 Sekunde.

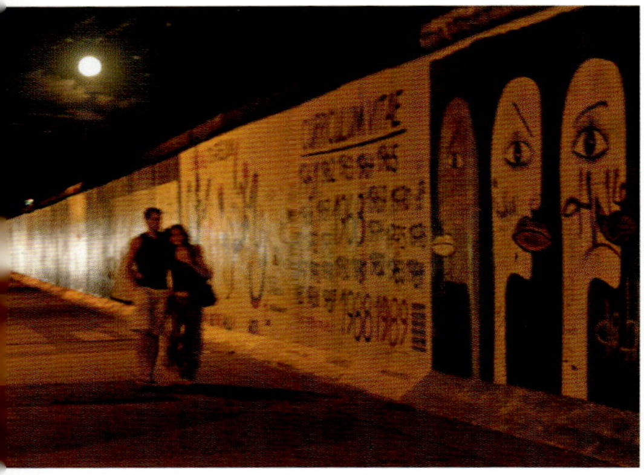

Schwaches Licht macht den Einsatz eines Stativs unumgänglich. Bei langen Brennweiten und lichtschwachen Zoomobjektiven können schlechte Lichtverhältnisse zu Verwacklungen führen, die zu unbewegten Motiven nicht passend sind. Der Einsatz eines lichtstarken Films (400 ASA) oder die Erhöhung der ISO-Zahl an Digitalkameras können Abhilfe schaffen, wie das Foto rechts zeigt.

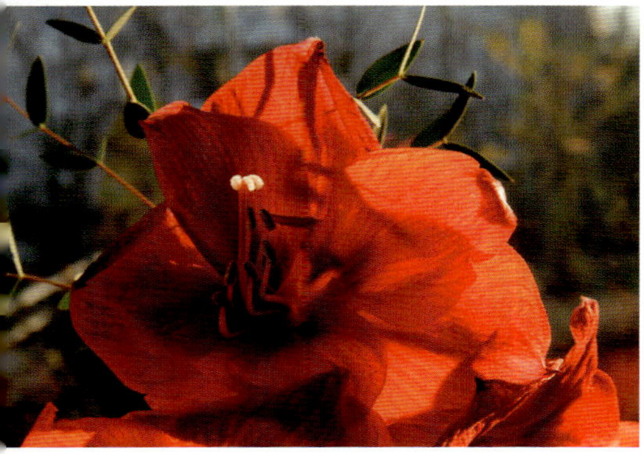

Tiefenschärfe lässt sich gezielt mit der Blendenvorwahl beeinflussen (Av bzw. A). Eine offene Blende (2,8) führt zu einer geringen Tiefenschärfe, d. h., der scharfe Bereich vor und hinter dem abgebildeten Objekt ist sehr kurz. Je geschlossener die Blende (22), desto länger wird der Tiefenschärfenbereich. Bei geschlossenen Blenden werden schwache Lichtverhältnisse mit langen Belichtungszeiten korrigiert. Benutzen Sie dann ein Stativ.

Fotos in der Nacht sind mit dem Autofokus oft nicht scharf zu stellen. In diesem Fall müssen Sie manuell fokussieren. Für Langzeitbelichtungen ist ein Stativ erforderlich. Ein Draht- oder Fernauslöser ist ratsam. Durch Benutzung eines Blitzlichts können Sie Abhilfe schaffen. Die Bildwirkung ist jedoch eine andere, da der Nachtcharakter künstlicher wirkt.

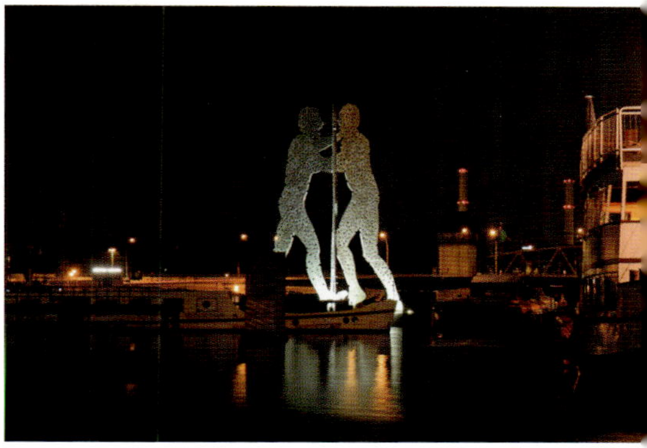

Bewegte Motive verursachen oft Probleme. Kurze Belichtungszeiten (1/500 bis 1/1000 Sek.) sind nötig, um Bewegungen „einzufrieren“ (scharf). Oft reicht das Licht aber nicht aus, sodass eine längere Verschlusszeit (1/30) nötig wird. Das hat jedoch zur Folge, dass bewegte Objekte verwackeln (Foto). Das Mitziehen der Kamera kann Verwacklungen durch „Wischer“ effektvoll unterstreichen.

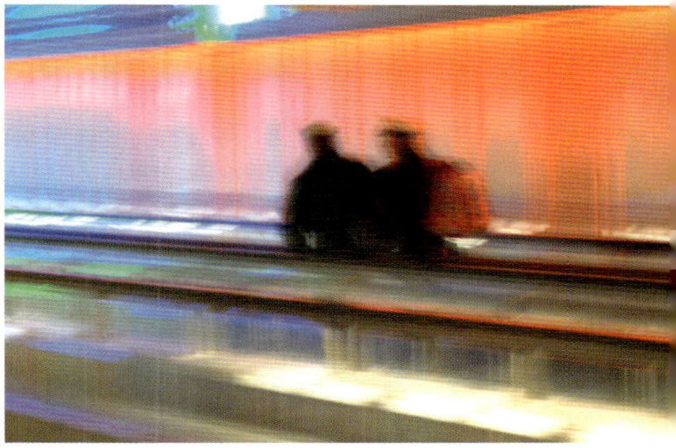

Landschaftsaufnahmen sind besonders mit einer großen Tiefenschärfe reizvoll. Kurze Brennweiten (28 mm) vermitteln einen weiträumigen Landschaftscharakter. Sind Ihre Lichtverhältnisse gut, können Sie mit einer geschlossenen Blende (22) eine weite Tiefenschärfe erzielen. Schneefotos sollten Sie mit +1 bis 2 korrigieren, weil das überstrahlende Weiß Ihnen eine falsche Belichtung vorgaukelt.

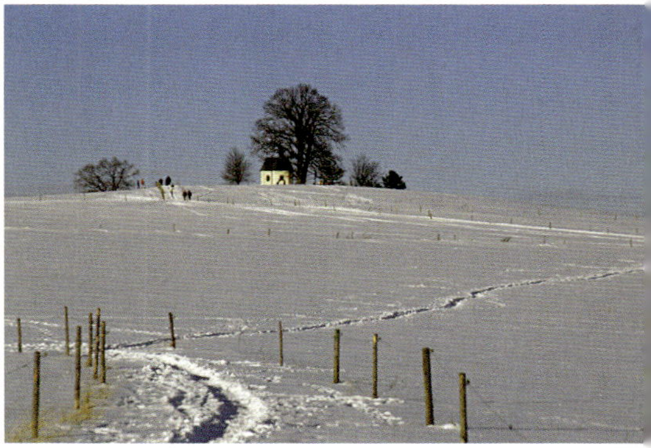

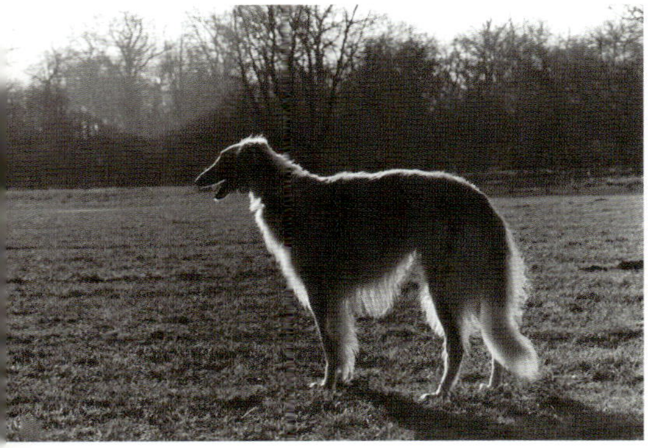

Gegenlicht verleiht vielen Fotos etwas Besonderes. Die Motive werden wie Scherenschnitte abgebildet und haben kaum Zeichnung. In diesem Fall wird der Hund vom Gegenlicht umrandet und lässt das Fell wie eine Silhouette leuchten. Bei vielen Gegenlichtaufnahmen fällt die Sonne direkt auf das Objektiv. Das führt zu kissenförmigen Reflexen, wie links oben auf dem Bild zu sehen ist. Verwenden Sie dann eine Gegenlichtblende.

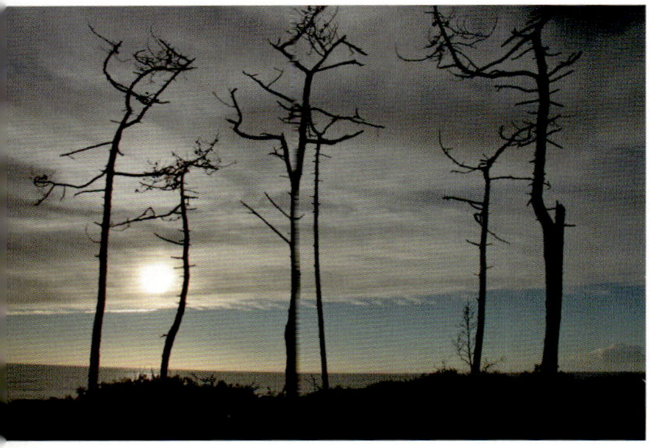

Eine gewollte Unterbelichtung erzielen Sie je nach Stärke der Abblendung. Um nachmittags eine Abendstimmung vortäuschen zu wollen, müssen Sie die Belichtungsskala mit -2 bis -4 korrigieren. Gleichzeitig entsteht ein Gegenlichteffekt. Der Himmel wird stärker betont, andere Partien sind unterbelichtet.

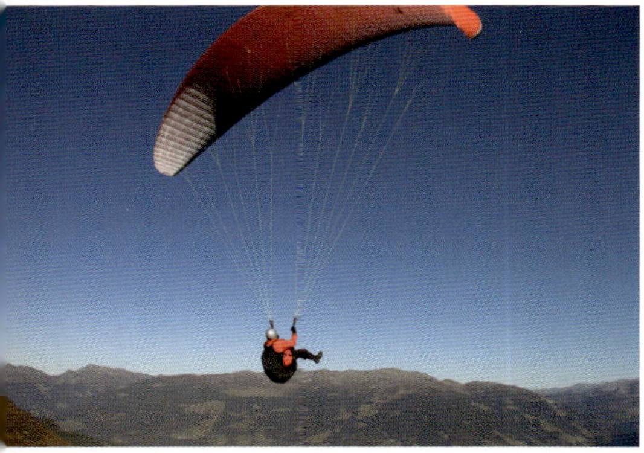

Der richtige Moment ist für jedes Foto von besonderer Bedeutung. Dazu gehört der fotografische Blick, die schnelle Handhabung der Kamera und eine gehörige Portion Glück. Diese benötigen Sie besonders bei Schnappschüssen. Ein paar Auslöser mehr erhöhen Ihre Chance auf ein gutes Bild. Auch Profis müssen mehrmals abdrücken, um den „Superschuss“ zu erzielen. Also, am Drücker bleiben!

Schnappschüsse – die Gunst der Sekunde

Schnappschüsse in Schwarzweiß lenken Ausdruck und Konzentration auf das Wesentliche. Wenn der richtige Moment eingefangen wird, sind farbige Schnappschüsse natürlich ebenso aussagekräftig. Dennoch lenkt Farbe ab. Diesbezüglich sind sich viele Fotografen einig – Farbe im Schnappschuss ist Überschuss.

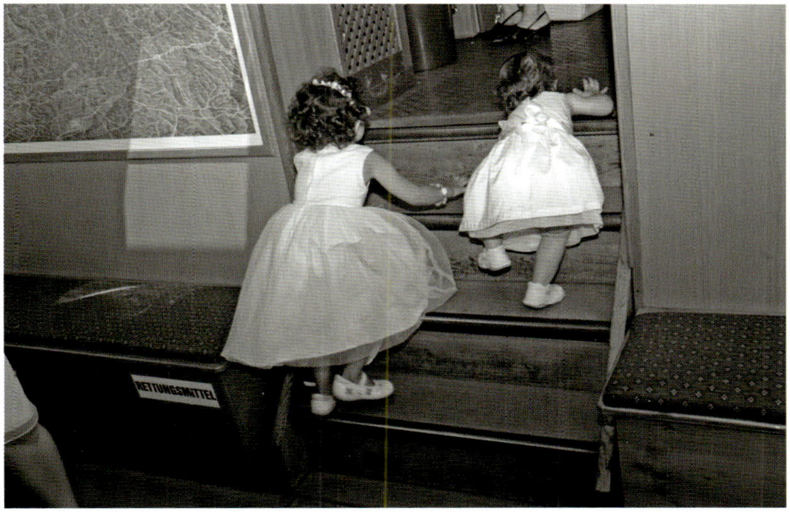

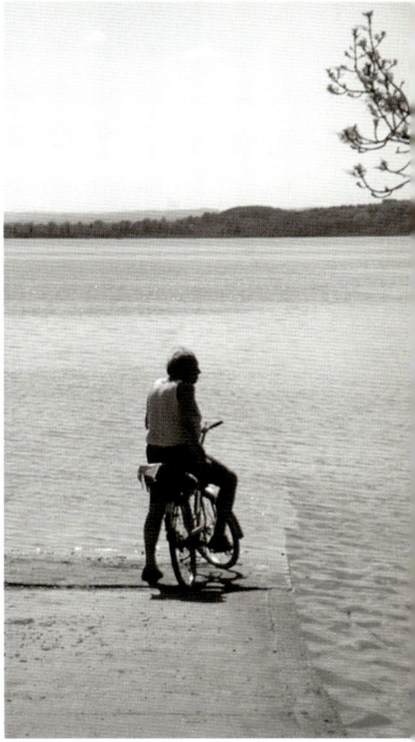

Ein guter Schnappschuss hindert den Moment am Weglaufen.

Eudora Welti, 1909–2001, amerikanische Autorin und Fotografin

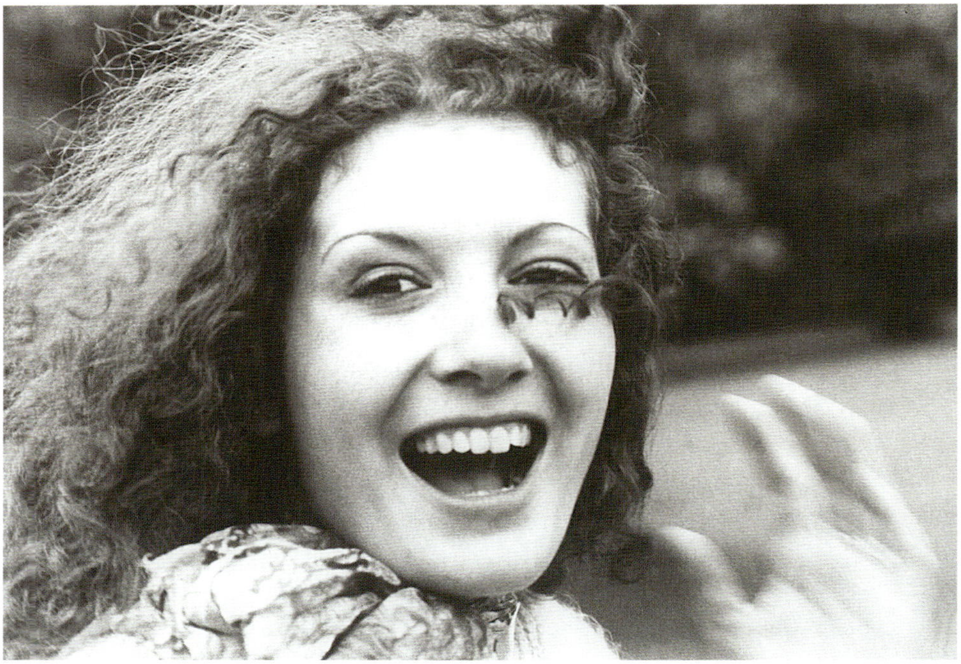

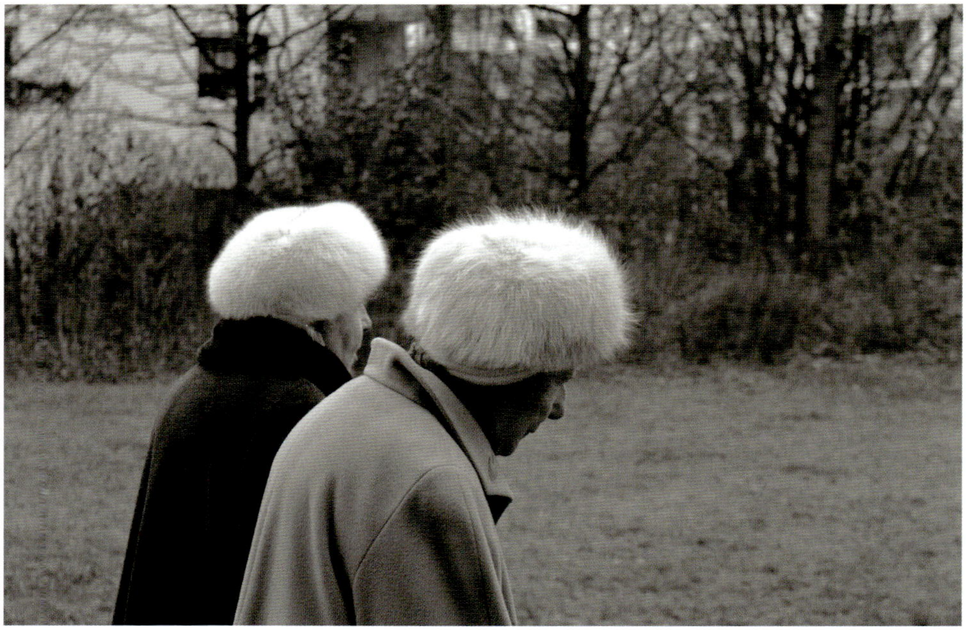

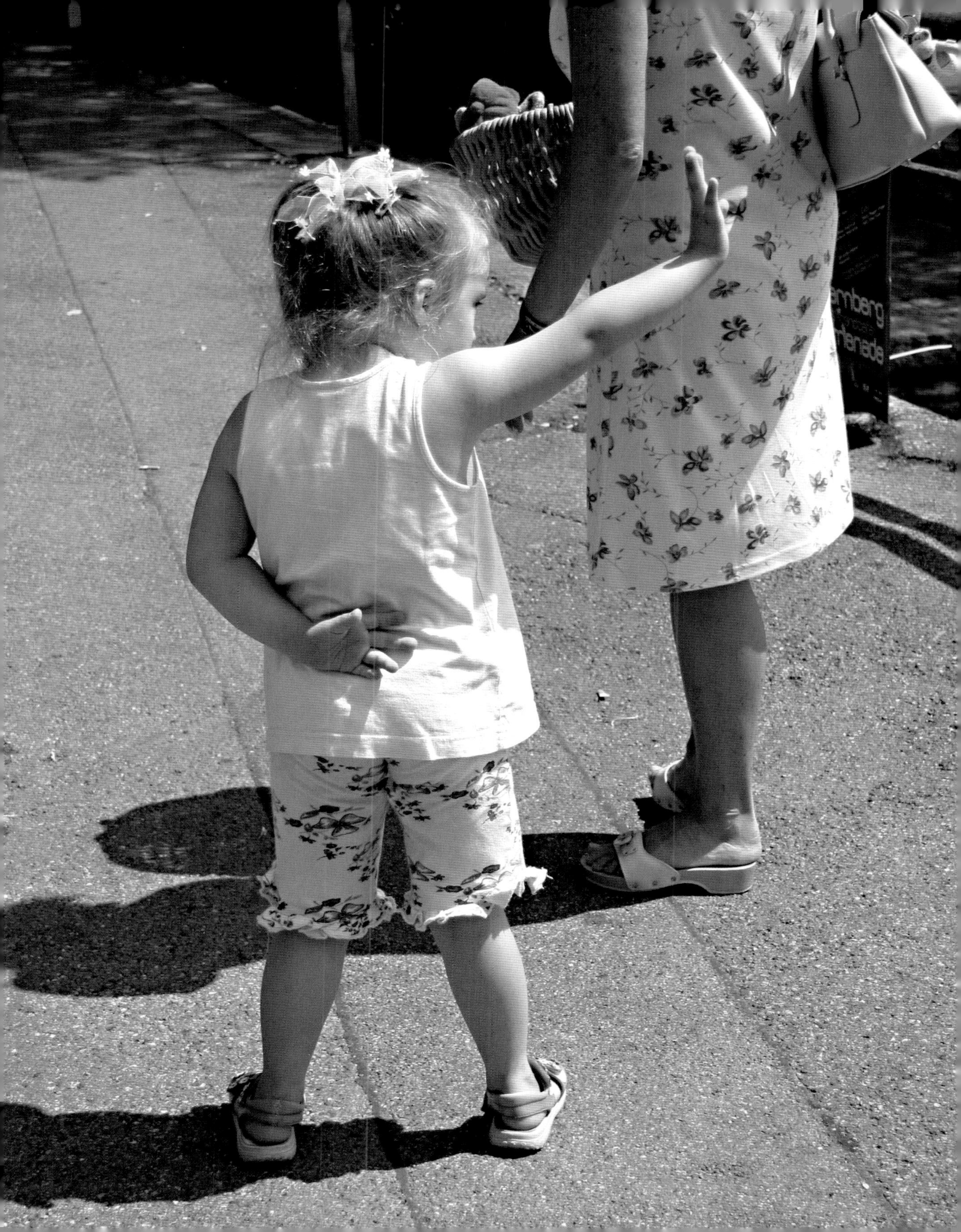

Auf den Kopf gestellt

Rechts oben im Bild befindet sich der Kopf des Blechbläsers. Um die Hochzeitsgesellschaft aus einer anderen Perspektive darzustellen, habe ich das Spiegelbild im wahrsten Sinne auf den Kopf gestellt.

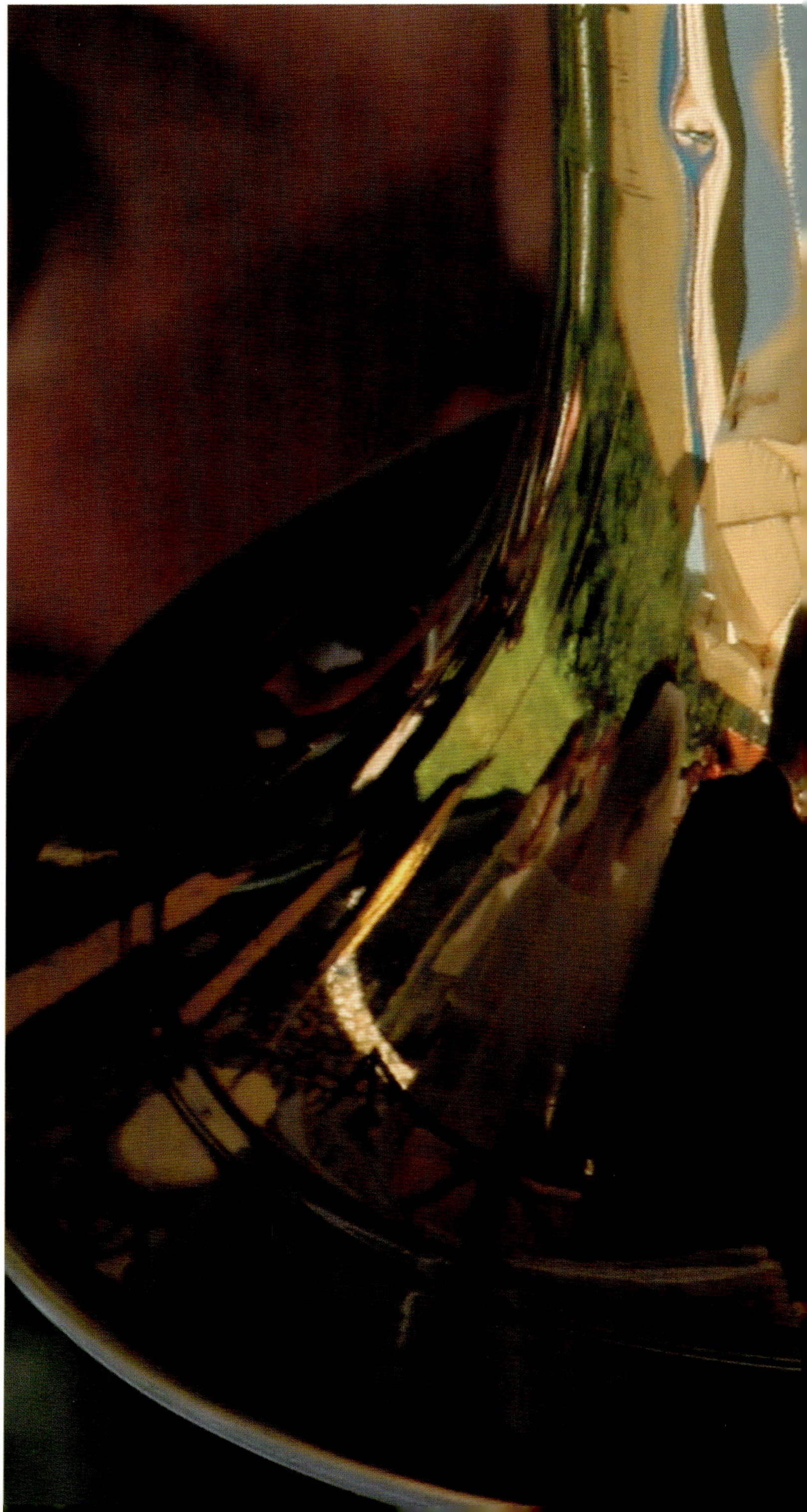

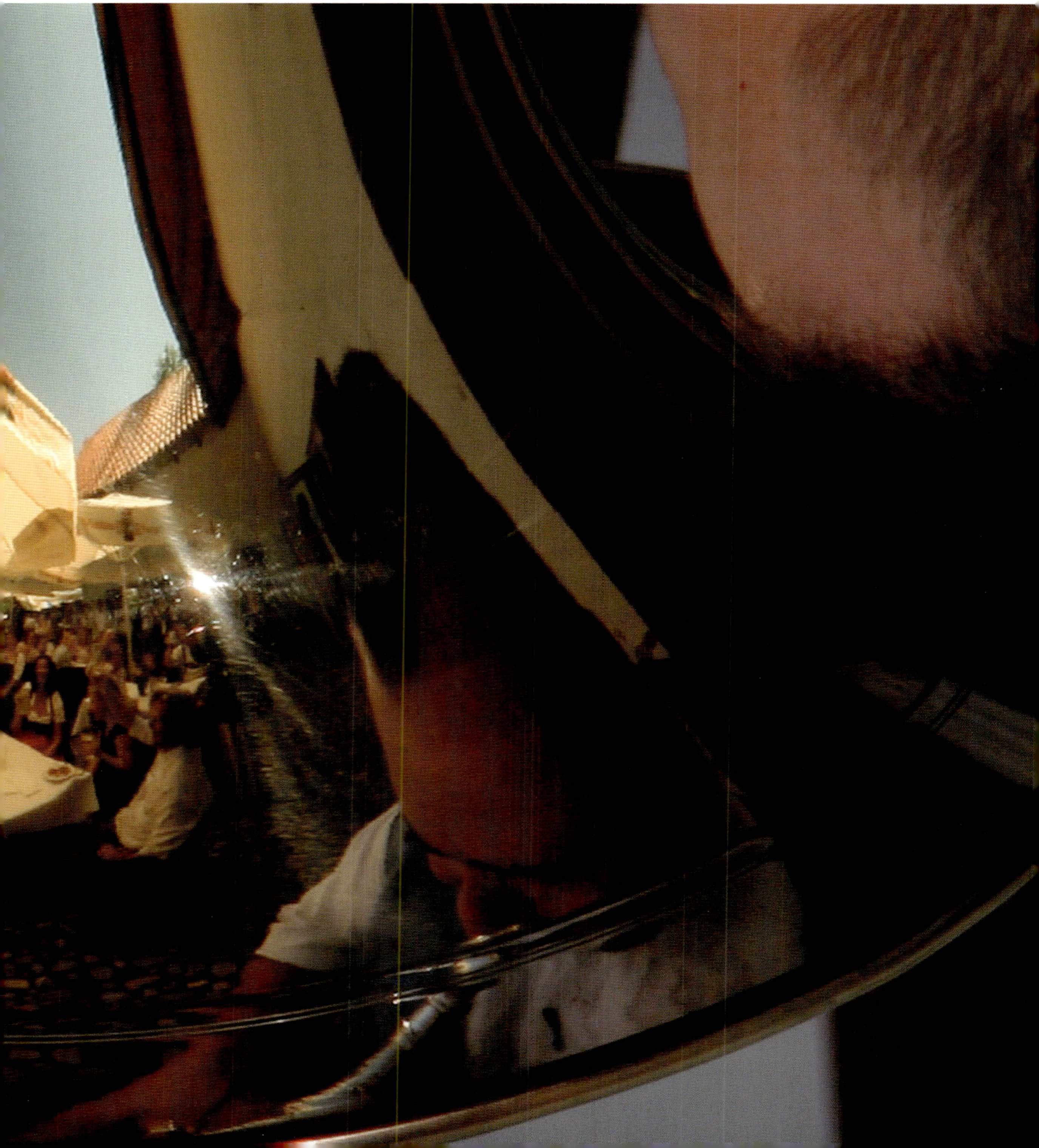

Spiegelung

Die Spiegelung auf dem Wasser sieht aus wie gemalt. Das eigentliche Motiv, die badenden Menschen, wäre zu weit entfernt gewesen, um sie interessant in Szene zu setzen. So wurde das Spiegelbild eines Kirchturmes zum eigentlichen Motiv.

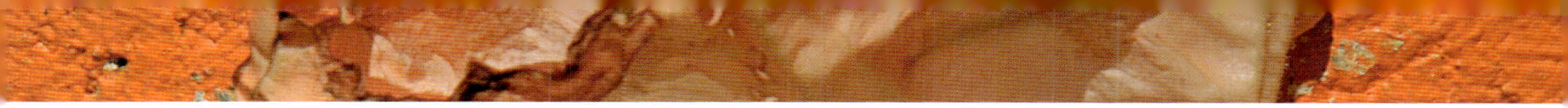

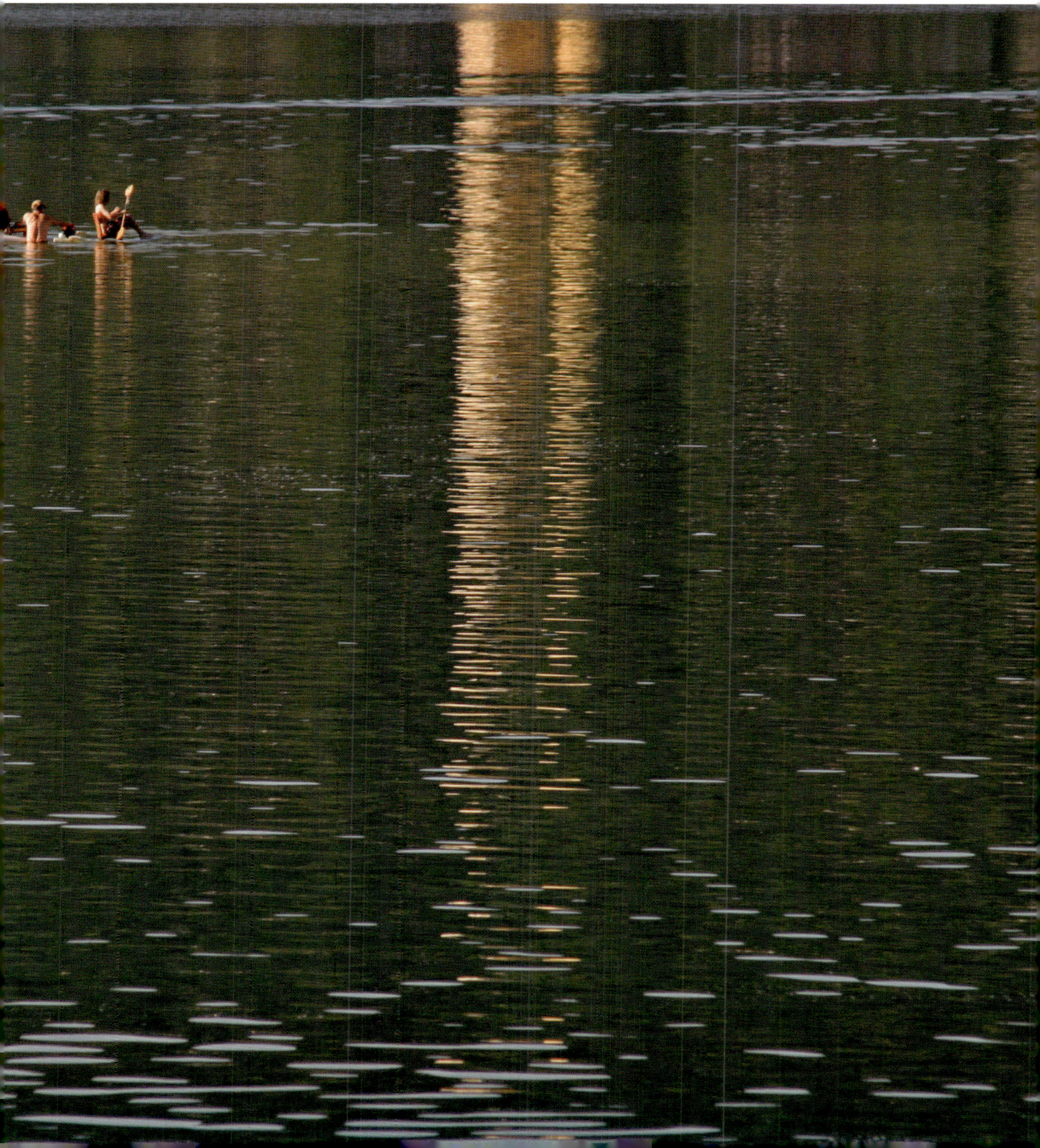

Die Bildergeschichte

Visuelles Erzählen

Bildfolgen eignen sich hervorragend zum Transportieren einer Geschichte. Sie können sich einen Roman zusammenfantasieren und dabei selbst Regie führen. Machen Sie sich vorab einen Plan, was Sie erzählen möchten. Die Texteinfälle zu einer Bildgeschichte kommen oft erst zu Hause, was dem Bildinhalt jedoch keineswegs schadet – im Gegenteil, die Ideen werden nur so aus Ihnen heraussprudeln. Sie können die Texte entweder mit einem Bildbearbeitungsprogramm in das Foto kopieren oder, als andere Möglichkeit, die Bilder direkt untertiteln, wie es hier gezeigt wird. Wenn Sie eine schöne Handschrift haben, können Sie die Fotoabzüge auf einen bunten Karton kleben und dekorativ beschriften.

Die Ministory

„Die Kunst liegt im Weglassen", sagen renommierte Fotografen und Designer. Genauso kann eine Geschichte mit wenigen Worten erzählt werden – oder mit wenigen Bildern. Im schwarzweißen Reportagestil geben Sie dieser Minigeschichte ein besonderes Gesicht und die Bilder sprechen für sich. Text ist hierbei überflüssig – er steht ohnehin im Bild!

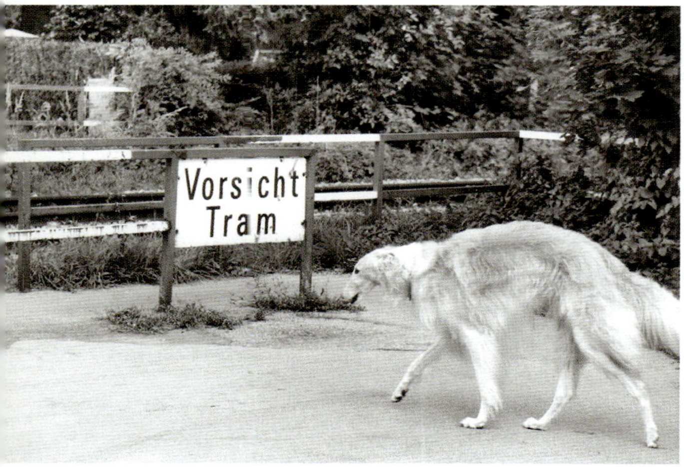

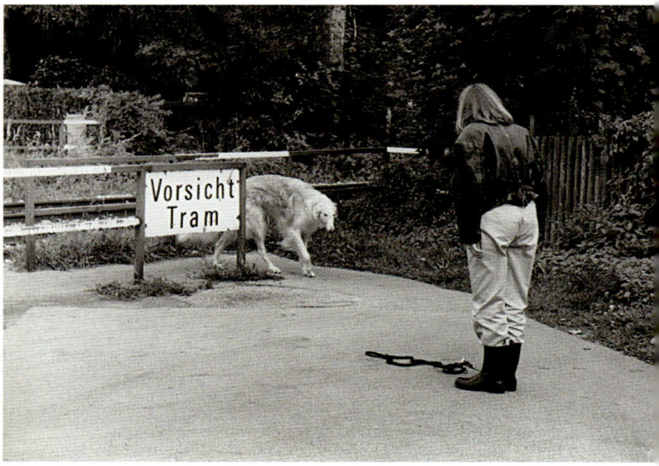

Rockos Herzsprung

Fotografieren Sie Ihre Bildgeschichte möglichst natürlich. Sie brauchen sich für ein Bildkonzept nur in eine belebte Fußgängerzone zu begeben oder sich auf eine Parkbank zu setzen. Machen Sie Ihre Augen auf – die Geschichte schleicht sich wie von selbst in Ihren Kopf. Dies zeigt Ihnen das Beispiel von Rocko und Tessy im winterlichen Englischen Garten.

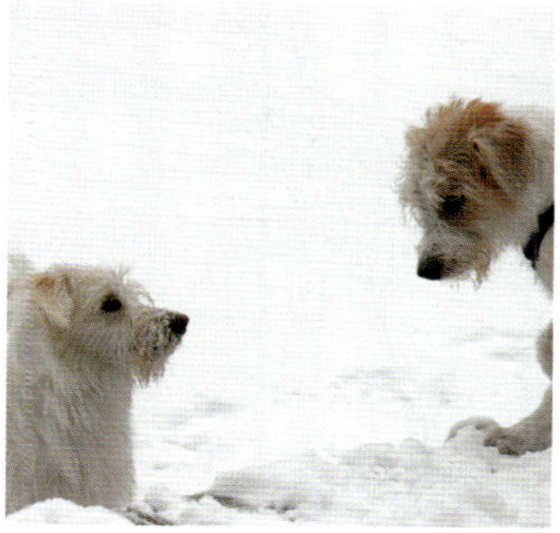

„Bilde dir nur nicht ein, dass du Tessy imponieren kannst, der höchste Springer bin ich!"

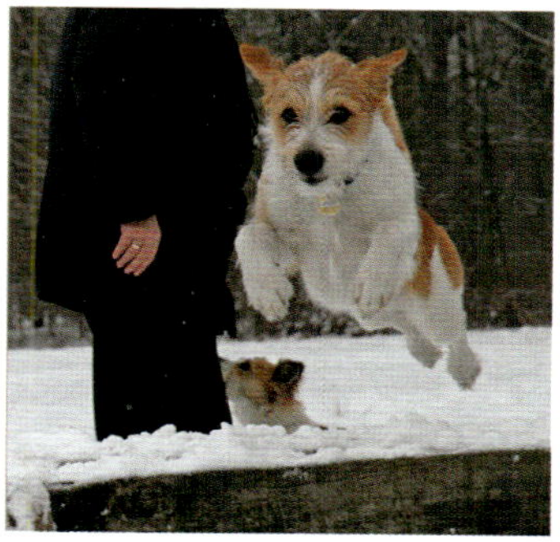

„Na bitte, das soll der andere Zausel mir erst einmal nachmachen."

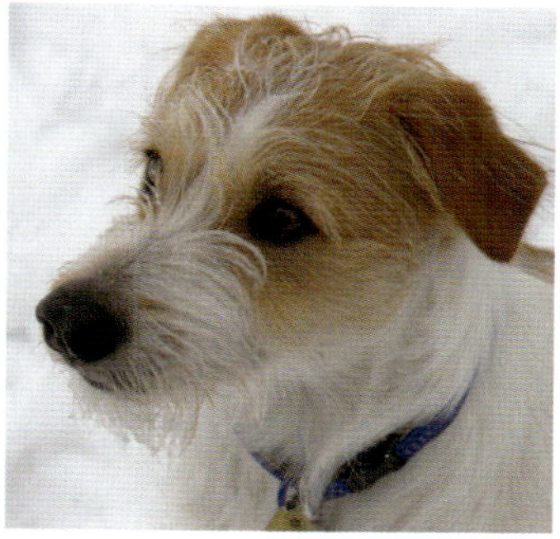

„Blöd gelaufen, jetzt hat die Tessy mir noch nicht einmal zugeschaut."

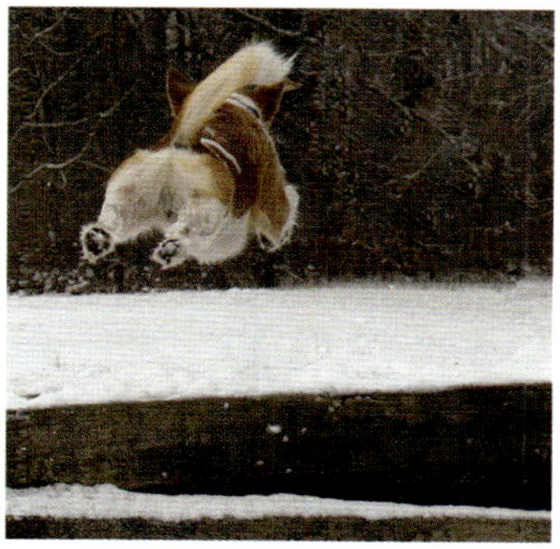

„Dann mach ich's eben noch mal, aber viiiel besser."

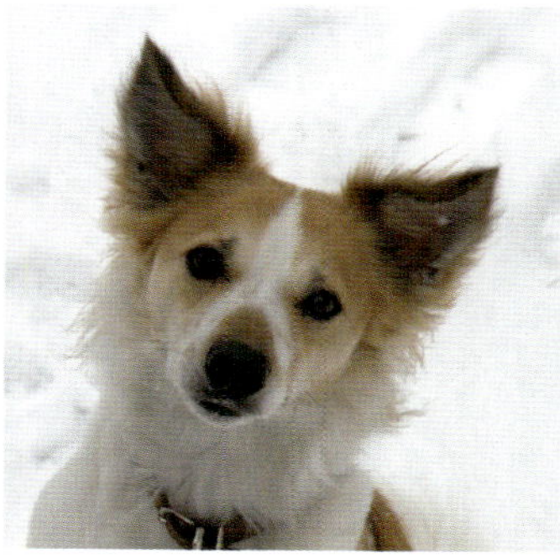

„Uiii, was für einen Blick! Mit ihren süßen Spitzohren wäre sie schon eine Sünde wert."

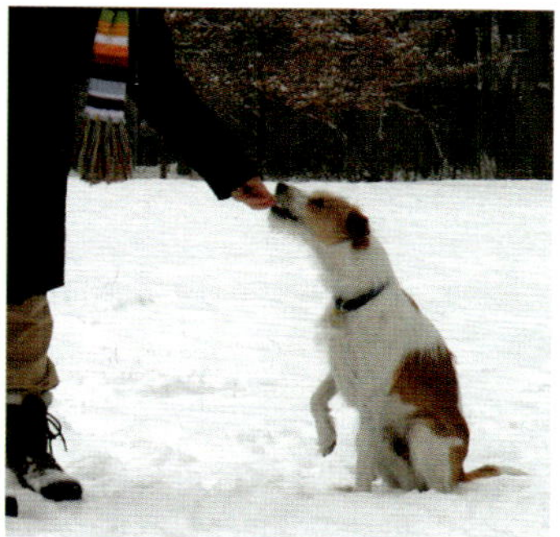

„Apropos Sünde, ... Liebe geht bei mir natürlich auch durch den Magen!"

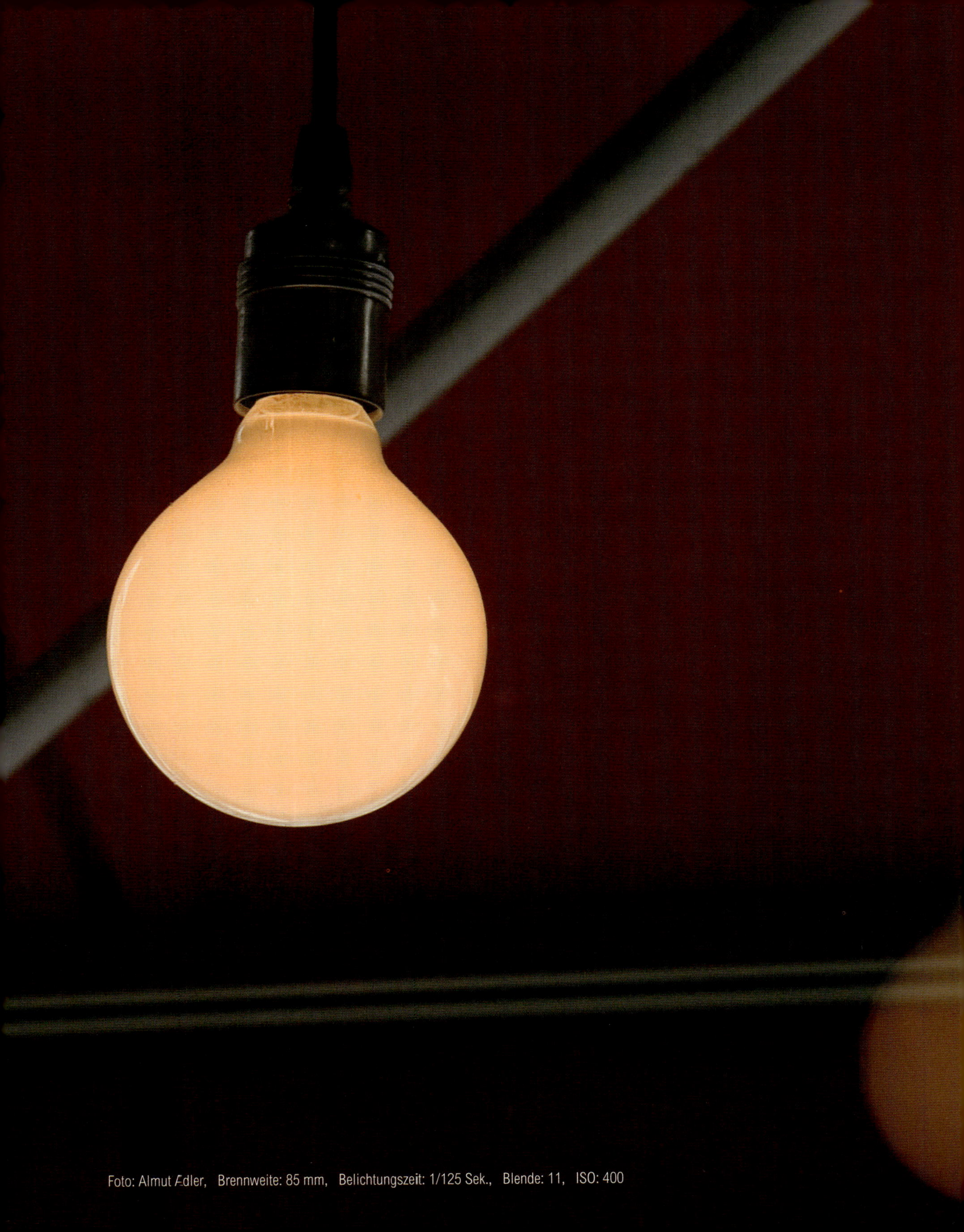

Foto: Almut Adler, Brennweite: 85 mm, Belichtungszeit: 1/125 Sek., Blende: 11, ISO: 400

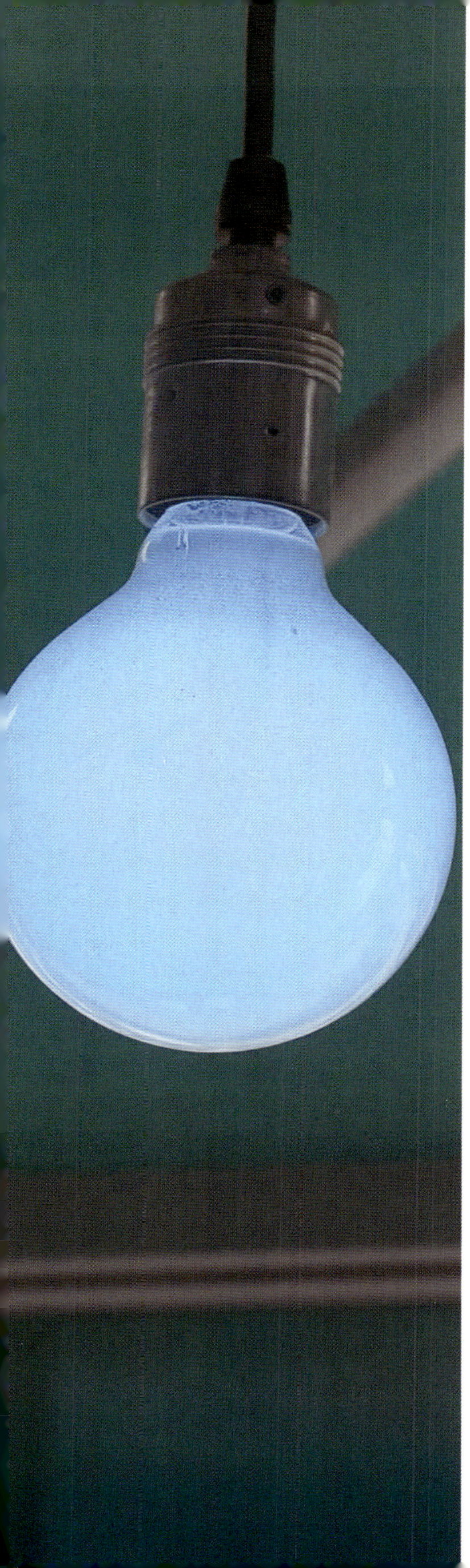

Kapitel 8

Kleine Filterkunde

Runde Effekthascher

Das Angebot an farbigen und weniger farbigen Filtern ist enorm groß und für meinen Geschmack eher Spielerei. Grob unterteile ich Filter in zwei Kategorien: wichtige Filter und unwichtige Filter. Zur letzteren Gattung gehören „Effektfilter“ wie Gitterfilter, Punktlinse, Nebelfilter, Splitlinsen, Farbverlaufsfilter u. v. a. Wie der Name schon sagt, sind diese Filter reine Effekthascher. Die meiner Ansicht nach wichtigsten Filter habe ich hier aufgeführt.

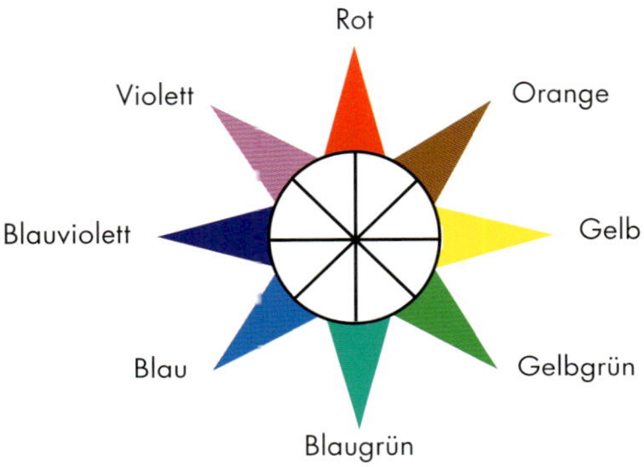

Farbfilter in der Schwarzweißfotografie

Lichtfilter werden aus Rohgläsern geschliffen und haben je nach Farbintensität einen Lichtwert (LW). Der Lichtwert bedeutet entweder eine Stufe Minderung der Blende oder eine Stufe Verringerung der Belichtungszeit. LW 2 beispielsweise heißt zwei Blenden Lichtverlust. Farbfilter werden nur in der Schwarzweißfotografie verwendet, Skylight- und Polfilter jedoch auch in der Digitalfotografie.

Gläserne Farbfilter besitzen ein Schraubgewinde mit unterschiedlichen Durchmessern – je nach Objektivgröße. Sie werden direkt vor das jeweilige Objektiv gedreht.

Der Farbkreis

Komplementärfarben sind Gegenfarben und stehen sich im Farbkreis gegenüber. Die Farbe des Filters lässt die Eigenfarbe hell erscheinen und die Komplementärfarbe dunkel – je nach Farbanteilen. So werden mit einem Rotfilter rote Objekte hell wiedergegeben und grüne Objekte dunkel.

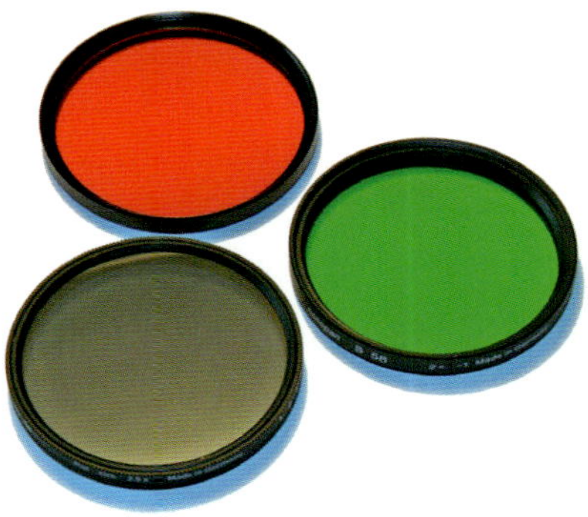

Die wichtigsten Farbfilter

Gelbfilter

Für alle Außenaufnahmen, vorwiegend als Dunstfilter zu verwenden. Er verstärkt Kontraste bei Fernaufnahmen. Je dunkler das Gelb des Filters, desto dunkler wird das Himmelblau wiedergegeben. Eine Steigerung dieser Wirkung erzielt der Rot-Orangefilter. LW = 1 bis 4

Rotfilter

Steigerung vom Orange-Rotfilter. Besonders gut geeignet, um dramatische Wolkenbilder zu fotografieren. Das Blau des Himmels erscheint dramatisch dunkel, dadurch heben sich weiße und graue Wolken besser ab. Der Kontrast des Gesamtbilds wird gesteigert. Grüntöne (Komplementärfarbe) erscheinen dunkel. LW = 3

Grünfilter

Sehr gut geeignet in der Porträtfotografie, Hauttöne erhalten einen leicht „braunen“ Teint. Auch für Außenaufnahmen mit vielen Grünflächen ist der Einsatz sinnvoll. Die Grüntöne werden differenzierter und heller wiedergegeben, die Farbe Rot (Komplementärfarbe) dunkler. LW = 1,5

Blaufilter

Lässt das Himmelblau heller erscheinen. Besonders für Porträtaufnahmen mit Kunstlicht geeignet – wirkt zu blassen Lippen entgegen. LW = 1,5

Tipp

Filterfans können sich mit einer Bestellung bei HELIOPAN kostenlos das Filterbuch mitschicken lassen.

Der Skylight-Filter

Absorbiert die UV-Strahlung, vermindert den Blaustich bei Fernsichten und Schnee. Es gibt die Filter in zwei Stärken: 1A = sehr leichter rosa Ton, 1B = stärkerer rosa Ton. Auch als Objektivschutz zu empfehlen. LW = 0

Der Rotfilter-Effekt

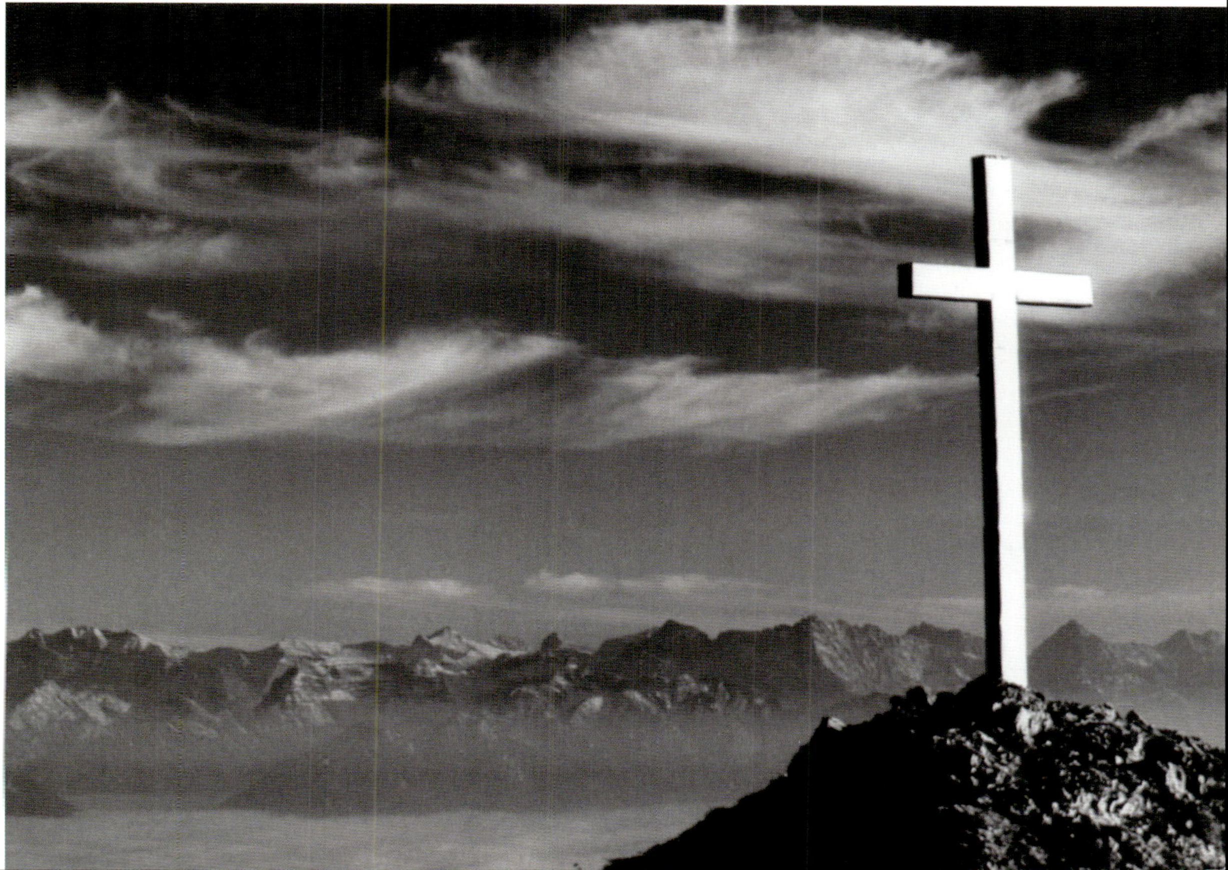

Abbildung 8.1: Blasse Wolkenstrukturen bilden sich wirkungsvoller heraus und durch viel Rotanteile wird das braune Holzkreuz sehr weiß dargestellt. Dieser Effekt gibt der Szenerie eine „göttliche“ Stimmung

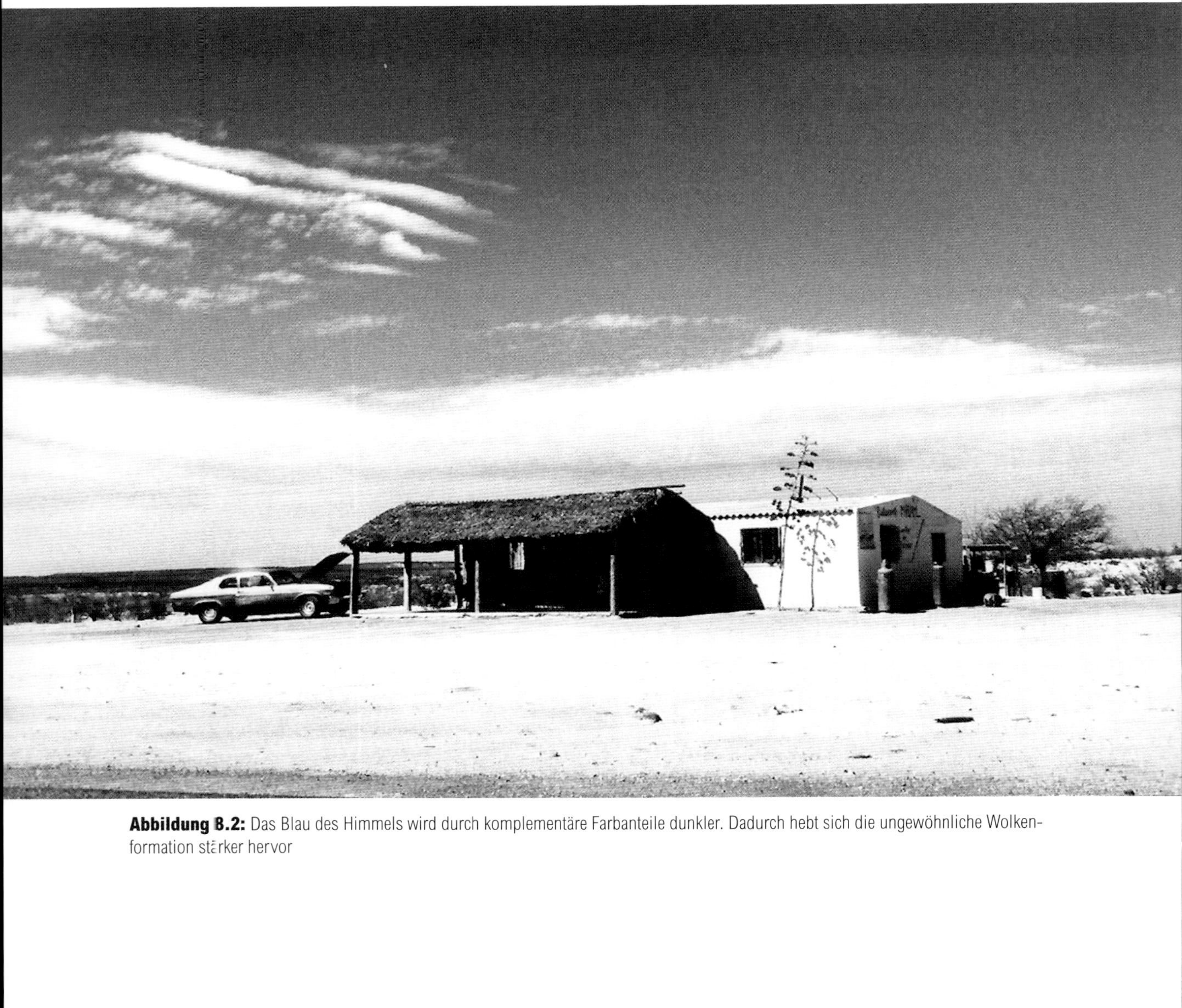

Abbildung 8.2: Das Blau des Himmels wird durch komplementäre Farbanteile dunkler. Dadurch hebt sich die ungewöhnliche Wolkenformation stärker hervor

Polarisationsfilter/Polfilter

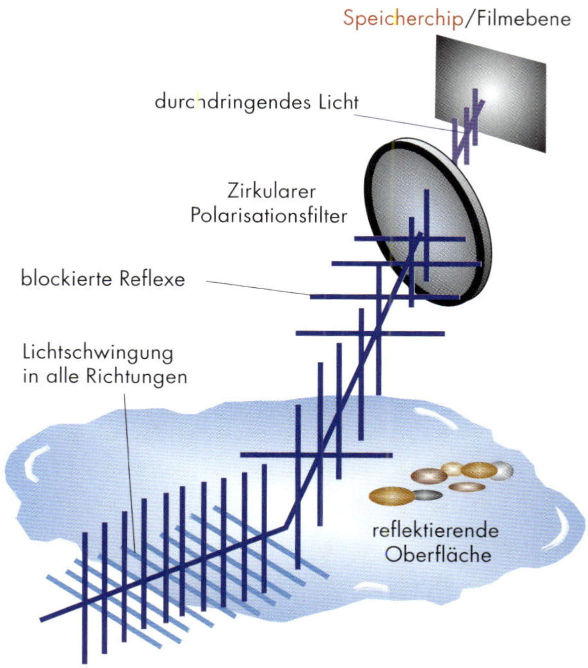

Abbildung 8.4: Licht trifft auf eine Wasseroberfläche und wird von ihr reflektiert. Der Polarisationsfilter neutralisiert die Reflexe und lässt die Kieselsteine durch das Wasser schimmern

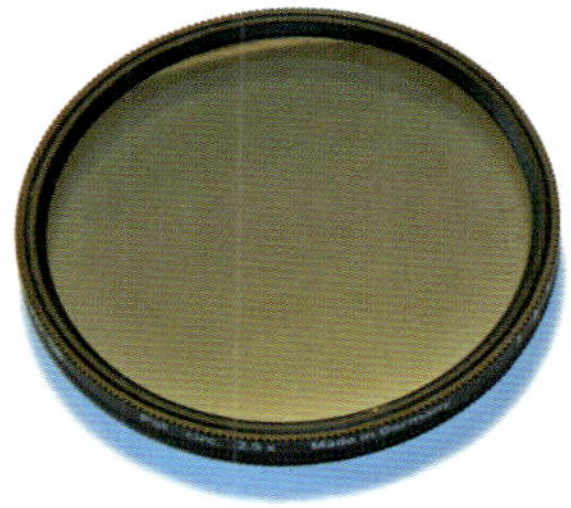

Abbildung 8.3: Zirkulare Polarisationsfilter bestehen aus zwei sich drehenden Glaselementen, einem monochromatischen blau-grau eingefärbten Farbfilter und dem eigentlichen farblosen Polarisationsfilter. Durch Drehen der vorderen Filterfassung vor dem Objektiv können Sie die Farbdichte stufenlos variieren und Reflexe ausschalten. Durch den Sucher sehen Sie, wann der gewünschte Effekt erreicht ist. LW = 1-1,5

Reflexbereit

Der Polarisationsfilter bewirkt die Ausschaltung aller nichtmetallischen Reflexe. Zudem erzeugt er eine Vertiefung der Farben und eine Kontraststeigerung. Für dramatische Wolkenbildung in der Farbfotografie wird das Blau verstärkt. Die Wolken erscheinen weißer und differenzierter, ähnlich wie beim Rotfilter in der Schwarzweißfotografie.

Besonders schön kommt der Effekt des Polfilters zur Wirkung, wenn Sie sich beispielsweise in einem Boot über einem Korallenriff befinden oder an einem tropischen Strand sitzen. Durch Drehungen des Polfilters kann der Blick „ungetrübt“ durch das reflektierende Wasser gleiten.

Besonders in tropischen Ländern kommt die Wirkung des Polarisationsfilters stark zum tragen. Die Farben vertiefen sich und wirken dadurch intensiver. Optimal wirkt der Filter bei tieferem Sonnenstand. Durch Drehen der Filterscheiben entstehen faszinierende Farbspiele.

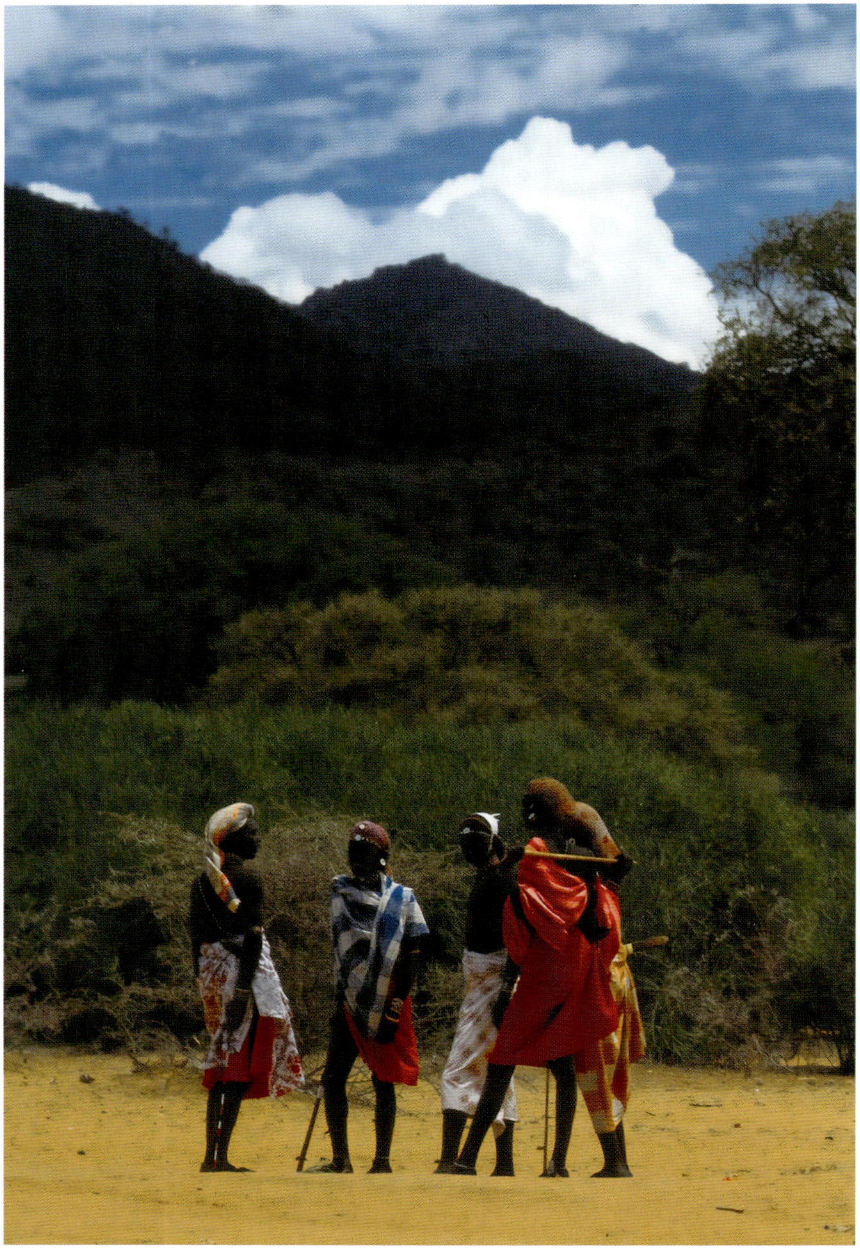

Abbildung 8.5: Der Polfilter verdunkelt Grün- und Blautöne. Die verstärkte Farbsättigung lässt die bunten Gewänder der Samburu-Krieger leuchten und die weiße Wolke wie ein verschneites Bergmassiv erscheinen

Ein Überpolen vermeiden

Der Wolkendreher

Strahlender Sonnenschein erhöht den Effekt des Polarisationsfilters. Durch Drehen am vorderen Filterring erreichen Sie bei Landschaftsaufnahmen mit weißer Wolkenbildung farbvolle Stimmungsbilder. Durch das Abdunkeln des Himmels und das Hervortreten der Wolken ergeben sich dabei dramatische „Luftgebilde“. Hierbei sollten Sie darauf achten, den Polfilter nicht zu sehr in den Dunkelbereich zu drehen, da Landschaftsaufnahmen sonst schnell unnatürlich wirken können. Dieser Überdrehungseffekt wird „Überpolen“ genannt. Bei bewölktem Himmel zeigt der Polfilter keinerlei Wirkung.

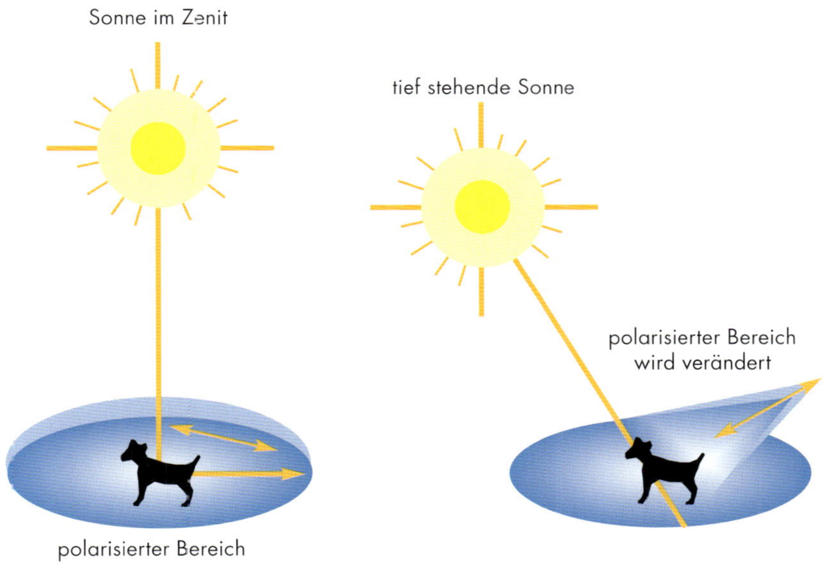

Abbildung 8.6: Diese zwei Grafiken veranschaulichen deutlich, wie sich der Polarisationseffekt beim Stand der Sonne verändert. Der optimale Effekt wird bei schräg einfallendem Licht erzielt – je nach Filterdrehung

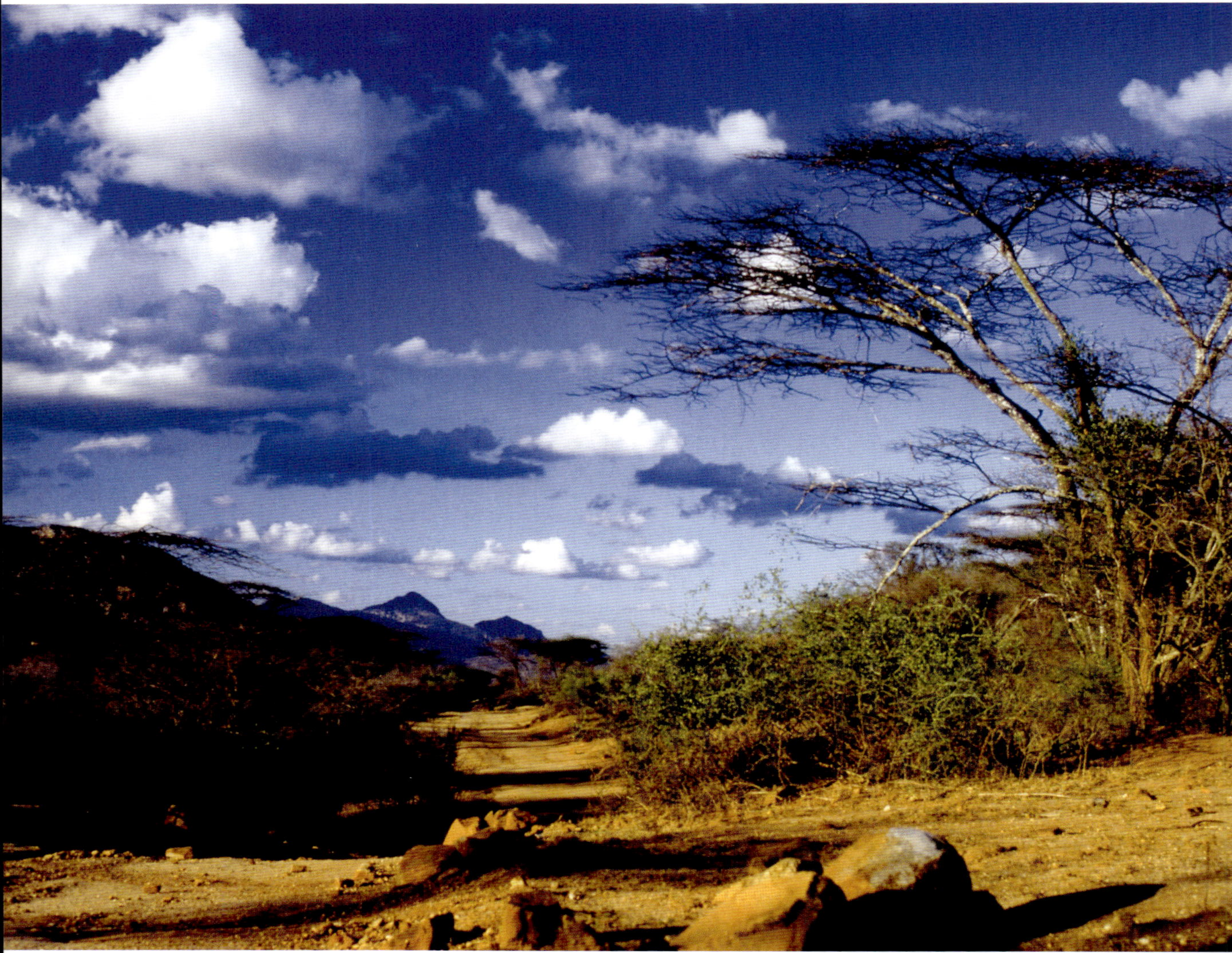

Abbildung 8.7: Ein typischer Polfiltereffekt: Das Blau des Himmels verstärkt sich, die Wolkenstrukturen treten klar in den Vordergrund

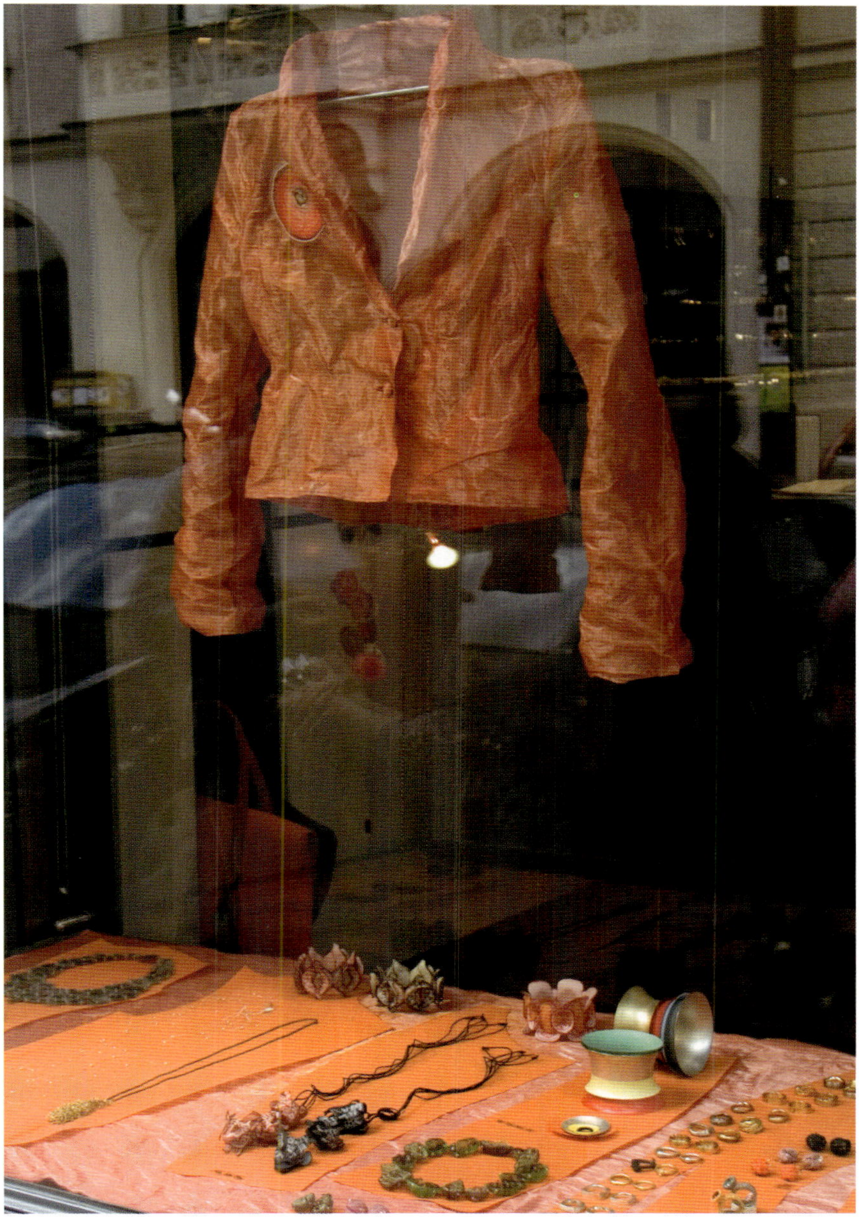

Abbildung 8.8: Hier spiegelt sich Tageslicht auf der Scheibe des Schaufensters. Mit dem Einsatz eines Polfilters hätten die Reflexe vermindert werden können. Fotografin: Almut Adler, Brennweite: 28 mm, Belichtungszeit: 1/40 Sek., Blende: 5,6, ISO: 100

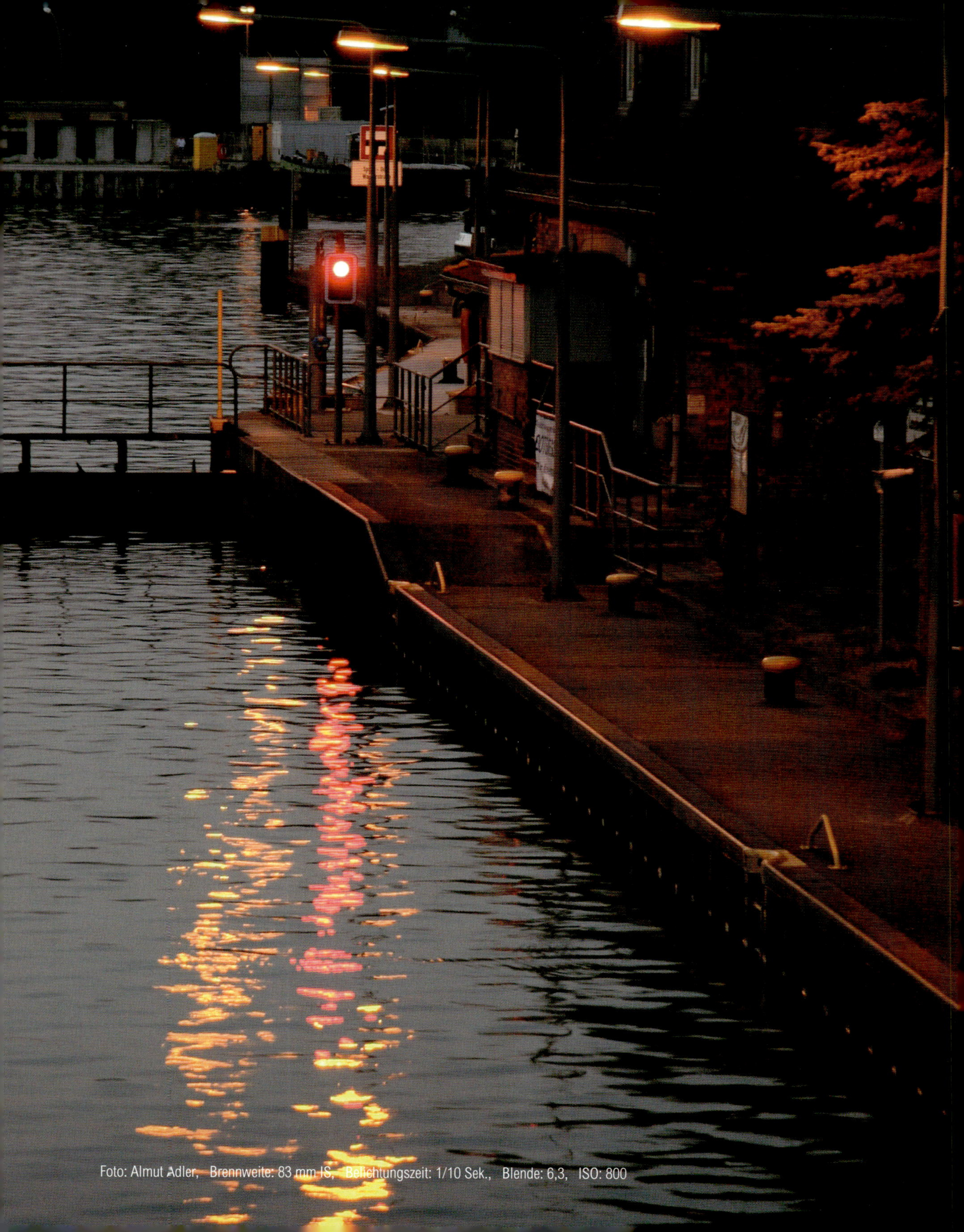

Foto: Almut Adler, Brennweite: 83 mm IS, Belichtungszeit: 1/10 Sek., Blende: 6,3, ISO: 800

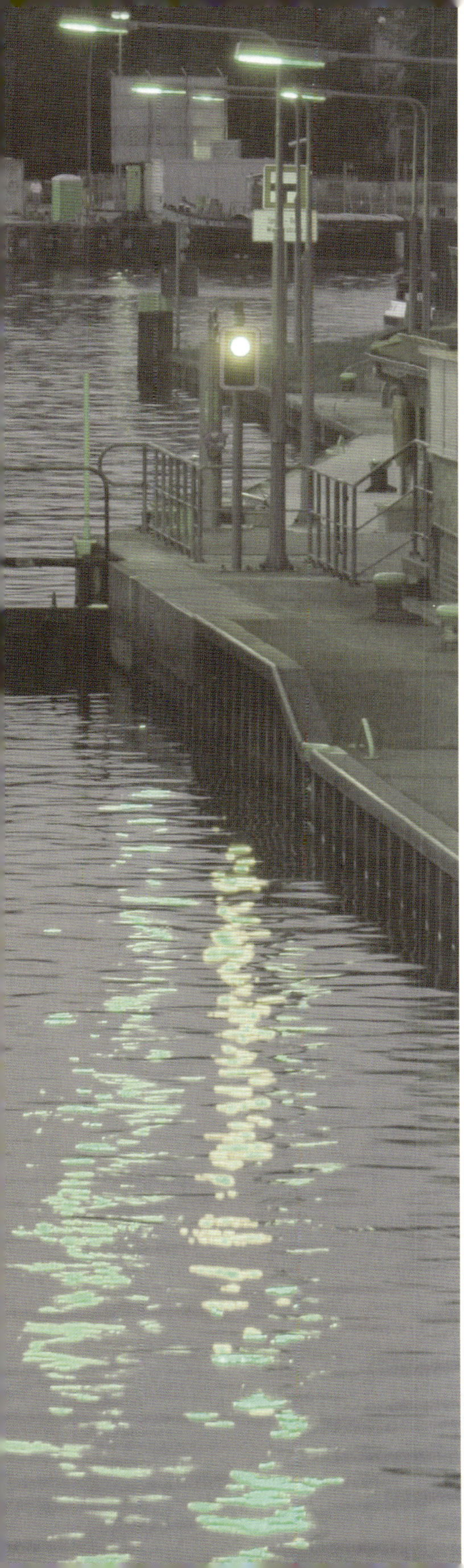

Kapitel 9

Die Nacht-aufnahme

Nicht nachtblind sein

Die Nachtfotografie ist ein Genre von besonderer Art. Es ist die Fotografie der langen Zeiten. Die Aufnahmen werden von einigen Sekunden bis zu einigen Minuten durchgeführt. Das wiederum erzeugt einen unerfreulichen Effekt – analog eine Unterbelichtung, digital eine Grobkörnigkeit, – das „Rauschen". Zu einer guten Nachtaufnahme brauchen Sie Geduld und ein Stativ. In diesem fotografischen Metier müssen Sie viel experimentieren.

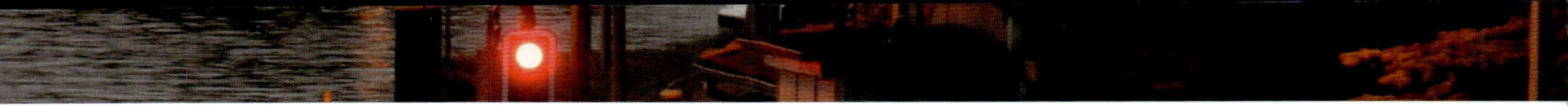

Das Licht der langen Zeiten

Zauber der Dunkelheit

Die Nacht hat ebenso viele Motive wie der Tag. Um Nachtaufnahmen optimal einzufangen, sollten Sie unbedingt eine Belichtungsreihe erstellen. In der analogen Fotografie ist es ratsam, dass Sie sich Ihre Belichtungszeiten notieren. So wissen Sie anhand Ihrer Notizen, welches Foto mit welcher Belichtungszeit entstand und welche Blenden-Zeit-Kombinationen sich am besten eignen. Mit etwas Übung gewinnen Sie das richtige Gefühl für Langzeitbelichtungen. Digitale Fotografinnen haben es einfacher. Sie können gleich auf ihrem Display kontrollieren, ob die eingeschätzte Aufnahmezeit richtig war, weil der Belichtungsmesser für Langzeitaufnahmen nicht mehr arbeitet.

Faustregel

Nachtaufnahmen mit „langen“ Lichtern entstehen mit langen Belichtungszeiten.

Zitterpartie

Am besten lassen sich faszinierende Nachtaufnahmen dort machen, wo sich lichtmäßig am meisten ereignet – in der Stadt. Auch Volksfeste und Konzerte sind ideale Locations, um mit Bewegung und Licht zu experimentieren. Für jede Nachtaufnahme wird ein Stativ benötigt. Ein Stativ ist erforderlich, um auch das Starre, sich nicht Bewegende verwacklungsfrei darzustellen – wenn es so gewünscht ist. Natürlich können Sie sich auch eine Behelfsstütze suchen, zum Beispiel Autodächer, Mauerkanten, Tische oder Stühle. Dass sich mit solchen „Stativen“ Ihre Kamera nicht richtig justieren, kippen oder hochkant stellen lässt, ist klar. Der Vorteil eines Fotostativs ist die absolute Ruhigstellung der Kamera. Eine schöne Abendstimmung kann völlig ruiniert werden, wenn Sie nachts mit Blitzlicht fotografieren. Deshalb ist es wichtig, die Langzeitbelichtung B oder *bulb* in Kombination mit einem Stativ einzusetzen. Aber auch auf einem Stativ besteht die Gefahr einer Verwacklung. Wenn Sie den Auslöser bei einer Belichtungszeit von 20 Sekunden per Zeigefinger gedrückt halten, wird es mit Sicherheit eine Zitterpartie. Für erschütterungsfreie Aufnahmen sollten Sie unbedingt einen Draht- oder Fernauslöser verwenden.

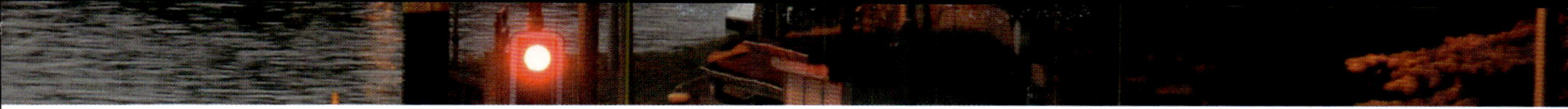

1. Stellen Sie sich an einen belebten Ort oder eine Straße und suchen Sie Ihr Motiv.
2. Setzen Sie Ihre Kamera aufs Stativ und fokussieren Sie Ihr Hauptmotiv.
3. Überlegen Sie sich, wie Ihr Bild werden soll. Möchten Sie eine große Tiefenschärfe oder soll nur der Vordergrund scharf werden?
4. Wählen Sie Ihre Blende und Ihren endgültigen Bildausschnitt im Hoch- oder Querformat. Benutzen Sie Ihren Fernauslöser und machen Sie das erste Foto.
5. Testen Sie Aufnahmen mit unterschiedlichen Belichtungszeiten. Bei ausreichend langer Belichtung hinterlassen entgegenkommende Autos weiße Lichtspuren, davonfahrende Autos ziehen rote Lichtstreifen durch die Nacht. Haben Sie zudem einen beleuchteten Hintergrund gewählt, so werden Sie sicher eine interessante Aufnahme erhalten.

Abbildung 9.1: Diese Weitwinkelaufnahme wurde auf einem Stativ fotografiert. Belichtung: Brennweite: 17 mm, Belichtungszeit: 1/5 Sek., Blende: 4,5, ISO: 200

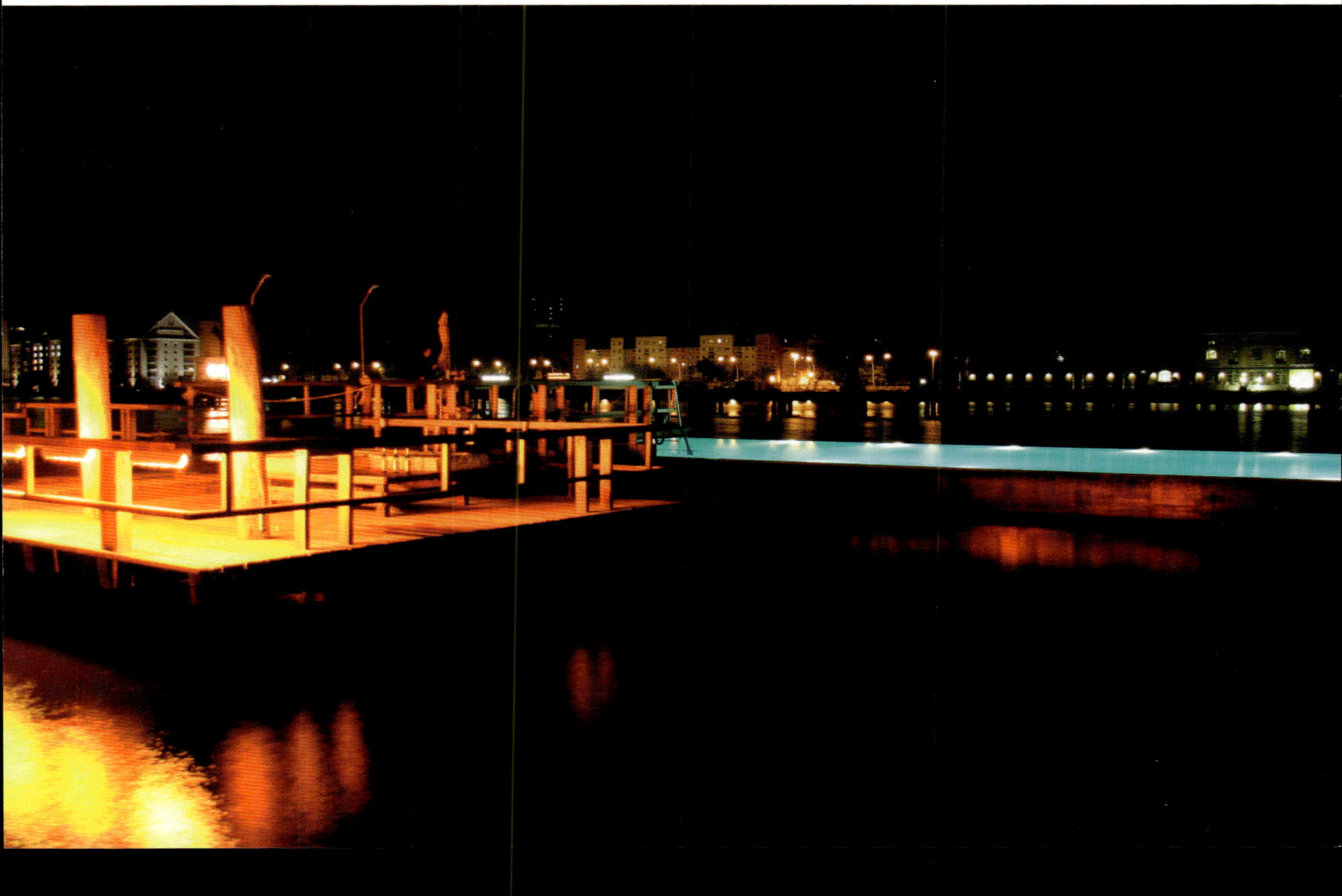

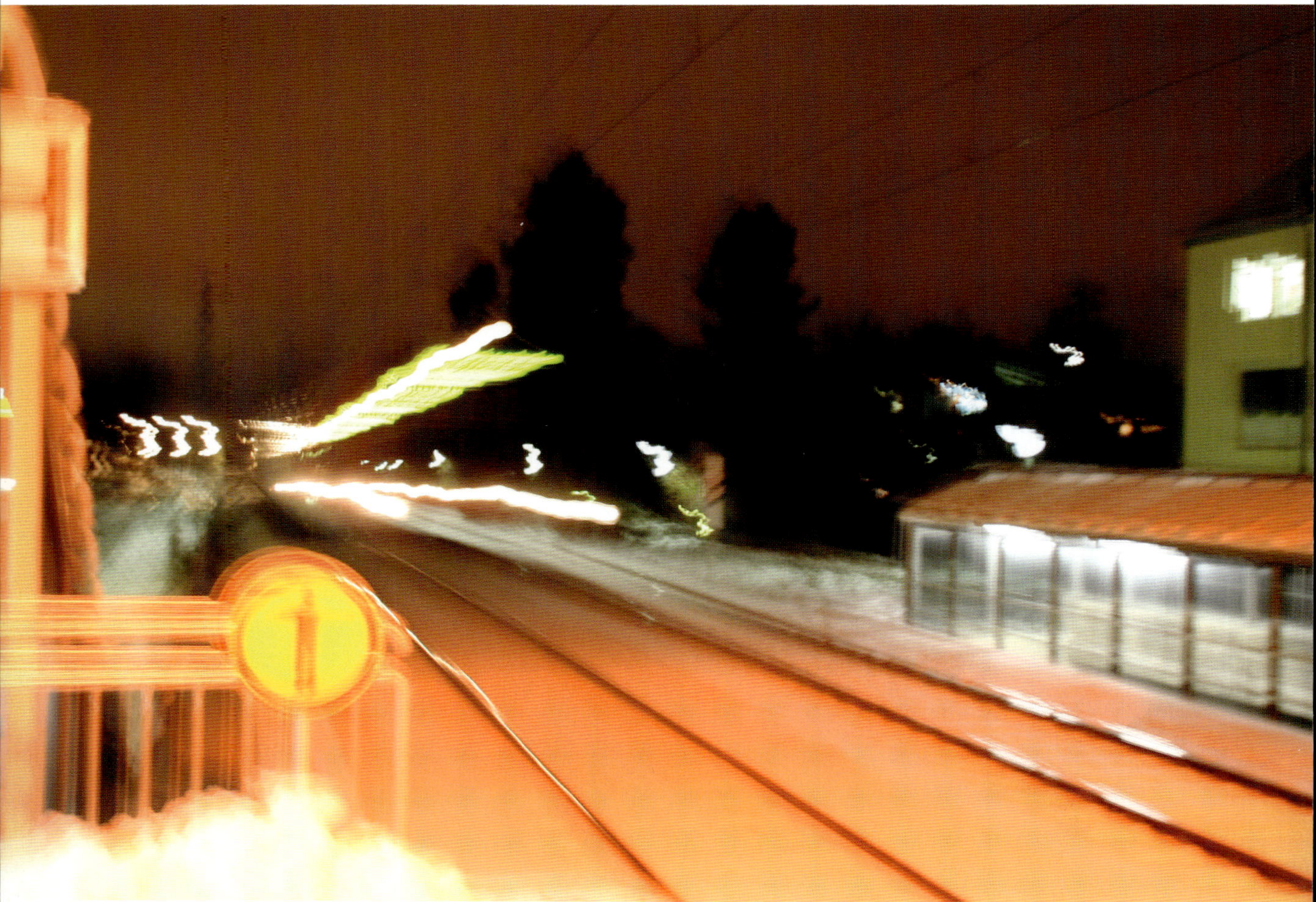

Abbildung 9.2: Das Nachtfoto entstand mit einer langen Belichtungszeit ohne Stativ. Belichtung: Brennweite: 28 mm, Belichtungszeit: 16/5 Sek., Elende: 4, ISO: 200

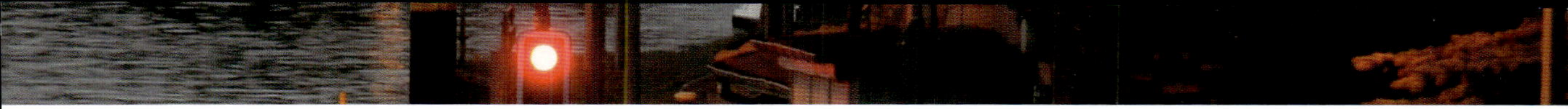

Auf Lichtspurensuche

Fotografieren bei Nacht ist auch ohne Stativ möglich, wenn Sie künstlich das Licht verstärken. Nicht in Form eines Blitzlichts, sondern indem Sie Ihre ASA- oder ISO-Zahl erhöhen.

Die normale Film- oder Chipempfindlichkeit beträgt 100 ASA/ISO. Je höher der Wert liegt, desto mehr Licht steht Ihnen zur Verfügung. Bei grauem Regenwetter können Sie 400 ASA/ISO benutzen, um mit Ihrer Belichtungszeit nicht im „Keller" zu landen.

Für sehr schlechte Lichtverhältnisse und Nachtaufnahmen dürfen Sie Ihren Film pushen. Das bedeutet, Sie können Ihren Film höher belichten als vorgeschrieben, zum Beispiel auf 1600 ASA. Diese Manipulation müssen Sie jedoch im Labor für die korrekte Entwicklung angeben. Nachteil: Der ganze Film muss mit 1600 ASA belichtet werden und die Grobkörnigkeit des Films ist sehr hoch (kleiner Bildausschnitt).

In der Digitalfotografie nennt sich dieser Push-Effekt Rauschen. Ein eklatanter Vorteil von Digitalkameras besteht darin, dass Sie Ihren ISO-Wert für jedes einzelne Foto verstellen können. Entweder auf 200, 800 oder sogar bis auf 3000 ISO. Diese technische Errungenschaft ist für die Digitalfotografin ein wahrer „Lichtsegen" (s. h. auch unter Spezialthemen „Das Bildrauschen").

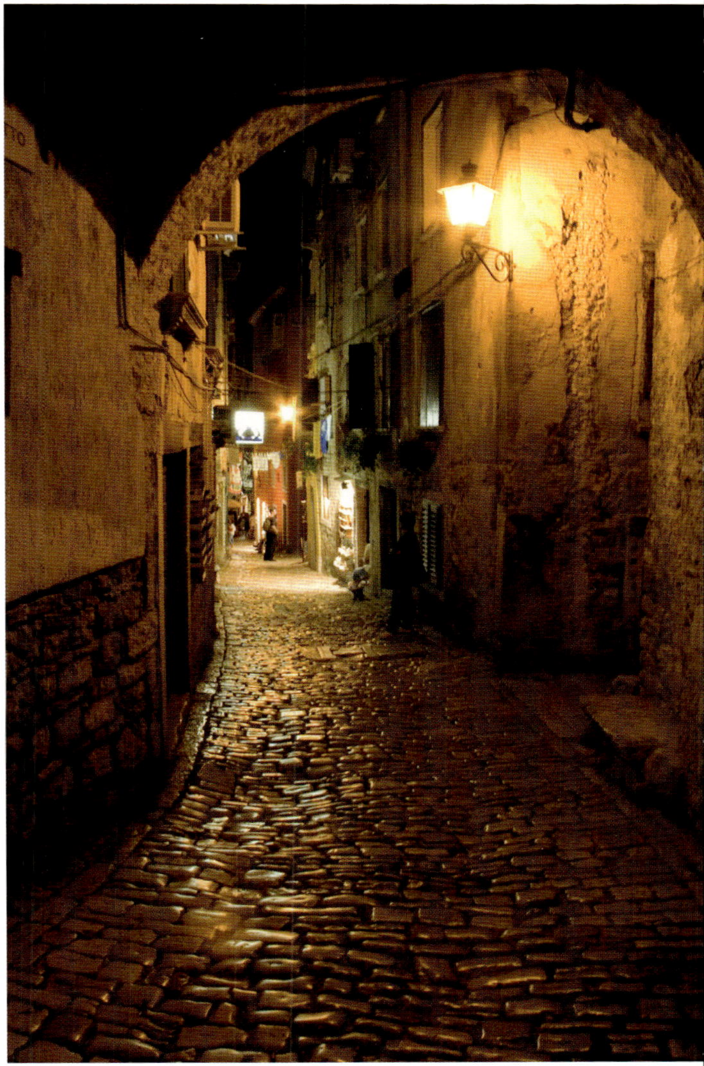

Abbildung 9.3: Dieses Hochformatfoto wurde ohne Stativ fotografiert und auf 1600 ISO gepusht und wirkt mit Blende 11 schärfer als das Motiv auf der folgenden Seite

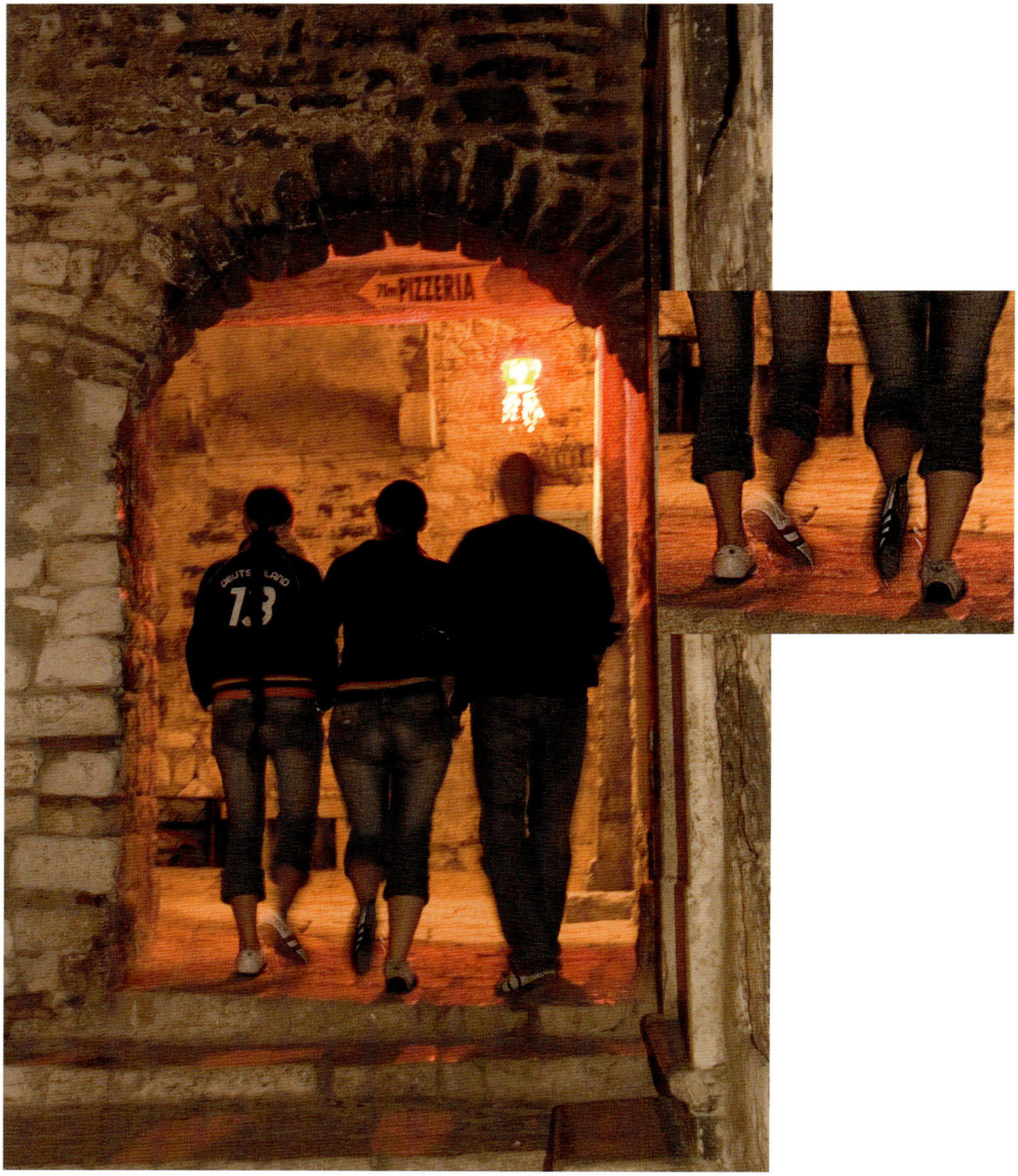

Abbildung 9.4: Durch Pushen auf 1600 ISO macht sich das Rauschen stärker bemerkbar, was beim Vergrößern noch deutlicher hervortritt

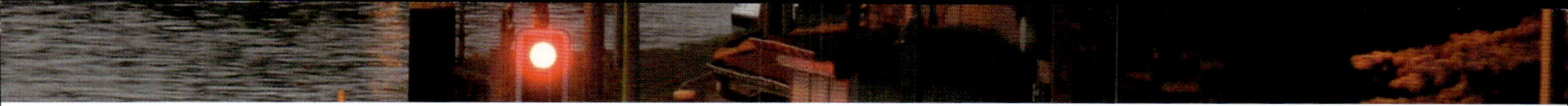

Das gepushte Foto

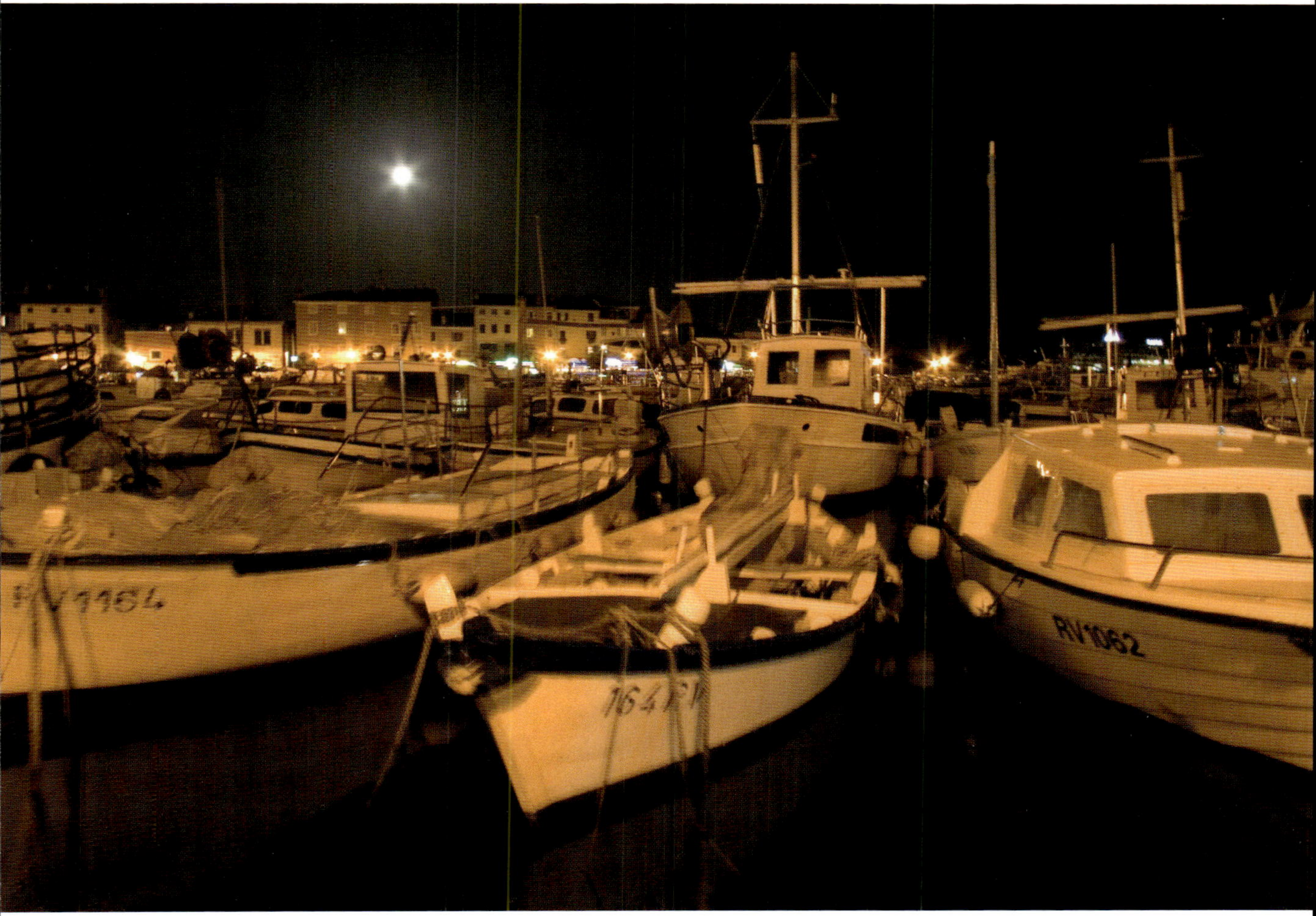

Abbildung 9.5: Diese nächtliche Vollmondidylle fotografierte ich mit 1600 ISO aus freier Hand. Die leichte Bewegung der schaukelnden Boote und die starre Häuserzeile im Hintergrund geben der Aufnahme Spannung. Belichtung: 1 Sek., Blende: 11

Das „fixierte“ Nachtfoto

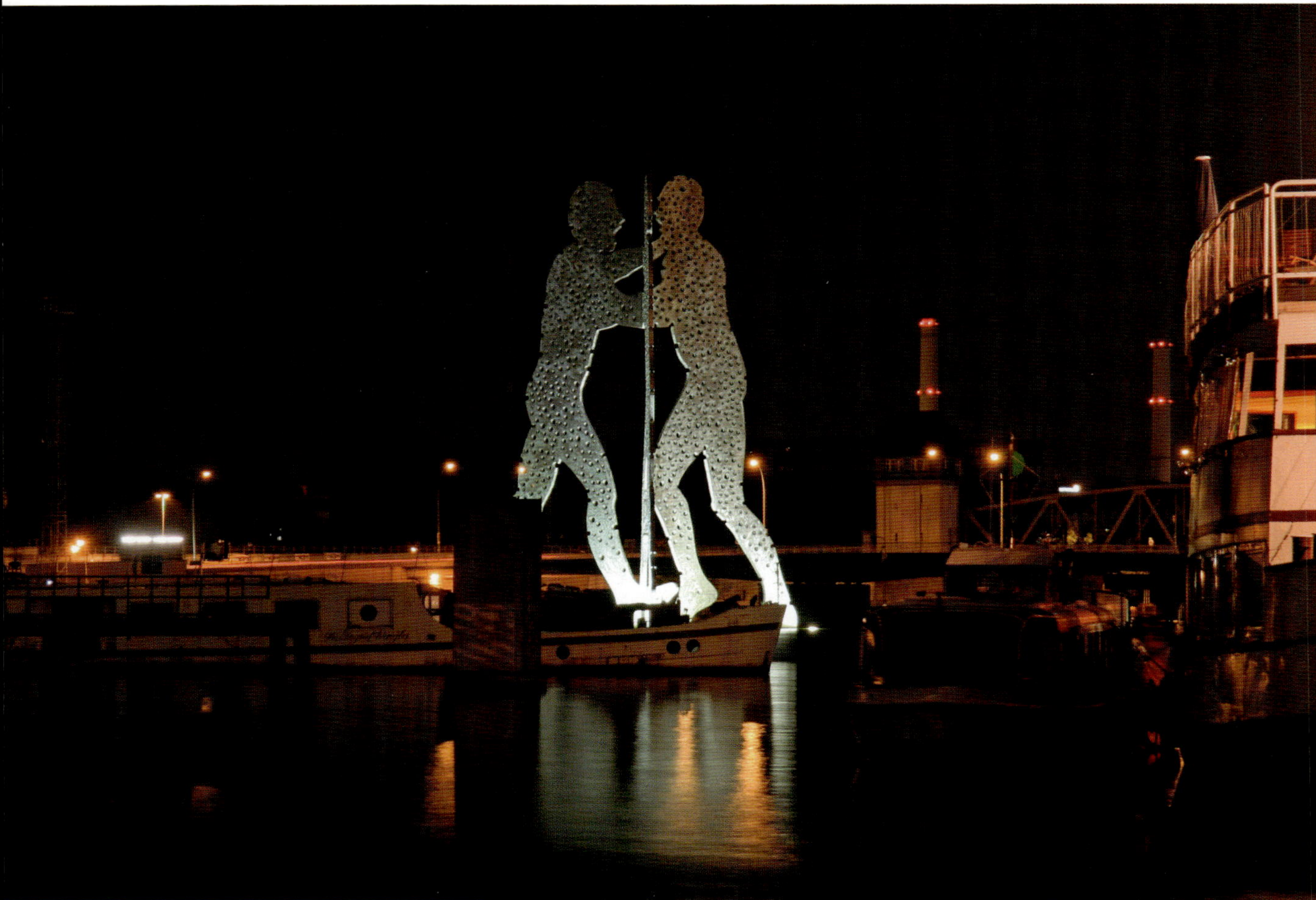

Abbildung 9.6: Die Hafenszene wirkt insgesamt scharf, weil sich während der Belichtung nichts bewegte und die Kamera auf einem Stativ fixiert wurde. Belichtung: 7 Sek., Blende: 5,6, ISO: 200

Das stille Nachtfoto

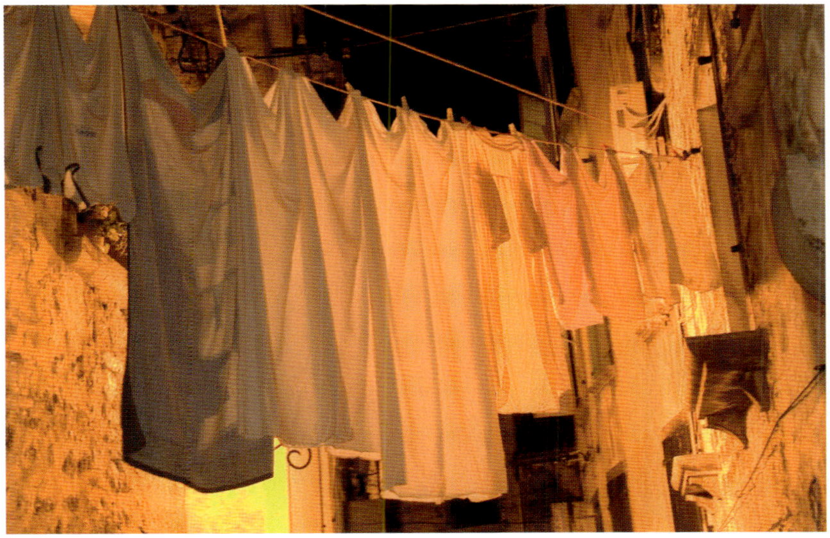

Abbildung 9.7: Diesem Nachtfoto ging es aus der Hand „an die Wäsche", was sich mit einer Brennweite von 45 mm durch eine leichte Verwacklung bemerkbar macht.

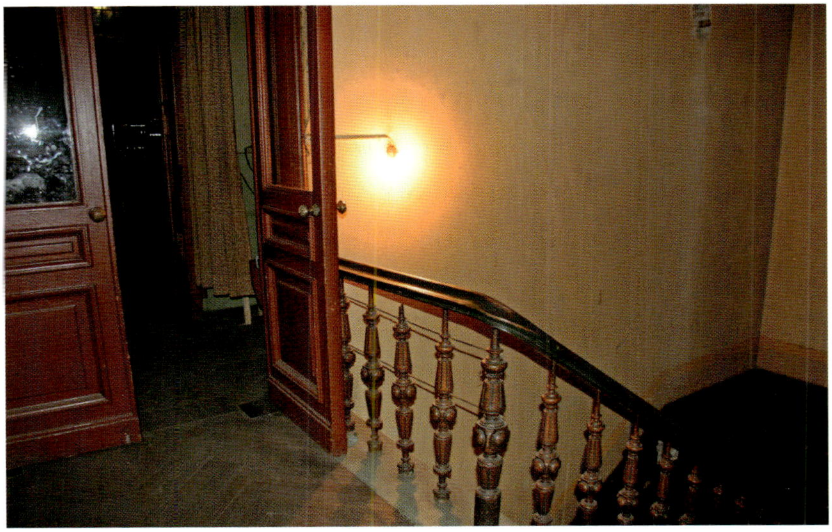

Abbildung 9.8: Beide Nachtaufnahmen wurden aus der Hand mit 1600 ISO fotografiert. Mit einer Brennweite von 17 mm wirkt die gesamte Aufnahme wesentlich schärfer

Das geblitzte Nachtfoto

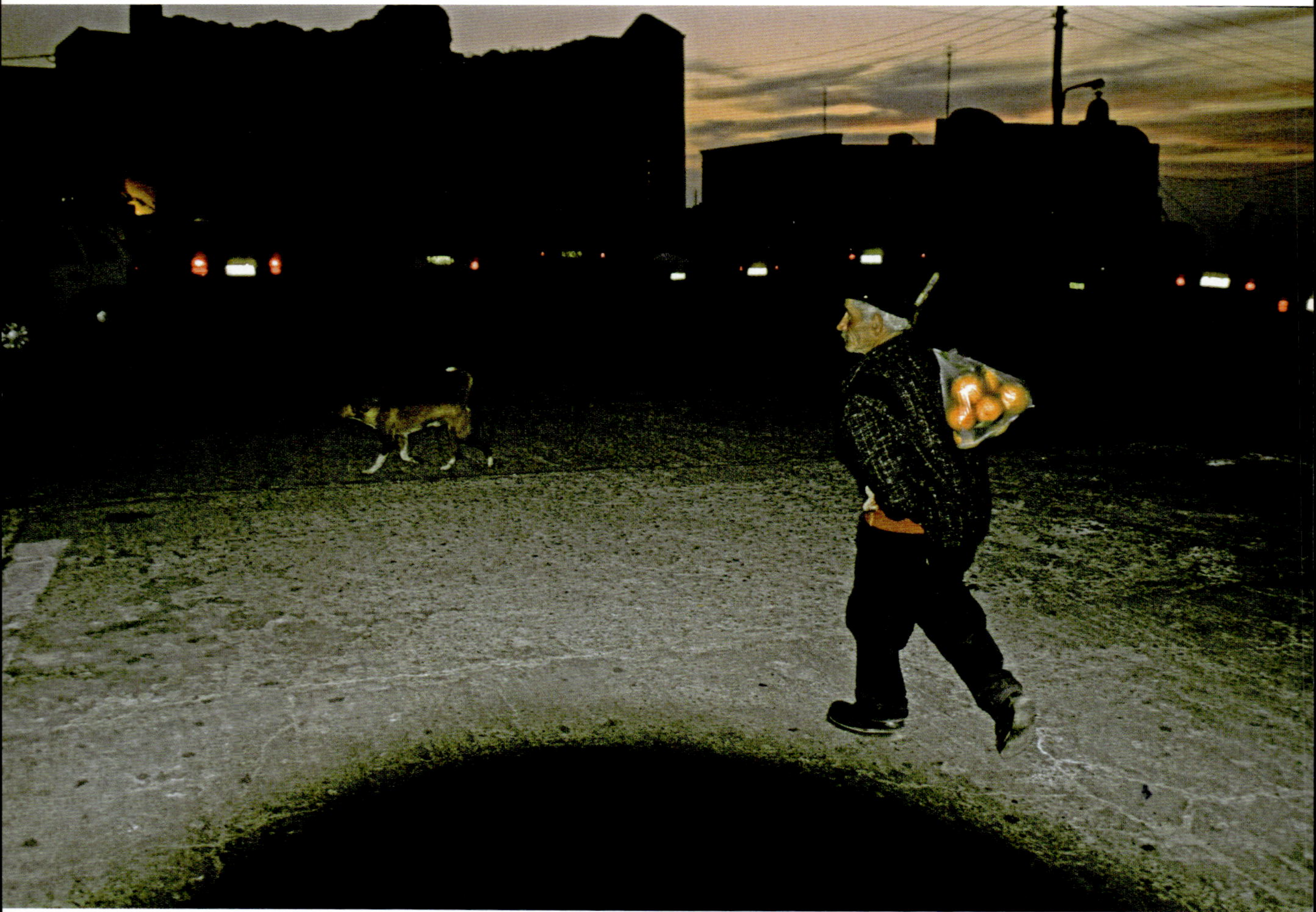

Abbildung 9.9: Die nur vordergründig ausgeleuchtete Bildszene resultiert aus einer geblitzten Aufnahme mit einem „Hilfsblitzlicht“ der Kamera. Diese Momentaufnahme wäre mit gepushten 1600 ISO besser ausgeleuchtet worden und hätte natürlicher gewirkt. Der runde Schatten entstand durch eine „vergessene“ Sonnenblende

Das frühe Nachtfoto

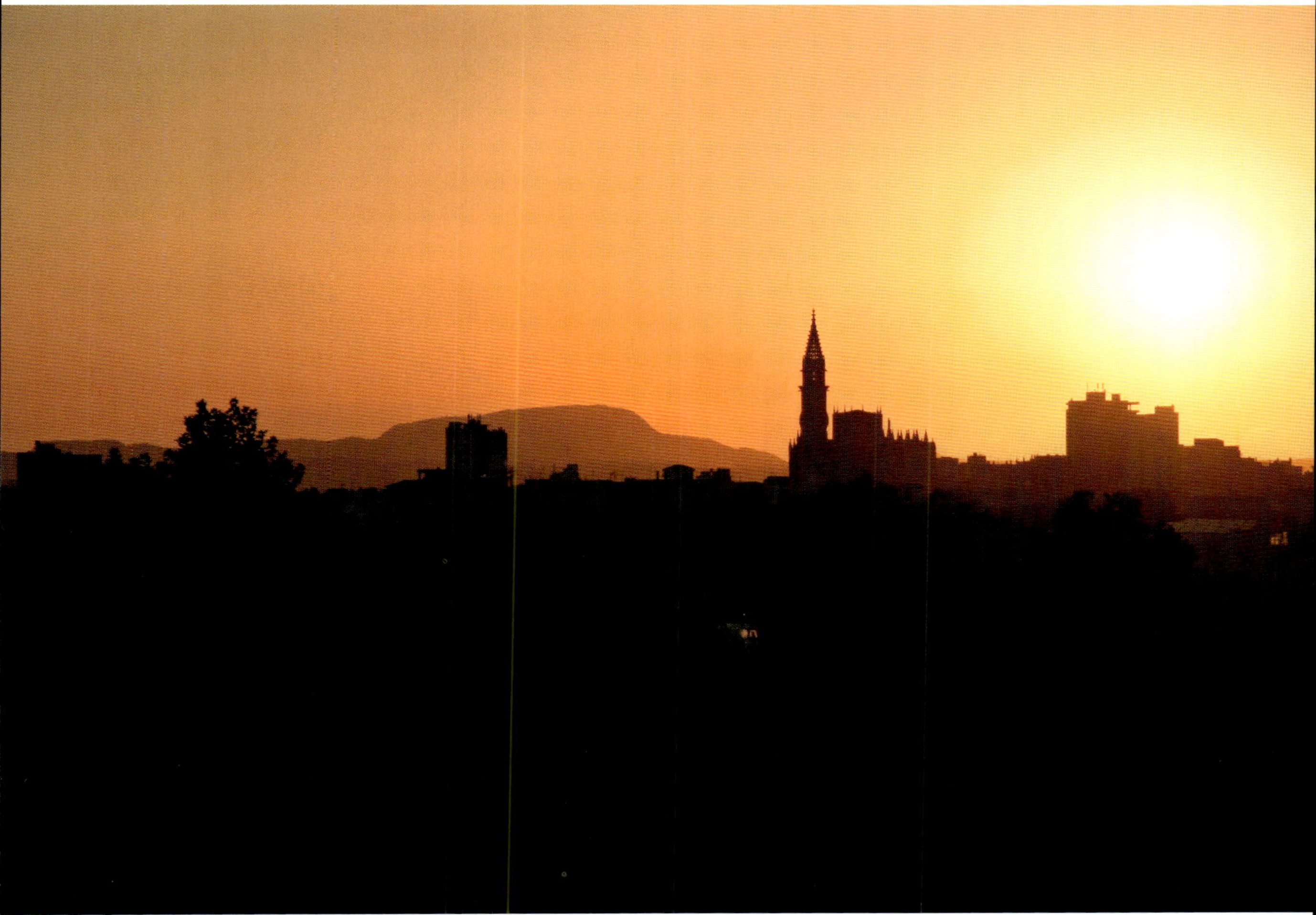

Abbildung 9.10: Der Sonnenuntergang verrät, dass dieses Foto ein „gefälschtes" Nachtfoto ist – die Aufnahme wurde einfach etwas unterbelichtet. Dadurch kommt die Stadtsilhouette besser zur Wirkung und der Wohnwagen in der Bildmitte wird zum „strahlenden" Mittelpunkt. Brennweite: 85 mm, Belichtung: 1/4000 Sek., Blende: 8, ISO 400

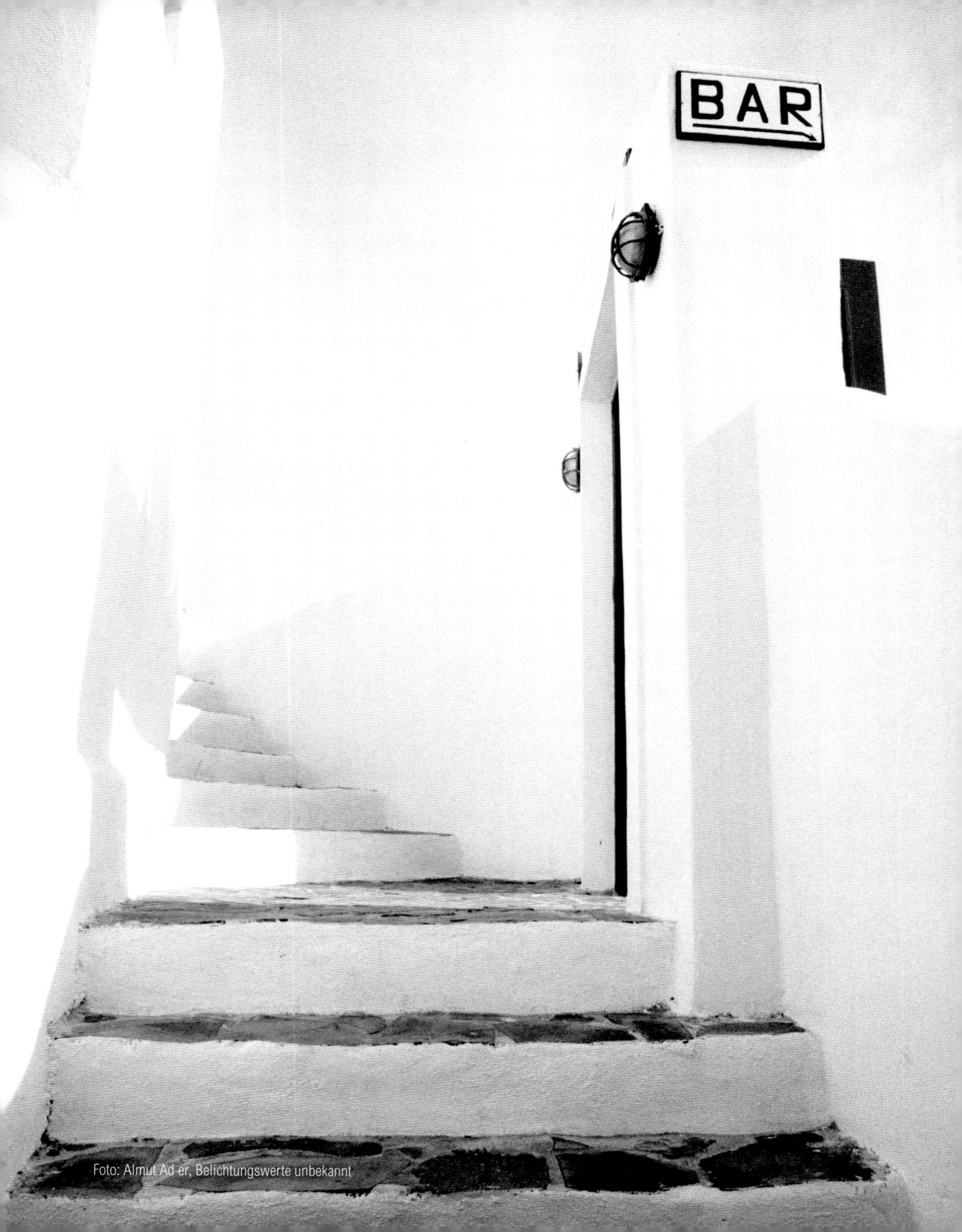

Foto: Almut Adler, Belichtungswerte unbekannt

Kapitel 10

Spezialthemen

Vielseitiges

Dieses Kapitel beinhaltet besondere Themen – von der Grundausrüstung bis zum Fotografieren im Winter, von der Schwarzweißfotografie bis zur Bildbearbeitung. Letzterem gewinne ich nur anrissweise ein paar Seiten ab, weil es zu diesem Thema ausführlichere Bücher gibt.

Die Grundausrüstung

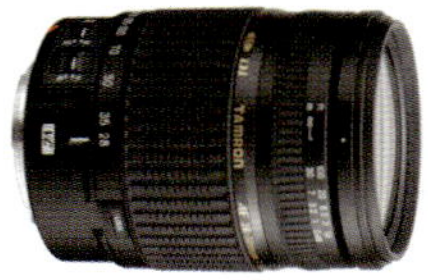

Objektive

Diese Zoomobjektive decken den gebräuchlichsten Brennweitenbereich ab.

18-200/28-300 mm, Weitwinkelobjektiv bis Teleobjektiv – eines für alles.

Konverter/Extender: Dieses „Zwischenobjektiv“ kann Ihre Brennweite um das Doppelte verlängern und ist die preisgünstigere Variante zum Teleobjektiv.

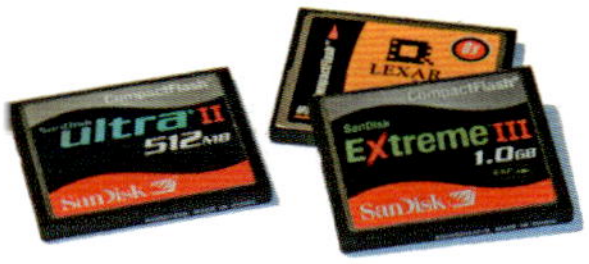

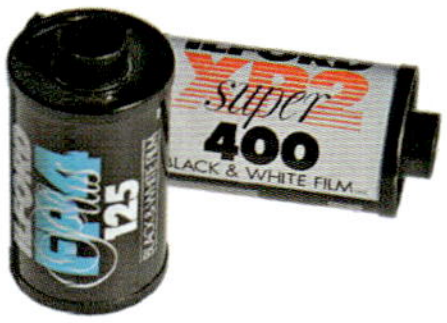

Filme und Speicherchips

Analogfotografinnen sollten mehrere Filme dabeihaben: Schwarzweißfilme, Farbnegativfilme oder Diafilme mit 125 bis 400 ASA.

Ratsam sind zusätzliche Speicherchips mit 1.0 GByte. Lieber ein paar Chips mit 1.0 GByte als nur einer mit 2.0 GByte oder 4 GByte.

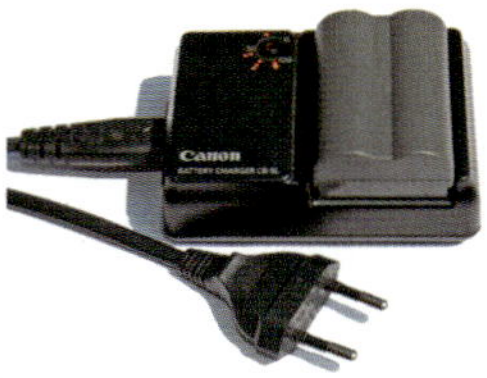

Ersatzakku

Nehmen Sie unbedingt das Ladegerät für den Akku mit oder legen Sie sich besser einen Ersatzakku zu.

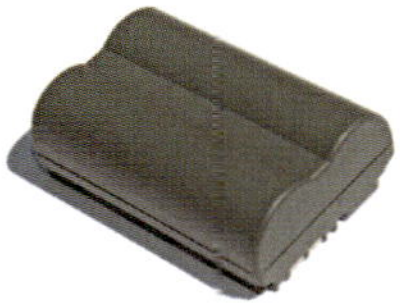

Ersatzfotozellen für die Analogkamera sollten Sie dabeihaben.

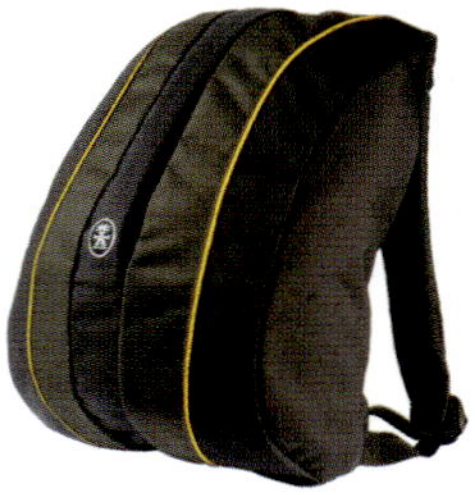

Fototasche oder Fotorucksack?

Ein Fotorucksack eignet sich für die Naturfotografin, die viel läuft und ein umfangreiches Equipment hat. Für Bergtouren mit nur einem Zoomobjektiv reicht allemal eine kompakte Colttasche, die auch mit Hüftgurt getragen werden kann. Kleinere Ausrüstungen sind in gepolsterten Umhängetaschen gut untergebracht und sehen zudem nicht gleich nach Fototasche aus (www.crumpler.de).

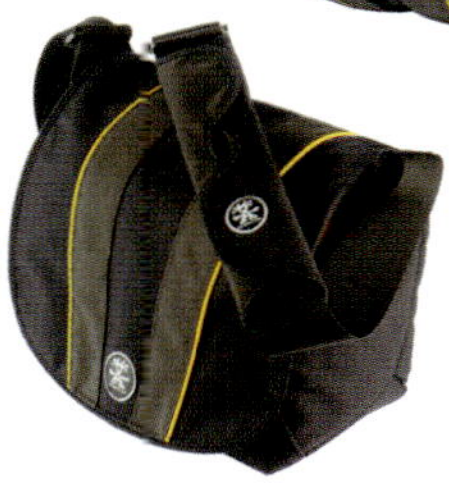

Filter & Co.

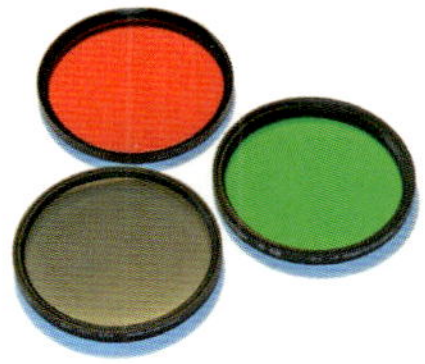

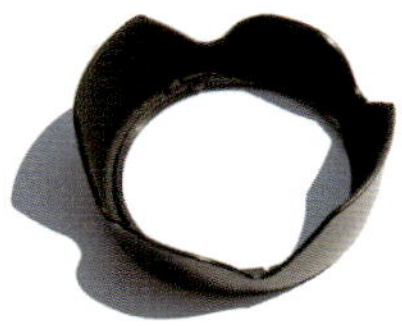

Folgende Filter sollten zu Ihrer Ausrüstung zählen: UV-Filter oder Skylight-Filter zum Schutz der Linse und zur Beseitigung von UV-Strahlen. Polfilter zur Farbsättigung und Reflexbeseitigung auf spiegelnden Flächen.

Farbfilter (gelb, rot, grün, blau) für die Schwarzweißfotografie.

Die Gegenlichtblende, auch Sonnenblende – sie ist nicht nur für Aufnahmen bei Gegenlicht und Reflexen auf dem Objektiv geeignet, sie ist auch ein guter Objektivschutz.

Draht- und Fernauslöser

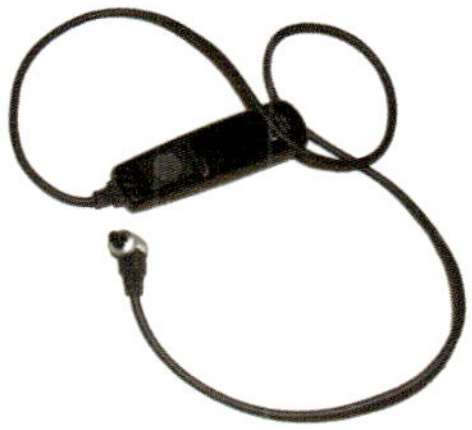

Für erschütterungsfreie Aufnahmen bei langen Verschlusszeiten und Nachtaufnahmen.

Stativ

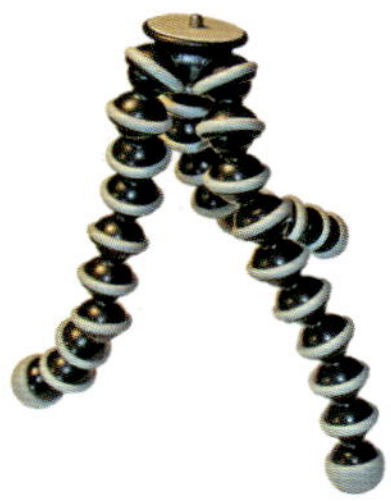

Ein Stativ ist für Langzeit- und Nachtaufnahmen unbedingt erforderlich. Ein Ministativ ist praktischer zum Mitnehmen und tut es vielfach auch.

Externes Blitzlicht

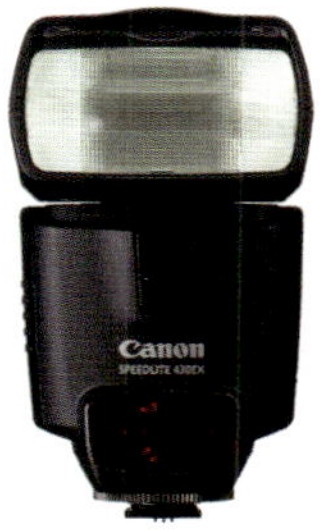

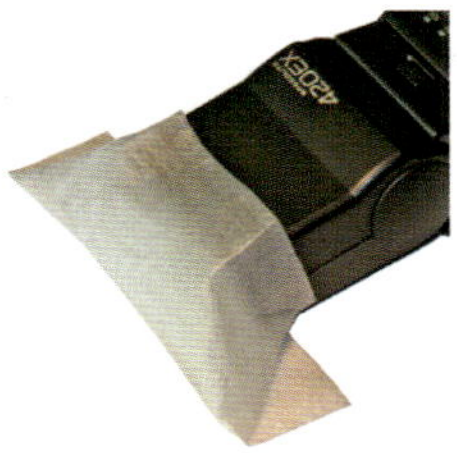

Für Innen- und Nachtaufnahmen und zum Aufhellen harter Schatten. Ersatzbatterien nicht vergessen.

Tipp

Sie können vor Ihren externen Blitz eine weiße Plastikfolie oder vor Ihren Kamerablitz eine dünne Lage Papiertaschentuch kleben. So haben Sie mit einfachen Hilfsmitteln einen Diffuser gebastelt, der hartes Blitzlicht absoftet.

Kamerapflege

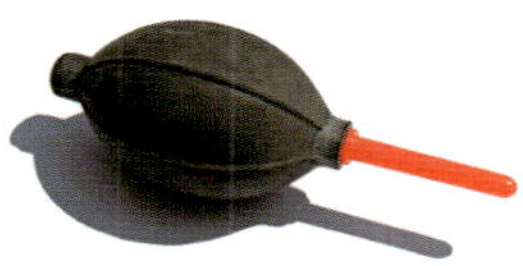

Zum Reinigen der Linsen eignet sich ein Brillenputztuch. Zum Entfernen von Fusseln im Kamerabody oder auf dem Spiegel ist ein Blasebalg besser als ein haariger Pinsel.

Treten runde graue Flecken auf Ihren Fotos auf, so führen Sie eine Sensorreinigung nach der Bedienungsanleitung Ihrer Kamera durch.

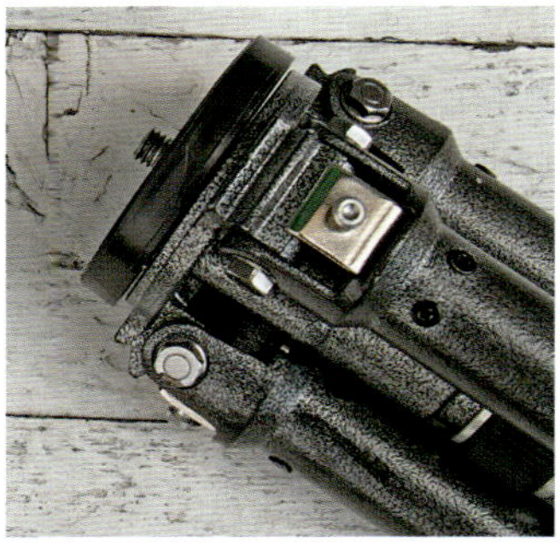

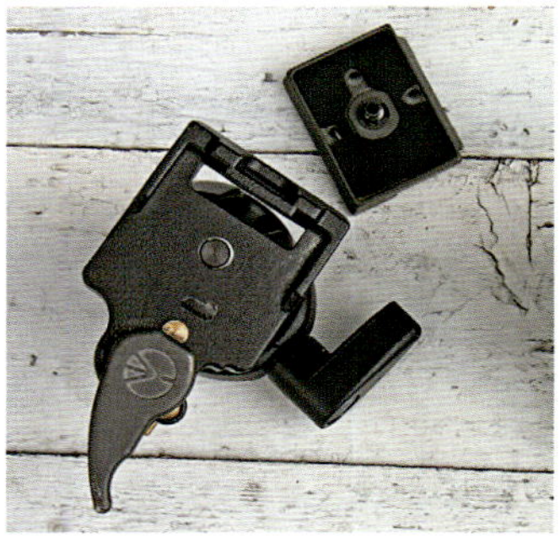

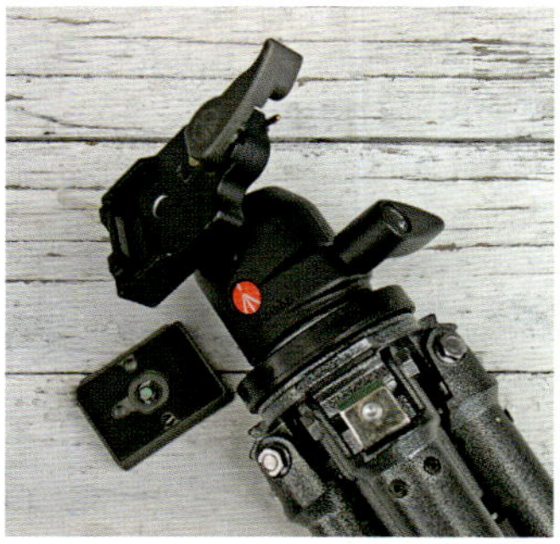

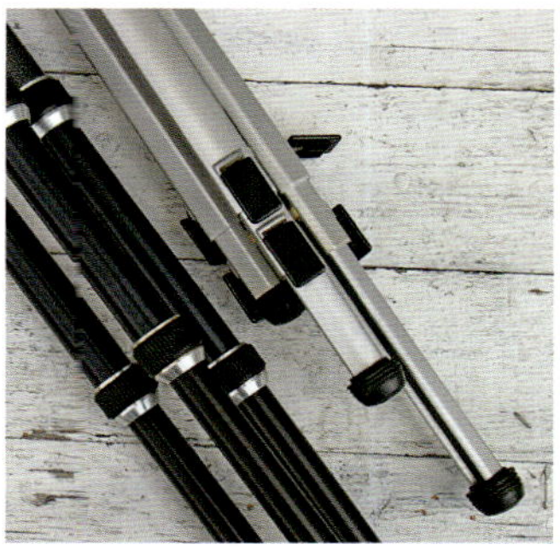

Das Stativ

Für die Nachtfotografin ist ein Stativ so unentbehrlich wie für den Cowboy das Pferd. Aber auch in der Porträt- oder Makrofotografie wird der „dreibeinige Assistent" benötigt, um die Welt der langen Verschlusszeiten zu erkunden und um Motive nicht zu verwackeln.

Kugelkopf mit Platte

Ein ideales Stativ ist variabel, kompakt und leicht (1,5 bis 2,5 kg) und verschafft beim Fotografieren die nötige Stabilität. Achten Sie bei der Anschaffung eines Stativs darauf, dass es nicht zu massiv ist und die Beine einen guten Stand haben. Ein Gewicht von über 3 kg macht das Mitnehmen zum „Mitschleppen". Um die Kamera flexibel positionieren und drehen zu können, benötigen Sie zum Stativ ein passendes „Gelenk". Diese Bewegung verschafft ein flexibler Kugelkopf, den Sie auf das Gewinde Ihres Stativs aufschrauben. Die separate, zum Kugelkopf dazugehörende Schnellwechselplatte ermöglicht das Arbeiten mit mehreren Kameras gleichzeitig ohne umständliches Wechselschrauben. Der extrem harte Kugelkopf lässt weiche Bewegungen in alle Richtungen zu – im Hoch- sowie im Querformat. Sein seitlicher Blockierhebel lässt Schwenkbewegungen zuverlässig arretieren. Die Auswahl an Kugelköpfen ist groß, aber im mittleren Preissegment liegen Sie in Kombination einer Spiegelreflexkamera mit einem Zoomobjektiv immer richtig.

Lange Beine

Ein Stativ sollte seine Beine möglichst lang „strecken" können und eine ausziehbare Mittelsäule besitzen. Diese Mittelsäule kann einfach herausgezogen und von unten wieder eingesetzt werden. So ist ein senkrechtes Fotografieren von oben möglich. Die Mittelsäule kann je nach Typ Ihr Stativ um ca. 40 bis 50 cm verlängern.

Die Verstellsysteme der Beinarretierung sind je nach Anbieter verschieden. Sie werden entweder mit einem Schraubauszug oder mit dem schnelleren Klappauszug verlängert.

„Gorilla“ im Taschenformat

Das Ministativ ist eine Nothilfe für die Handtasche. Man könnte es auch scherzhaft als „Damenstativ“ bezeichnen. Für die ambitionierte Nachtfotografin ist dieser Zwerg eine durchaus akzeptable Alternative. Auch für Selbstporträts und Gruppenaufnahmen mit Selbstauslöser ist dieses Ministativ sehr praktisch. Besonders hilfreich ist das Klammerstativ „Joby Gorillapod“, das sogar an einer Tischkante Fuß fasst (www.joby.com).

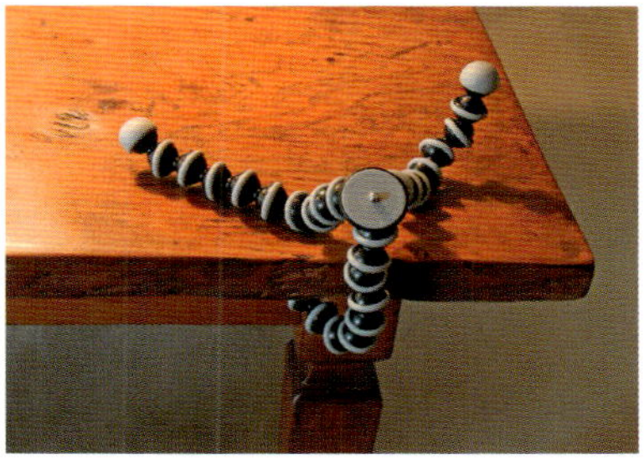

Fotografieren im Winter

Als Brillenträgerin wissen Sie nur zu gut, wie lästig das Beschlagen der Gläser im Winter ist, wenn Sie einen beheizten Raum betreten. Ebenso ärgerlich ist es, wenn Ihnen als Fotografin Gleiches mit der Kamera passiert.

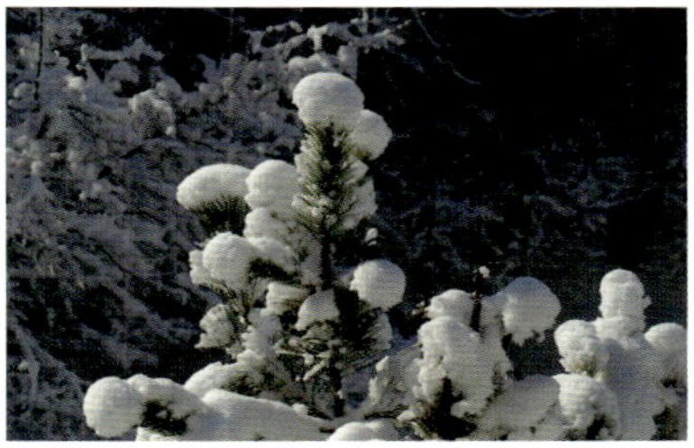

Eisblumen

Wenn Sie mit „blindem“ Objektiv aus der Wärme in die Kälte rausstapfen, können Sie damit rechnen, dass Eisblumen auf Ihren Linsen „blühen“. Da Außen- und Innentemperaturen stark schwanken, kondensiert die feuchte Luft auf der Objektivoberfläche und gefriert. Achten Sie darauf, dass Ihre Kamera nicht zu sehr auskühlt. Schützen Sie Ihr gutes Stück in einer Tasche vor „Erfrierungen“. So kann der unerwünschte Eisblumeneffekt vermieden werden. Ist die Kamera aufgewärmt, verschwindet der lästige Schleier bald wieder. Wischen Sie nicht an beschichteten Objektiven herum, Sie hinterlassen dadurch Schlieren, die Ihren Fotos einen „David-Hamilton-Effekt“ verleihen – den Weichzeichnungseffekt.

Tipp

Der Weichzeichnungseffekt lässt sich übrigens bewusst durch Anhauchen der Linse oder durch einen mit Vaseline beschichteten Blankfilm erreichen.

Tipp

Farbverschiebungen einer Schneelandschaft korrigieren Sie besser im Bildbearbeitungsprogramm am Computer, bevor Sie an den Farbreglern Ihrer Kamera herumdrehen. Dort sehen Sie mehr als auf dem Minidisplay.

Gespür für Schnee

Da Schnee im Sonnenlicht besonders stark reflektiert, „gaukelt“ der Belichtungsmesser Ihnen eine falsche Zeit vor. Das heißt, Ihre Aufnahme wäre deutlich unterbelichtet und der Schnee wird zu dunkel dargestellt. Um eine Winterlandschaft auch wirklich weiß erscheinen zu lassen, müssen Sie vor dem Auslösen den angezeigten Wert Ihrer Belichtungsskala korrigieren:

Digitalkamera +1 bis 2, Negativfilme +1 bis 2

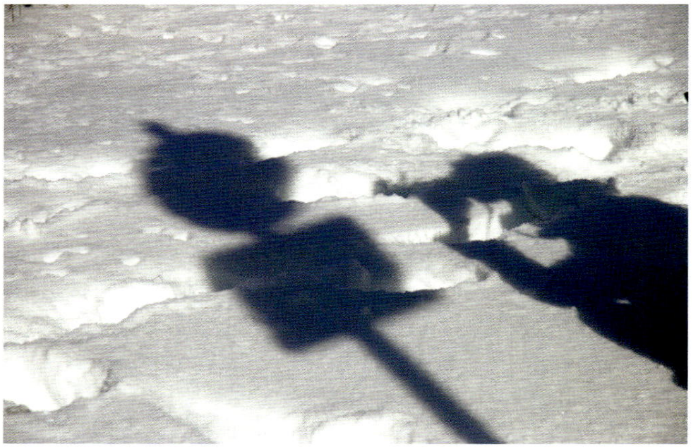

Abbildung 10.1: Die Mittagszeit färbt im Schatten liegenden Schnee bläulich ein und lässt ihn dadurch noch kälter wirken

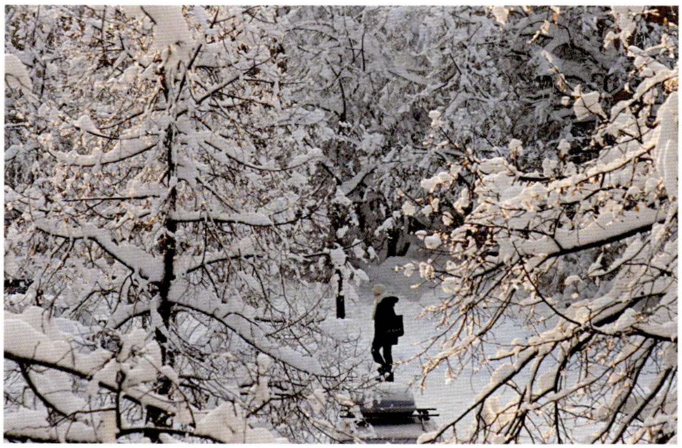

Abbildung 10.2: Durch den tiefen Stand der Sonne werden Schneelandschaften im Morgen- oder Abendlicht besonders schön modelliert und leuchten in einem wärmeren Weiß

Akku im Winter

Bei eisiger Kälte geben die Kameraakkus ihre Power schneller auf als gewohnt. Deshalb rate ich Ihnen, den Akku möglichst körpernah zu tragen und zusätzlich noch einen Ersatzakku mitzunehmen, damit es Sie nicht „kalt erwischt".

Ein Wintermärchen

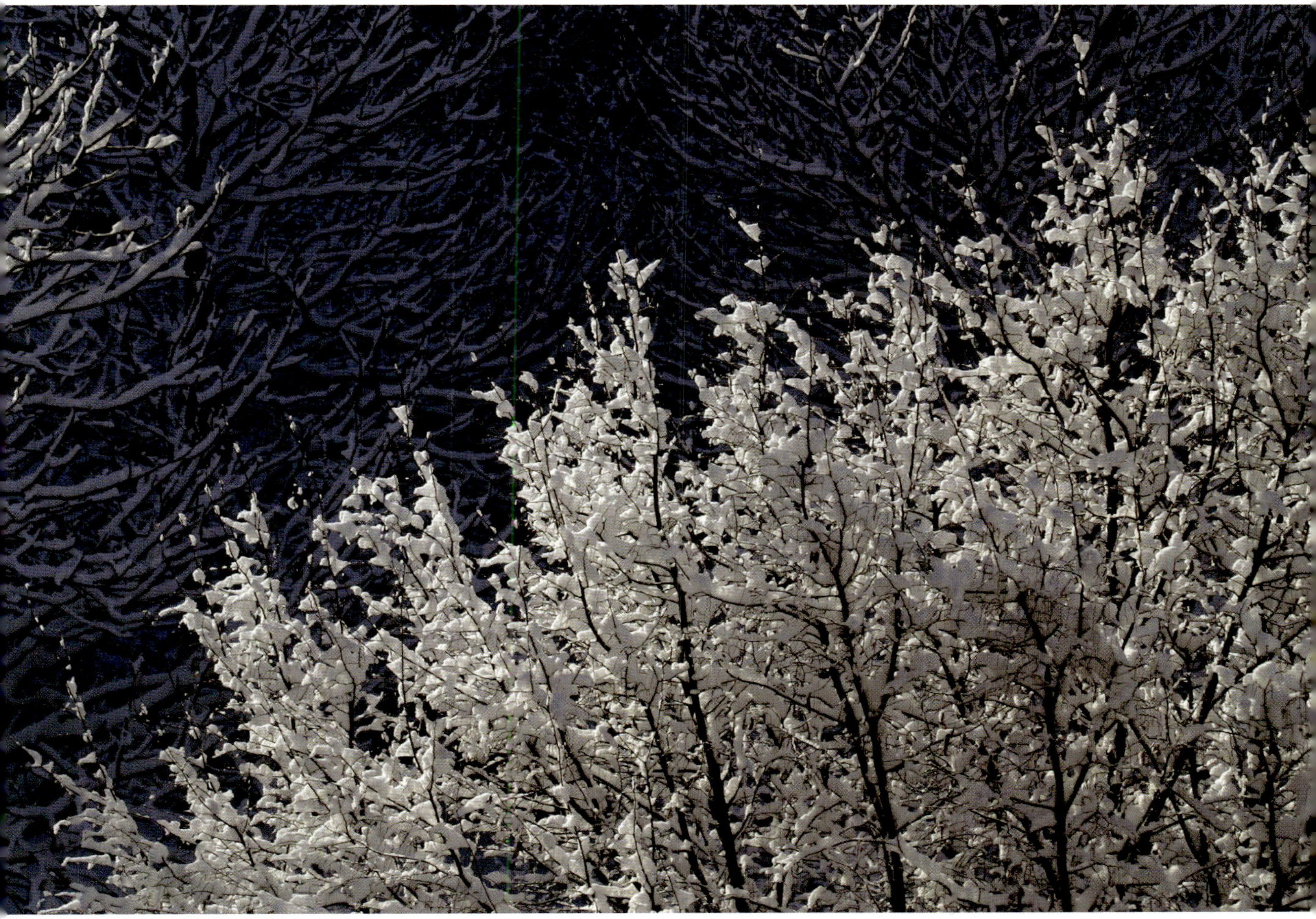

Abbildung 10.3: Der Kontrast des schattigen Hintergrunds bringt den verschneiten Baum im Vordergrund besonders zum Leuchten. Das Spiel zwischen Schatten und Licht macht diese Aufnahme besonders reizvoll. Fotografin: Almut Adler, Brennweite: 70 mm, Belichtungszeit: 1/2000 Sek., Blende: 6, ISO: 200

Die Schwarzweißfotografie

Grauzonen

Die Schwarzweißfotografie fasziniert durch Licht – und wo Licht ist, da gibt es bekanntlich auch Schatten. Diese zwei Komponenten sind in der Schwarzweißfotografie

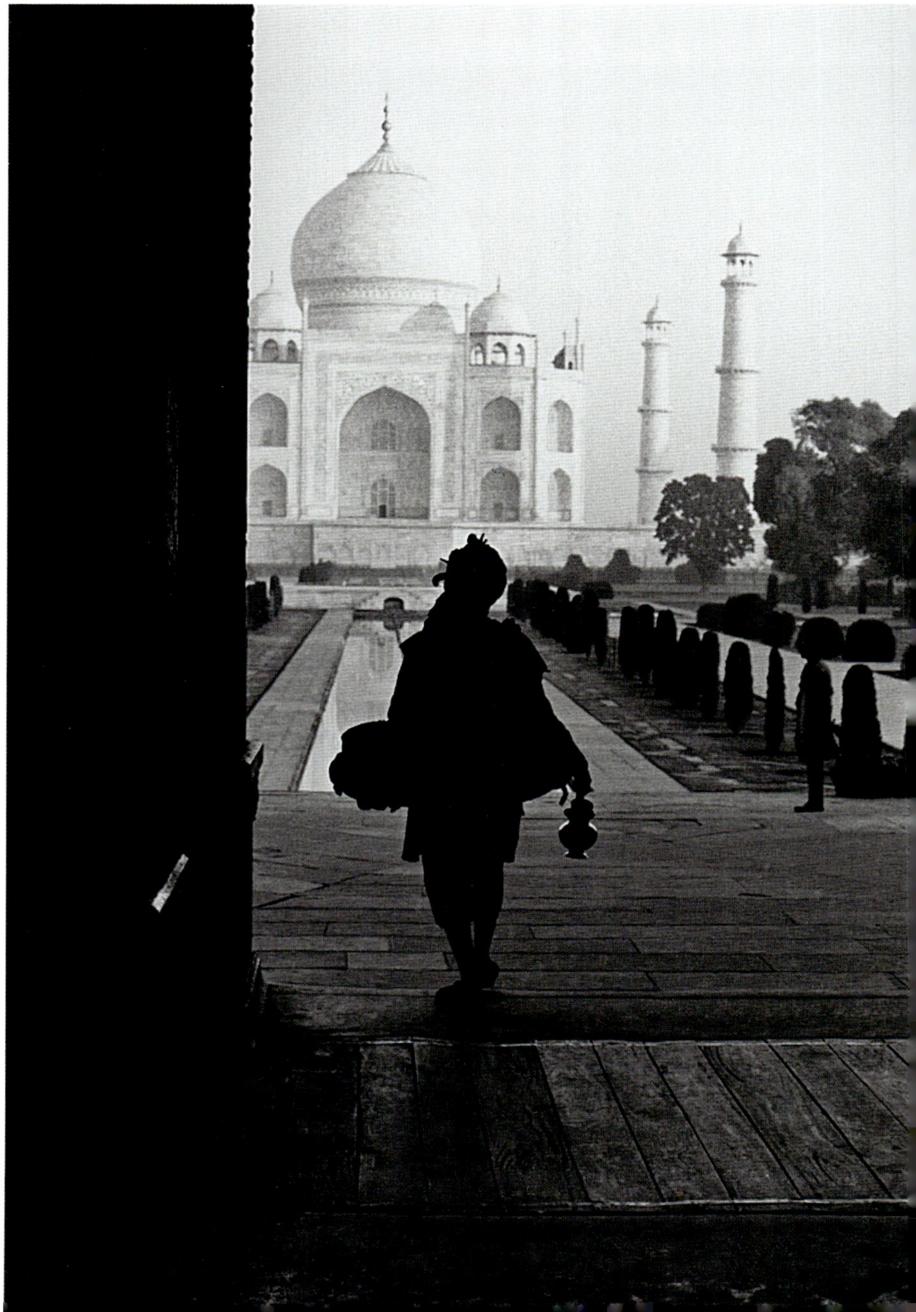

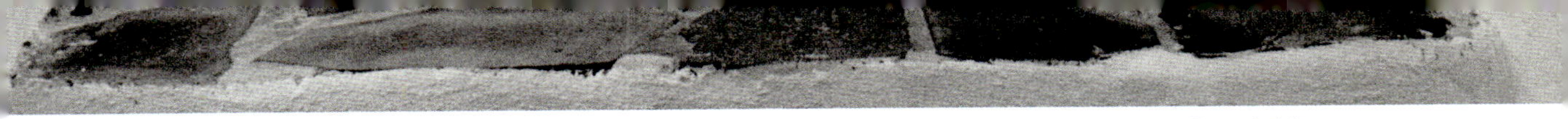

„lebensnotwendig“. Das verwöhnte Farbauge muss umdenken. Aus Farbkompositionen werden Kompositionen in Graustufen. Unsere Wahrnehmung kann die Fähigkeit zum Abstrakten entwickeln. Wir müssen lernen, unsere farbige Welt in Grauabstufungen umzusetzen und mit Licht und Schatten zu komponieren. So klingen aus der Kombination lebendige Grautöne an. Ein Schwarzweißfoto darf niemals im Einheitsgrau ertrinken! Das Nonplusultra der Schwarzweißfotografie ist das spätere Entwickeln der eigenen Fotos. Hier kann die Fotografin zusätzlich einwirken und ein Bild auf vielfache Art kreativ manipulieren.

Die Bildbearbeitung am Computer ersetzt in der Digitalfotografie ein komplettes Fotolabor. Dass der PC die künstlerische Komponente nicht ersetzen kann und die sinnliche Verarbeitung der Bilder auf der Strecke bleibt, dürfte der sensiblen Fotografin einleuchten.

Wer Freude an der „monochromen Fotografie“ hat, sollte unbedingt mit Licht und Schatten experimentieren. Noch stärker als in der Farbfotografie sollte bei Schwarzweißaufnahmen die Bildkomposition stimmen. Hier lenken keine Farben von der Bildaussage ab.

Die Lichtregie macht das Bild aus – nicht die Farben!

Der bewusste Rahmen

In manchen Fotobüchern werden Bilder mit schwarzen Rändern abgebildet. Das hat seinen Grund. Der Fotograf hat beim Entwickeln des Fotos den Rand vom Negativ mitbelichtet – erkennbar an der unregelmäßigen, leicht schwammigen Umrandung. So sieht der wissende Betrachter, dass der Bildausschnitt beim Vergrößern nicht manipuliert wurde. Die gesamte Bildkomposition ist 100-prozentig „ehrlich“.

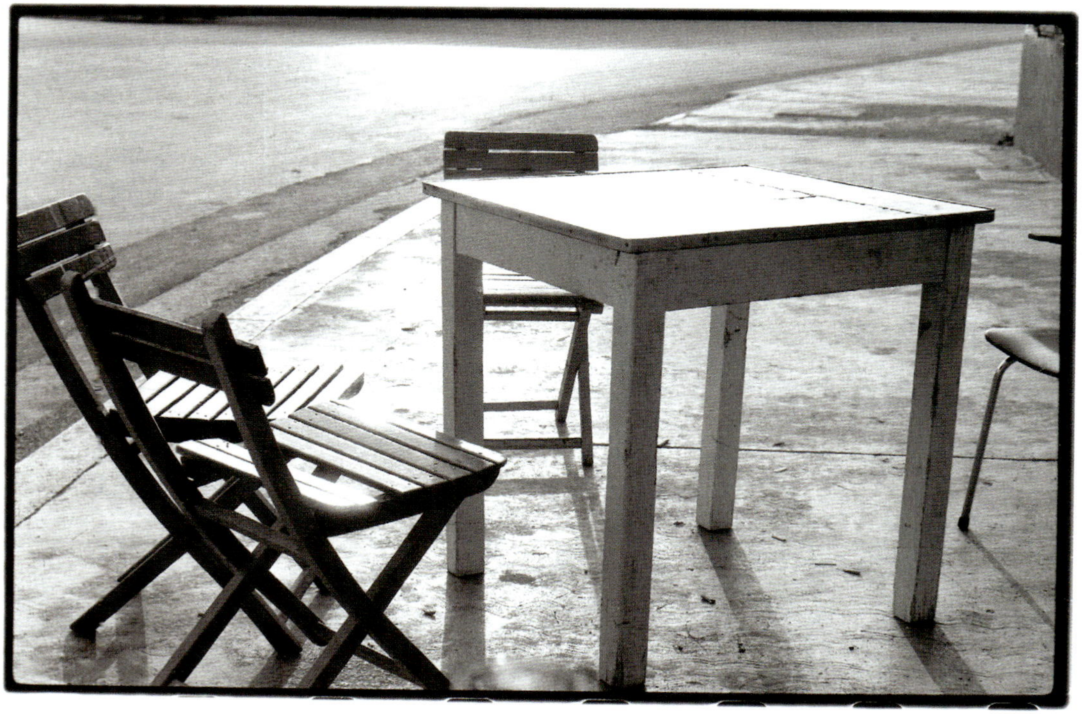

Abbildung 10.4: Der schwarze Rand des Negativfilms besagt, dass dieses Foto kein Bildausschnitt ist

Original oder Fälschung?

Das Foto des griechischen Fischers ist das gleiche, aber die Bildwirkung eine andere. Im Handumdrehen können Fotos am Computer per Mausklick bearbeitet, „entwickelt" und ausgedruckt werden. Ob ein Bild farbig oder schwarzweiß aufgenommen wurde, lässt sich auf dem umgewandelten Schwarzweißbild ohne Vergleich nicht feststellen. Jedes Foto kann auf technische Weise x-fach verfremdet werden – Bildaufbau und Bildaussage liegen jedoch weiterhin in der Hand der Fotografin. Diese Komponenten können (Gott sei Dank) nicht verändert werden.

An manchen Digitalkameras können Sie auch den Bearbeitungsparameter am Display auf S/W stellen. So machen Sie gleich eine Schwarzweißaufnahme, erhalten jedoch keine zusätzliche Farbaufnahme.

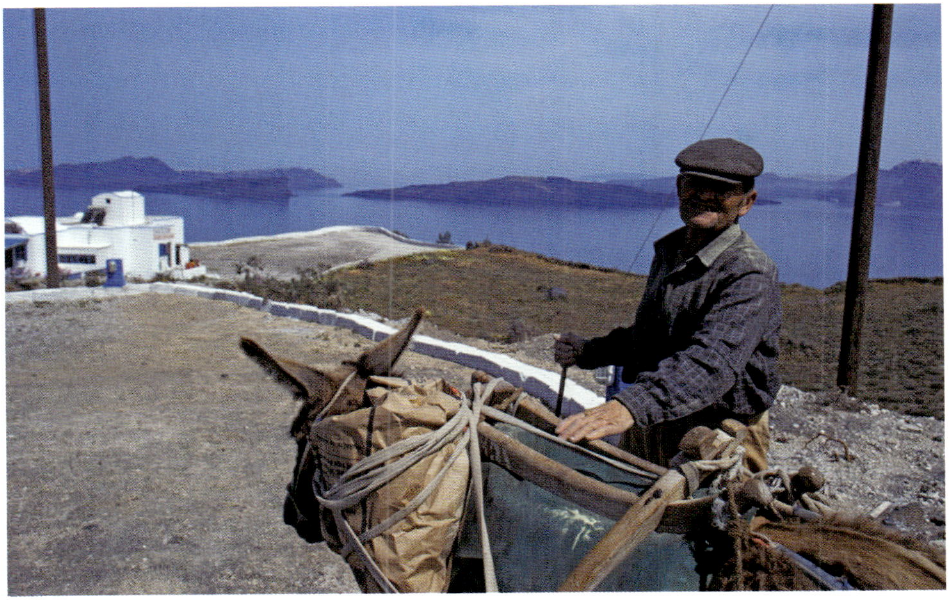

Abbildung 10.5: Das Original – ein digitales Farbfoto

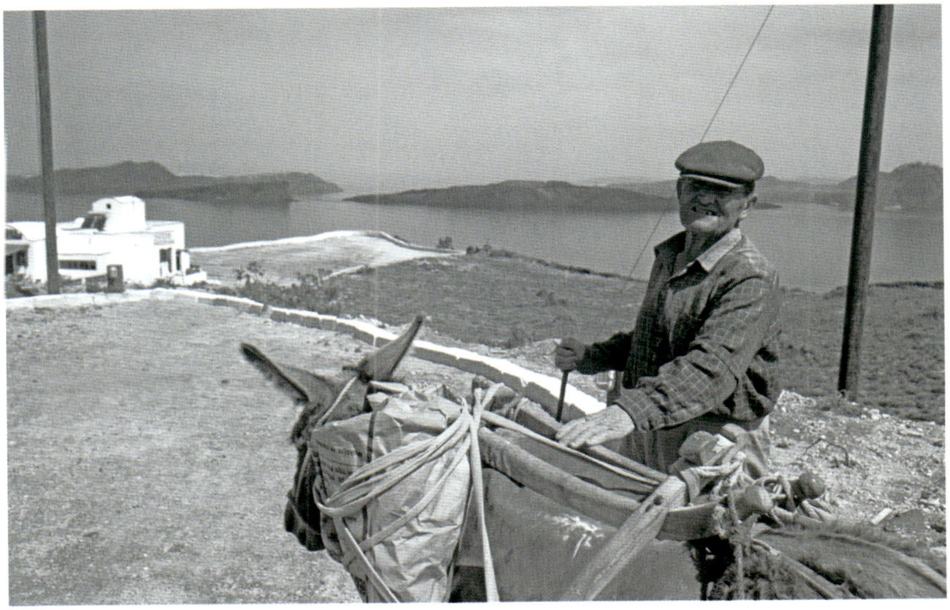

Abbildung 10.6: Mit einem Bildbearbeitungsprogramm wurde das Farbfoto in ein Schwarzweißfoto umgewandelt

Die Sandwichcollage

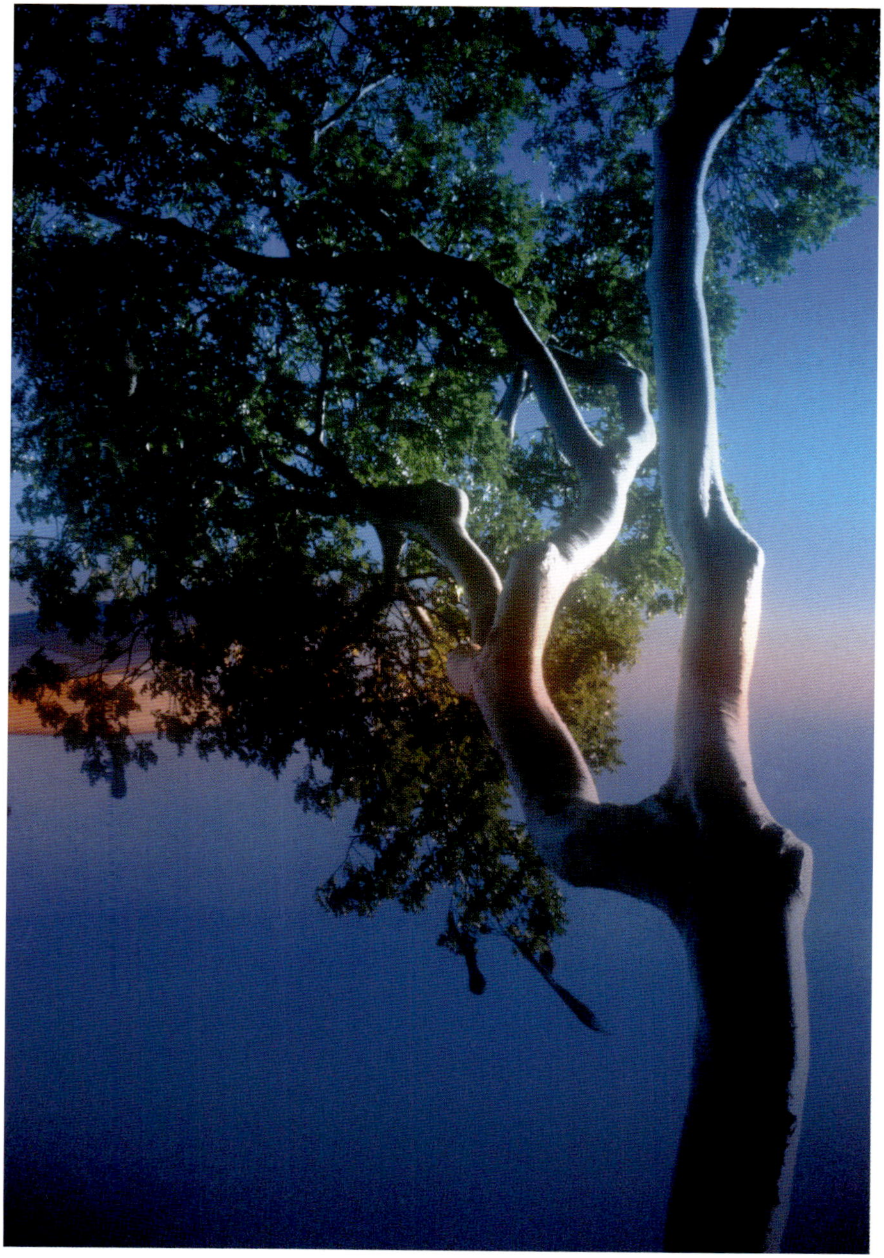

Durchsichtige Träger

Sandwichcollagen oder -montagen lassen sich in der Fotografie nur mit Filmmaterial herstellen. Dabei ist eine Collage mit einem Diapositivfilm am einfachsten herzustellen. Legen Sie das entstehende Resultat auf einen Leuchtkasten, um es besser beurteilen zu können. Wie der Name schon sagt, ist die Collage kein Foto, sondern ein zusammengefügtes Bild mit zwei unterschiedlichen Aufnahmen. Bei einer Collage spielt es keine Rolle, ob Sie beide Dias mit der Filmschichtseite nach unten legen oder die Schichtseiten unterschiedlich montieren. Die Bildkomposition ist hier vorrangig. Beide Dias sollten möglichst plan, d. h. eben liegen, dann eignen sie sich bestens für eine Montage. Ältere Diafilme wölben sich manchmal so stark, dass eine Collage damit unmöglich wird.

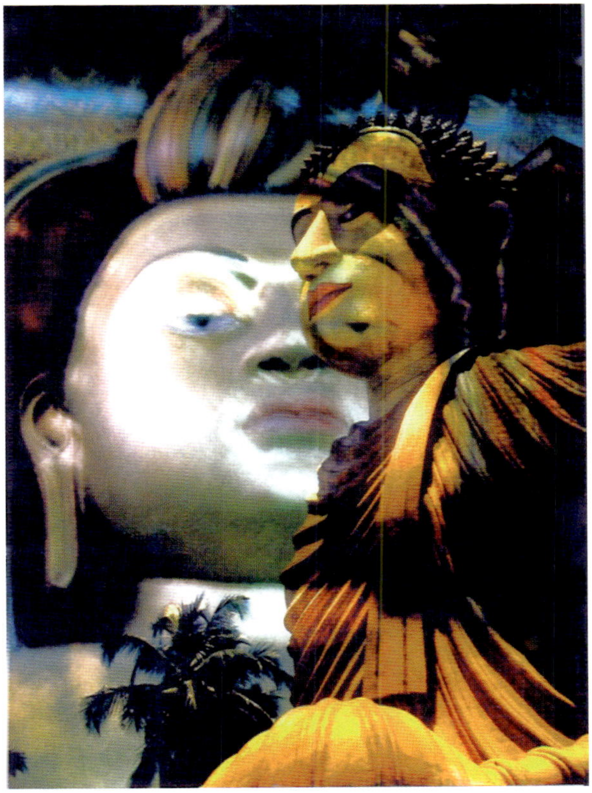

Abbildung 10.7: Im Fall der Buddha-Collage wurden zwei unterschiedliche Statuen aufgenommen und so miteinander kombiniert, dass beide Buddhas gut erkennbar sind. Dabei spielt es keine Rolle, ob ein Dia eventuell seitenverkehrt montiert wird und das andere seitenrichtig

Die Herstellung einer Sandwichcollage ist relativ simpel.

1. Bevor Sie mit Ihrer Bildcollage beginnen, achten Sie sorgsam darauf, staubfrei und mit trockenen Fingern zu arbeiten. Fusseln, Staubkörner und Fingerabdrücke machen eine schöne Bildkomposition schnell zunichte.
2. Nun suchen Sie sich zwei Motive, die in Form, Farbe und Bildausschnitt gut miteinander harmonieren oder eine ungewöhnliche Bildaussage ergeben.
3. Legen Sie die zwei Dias übereinander auf den Leuchtkasten und schieben Sie beide Motive so in Position, dass sie eine stimmige Bildkombination ergeben.
4. Achten Sie dabei auf hellere Bildteile, weil sich an transparenteren Stellen das andere Bild stärker durchsetzt.
5. Sind Sie mit Ihrer Aufstellung zufrieden, fixieren Sie beide Bilder in einem Diarahmen.

Für eine Sandwichcollage eignen sich in der Regel hellere Dias besser als zu dunkle, weil sich die Bilddichte in Kombination addiert. Das Endresultat würde nicht transparent genug ausfallen.

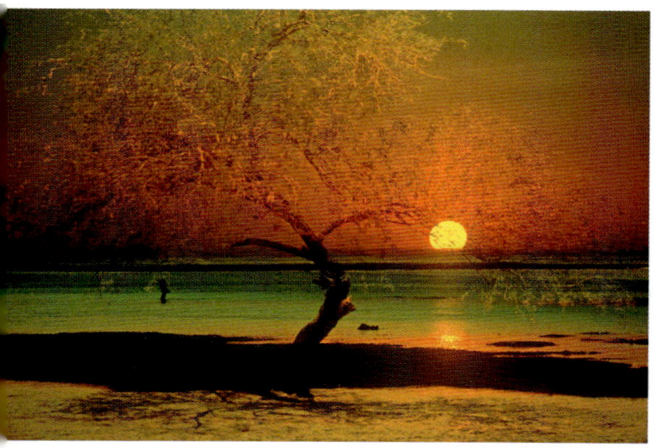
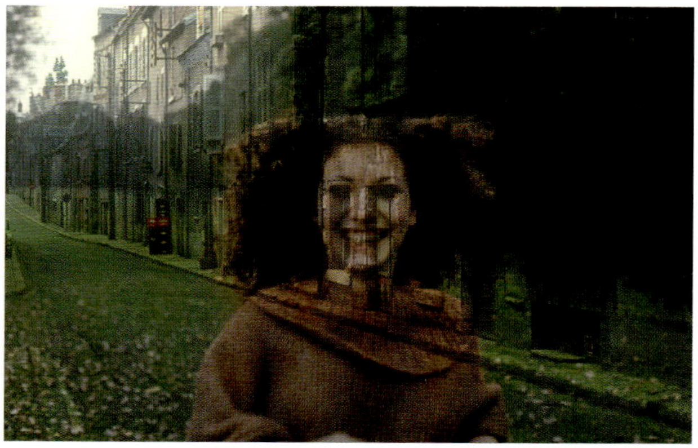
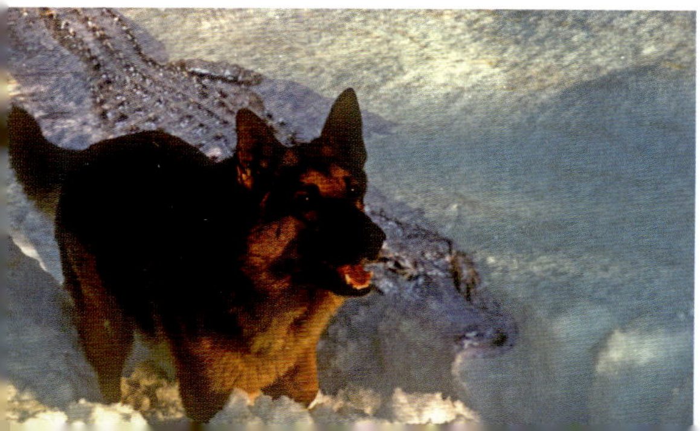
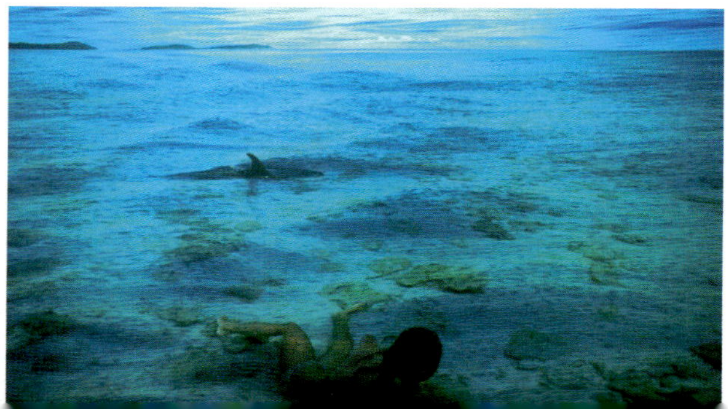

Abbildung 10.8: Jede dieser vier Bildcollagen ergibt mit der Kombination eines anderen Dias eine völlig neue Bildaussage als das einzelne Dia zuvor. Sandwichcollagen ermöglichen Ihnen, Traumsequenzen zu zaubern, surrealistische Motive zu kreieren oder lustige Situationen zu inszenieren

Kolorieren von Schwarzweißfotos

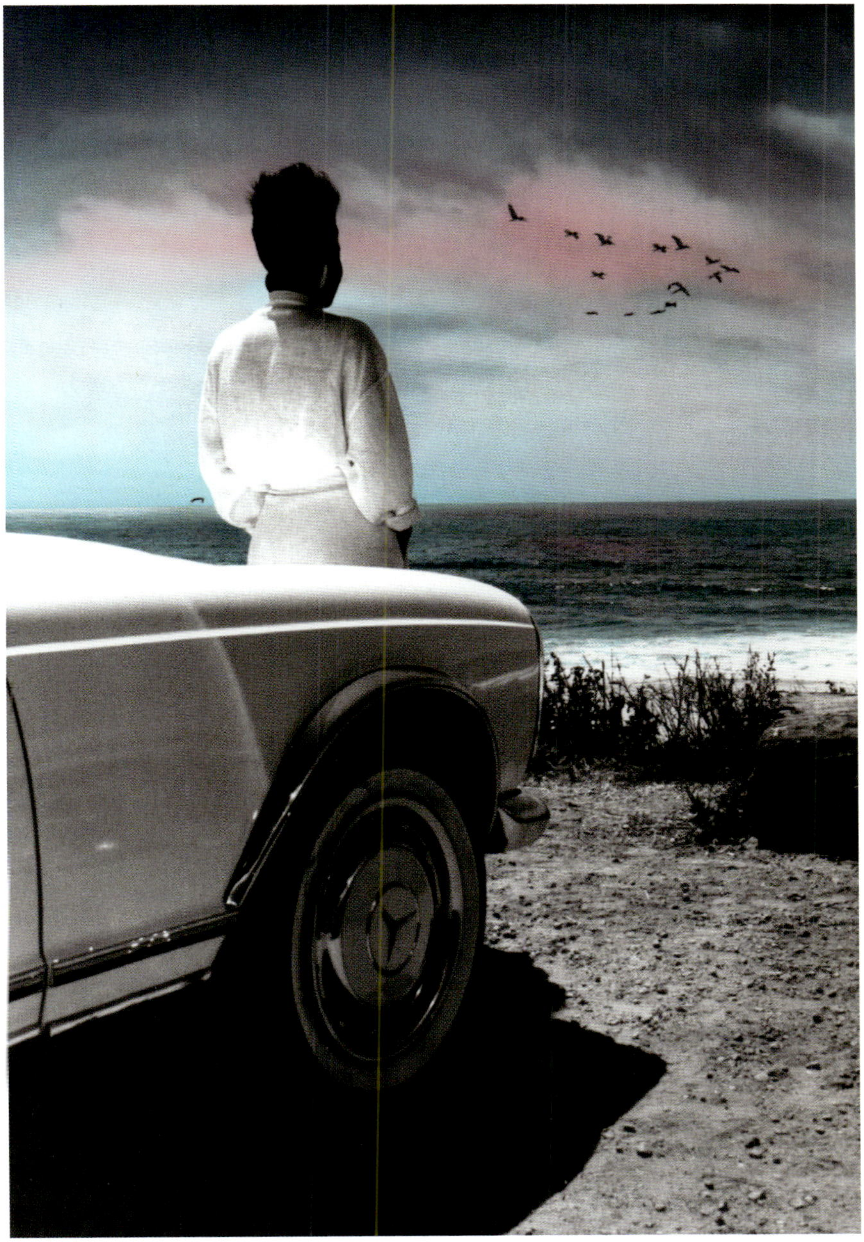

Farbe von Hand

Schwarzweißfotos mit Pinsel und Farbe zu kolorieren ist ein Handwerk, das leider aus der Mode gekommen ist. Jedes Bildbearbeitungsprogramm „erledigt" diese Arbeit mittlerweile im Handumdrehen. Dennoch gebührt dieser Technik Aufmerksamkeit, denn sie findet große Anerkennung in der Kunstbranche. Analogen Fotografen liegt eine Bildbearbeitung ebenso am Herzen wie digitalen Fotografen – wenn auch mit völlig anderen Möglichkeiten.

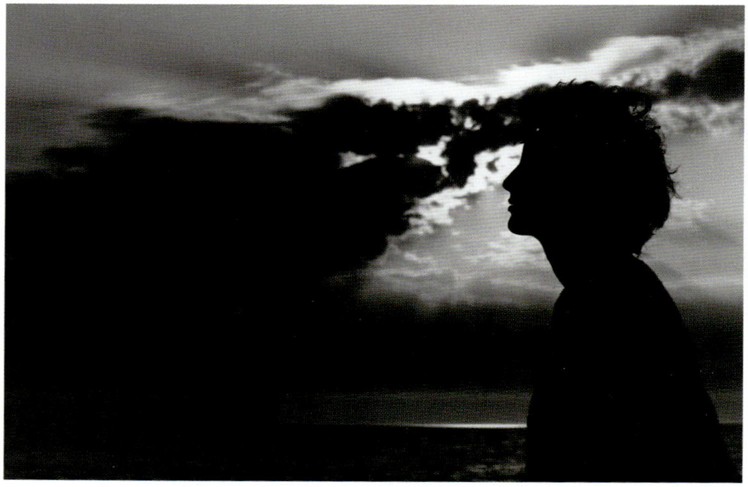

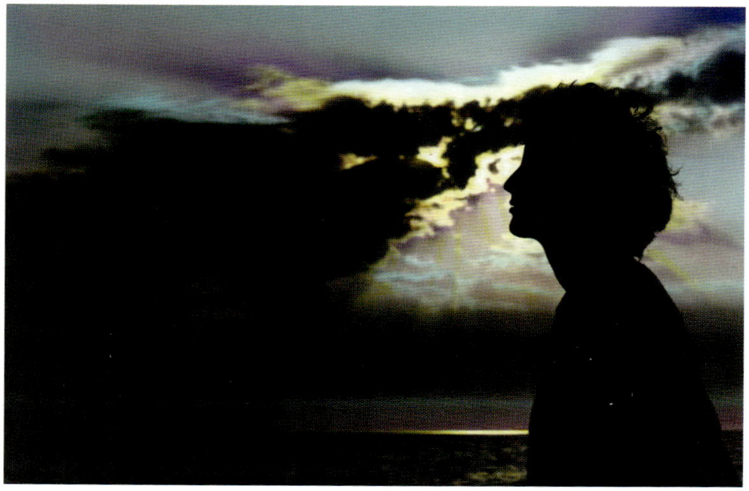

Das Handwerkszeug

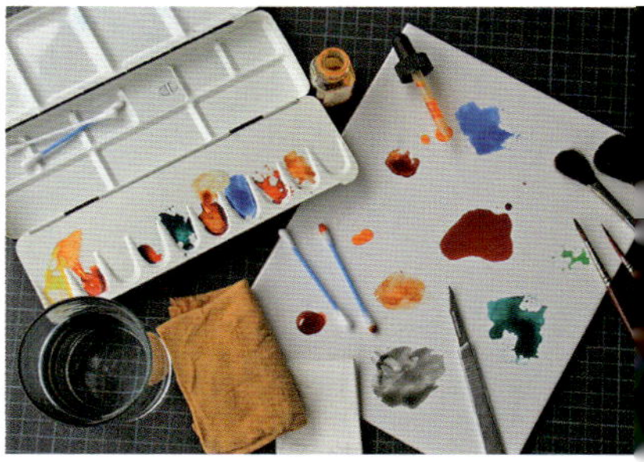

Zum Kolorieren benötigen Sie ein Wasserglas, verschiedene Pinselstärken, eine Farbpalette, ein Skalpell zum Flecken wegschaben, ein Ledertuch zum Wasser abtupfen, Watte, Q-Tipps und natürlich Farben. Für das Retuschieren und Kolorieren werden spezielle Eiweiß-Lasurfarben verwendet. Für den Anfang reichen die Farben Rot, Gelb, Blau und Schwarz völlig aus, andere Töne können Sie sich mischen.

Als Farbpalette verwenden Sie eine weiße Kachel oder eine Untertasse.

Wichtig ist, dass die Farbe nicht in den Untergrund einzieht. Gehen Sie folgendermaßen vor:

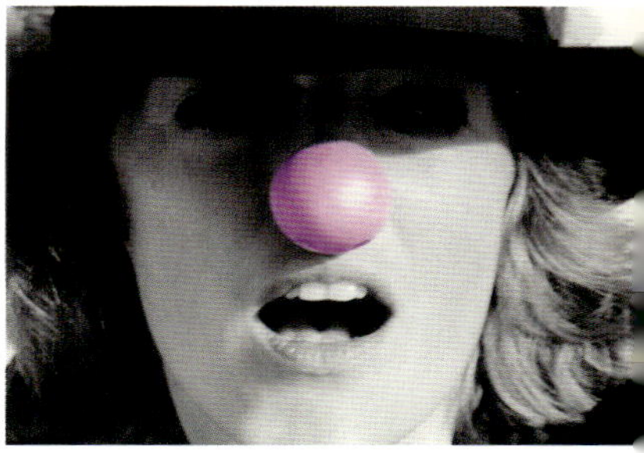

1. Suchen Sie sich einen taghellen Arbeitsplatz und einen sauberen Untergrund.
2. Bevor Sie anfangen, legen Sie sich Ihr Handwerkszeug zurecht.
3. Mischen Sie mit der Flaschenpipette Ihre gewünschten Farben auf der Palette, auch Grautöne.
4. Vor dem Farbauftrag befeuchten Sie die Stelle zum Kolorieren nur so stark, dass das Wasser in die Papieremulsion einziehen kann. Tupfen Sie mit dem Ledertuch überschüssiges Wasser ab.

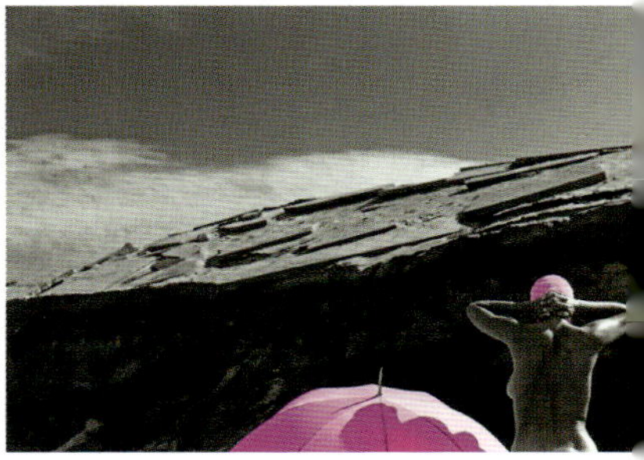

5. Verdünnen Sie die Farbe gut, denn sie zieht sofort in die Papierschicht ein. Probieren Sie vorher auf einem alten Foto. Lasieren Sie lieber öfter über die gleiche Stelle, damit die Farbe nicht zu stark einzieht.
6. Drehen Sie einen feinen Wattestreifen über das Ende Ihres Pinsels und befeuchten Sie ihn mit Spucke – oder nehmen Sie Q-Tipps. Damit können Sie überschüssige Farbe aufnehmen. Vorsicht – die Farbe verwischt sich schnell in Nachbarregionen, die Sie nicht kolorieren wollten.
7. Vergessen Sie nicht, die zu retuschierende Stelle immer wieder anzufeuchten. Zum exakten Kolorieren verwendet der Profi einen durchsichtigen, roten Lack. Er deckt Stellen ab, die nicht koloriert werden. Durch Abziehen mit Tesafilm wird der Lack entfernt.

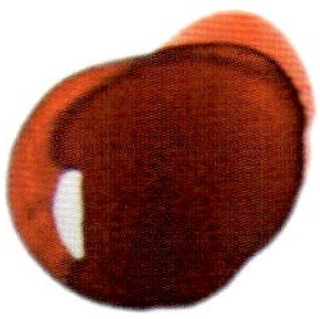

Bevor akzeptable Color-Retuschen gelingen, fordert Ihnen die Technik viel Geduld und Übung ab. Jede Handwerkskunst will gelernt sein, bevor die Ergebnisse begeistern.

Schwarzweißimpressionen

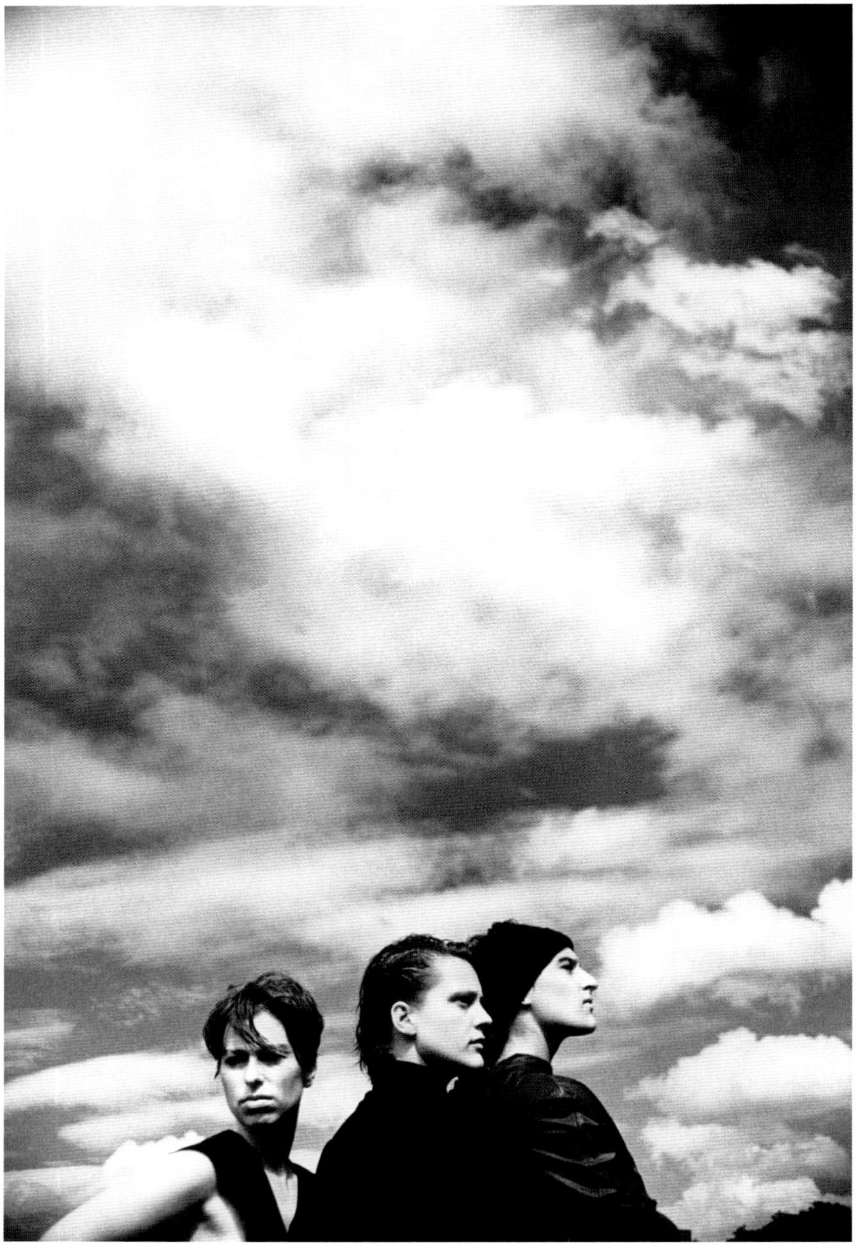

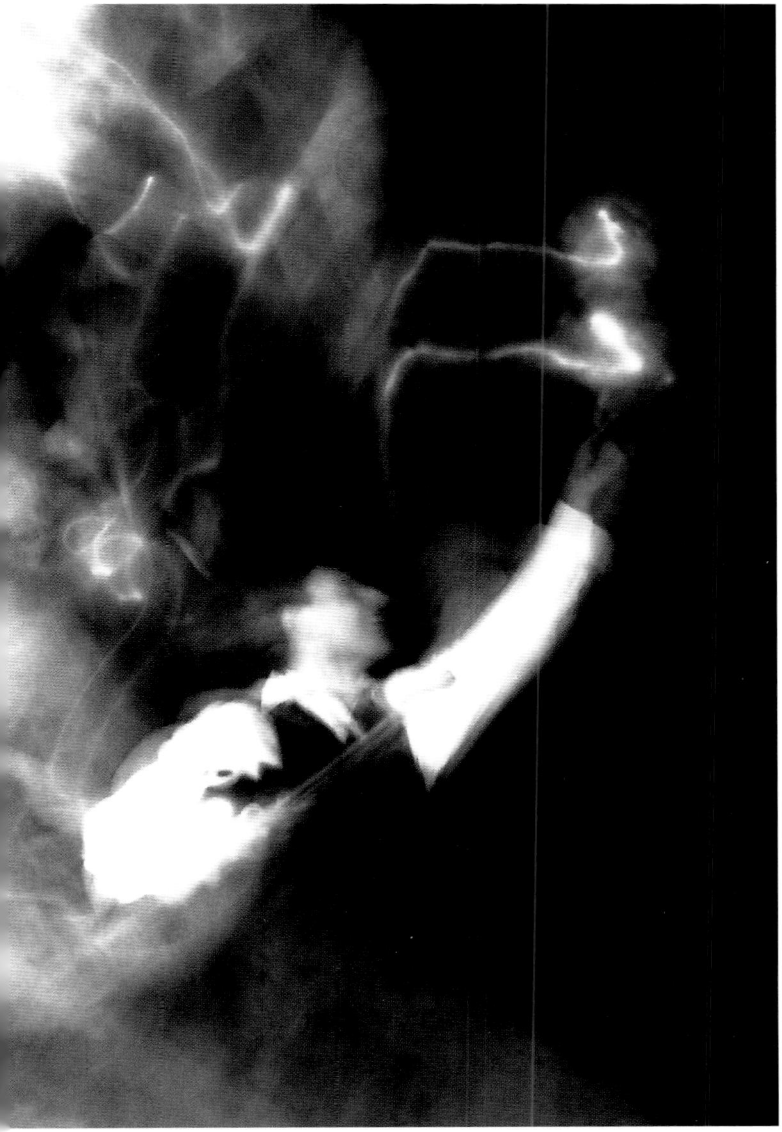

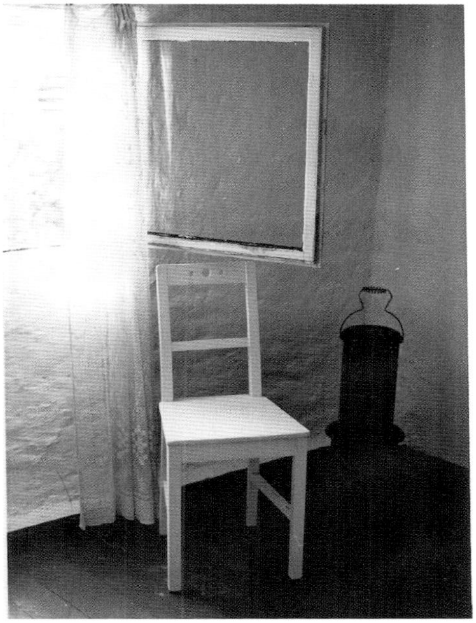

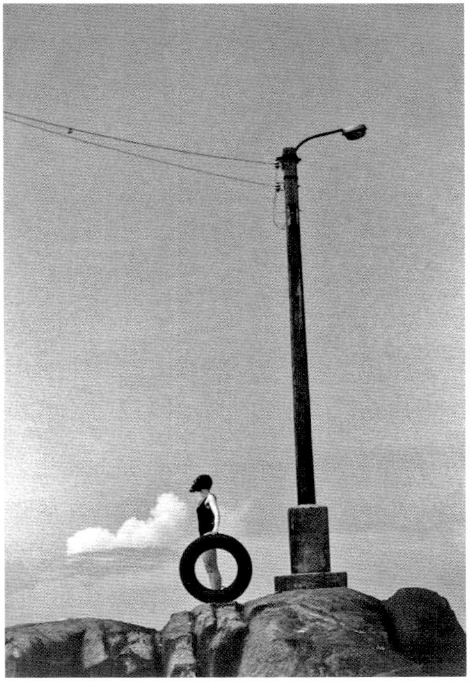

Foto: Almut Ad er, Belichtungswerte unbekannt

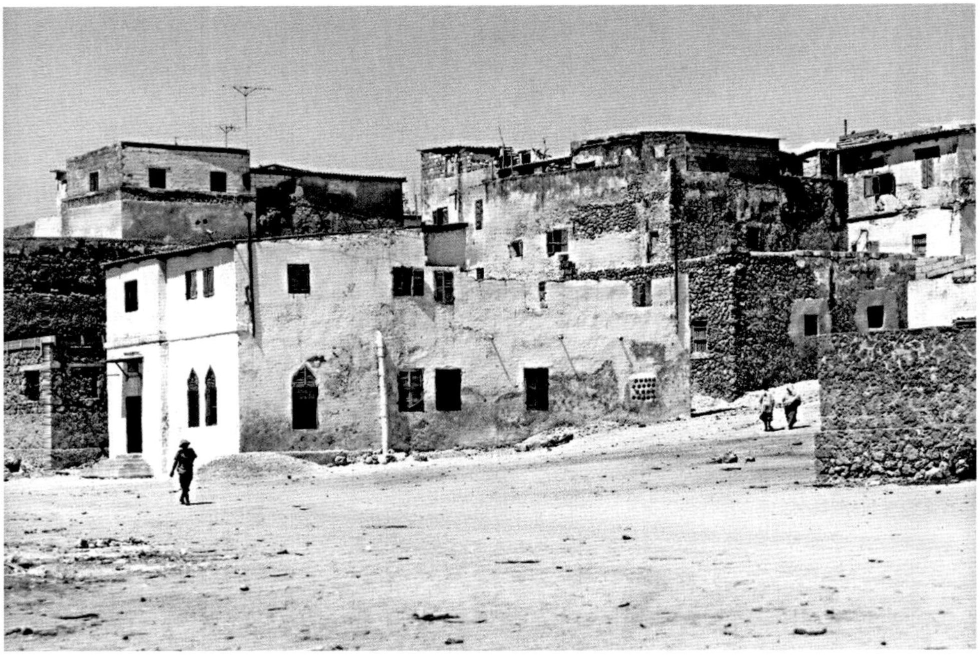

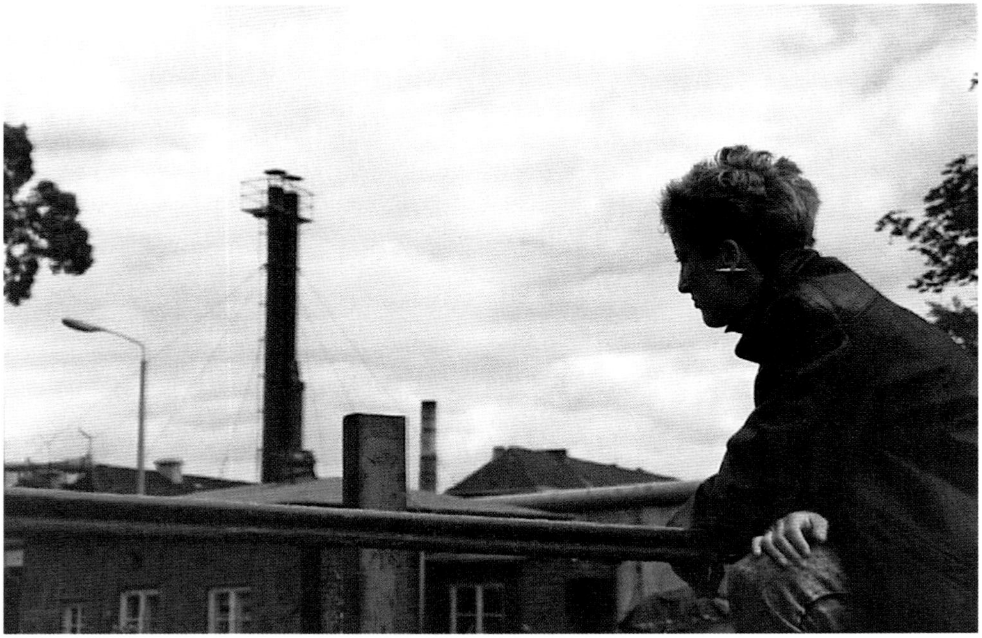

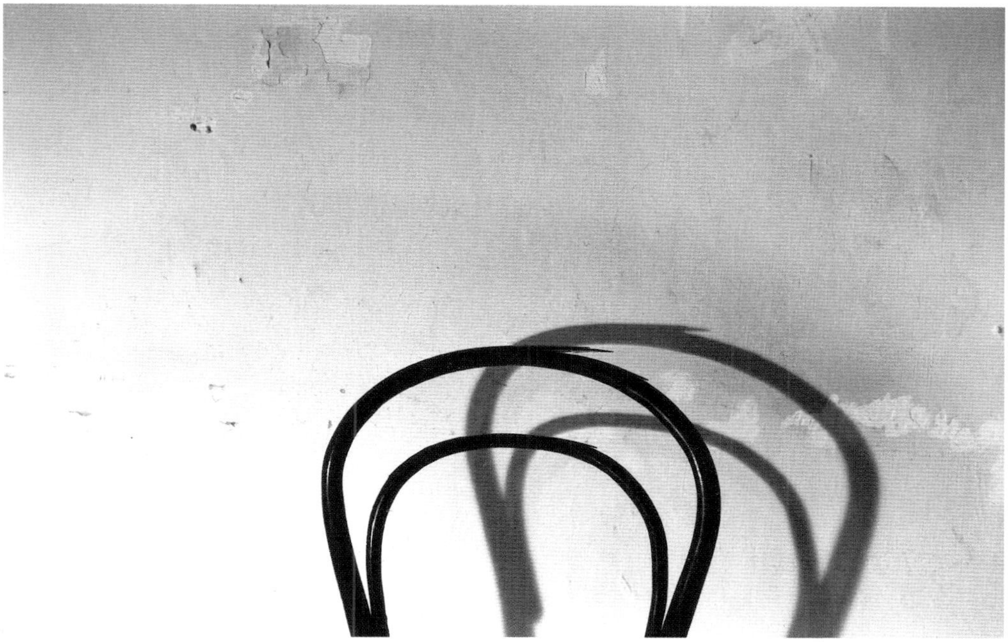

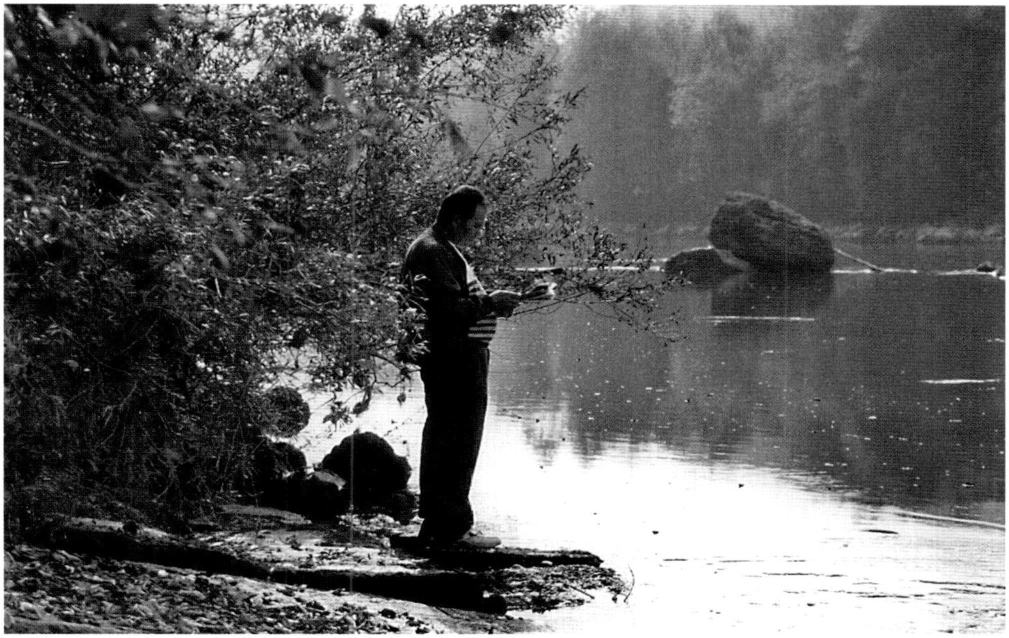

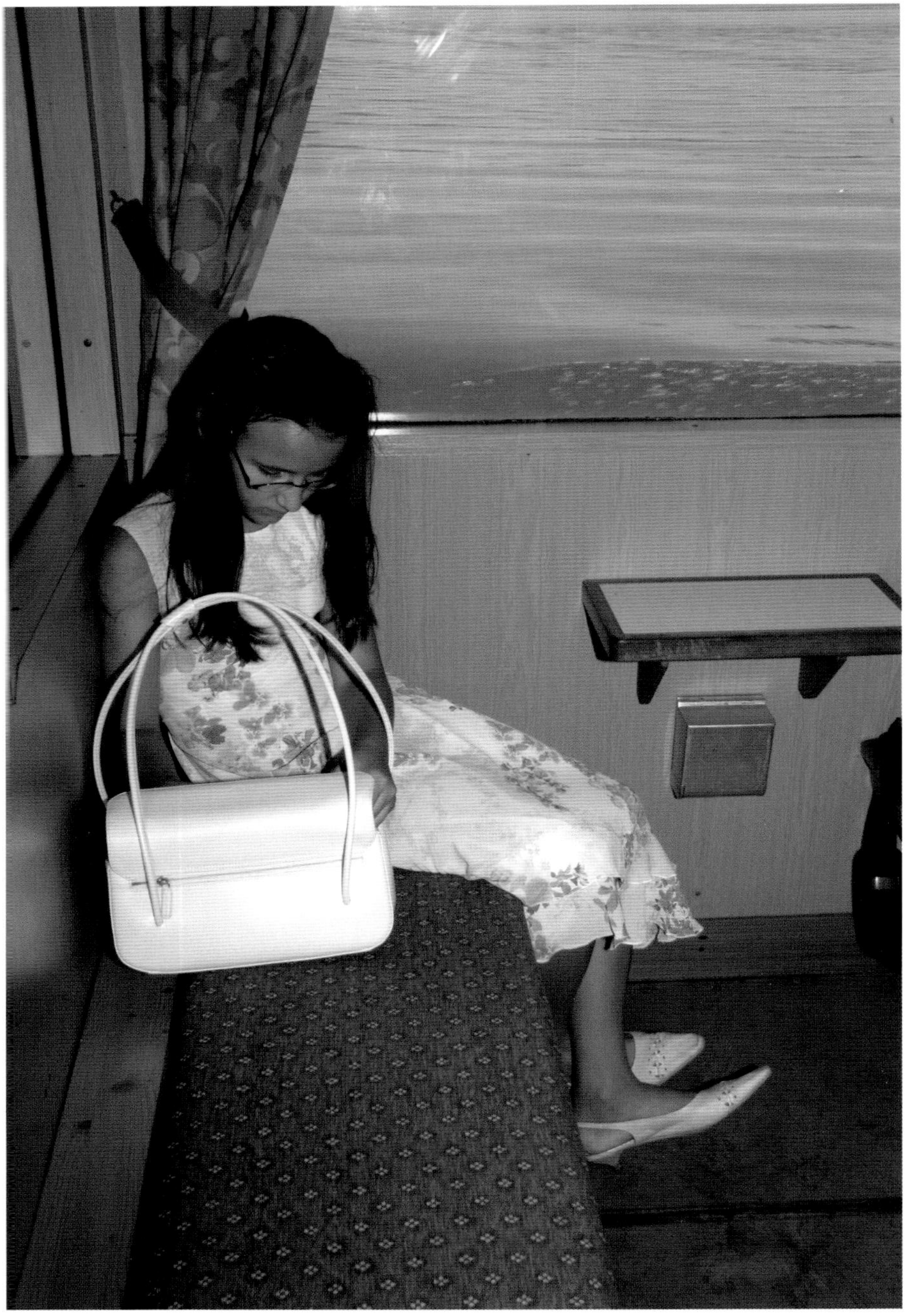

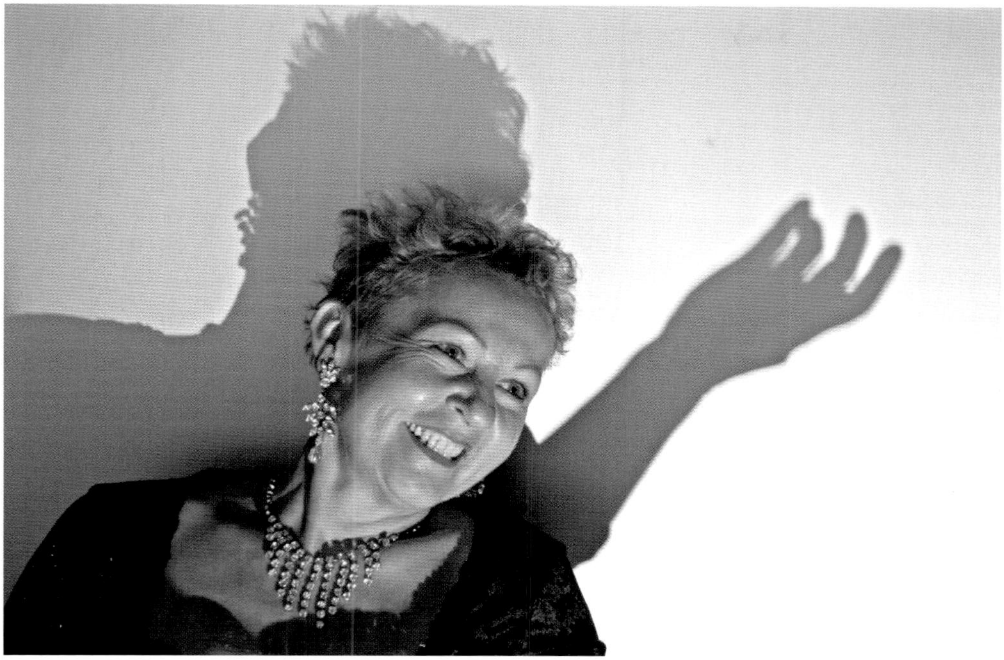

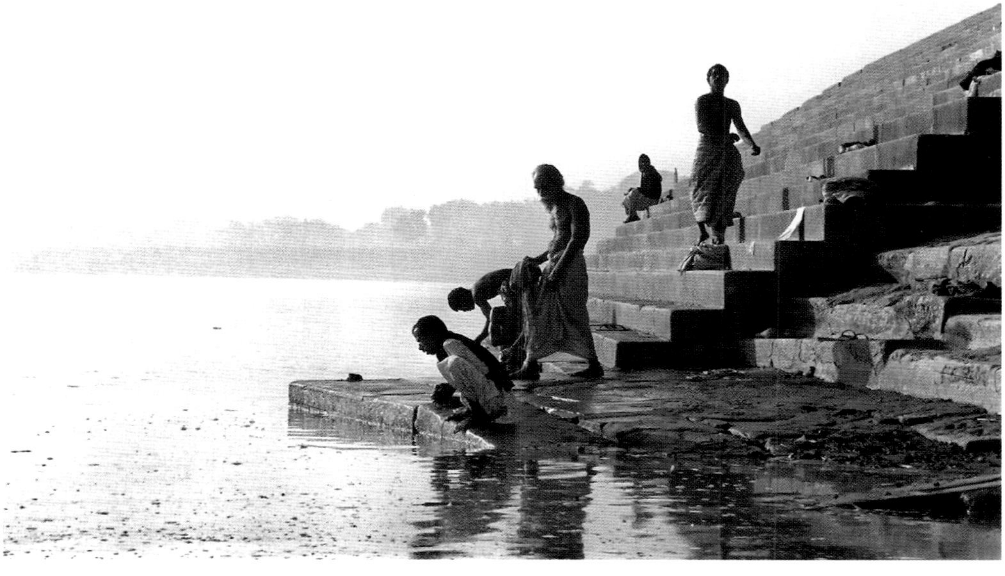

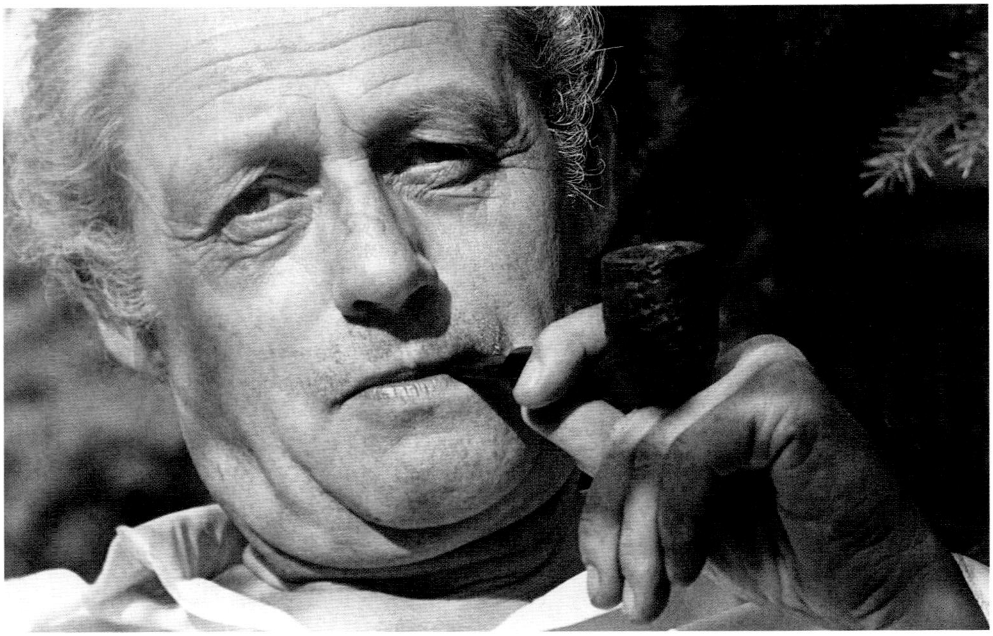

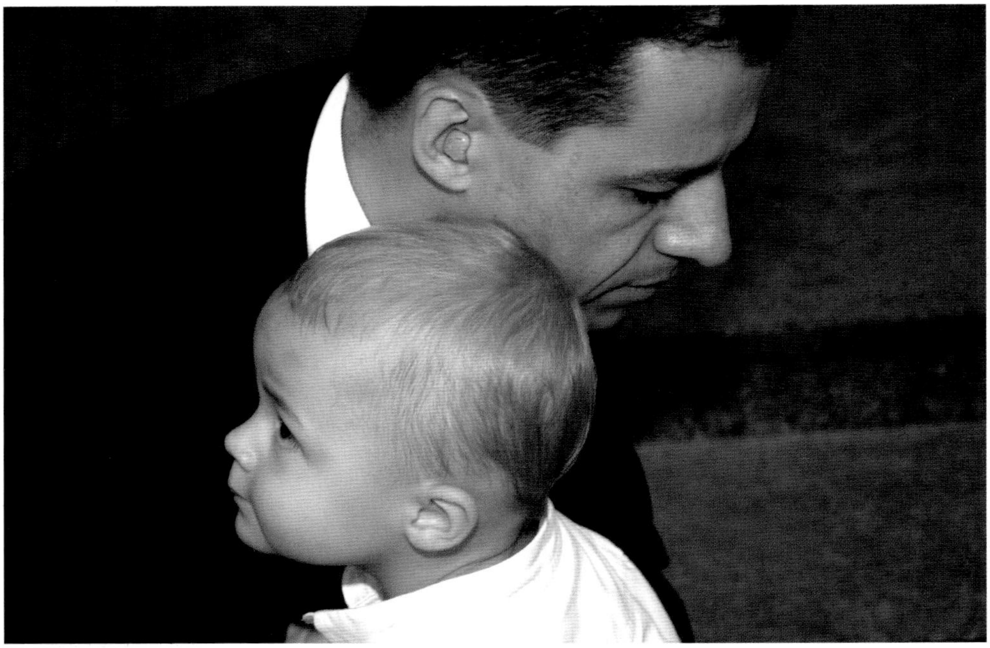

Der RAW-Modus in der Digitalfotografie

Rohes für ganz Feines

Das RAW-Format ist die verlustfreie Speicherung eines Fotos in maximaler Qualität. RAW-Dateien sind keine fertigen Bilder, sondern die Rohdaten des Kamerasensors. RAWs sind sozusagen die Negative in der Digitalfotografie, weil sie sich verlustfrei bearbeiten lassen. Beim JPEG-Format hingegen werden die Pixel bereits in der Kamera optimiert, aber auch komprimiert.

Der Vorteil des RAW-Formats ist, dass es eine größere Farbtiefe ermöglicht und die Dateien nach der Aufnahme auf vielfältigste Art bearbeitet werden können, bevor sie schließlich als TIFF- oder JPEG-Datei abgespeichert werden. Eine JPEG-Bildbearbeitung wird offensichtlicher, je öfter ein Bild "verbessert" wurde. Die Pixel treten dabei störend zutage. Im Histogramm ist das an der linienförmigen Kammstruktur zu sehen.

Beim RAW-Format lassen sich verschiedene Parameter beeinflussen, um das Bildergebnis perfekt zu optimieren. Weißabgleich, Schärfe, Sättigung und Kontrast können nachträglich bearbeitet werden.

Um mit RAW-Daten arbeiten zu können, wählen Sie im Menü der Kamera statt JPEG die Einstellung RAW. Dies ist **nur** in den Kreativprogrammen P, M, Tv und Av bzw. A, S und M möglich, in den Motivprogrammen nicht. In der ernsthaften Fotografie gelten diese Programme ohnehin nur als „Knipsprogramme“. Einige Digitalkameras können sogar JPEG und RAW parallel aufzeichnen. Das hat jedoch den Nachteil, dass wesentlich weniger Aufnahmen auf den Speicherchip passen; der Vorteil besteht darin, dass RAWs für Fotoabzüge nicht erst langwierig umgewandelt werden müssen.

RAW-Dateien sind grundsätzlich in der höchsten Auflösung, die eine Kamera zu bieten hat. Je nach Kameramodell haben RAW-Dateien eine unterschiedliche Dateiendung. Zum Spektrum der Raw-Dateierweiterungen zählen beispielsweise *.DNG, *.CRW , *.CR2 oder *.NEF.

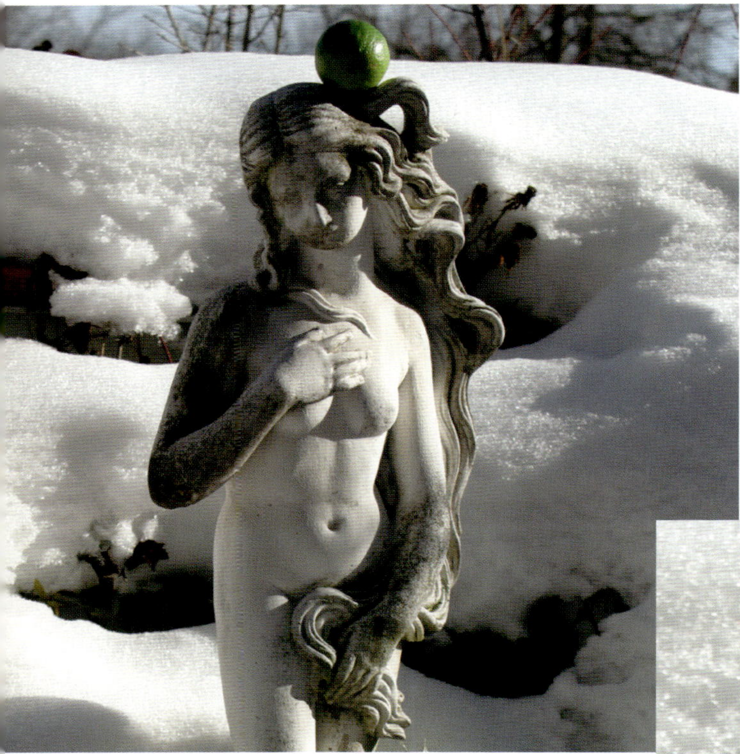

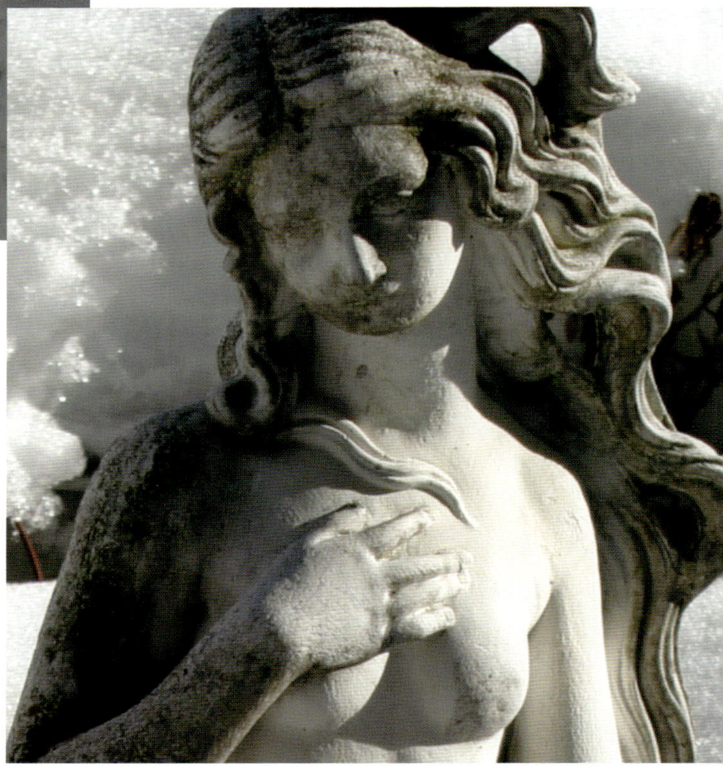

Abbildung 10.9: Der Qualitätsunterschied zwischen RAW und JPEG ist bei oberflächlicher Betrachtung gering. Für Profifotografen und die Weiterverarbeitung im Printbereich spielt die Qualität für eventuelle Vergrößerungen jedoch eine wichtige Rolle

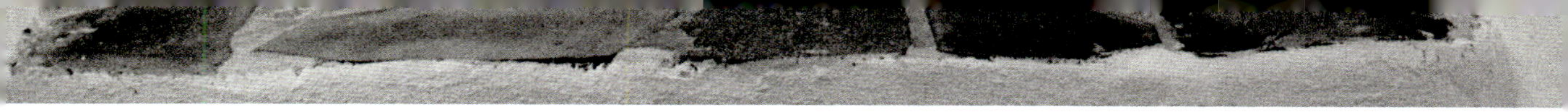

RAW-Dateien beanspruchen bei maximaler Flexibilität der Bearbeitung sehr viel mehr Speicherplatz als JPEGs, jedoch weniger als Tiffs mit den eingeschriebenen Bildinformationen. Auf einen 1-GByte-Chip passen im JPEG-Modus immerhin 258 Aufnahmen, im RAW- Format jedoch nur 110 Bilder.

Das Histogramm in der Digitalfotografie

Ein Histogramm zeigt die Helligkeitsabstufungen in Verbindung mit der Aufnahme am Kameradisplay an. In der analogen Fotografie fehlt diese Kamerafunktion und hat somit keine Bedeutung. Obwohl Digitalkameras dieses Hilfsmittel anbieten, empfehle ich, wegen der größeren Ansicht, die Bildbearbeitung am Computer.

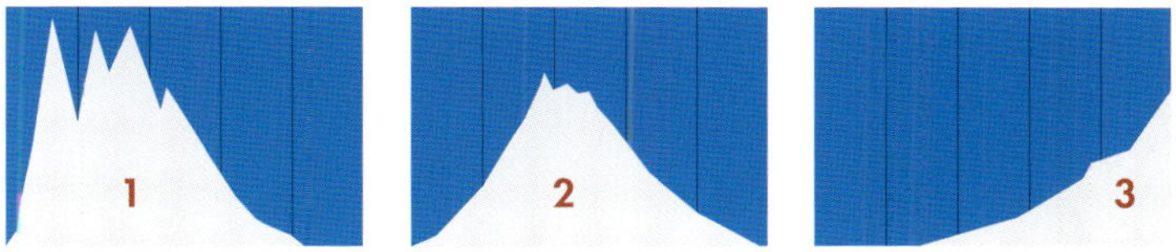

unterbelichtet = dunkles Bild | *richtig belichtet = normales Bild* | *überbelichtet = helles Bild*

Berg und Talfahrt

Digitalfotografen haben mit dem Histogramm den Vorteil einer sofortigen Qualitätskontrolle. Helligkeitswerte einer Aufnahme werden grafisch in einer Art Bergquerschnitt angezeigt. Dadurch wird ersichtlich, ob die Belichtung optimal ausgefallen ist.

Je häufiger bestimmte Helligkeitswerte vorkommen, umso höher baut sich ein Berg im Diagramm auf. Hohe Berge am linken Rand (1) des Diagramms bedeuten eine dunkle, also unterbelichtete Aufnahme. Eine ausgewogene und normale Belichtung (2) zeigt einen Bergquerschnitt, bei dem die Töne zum Rand hin wie Täler auslaufen. Hohe Berge am rechten Rand (3) des Diagramms zeigen eine zu helle, überbelichtete Aufnahme.

Visuelle Hilfsmittel

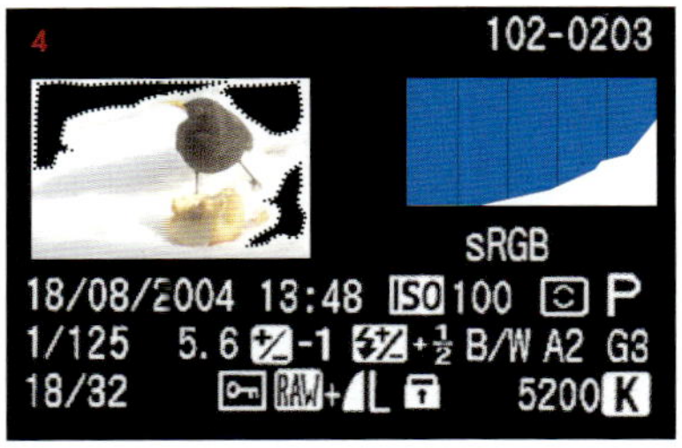

Mithilfe der Belichtungskorrektur werden zu dunkle Bilder um einen positiven Wert mit beispielsweise +1 korrigiert, zu helle Bilder mit einem negativen Wert -1. Erheben sich die „Berge" im Histogramm nur sehr flach, so zeigt dies einen verminderten Tonwertumfang an – ein „flaches" Bild ohne Kontraste. Um eine Über- oder Unterbelichtung als gestalterisches Mittel einzusetzen, lässt sich das Histogramm bewusst mit der Belichtungskorrektur -/+ steuern. Fällt jedoch direktes Sonnenlicht auf den LCD-Monitor der Kamera, so ist eine Histogrammkontrolle nahezu unmöglich. Das spricht abermals für eine Bearbeitung am Computer.

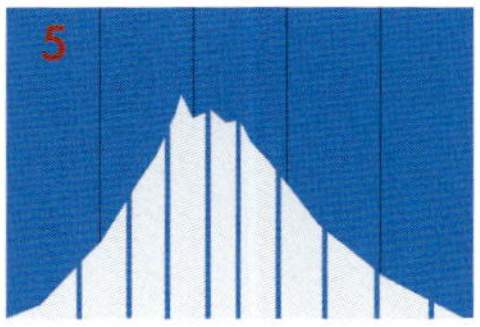

Für die spätere Bildbearbeitung am Computer bevorzuge ich das Aufnahmeformat RAW, da Originalbildinformationen einfach bessere Endergebnisse liefern. Das Histogramm, die Farbgebung, Helligkeit- Dunkelheits-Abstufungen und Kontraste der gemachten Fotos sind zudem auf einem Computerbildschirm besser zu beurteilen und zu korrigieren als auf dem kleinen Display der Kamera. Aufnahmen, die im JPEG-Format bearbeitet werden, verlieren wichtige Bildinformationen und die Fotos büßen an Qualität ein. Das ist an der „Kammstruktur" des Histogramms erkennbar (5), weil die Zwischeninformationen des Bildes fehlen.

Die moderne Dunkelkammer

Das manipulierte Foto

Die moderne Dunkelkammer der Fotografie ist das Bildbearbeitungsprogramm. Davon gibt es inzwischen Angebote wie Sand am Meer. Die Klassiker unter diesen Programmen sind *Adobe Photoshop CS 3* und die kleine „abgespeckte Schwester“ *Photoshop Elements 5*. Letzteres Programm kann ich nur wärmstens empfehlen, denn es kostet nur einen Bruchteil der „großen Schwester“. Es bietet Anwendungsmöglichkeiten zur Genüge, um sich bis ans Lebensende damit zu beschäftigen. Der einzige Nachteil von Photoshop Elements besteht darin, dass es RAW-Dateien nur im 8-Bit-Modus anstatt im 16-Bit-Modus verarbeiten kann.

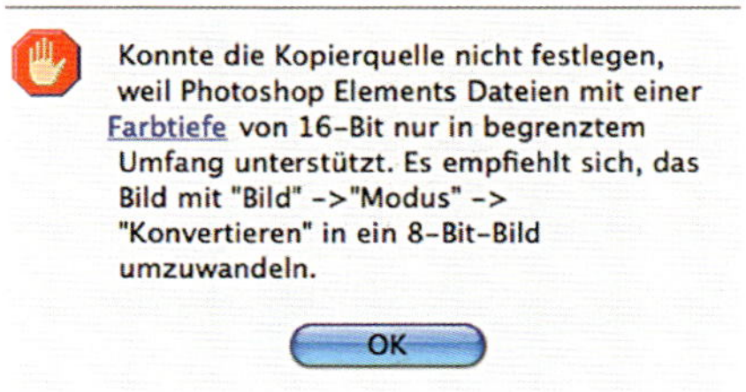

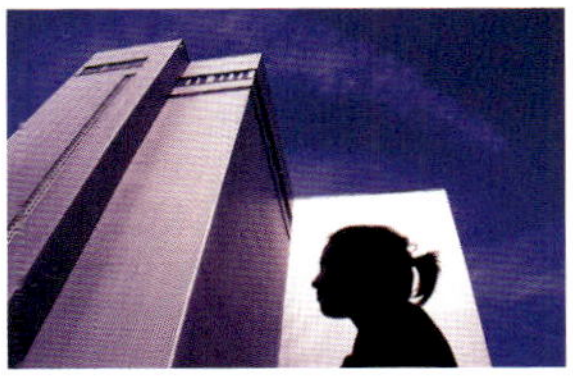

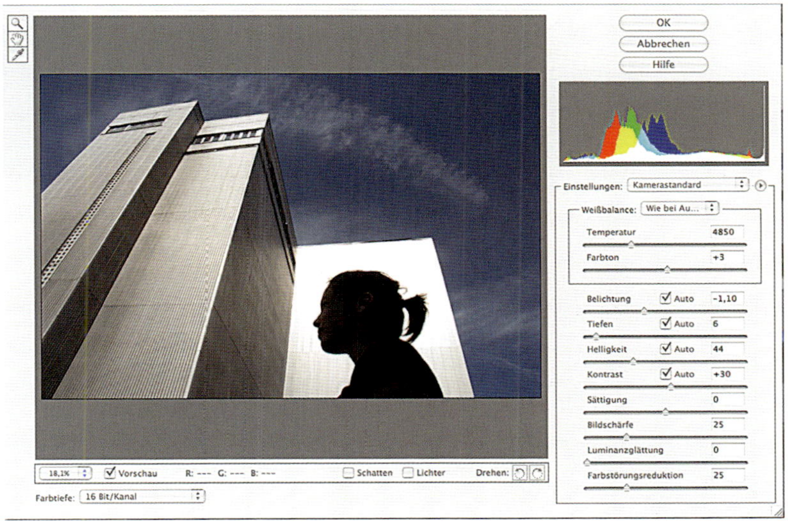

Abbildung 10.8: Die nachträgliche Bildbearbeitung ist mit dem RAW-Konverter am Bildschirm wesentlich genauer anzuwenden als mit entsprechenden Voreinstellungen an der Kamera

Just a little Bit

Die kleinste Informationseinheit eines Computerbildes beträgt 1 Bit. Somit erklärt sich, dass eine Bilddatei von 16 Bit im Vergleich zu 8 Bit doppelt so groß ist und bis zu 256-mal so viele Informationen beinhaltet.

Um Ihnen das Unsichtbare zu visualisieren, komme ich wieder auf meinen Wasserglasvergleich zurück. Ich habe zwei Gläser, das eine fasst 250 ccm Wasser, das andere 500 ccm Wasser. Nun möchte ich 250 ccm Wasser auf eine Wanderung mitnehmen. Das geht jedoch nur, indem ich das Glas mit 500 ccm Fassungsvermögen hernehme. Doch das Glas ist nur halb voll, wenn ich es mit 250 ccm Wasser fülle. Oder ist es halb leer?

Das komprimierte JPG-Format kann nur 8 Bit speichern, mehr Bits sind für viele Bildbearbeitungsprogramme auch nicht vorgesehen. Mittlerweile wurde Photoshop CS 3 wesentlich verbessert, sodass beinahe alle Schritte im 16-Bit-Modus ausführbar sind.

Dennoch sind 16 Bit nicht das Allwundermittel für Qualität. Vergleichen Sie ein 8-Bit-Foto mit einem 16 Bit bearbeiteten Foto, so halten sich die Bildverluste in akzeptablen Grenzen – vorausgesetzt, Sie überschreiten kein Bildformat von 18 x 24 cm. Erst ab diesem Format machen sich 8 Bit als schlechtere Bildqualität bemerkbar.

Die meistverstandene Sprache der Welt ist die Bildsprache.

Almut Adler, 1951, Fotokursleiterin

Die Bildretusche

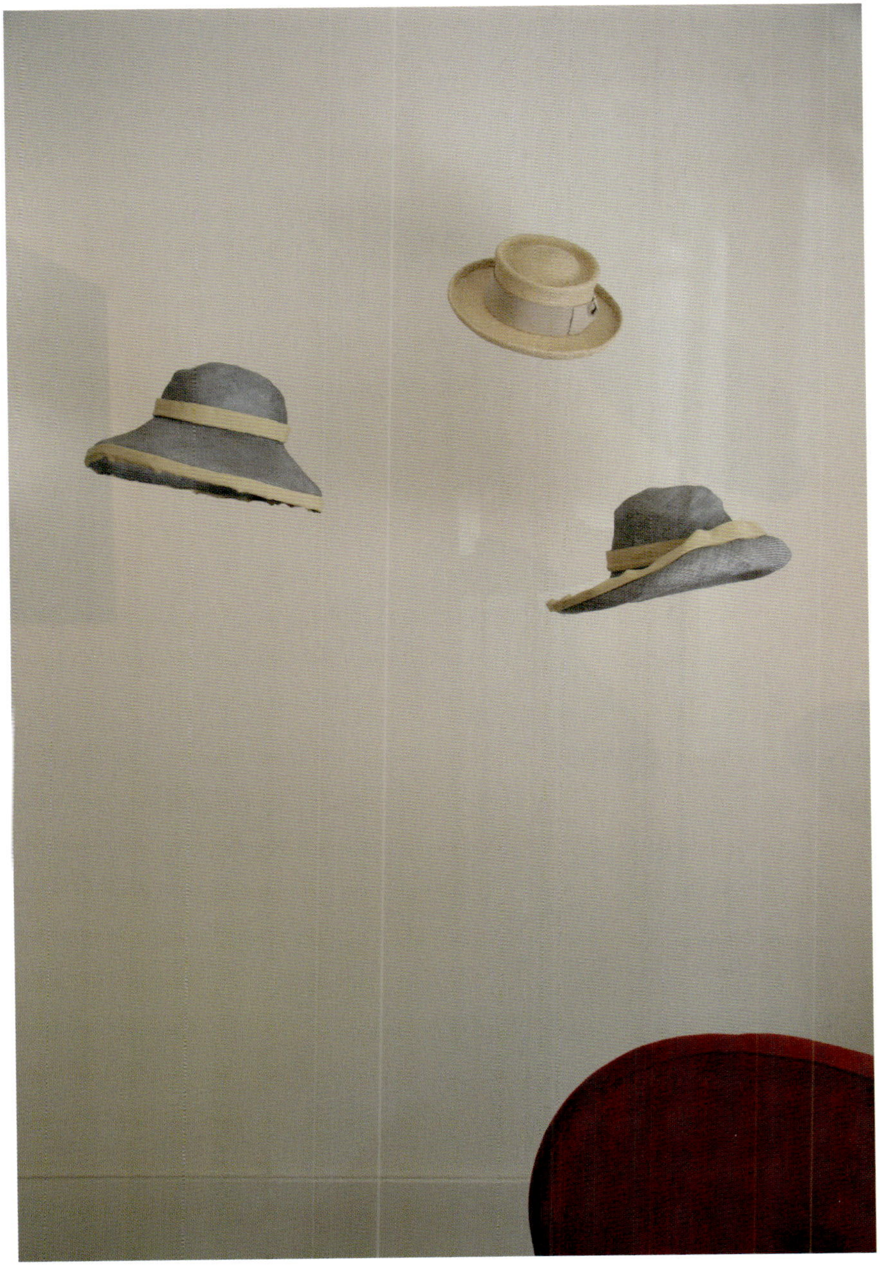

Die klassische Fleckenretusche

Spurenbeseitigung

Alte Familienfotos ohne vorhandene Negative sollten Sie hüten wie kleine Schätze. Viele Bilder haben jedoch mit den Jahren gelitten und ihre Farben sind verblasst. Durch Knicke und Risse wurden sie teilweise zerstört, Flecken haben sie unansehnlich gemacht. Mit ein paar geübten Mausklicks können Sie jedem Foto wieder neuen Glanz verleihen und noch weitere Generationen damit erfreuen.

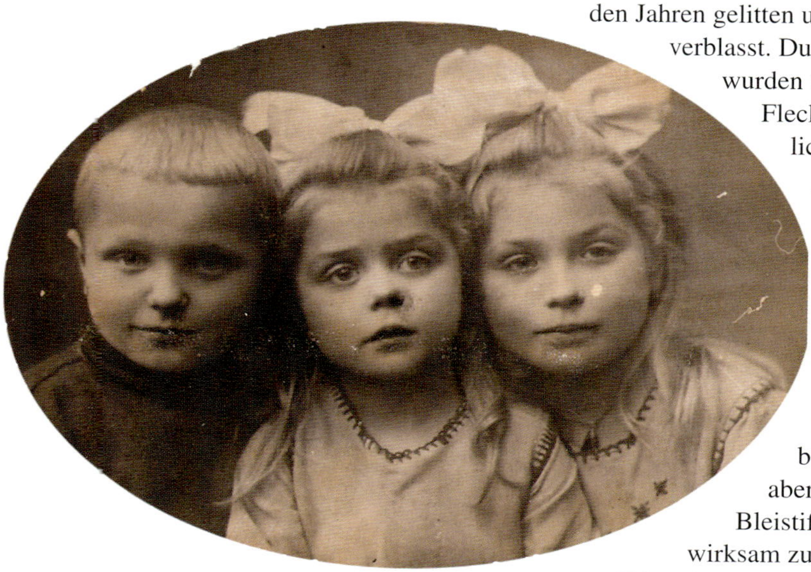

Wieder sind Stempel und Pflaster unentbehrliche Werkzeuge, aber auch feine Pinsel- und Bleistiftspitzen kommen hier wirksam zum Einsatz, ebenso Wischfinger und Schärfefilter. Mithilfe der Vergrößerungslupe können Sie so präzise arbeiten, als wären die Jahre an den Bildern spurlos vorübergezogen.

Altersflecken

Dieses Familienfoto hat den Krieg nicht unbeschadet überstanden. Altersflecken machen sich auf Kindergesichtern breit und die vergilbte Fotoschicht löst sich stellenweise vom Papier. Wie so oft ist aus den Vorkriegsjahren kein Negativ mehr vorhanden und Familienangehörige legen deshalb großen Wert darauf, diese Bilder wieder zu restaurieren.

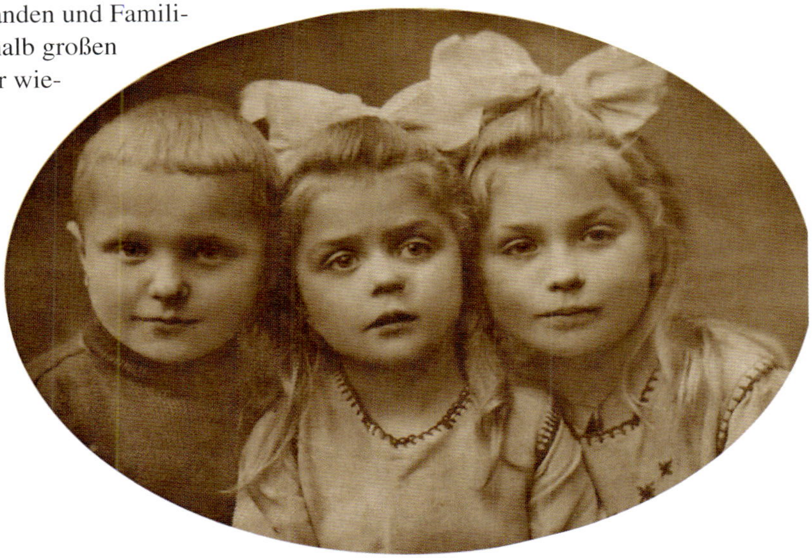

Abbildung 10.9: Eine präzise Bildrestauration verhalf den drei Geschwistern von 1919 auf dem Foto zu einer Verjüngungskur, die es weitere 100 Jahre überdauern lässt

Mein Passbild ist eines der bemerkenswertesten Fotos, die ich je gesehen habe; keine Retusche, keine Schatten, keine Schmeichelei – einfach ganz ich..

Anne Morrow Lindbergh, 1906–2001, Schriftstellerin und Flugpionierin

Make-up mit dem Werkzeugkasten

In der Porträtfotografie können Sie mit einem Bildbearbeitungsprogramm kleine „Make-ups" am Bildschirm vornehmen.

Das kann die normale Fleckenretusche sein, eine Faltenbeseitigung, eine Hautbräunung oder das Weißen der Zähne. Auch ein totales „Facelifting" kann am Bildschirm vorgenommen werden. Mit diesen Effekten können Sie sich schnell um ein paar Jahre verjüngen. Eine illustre Zeitschriftenbranche lebt von solchen Bild-Geschichten aus dem digitalen Schminkkoffer.

Anhand einiger Fotobeispiele möchte ich nur kurz beschreiben, was Ihnen mit einem Bildbearbeitungsprogramm grundsätzlich möglich ist.

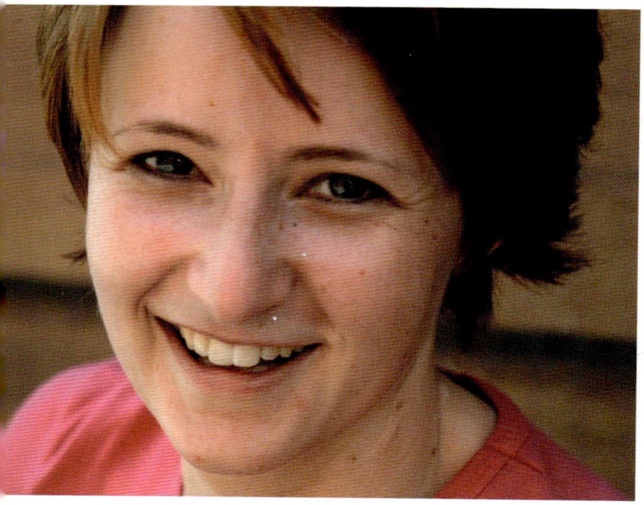

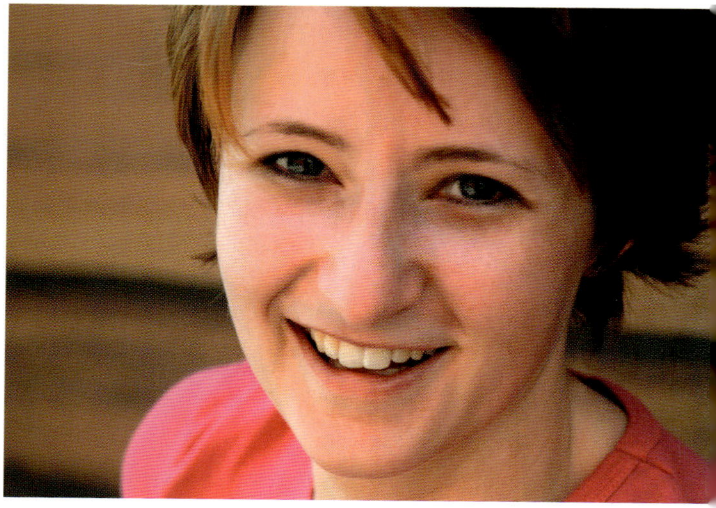

Natürlich lässt sich noch weitaus mehr bewerkstelligen. Deshalb werde ich hier nicht näher auf die einzelnen Werkzeuge und Techniken eingehen, denn zu diesem Thema gibt es sehr ausführliche Fachbücher. Die nachfolgenden Beispiele beziehen sich auf Retuschen mit den Programmen Adobe Photoshop Elements 5 bzw. Photoshop CS 3.

Albinoaugen ade

Besonders störend empfinden wir die roten Albinoaugen bei Porträt- oder Tieraufnahmen. Das können Sie nur durch indirektes Blitzen vermeiden. Mit dem kleinen Hilfsblitzlicht auf der Kamera ist Ihnen das jedoch nicht möglich, da der Blitz sich nicht schwenken lässt. Die Kamerafunktion zur Verringerung roter Augen schaltet diesen Effekt nicht 100-prozentig aus, sondern verringert ihn nur. In diesem Fall müssen Sie das „Rote-Augen-Werkzeug“ von Photoshop Elements oder Photoshop CS3 zur Hilfe nehmen. Dabei können Sie sogar den Farbton der Augen und die Helligkeit bestimmen.

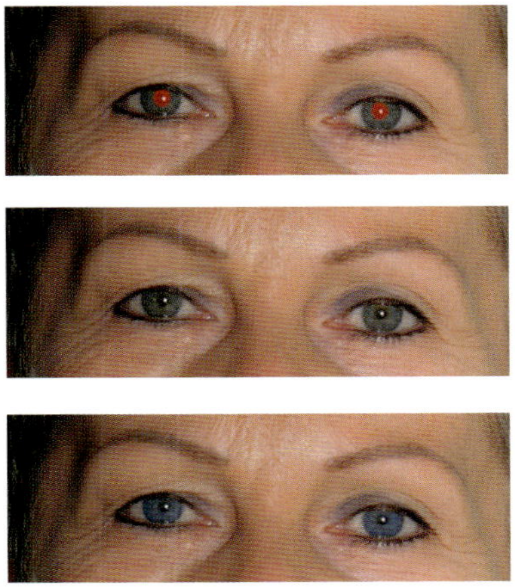

Durch ein direktes Blitzlicht leuchten die Pupillen der Frau wie rote Kugeln und zerstören den natürlichen Ausdruck eines fotografischen Augenblicks

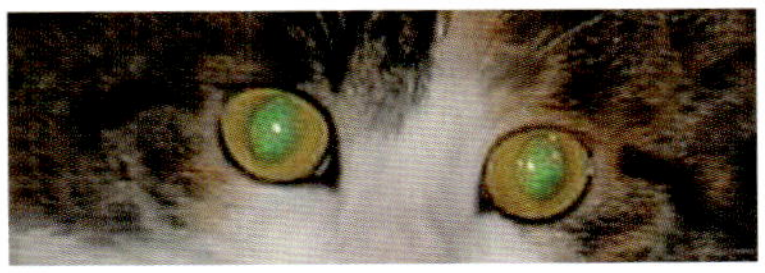

Der Rote-Augen-Effekt wirkt sich farblich unterschiedlich auf die Netzhaut aus; bei Menschen rot, bei Katzen und Hunden grün und bei Pferden weiß

Fliegende Hüte

Hüte auf der Stange wurden mit einfachen Mausklicks zu schwebenden Hüten.

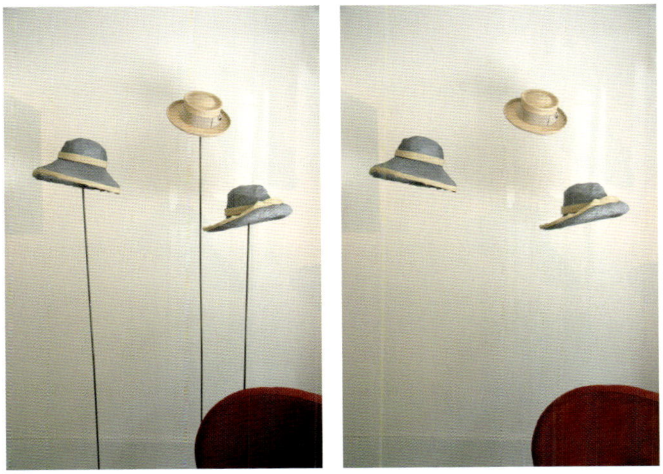

Auch andere störende Elemente im Hintergrund können mit den Werkzeugen „Stempel“ oder „Pflaster“ schnell und nahtlos entfernt werden.

Je mehr Sie Ihr Bild für die Retusche vergrößern, umso sauberer wird Ihr Ergebnis ausfallen. Diese Bildmanipulation kann uns eine Scheinwelt vorgaukeln, die dem Betrachter noch nicht einmal bei näherem Hinsehen ins Auge fällt.

Die Textebenen

Einem Foto, auf dem sich Text befindet, wurde eine neue Ebene hinzugefügt. Stellen Sie sich das Ganze vor, als seien es übereinandergelegte Blankfilme. Jeder Textfilm ist eine Ebene und jede Ebene ist untereinander austauschbar. Ihr Originalfoto bleibt somit unangetastet und dient lediglich als Hintergrund.

Postkarten selbst gemacht

Möchten Sie eigene Postkarten gestalten? Nichts ist einfacher als das! Bildbearbeitungsprogramme wie z. B. Photoshop Elements und Photoshop CS3 arbeiten mit verschiedenen Ebenen. Das müssen Sie sich folgendermaßen vorstellen: Ihr Originalfoto ist die 1. Ebene. Hierauf möchten Sie einen Text platzieren. Das ist dann die 2. Ebene. Möchten Sie einen weiteren Text in einer neuen Farbe hinzufügen, so befindet sich dieser bereits in der 3. Ebene. Das hat den Vorteil, dass Sie alle Texte jederzeit verändern können, ohne das Originalbild zu zerstören.

Das Bild mit der Uhr besitzt 2 Ebenen. Die 1. Ebene ist die Uhr. In dieser Ebene wurde auch das halbe Zifferblatt wegretuschiert. Die 2. Ebene entstand durch den Text „Halbzeit“.

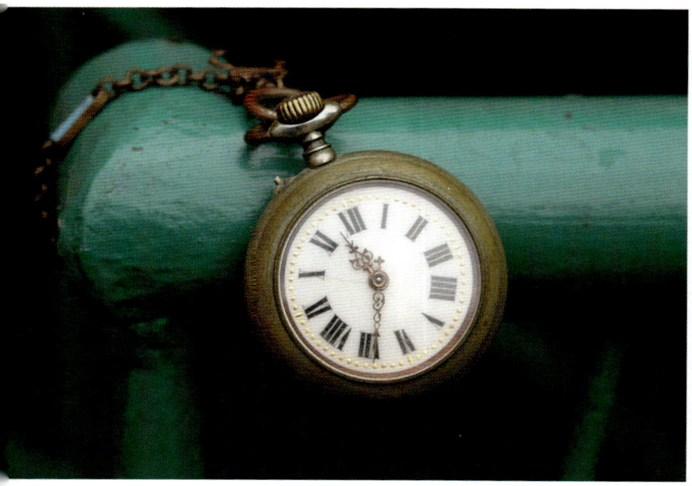

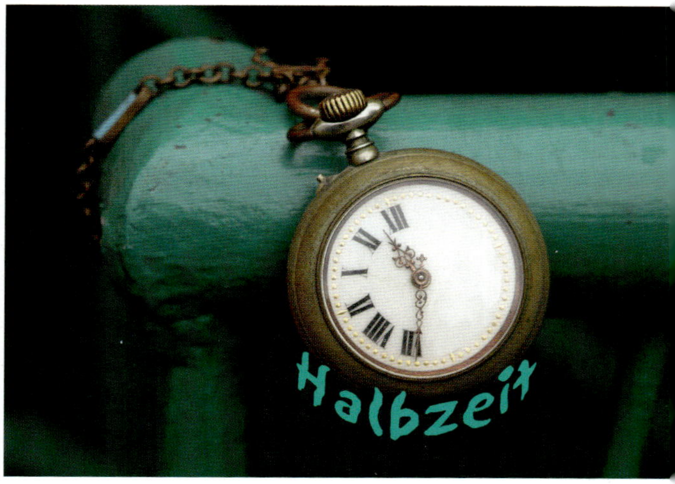

Die dritte Ebene

Dieses Foto beinhaltet 3 Ebenen. Die 1. Ebene ist das Originalfoto mit dem Buchstaben *F*. Die 2. Ebene ist das Wort *Tarn* und die 3. Ebene das Wort *arben*. Hierbei wurde die 3. Ebene nach oben gestellt und überdeckt dabei das Wort *Tarn*. Genauso gut kann ich aber das Wort *Tarn* in den Vordergrund stellen. Würde ich das Originalfoto in die erste Ebene (Vordergrund) stellen, so wären beide Wortebenen überdeckt und der „Tarnfarben-Text" verschwunden.

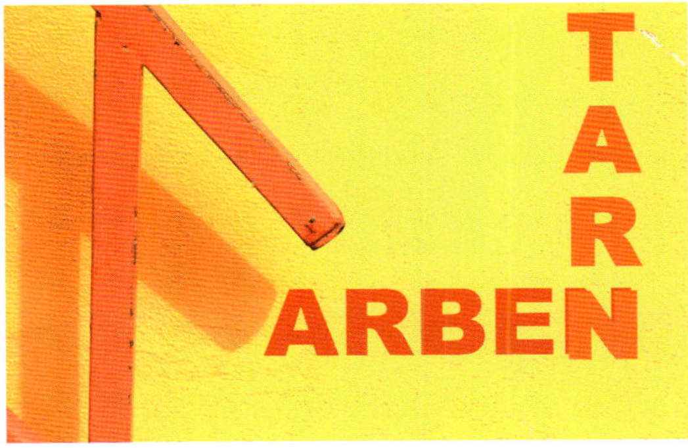

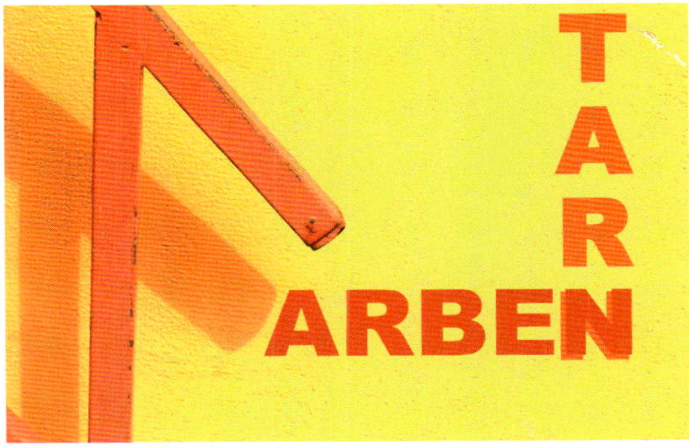

Herz mit Füßen getreten

Das als Duplex verfremdete Schwarzweißfoto wurde mit dem Stempelwerkzeug zusätzlich bearbeitet.

Auf dem oberen Bild wurde mit dem Stempelwerkzeug eine Kopie von einem Fußabdruck im Schnee genommen und an anderer Stelle wieder hinzugefügt. Damit die Kopien nicht alle gleich aussehen, nehme ich mit dem Stempel einen zweiten, jedoch anderen Fußabdruck und füge ihn wieder hinzu. Diesen Vorgang wiederhole ich so oft, bis ich meine Herzform gebildet habe (Bildbeispiele nächste Seite).

Die Herzform befindet sich auf der 1. Ebene, der Text auf der 2. Ebene. Auf diese Art können beliebig viele Ebenen entstehen.

Unter Duplex versteht man im Allgemeinen, dass ein Schwarzweißbild zusammen mit einer zweiten Farbe (Schmuckfarbe) verwendet wird.

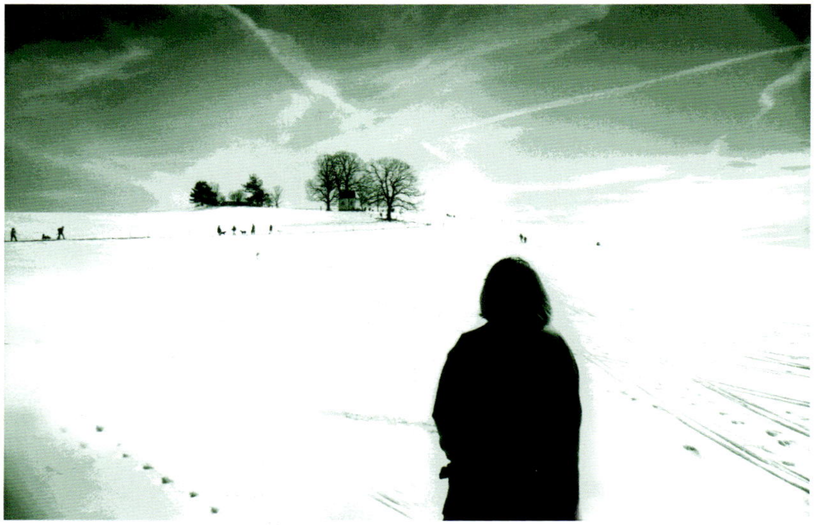

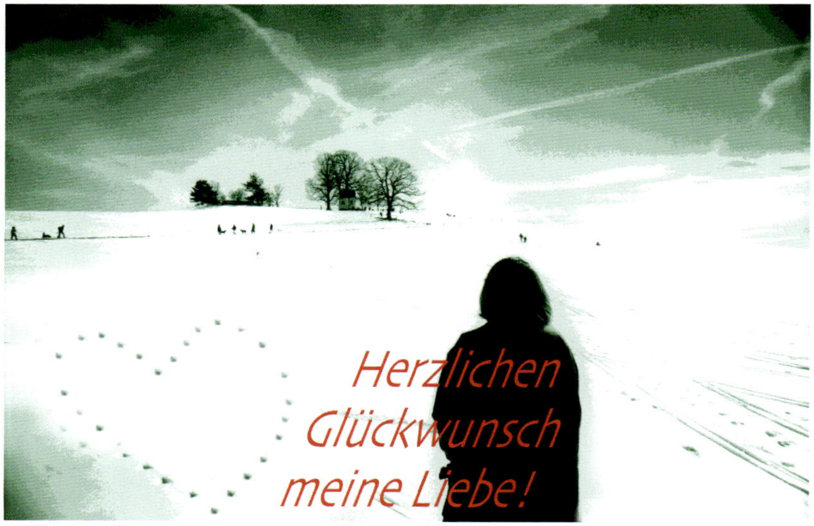

Weitere Infos

Die Autorin bietet in München 2-stündige Einzelkurse für digitale Bildbearbeitung an. Die Teilnehmerin lernt, mit den wichtigsten Werkzeugen zu arbeiten, um ihren Bildern den letzten Schliff zu geben (www.fototrulla.de/bildbearbeitung.html).

Die Hohlkehle

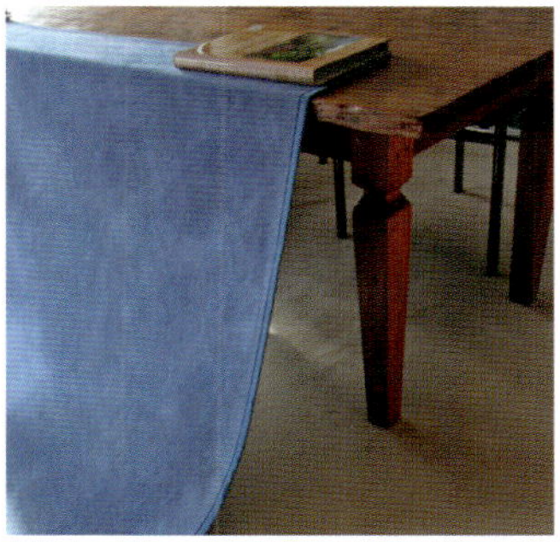

Objektfotos wie vom Profi

Sicherlich haben Sie sich auch schon über qualitativ schlechte Fotos im Internet geärgert, wenn Sie etwas kaufen oder ersteigern wollten. Nun möchten Sie selbst etwas verkaufen und diesen Artikel möglichst ansprechend ins Netz stellen. Oder Sie möchten ein Objekt frei gestellt abbilden, das heißt, ohne störenden Hintergrund – nur wie? Hierzu gibt es einen hilfreichen Trick:

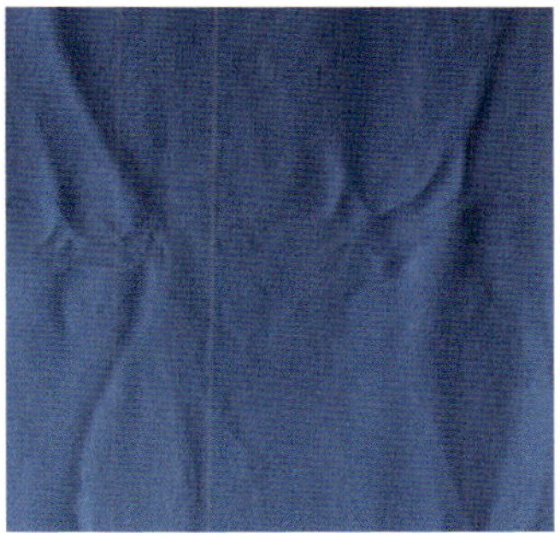

Kehle mit Ton

Zuerst einmal müssen Sie sich eine Hohlkehle bauen. Das ist ein einfarbig gewölbter Hintergrund aus Karton oder Stoff zur Ausrundung einer Kante. Auf diese Weise die störende waagrechte Hintergrundlinie „ausgetrickst". Zum Freistellen von Motiven eignen sich Aufnahmen mit einer Hohlkehle besonders gut, da der Hintergrund einen unbegrenzten Raum simuliert.

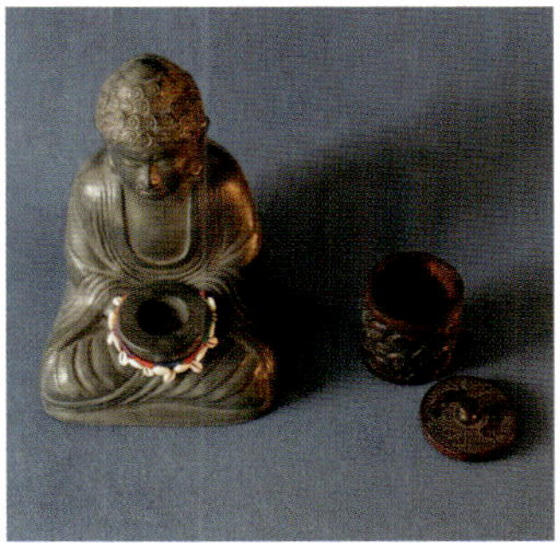

Die einfachste Lösung, eine Hohlkehle zu „bauen", ist die Verwendung einer unifarbenen Decke oder eines faltenfreien Lakens. Wegen der Reflektion verwenden Sie möglichst nichts Weißes, sondern wählen eine neutrale Farbe.

1. Befestigen Sie die Decke auf einer Tischplatte (1), indem Sie die Ecken mit Büchern beschweren (1).
2. Dann ziehen Sie die Decke zu sich heran, lassen sie mittig etwas durchhängen und bilden eine Art weiche Kante.
3. Lassen Sie die Decke plan auf dem Boden auslaufen.
4. Ebnen sie mit den Handflächen etwaige Unebenheiten und Falten, weil sie störende Schatten erzeugen (2).
5. Platzieren Sie Ihr Motiv mittig von der Hohlkehle und fotografieren Sie es aus verschiedenen Perspektiven (3). Experimentieren Sie auch mit unterschiedlichen Lichtquellen.
6. Achten Sie darauf, dass Ihr Motiv nur vom Hintergrund der Hohlkehle umrahmt ist und nicht im Schatten liegt.

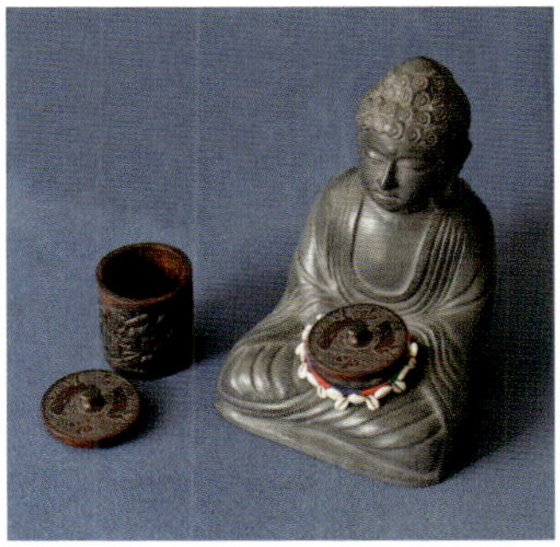

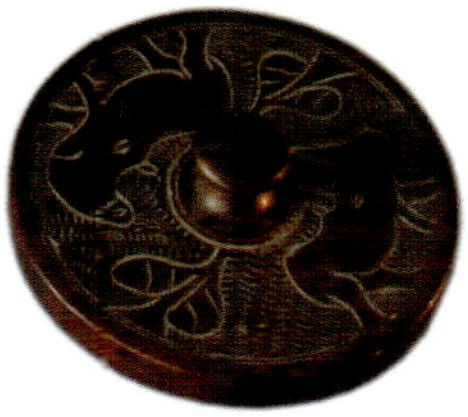

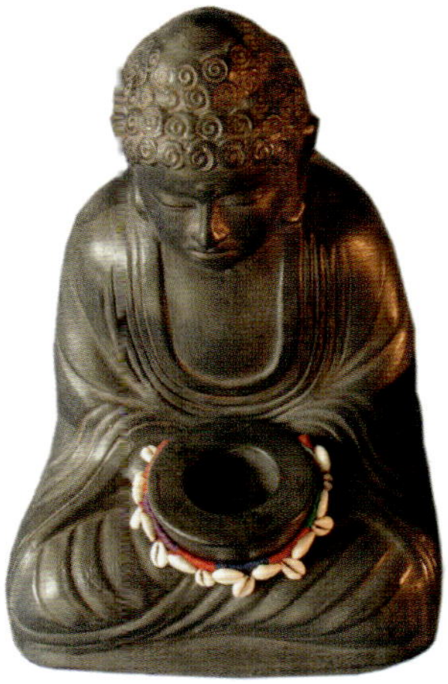

Auf diese Art können Sie nahezu jeden Gegenstand professionell darstellen. Gut abgebildete Objekte lassen auch den Verkauf im Internet erfolgreicher gestalten. Mit diesem Trick fiel der frei gestellte Holzdeckel Buddha fälschlicherweise in den Schoß (4).

Verkaufsstand Internet

Um Ihre Fotos nun ins Internet stellen zu können, verwenden Sie in Ihrem Bildbearbeitungsprogramm unter der Menüleiste „Datei" das Untermenü „Für Web speichern". Wählen Sie das JPG- oder GIF-Format für Ihr Foto aus. So wandert Ihr Bild mit speicherarmen 72 dpi zum Verkauf ins Netz.

Buddha frei gestellt

Wenn Sie frei gestellte Fotos mit anderen Fotos zusammenfügen, können Sie die verrücktesten Bilder komponieren.

Jedes Bildbearbeitungsprogramm bietet zum Freistellen verschiedene Werkzeuge an: das Lasso, das magnetische und das Polygonlasso, den Zauberstab, Auswahlellipse oder Auswahlrechteck, je nachdem, wie der frei zu stellende Hintergrund beschaffen ist. Je einfarbiger und ruhiger der Hintergrund, desto leichter wird Ihnen ein sauberes Freistellen gelingen.

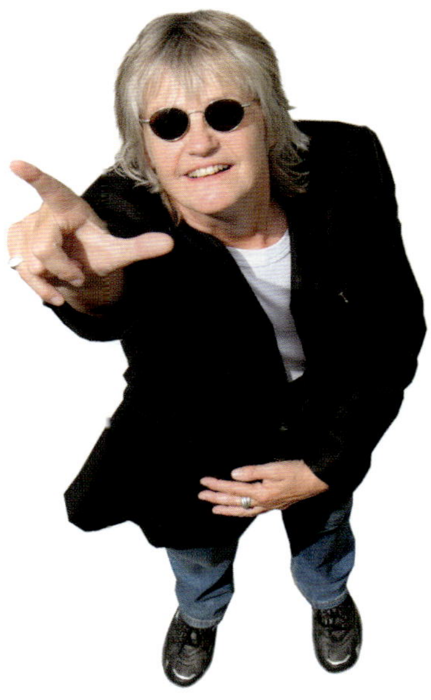

Objekte frei stellen

Bild in Bild

Reine Freisteller eignen sich hervorragend für klare Produktdarstellungen oder als kleine erklärende Bilder in Tabellen (1).

Mit einer Bild-in-Bild-Freistellung können Sie sich eine wahre Scheinwelt zusammenkopieren. Das kann, wenn es perfekt angewendet wird, durchaus glaubwürdig und realistisch wirken.

Spaßfaktor

Wenn Sie in einer Illustrierten einen Pinguin in der Wüste sehen oder wenn Charly Chaplin auf dem Schoß von Madonna sitzt, dann wissen Sie sofort, dass hier am Bild „gefummelt" wurde. Sehen Sie in einer Zeitschrift jedoch Madonna Händchen haltend mit Prinz Charles, dann könnte an dem Bild durchaus etwas Wahres dran sein.

Diese „Monitor-Fotografie" hat mit Sicherheit seinen Spaßfaktor, doch wenn diese Technik missbraucht wird, dann hört der Spaß auf.

Message in the bottle

Die Fotos rechts zeigen nur zu deutlich, wie mit Botschaften gespielt werden kann. So macht Bildbearbeitung Unmögliches möglich, indem sie zwei Perspektiven auf einem Bild vereint oder mich zum Geist aus der Flasche schrumpfen lässt

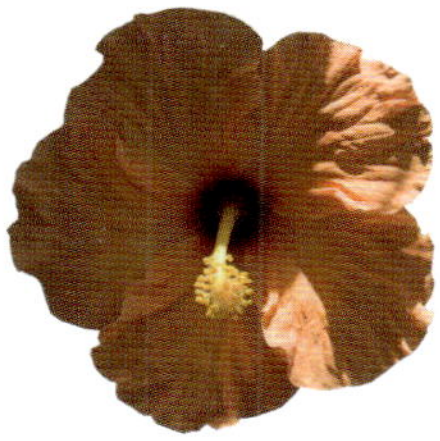

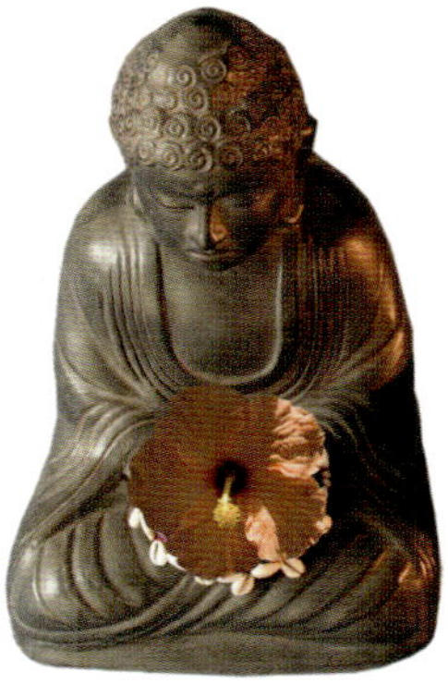

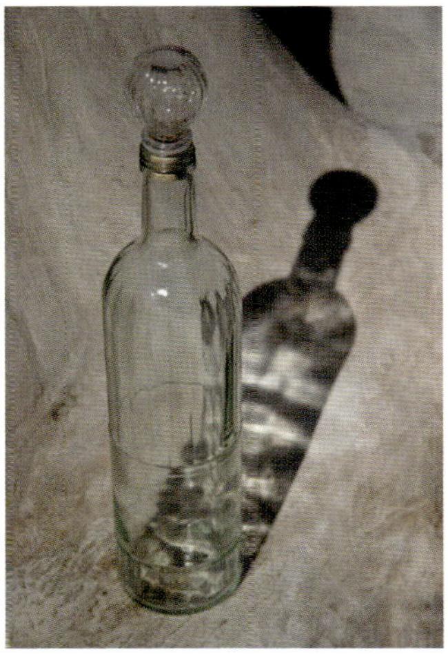

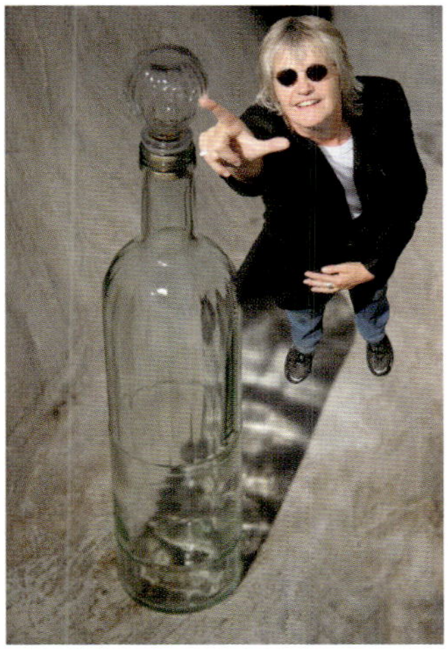

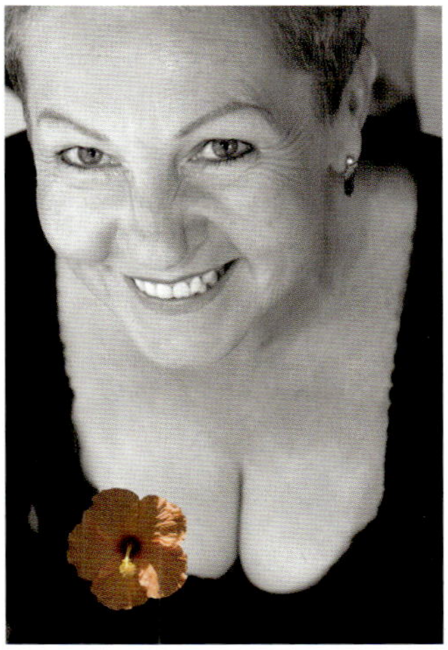

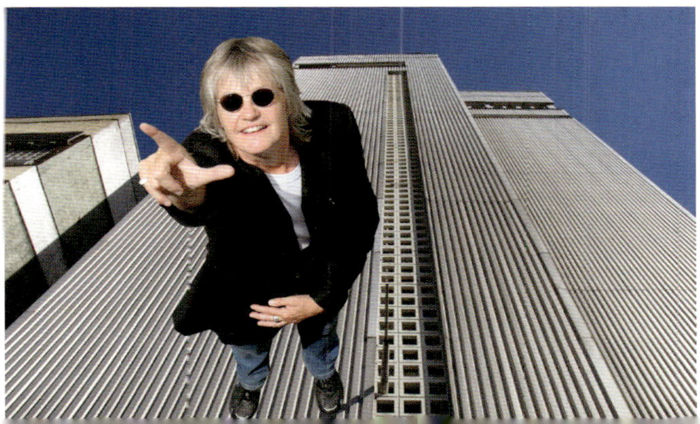

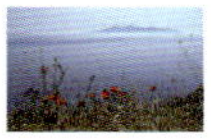
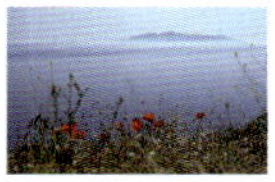
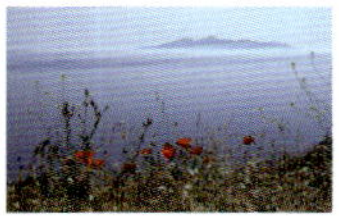
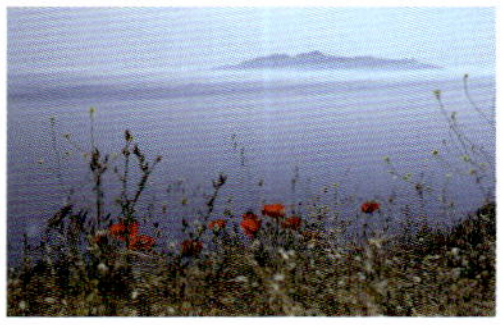
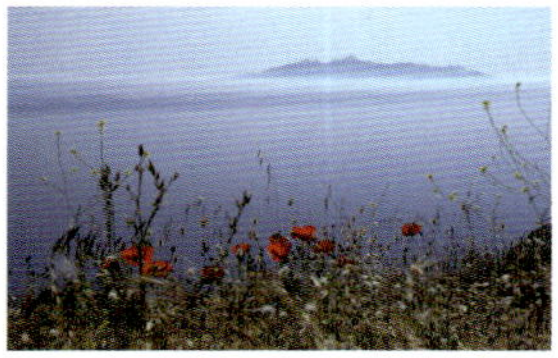
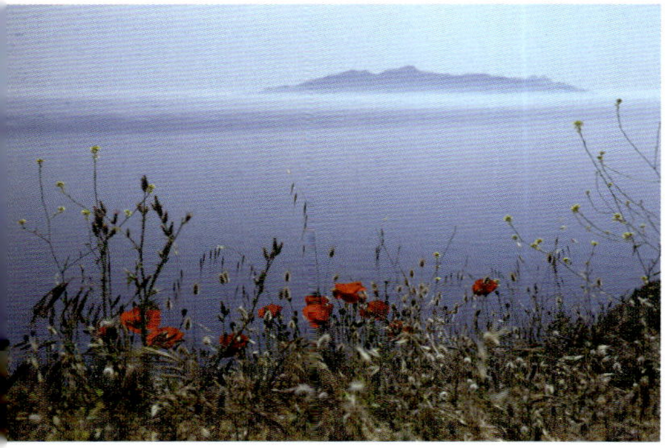

Auf die Größe kommt es an

Qualitätsmerkmale

Je größer Sie Ihren Fotoabzug entwickeln möchten, desto höher sollte die Pixelzahl an Ihrer Kamera eingestellt werden. Bevor Sie Bauklötze über die schlechte Qualität Ihres 40 x 50 cm großen Fotoabzugs staunen, machen Sie sich klar, dass die Qualitätseinstellung Ihrer Kamera für die Klötzchenfotos verantwortlich ist – nicht das Fotolabor. Möchten Sie nur Fotoabzüge in der Größe 18 x 24 cm entwickeln lassen, dann genügt die mittlere Einstellung von 4 bis 5 Mio. Pixel. Die Feineinstellung RAW ist für Fotoabzüge ungeeignet und muss erst in ein GIF- oder JPG-Format umgewandelt werden.

Größenbeispiele

13 x 18 cm = 3 Mio. Pixel

18 x 24 cm = 4 Mio. Pixel

24 x 30 cm = 5 Mio. Pixel

30 x 45 cm = 6 Mio. Pixel

40 x 50 cm = 8 Mio. Pixel

100 x 70 cm = 11 Mio. Pixel

Pixelwichtelei

Die Formel lautet ganz einfach: Je größer der Fotoabzug, desto höher muss die Pixelanzahl sein. Natürlich ist auch die Qualität besser, je höher die Pixelzahl liegt. Die RAW-Einstellung ist eher für Profis gedacht, die für Präsentationen öfter mal großformatige Abzüge benötigen oder Doppelseiten in Zeitschriften belegen. Je geringer Ihre Bildaufnahmequalität ist, desto mehr Fotos bringen Sie auf Ihren Speicherchip. Fotografieren Sie auf einer Party und machen nur 9x13-Abzüge, dann genügt eine Einstellung mit 3 Mio. Pixel allemal.

Die Tabellenwerte beziehen sich auf eine Digitalkamera mit 8 Mio. Pixel.

Bildqualität	Pixel	Dateigröße	Bildanzahl	Druckgröße
L	8,2	3,6 MByte	66	A3 oder größer
L	8,2	1,8 MByte	133	A3 oder größer
M	4,3	2,2 MByte	112	A5 – A4
M	4,3	1,1 MByte	221	A5 – A4
S	2,0	1,2 MByte	195	A5 oder kleiner
S	2,0	0,6 MByte	380	A5 oder kleiner
RAW	8,2	8,7 MByte	27	A3 oder größer
RAW+L			18	
RAW+L			22	
RAW+M			21	-
RAW+M			23	
RAW+S			23	
RAW+S			25	

RAW = roh, verlustfrei L = large M = medium S = small

Labor oder digitale Dunkelkammer?

Das Bild danach

Der Prozess, der nach einem belichteten Film oder einer gespeicherten Chipkarte einsetzt, ist ein umfassendes Thema – Laborentwicklung oder Bildbearbeitung. Darüber sollten Sie sich in einem separaten Buch ausführlicher informieren.

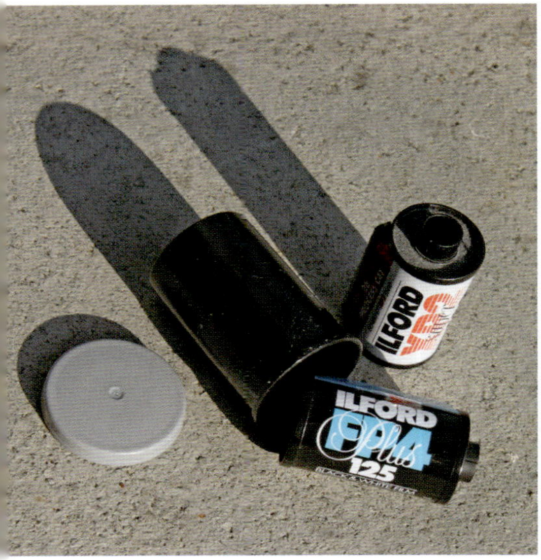

Der Bildträger

Filmstars

Welches Filmmaterial am besten geeignet ist, richtet sich in erster Linie nach Ihren fotografischen Vorstellungen. Es gibt Schwarzweißfilme, Farbnegativfilme und Diapositivfilme.

Mittlerweile sind Schwarzweißfilme auf dem Markt, die in einem Farbentwicklungsprozess verarbeitet werden können (z. B. *Ilford* XP2). Vorteil dieser Filme ist, dass die „Farb"-Fotoabzüge wesentlich billiger sind als reine Schwarzweißabzüge. Zudem kann der Ton (Duplexfärbung) für den „Farbabzug" gewählt werden – entweder sepia (bräunlich), blau-, grün- oder rotstichig, je nach persönlicher Geschmacksrichtung.

Die wichtigsten Filmhersteller sind *Agfa*, *Fuji*, *Kodak* und im Schwarzweißbereich *Ilford*. Sie unterscheiden sich allerdings nur noch in ihrer Farbgebung. *Kodak* tendiert zum Blaustich, *Agfa* und *Fuji* eher zum warmen Gelbbraunstich. Und dann gibt es noch die verschiedenen Filmempfindlichkeiten, die eine unterschiedliche Körnigkeit produzieren. Qualitativ nimmt sich kein Hersteller etwas, grundsätzlich spielt nur ein richtig „besetzter" Film auch eine gute Rolle.

- 100 ASA – Dieser Film ist sehr feinkörnig und nur für sehr gute Lichtverhältnisse geeignet. In mediterranen Ländern oder in den Tropen ist die Sonneneinstrahlung wesentlich stärker als bei uns. Deshalb können Sie in diesen Ländern sehr gut lichtschwache 100-ASA-Filme verwenden.
- 200 ASA – ist der Normalfilm für unsere nördlicheren Breitengrade. Er ist etwas körniger als ein 100-ASA-Film. Das macht sich jedoch erst bei sehr großen Abzügen bemerkbar.

- 400 ASA – Wie bei allen fotografischen „Zahlenprozessen" verdoppelt oder verringert sich mit der Zahlenangabe auch die Empfindlichkeit. Ein 100er-ASA-Sprung zum nächsten ist die Verdopplung der Zeit oder ein Blendensprung. Die Körnigkeit eines 400-ASA-Films ist schon sichtbar. Sein Vorteil ist, dass Sie ihn bei schlechten Lichtverhältnissen einsetzen können, ohne Ihre Belichtungszeit verlängern zu müssen, und einer Verwacklung entgegenwirken.
- PUSHEN – Jeder Wert, der an einer analogen Kamera über den 400-ASA-Film hinausgeht, muss manipuliert werden. Diesen Eingriff nennt man „pushen". Beim Entwickeln in den Labors müssen Sie die angewendete ASA-Zahl unbedingt angeben, damit der Film seiner Empfindlichkeitsmanipulation entsprechend entwickelt wird. Sonst erhalten Sie einen zu schwach entwickelten Film.

Keine fetten Chips

Bei einem großen Bildappetit ist es ratsamer, ein paar kleinere Speicherchips mit 1 GByte zu „hamstern", als Bigchips von 4 GByte oder gar 8 GByte mit Daten zu überfüttern. Sollte Ihnen ein solcher „Brocken" verloren gehen oder defekt sein, so ist der Verlust von einem 1-GByte-Chip mit „nur" 76 Bildern eher zu verschmerzen als die vierfache Anzahl unwiederbringlicher Fotos.

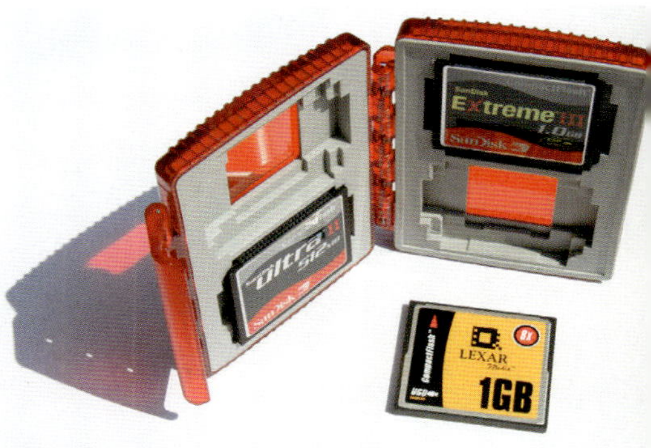

Chiphersteller gibt es zur Genüge, die Nase vorne haben in puncto Schnelligkeit und Qualität jedoch die Marken Kingston und ScanDisc. Die „schnellsten" Chips sind die Scan Disc Extreme III. Sie übertragen die Daten mit rasanter Geschwindigkeit auf den Bildschirm. Der beste Aufbewahrungsort eines Speicherchips außerhalb der Kamera ist ein stoß- und bruchsicheres und eventuell wasserdichtes Etui (Foto). Ist ein Chip erst einmal angeschlagen, dann verweigert er seinen Dienst. Sicherheitshalber sollten Sie zwei bis drei Chips im „Gepäck" haben.

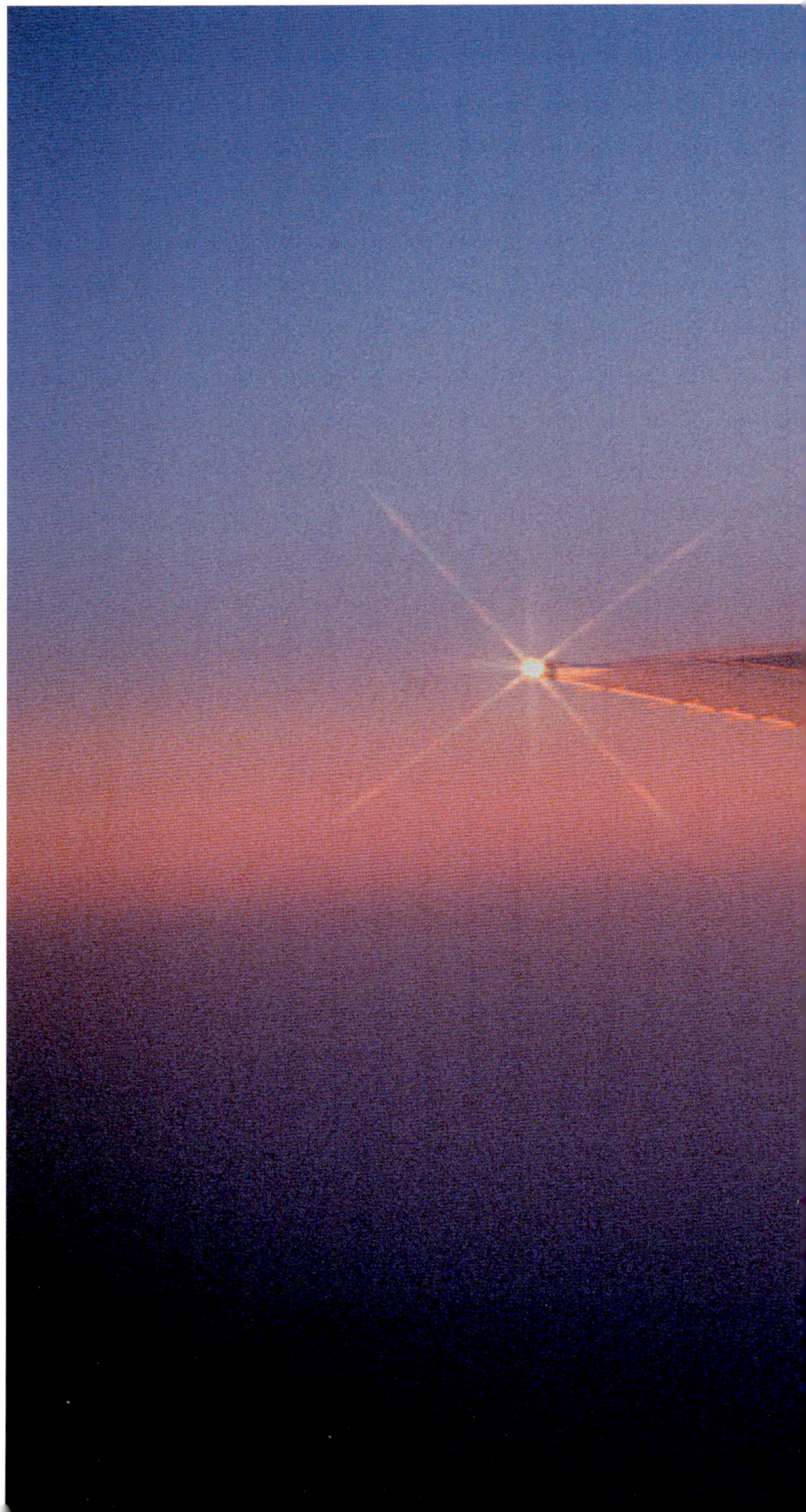

Das Bildrauschen

Im Fall des Flugzeugflügels im Abendlicht fällt das Bildrauschen nicht so sehr ins Gewicht, weil in dieser Aufnahme keine großen Kontrastschwankungen liegen.

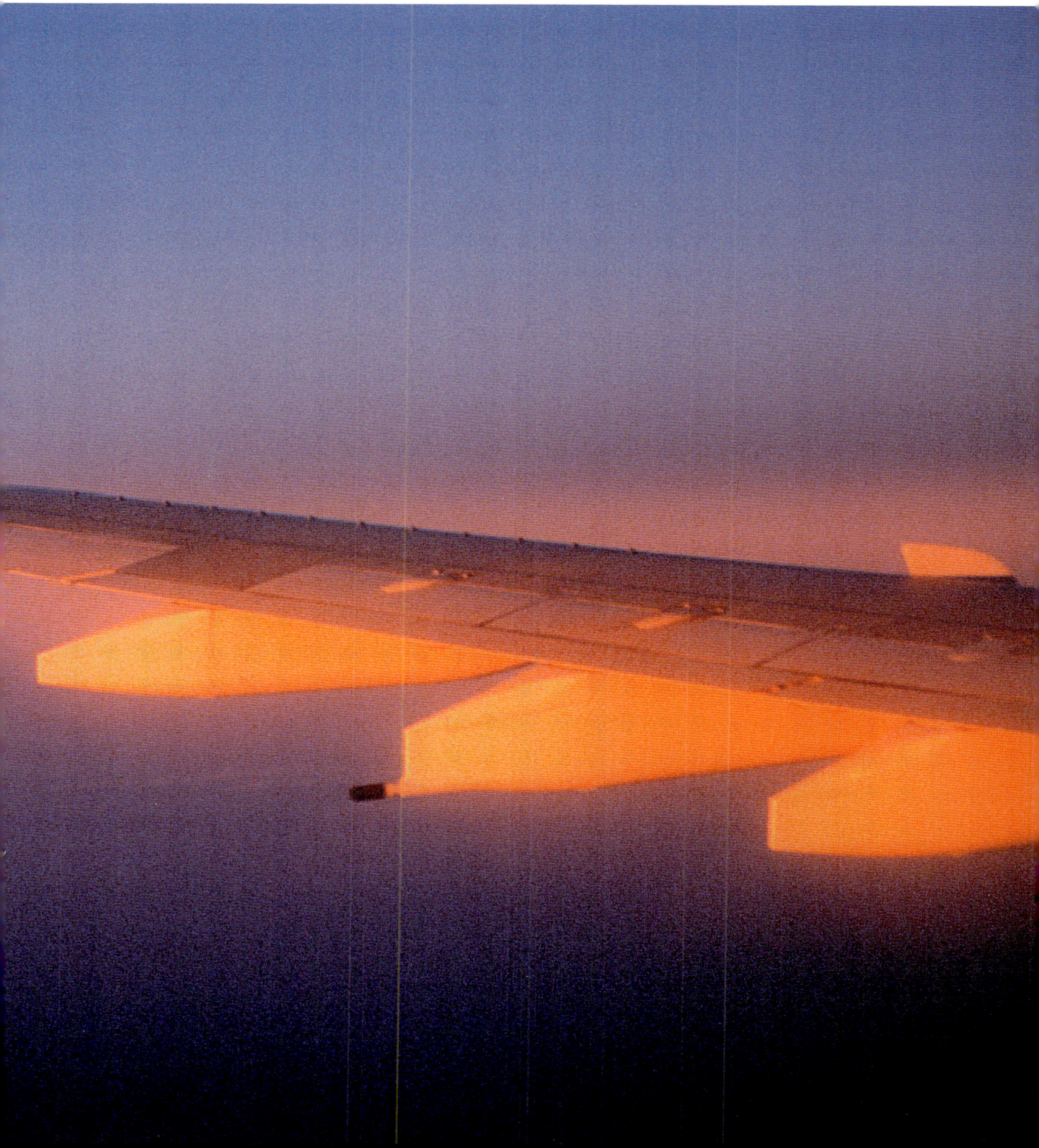

Visuelle Geräusche

Wie schon im Kapitel über Nachtaufnahmen erwähnt, ist das Hochpushen der ISO-Funktion eine zweischneidige Sache.

Einerseits erlaubt sie uns das Fotografieren bei schlechten Lichtverhältnissen, andererseits liefert sie uns schlechtere Bildverhältnisse – das Bildrauschen. Je gröber das Korn oder je grießiger die Bildstruktur ausfällt, desto höher ist der ISO-Wert an Ihrer Kamera eingestellt. Auch der Kontrast und die Schärfe leiden unter der Einstellung einer hohen ISO-Zahl.

Trotz aller negativen Begleiterscheinungen einer hohen ISO-Einstellung liegt der Vorteil klar auf der Hand. Schlechte Lichtverhältnisse können überbrückt werden und die Körnigkeit des Bildcharakters kann durchaus einen reizvollen, ja sogar künstlerischen Aspekt haben.

Wie entsteht Rauschen?

Je länger Sie mit einer digitalen Kamera arbeiten, desto mehr erwärmt sich der Bildsensor, und je länger Sie ein Bild belichten, umso stärker steht der Sensor unter Spannung. Diese Spannung erzeugt bei einer zusätzlich hohen ISO-Einstellung eine noch höhere Spannung als mit geringerer ISO-Zahl. Diese Spannung erzeugt das Rauschen, welches sich in Form einer feinen Punktstruktur über Ihr gesamtes Bild legt. Dunklere Bildteile sind stärker davon betroffen als hellere Bildpartien.

Gleiches passiert übrigens auch, wenn Sie Ihr Foto stark unterbelichtet haben. Möchten Sie diese Aufnahme nun mithilfe Ihrer Software aufhellen, so entsteht ebenfalls ein grober Rauscheffekt, der jedoch nichts mit Ihrer Kameraeinstellung zu tun hat.

Faustregel

Je länger das Licht „fließt“, umso mehr rauscht es.

Kompromissbereit

Mithilfe eines Bildbearbeitungsprogramms können Sie mit einem Störungsfilter oder einem leichten Weichzeichner das Rauschen abmildern. Ganz entfernen lässt sich diese Punktstruktur jedoch nicht.

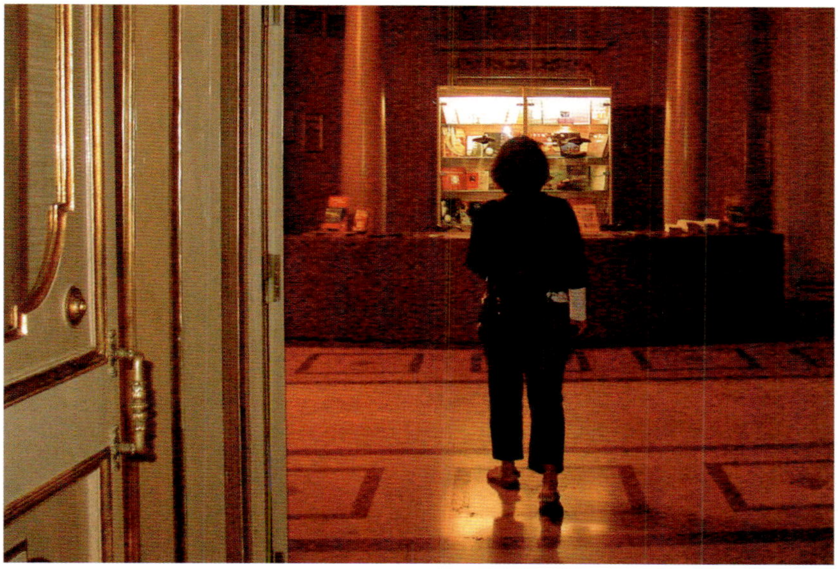

Abbildung 10.10: Mit der Einstellung von 800 ISO gelingt die verwacklungsfreie Aufnahme einer „bewegten" Person in einem Hotelfoyer

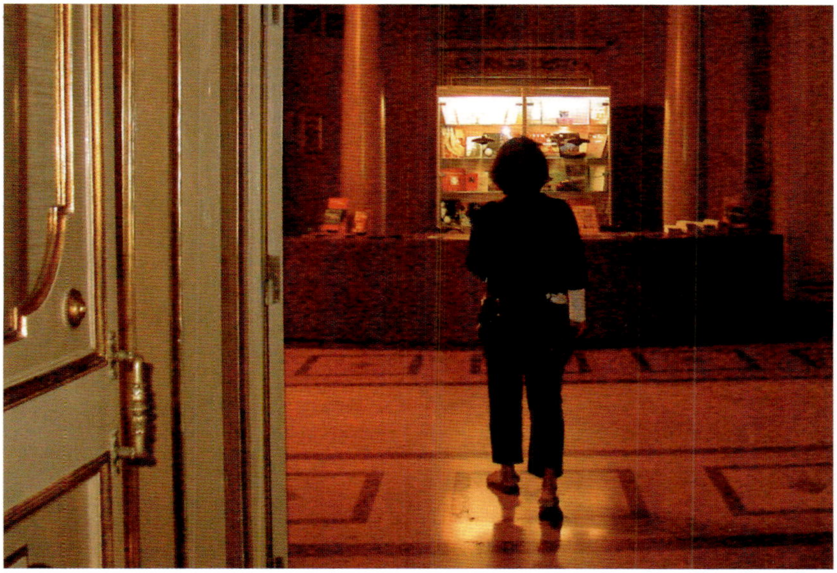

Abbildung 10.11: Unter Verwendung eines Störfilters konnte das Bildrauschen im Vergleich zum oberen Bild etwas abgeschwächt werden

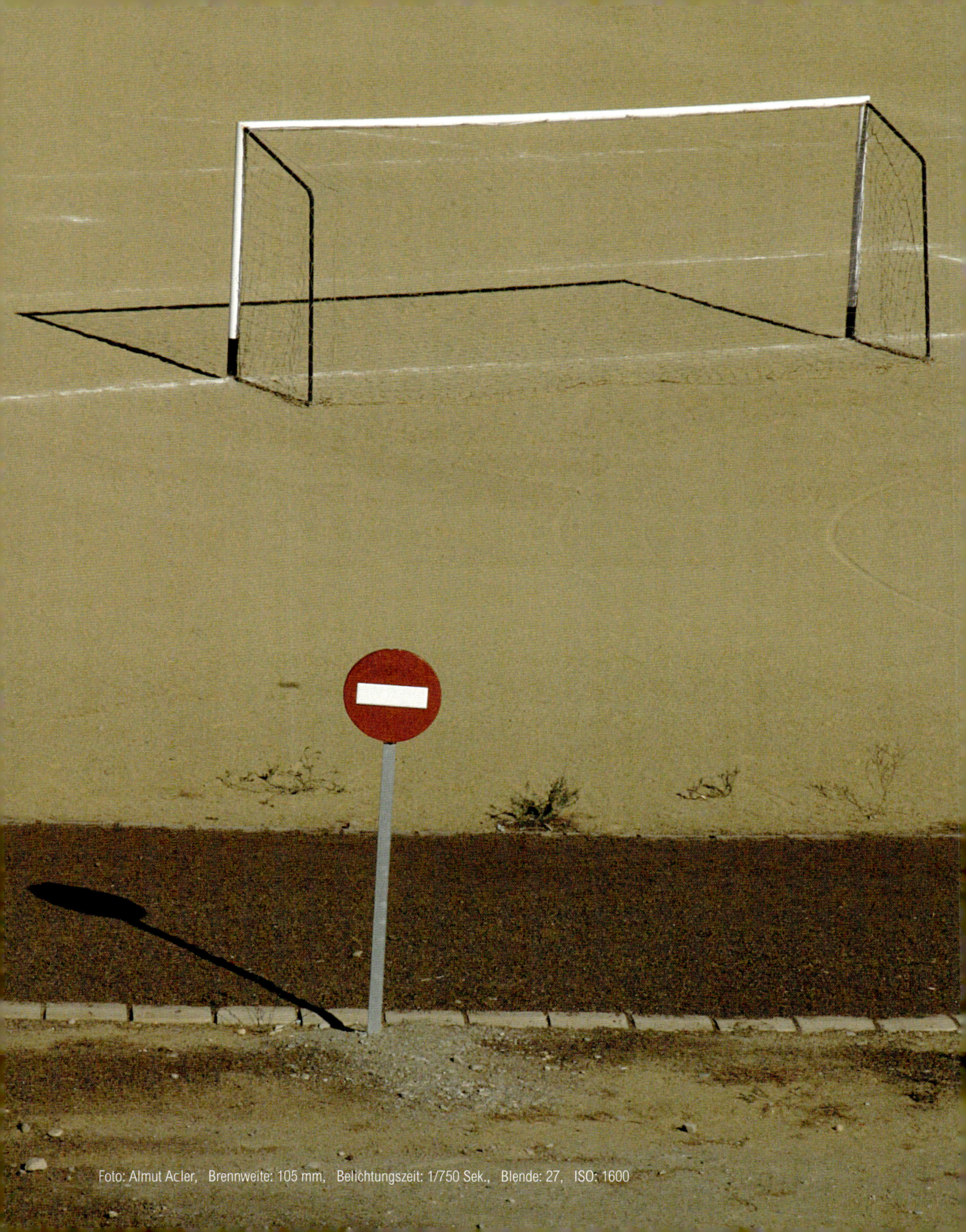

Foto: Almut Adler, Brennweite: 105 mm, Belichtungszeit: 1/750 Sek., Blende: 27, ISO: 1600

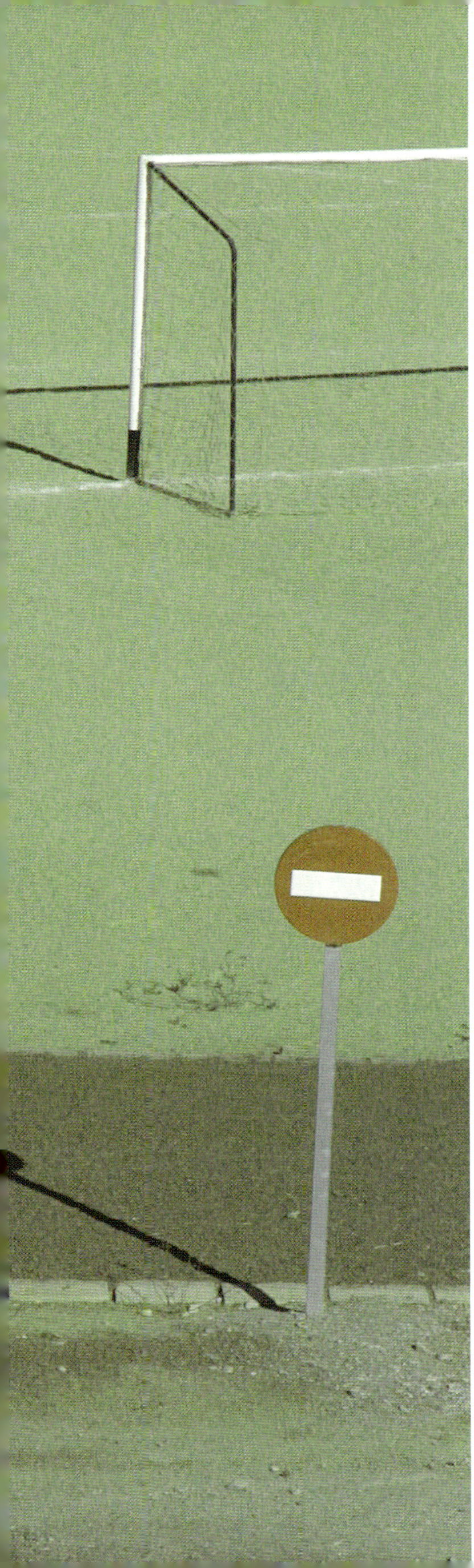

Kapitel 11

Aufnahme-fehler

Aus Fehlern lernen

Fotografische Missgeschicke wie Bewegungsunschärfe, schiefer Horizont, Wimmelbild oder Verwacklungen können dazu führen, dass Sie aus Ihren Fehlern lernen. Nichts ist enttäuschender als schlechte Fotoergebnisse. Noch frustrierender ist, nicht zu wissen, wie Sie diese Patzer beheben können.

Schiefer Horizont

Ein „Wasser ablaufender Horizont“ wird häufig durch zu starkes Herunterdrücken des Auslösers verursacht. Aber auch in der Euphorie des geglückten Bildmoments wird dem Horizont zu wenig Aufmerksamkeit geschenkt. Deshalb sollten Sie Ihre Aufnahmen vor dem Auslösen immer auf Stimmigkeit überprüfen. Der Horizont kann ganz einfach an den Geraden des Reflexsuchers ausgerichtet werden.

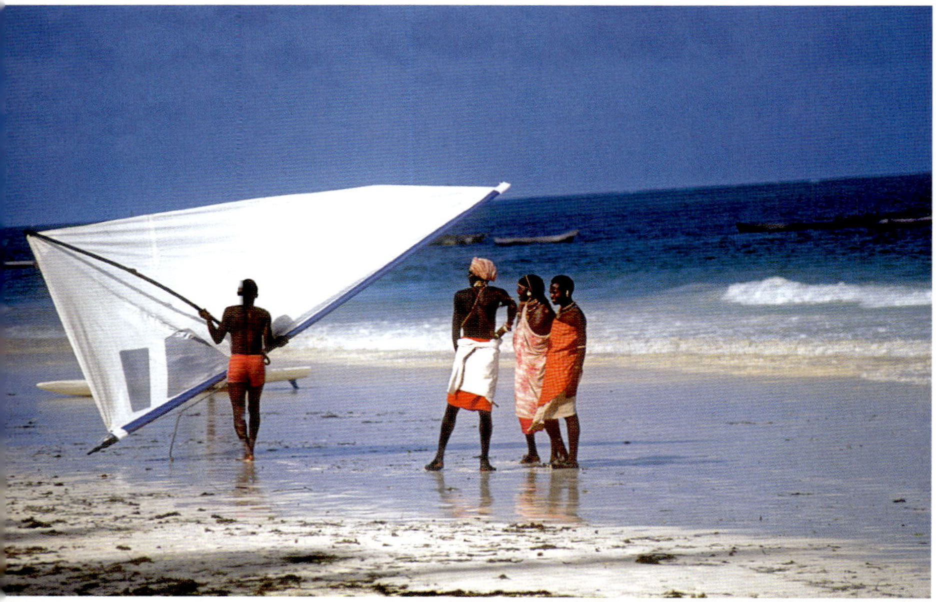

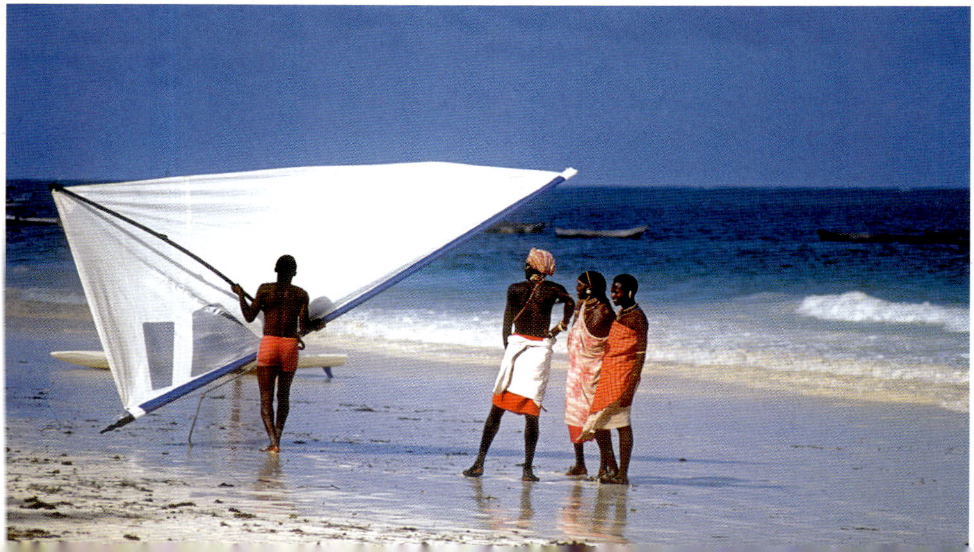

Falscher Anschnitt

Das Anschneiden einer Aufnahme verlangt viel Feingefühl. Mit dem knapp angeschnittenen Gesicht und der abgehackten Schirmmütze wirkt das Bild „verunglückt“. Sie müssen sich fragen: „Was ist eigentlich mein Motiv, der Mann oder das Gebäude?“ Die Spannung liegt hier im Erfassen beider Motive – des schwedischen Fußballfans, der sich durch den Armanschnitt geradezu ins Bild drängt, und des schlanken Münchner Rathausturms im Himmelblau.

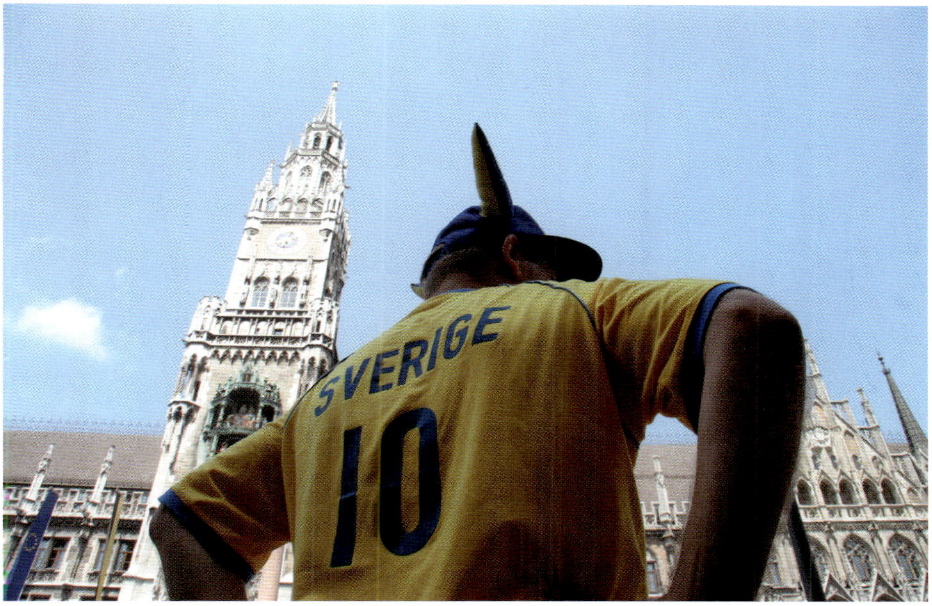

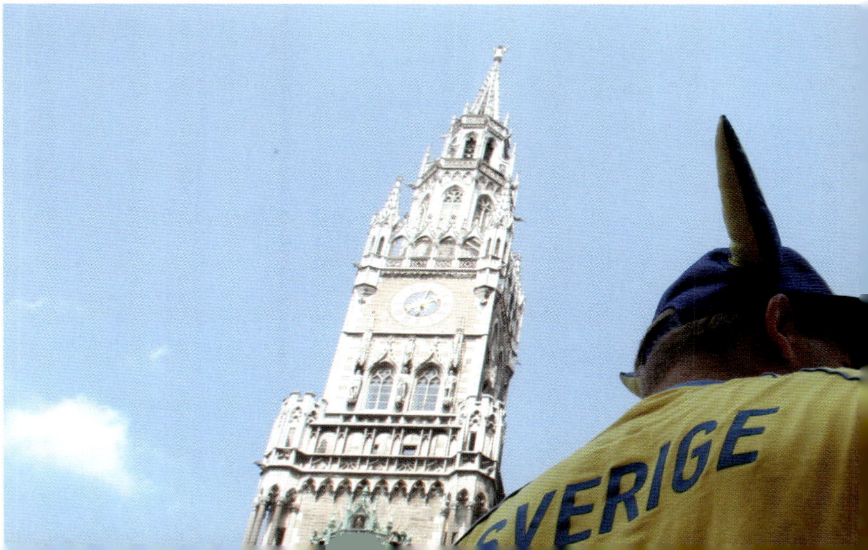

Zuviel des Guten

Ein „Wimmelbild" mit verschiedenen Szenen ist verwirrend. Worauf soll sich der Betrachter konzentrieren, was ist das eigentliche Motiv? Zudem wurde auf der linken Seite zu viel Platz gelassen und der Mann am rechten Bildrand angeschnitten. Ein engerer Bildausschnitt bringt durch das Heranzoomen einer einzelnen Szene mehr Ruhe in das Straßenbild. Es ergeben sich zusätzlich noch interessante Bildausschnitte im Hochformat.

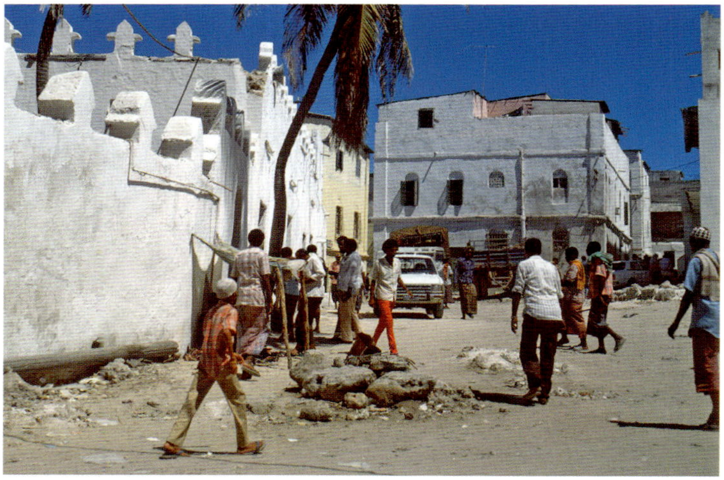

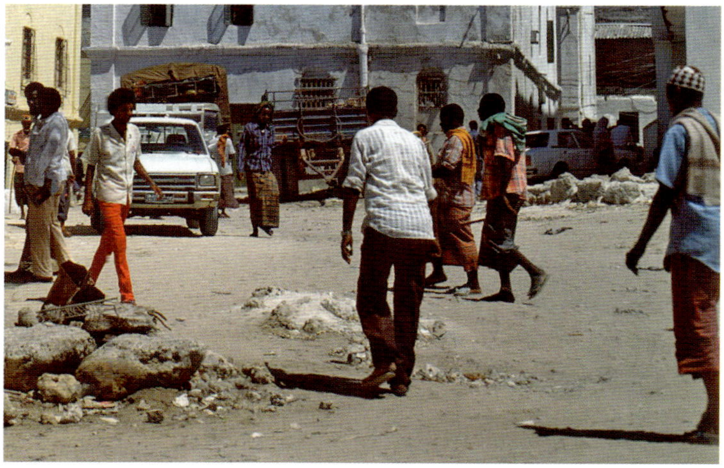

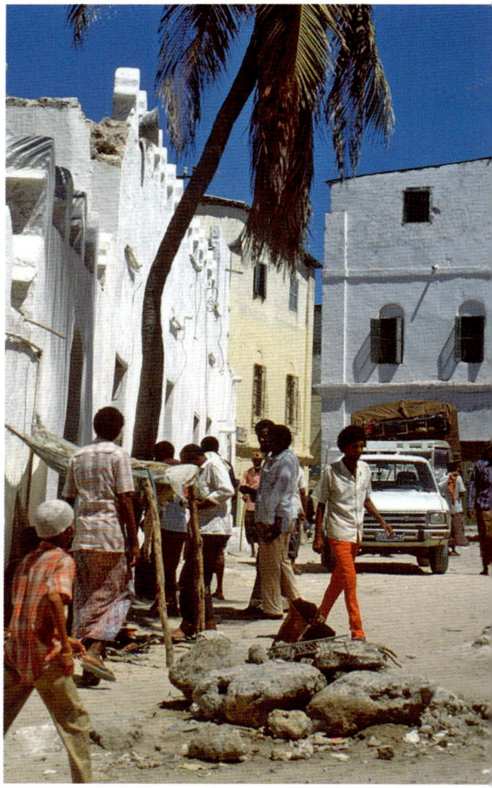

Hochstimmung

Wenn Sie ein Querformat für diese hochformatige Bildszene wählen, dann „verschenken" Sie Raum. Im Querformat wird der geschwungene Torbogen zugunsten einer weißen Wand abgeschnitten und zerstückelt die Aufnahme in drei unharmonische Bildteile. Im Hochformat kann der Torbogen zum dekorativen Rahmen werden und vereint die Hofszene zu einem stimmigen Gesamtbild.

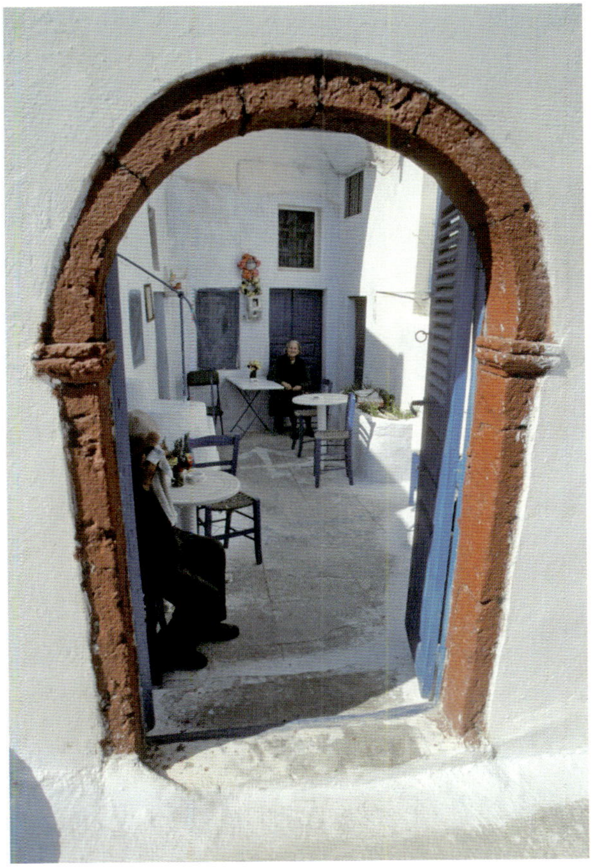

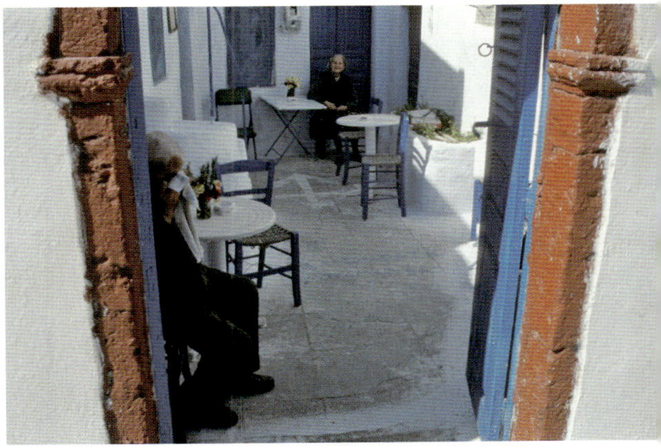

Format zeigen

In diesem Fall ist die Formatwahl unerheblich, weil die Bildaussage für beide Formate stimmig ist. Die Frage ist nur, wie Sie die Szene lieber darstellen möchten. Im Querformat wirkt das Bild surreal – durch den herangezoomten Bildausschnitt erscheint der Hintergrund eher wie eine riesige Fototapete und reißt die Szene aus dem Zusammenhang. Im Hochformat zeigt die Weite des Meeres ihre Wirkung und lässt dadurch die Tische optisch am Abgrund schweben. In zweifelhaften Aufnahmesituationen sollten Sie immer beide Formate anwenden.

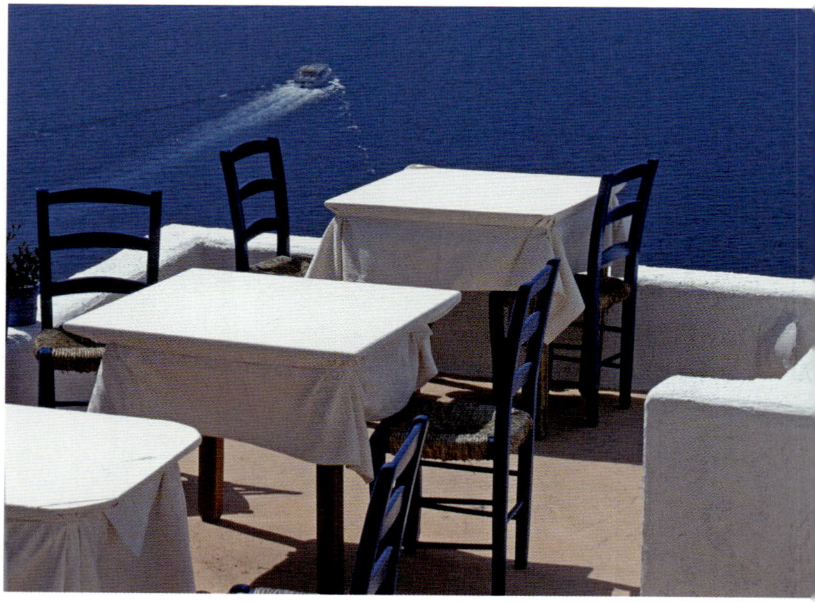

Verschwommen

Eine Verwacklung hat zu dieser Bildunschärfe nicht beigetragen. Hier liegt die „Schuld“ zwar am Autofokus, aber noch mehr bei der Unachtsamkeit der Fotografin: Denn sie hat mit ihrem Objektiv die Aufnahmedistanz unterschritten und zudem ignorierte sie hartnäckig den blinkenden Punkt des Schärfenindikators im Sucherfeld ihrer Kamera.

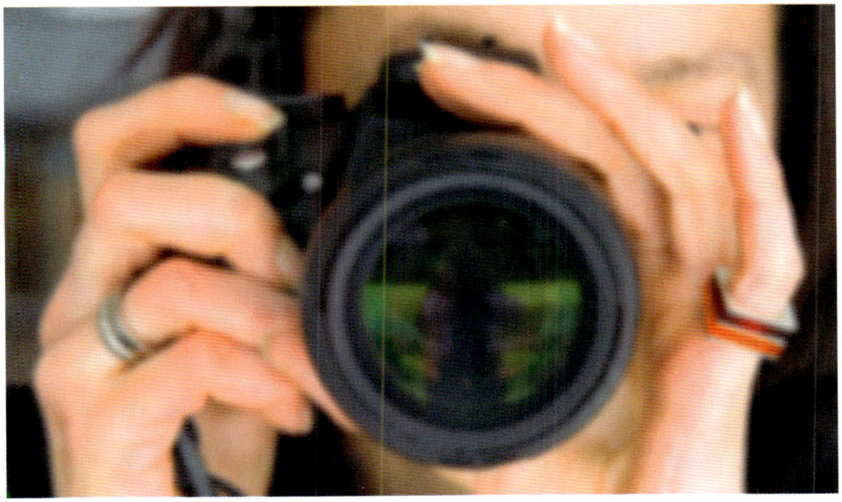

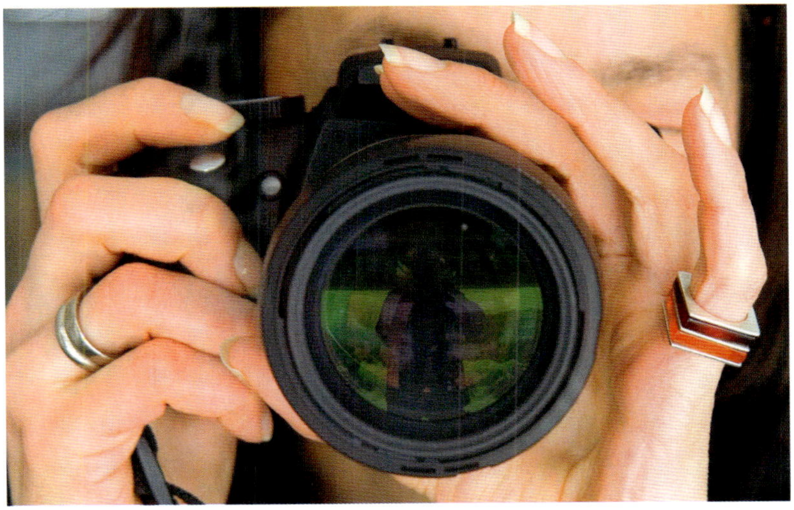

Schlechte Bedingungen

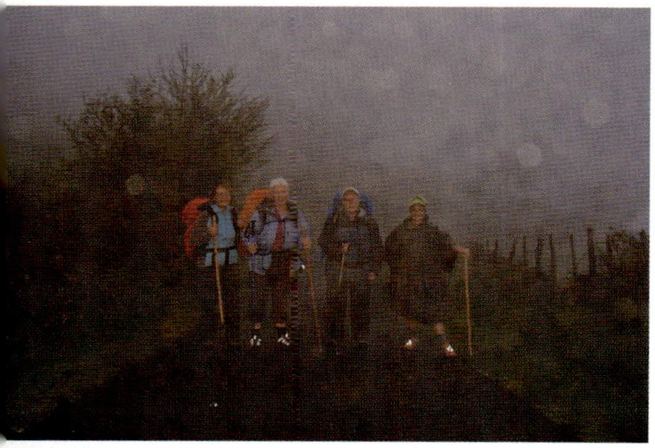

Wetterbedingt

Dicke Wassertropfen haben sich hier sichtbar auf der Linse niedergelassen. Der Schneeregen hat den wanderlustigen Frauen einen Strich durch ihr schönes Erinnerungsfoto gemacht. Doch der ideelle Wert dieses technisch unperfekten Fotos ist mit Sicherheit wertvoller und versetzt die Gedanken an den damaligen Zustand zurück.

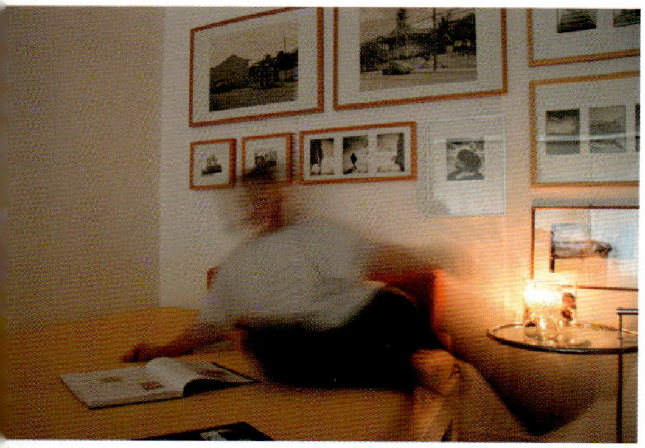

Zeitbedingt

Für die Innenaufnahme ohne Blitz reichte eine kurze Belichtungszeit nicht aus, obwohl ein Stativ eingesetzt wurde. Das ist sichtbar am scharf abgebildeten Mobiliar und den Bilderrahmen. Mit einer Brennweite von 85 mm wäre mindestens eine Belichtungszeit von 1/90 Sekunde erforderlich gewesen. Diese Aufnahme entstand jedoch mit einer wesentlich längeren Belichtungszeit, weil die Person eine Bewegungsspur auf dem Bild hinterlässt.

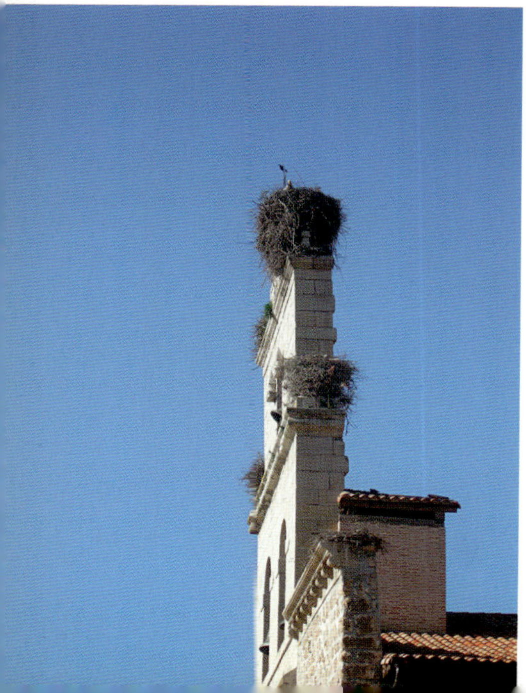

Brennweitenbedingt

Die Motivabsicht war klar – Störche in ihrem Nest zu fotografieren. Die zu kurze Brennweite konnte die Distanz jedoch nicht überbrücken, um die Störche formatfüllend in ihrem Nest zu zeigen. Zudem ist die Froschperspektive hier sehr ungünstig, da mehr vom Nest als von den Störchen sichtbar wird. Diese Aufnahme hätte mindestens eine Brennweite von 200 mm erfordert und bei einer höherer Standposition hätte der Fotograf mehr ins Nest schauen können.

Situationsbedingt

Die Aufnahme entstand in Eile und ohne Überlegung. Eine typische Überraschungssituation war schuld an gleichzeitig zwei Aufnahmefehlern, Unterbelichtung und Unschärfe. Hier wurde einfach auf den Auslöser gedrückt, ohne sich vorher zu überzeugen, ob die Belichtung stimmt. Das kann in manchen Fällen sogar funktionieren, ist aber nicht die Regel.

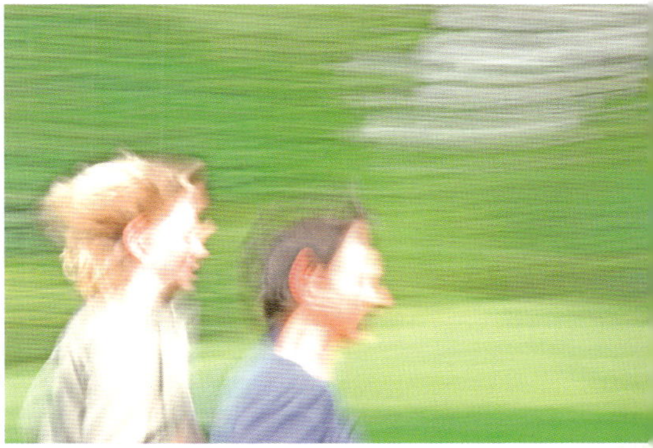

Lichtbedingt

Dieser ohnehin schon traurig wirkende Rosenstrauch wirkt ohne Sonnenlicht noch trauriger. Ein Lichtstrahl hätte hier Wunder gewirkt und Leben ins Bild gebracht. Motive, die im Schatten liegen, wirken meistens trist, die Farben erscheinen „tot". Dennoch kann solch eine Aufnahmesituation ein Stilmittel sein, um z. B. das Thema Melancholie zum Ausdruck zu bringen.

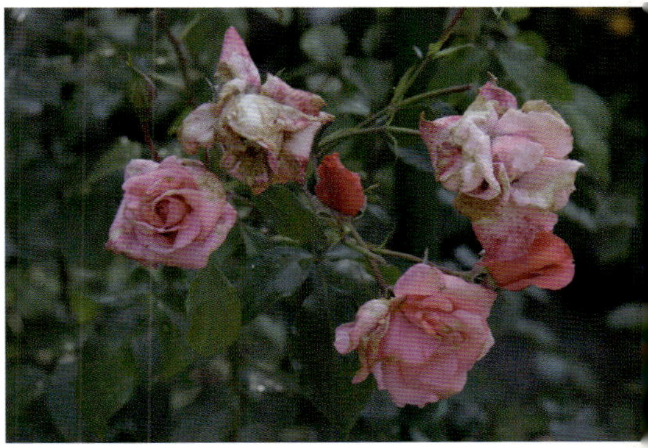

Messbedingt

Enge Gassen in einer Altstadt werden oft und gerne fotografiert und genauso oft falsch belichtet, wie dieses Foto zeigt. Weil der Belichtungsmesser der Kamera das gesamte Bild misst, werden dunkle Bildstellen zu dunkel. Die rechte Wand wirkt sich dunkel und massiv auf das Bild aus. Wollen Sie Licht ins Dunkel bringen, dann messen Sie genau dort hinein, was Sie zeigen wollen. Wenn Sie nun den Gesamtausschnitt des Bildes nehmen, dann zeigt der Belichtungsmesser Ihrer Kamera zwar eine Überbelichtung an, aber das ignorieren Sie in diesem Fall. Jetzt wird der Himmel zwar überbelichtet, aber es ist ja die Gasse, die Sie richtig belichten wollen.

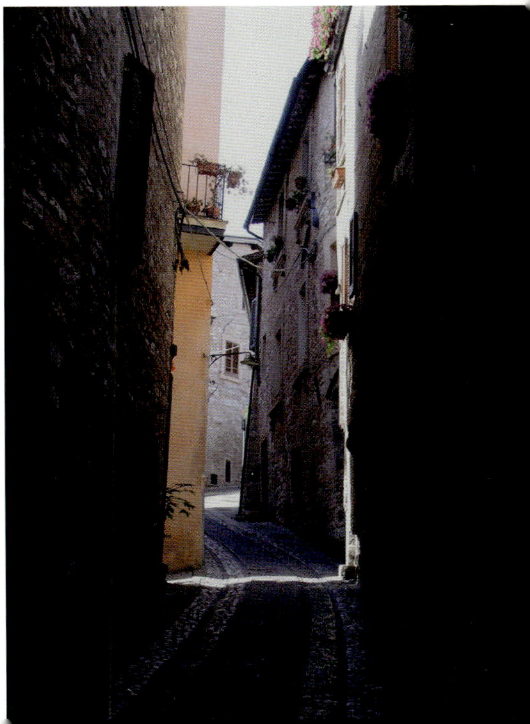

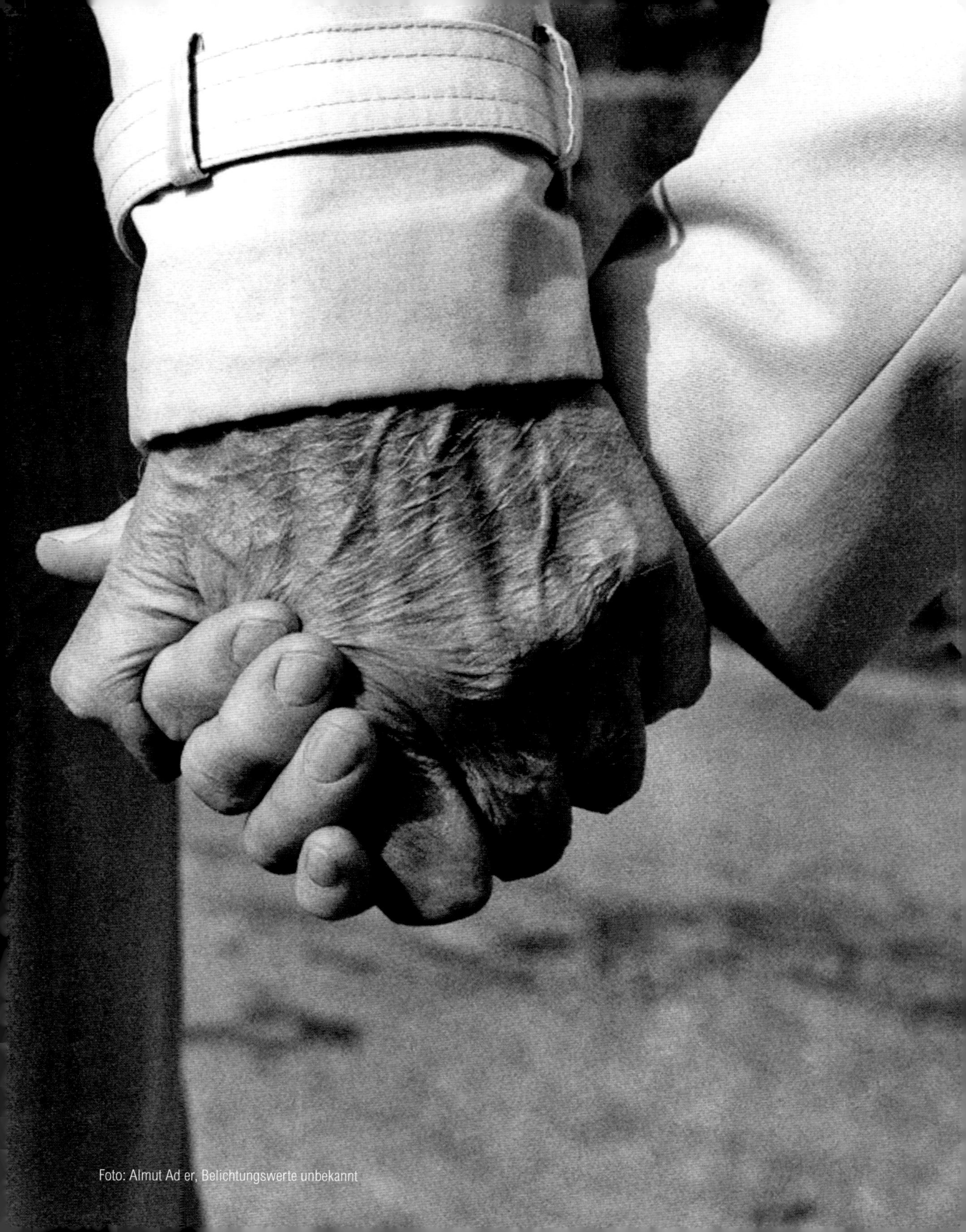

Foto: Almut Adler, Belichtungswerte unbekannt

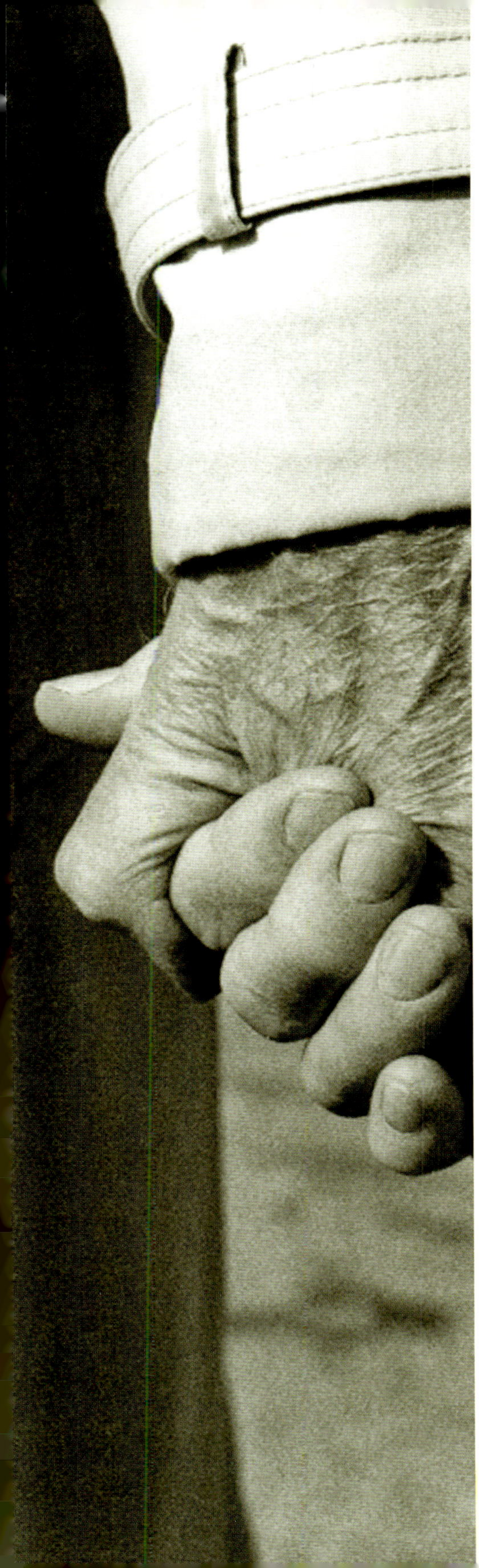

Kapitel 12

Aktivseiten

Hand anlegen

Auf folgenden Seiten können Sie aktiv Hand anlegen. Erstellen Sie sich für neue Ausschnitte der Bildvorlage auf der nächsten Seite einen Satz persönlicher Winkelschablonen. Natürlich können Sie diese Winkelschablonen auch für Ihre eigenen Fotos anwenden. Sie können auch die 23 Fragen des Fotoquiz beantworten, um Ihren Wissensstand zu prüfen.

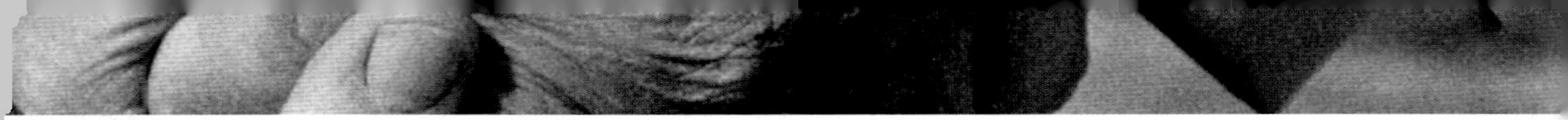

Winkelschablonen zum Ausschneiden

Anleitung

1. Schneiden Sie die Seite mit den Winkelschablonen an der gestrichelten Linie aus Ihrem Buch heraus.
2. Schneiden Sie mit einer Schere oder einem Cutter an den gestrichelten Linien die zwei schwarzen Winkel aus.
3. Nun schieben Sie mit beiden Winkelschablonen auf dem Vorlagenfoto der nächsten Seite herum und suchen sich neue Bildausschnitte im Hoch- und Querformat.
4. Wählen Sie in etwa die Proportionen vom Seitenverhältnis eines Kleinbild-/Chipformats.

Diese Übung ist besonders gut geeignet, um Ihr Auge zu schulen. Wenden Sie diese Technik auch mit Ihren eigenen Fotoabzügen an. Je mehr Sie probieren, umso routinierter wird Ihr Blick für den Bildausschnitt Ihrer späteren Aufnahmen!

Sie werden verblüfft sein, wie viele Bildausschnitte sich in Ihrem Foto „verbergen". Diese Übung ist vergleichbar mit der Einstellung an einem Zoomobjektiv, weil Sie genauso mit Bildausschnitten variieren können.

Bedenken Sie das Format! Das Seitenverhältnis vom Bildausschnitt sollte proportionsmäßig immer wie ein Kleinbildformat sein – oder wie ein Fotoabzug. Weder zu lang noch quadratisch noch zu hoch.

Verhältnis-Beispiele	
Goldener Schnitt	1 : 1,618
24 x 36 Kleinbildformat	1 : 1,5
Digitalkameras	3 : 2
4,4 x 6 kleinstes Mittelformat	1 : 1,333
6 x 6 Mittelformat	1 : 1

Andere Verhältnisse

Unter dem Begriff Seitenverhältnis versteht man das Verhältnis von Breite und Höhe zueinander. Zahlenmäßig beginnt es am Anfang immer mit der kleineren Zahl, z. B. 24 x 30 cm, oder dem Kleinbildformat von 24 x 36 mm. Ein bekanntes Seitenverhältnis ist auch der Goldene Schnitt mit dem exakten Verhältnis 1 : 1,618 (siehe Kapitel 3.5 „Der Goldene Schnitt").

Der Ausschnitt gestaltet das Bild

Haben Sie Ihre zwei Winkelschablonen ausgeschnitten, so legen Sie diese Winkel auf das rechte Schwarzweiß-Foto und bestimmen damit neue Bildausschnitte im Hoch- und im Querformat(siehe Fotobeispiele).

Diese Übung ist besonders gut geeignet, um Ihr Auge zu schulen. Am besten wenden Sie diese Technik auch mit den eigenen Fotoabzügen an.

Je mehr Sie mit den Winkelschablonen probieren, um so routinierter wird Ihr Blick und um so gelungener fallen Ihre späteren Aufnahmen aus.

Bedenken Sie dabei das Format! Der Bildausschnitt sollte, die Proportion betreffend, immer wie ein Kleinbildformat sein – oder wie ein Fotoabzug. Weder zu lang, noch quadratisch oder zu hoch, wie die durchkreuzten Beispiele zeigen.

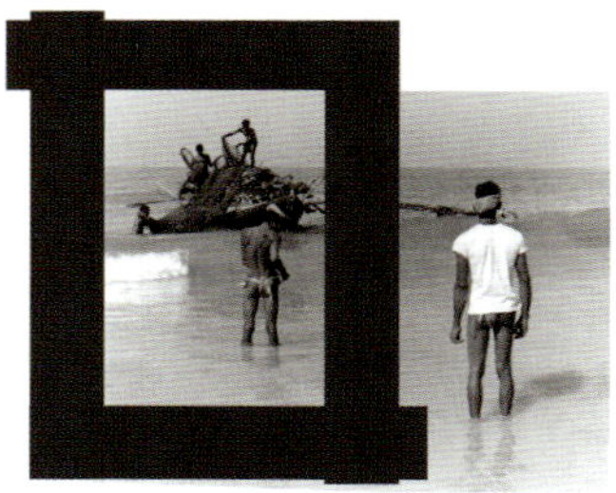

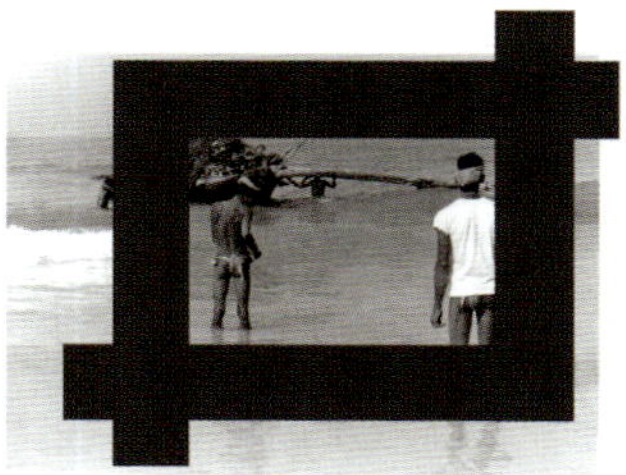

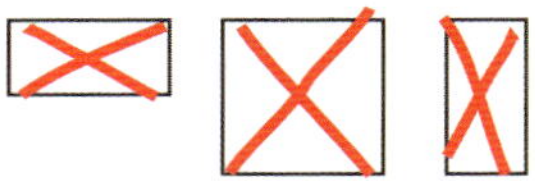

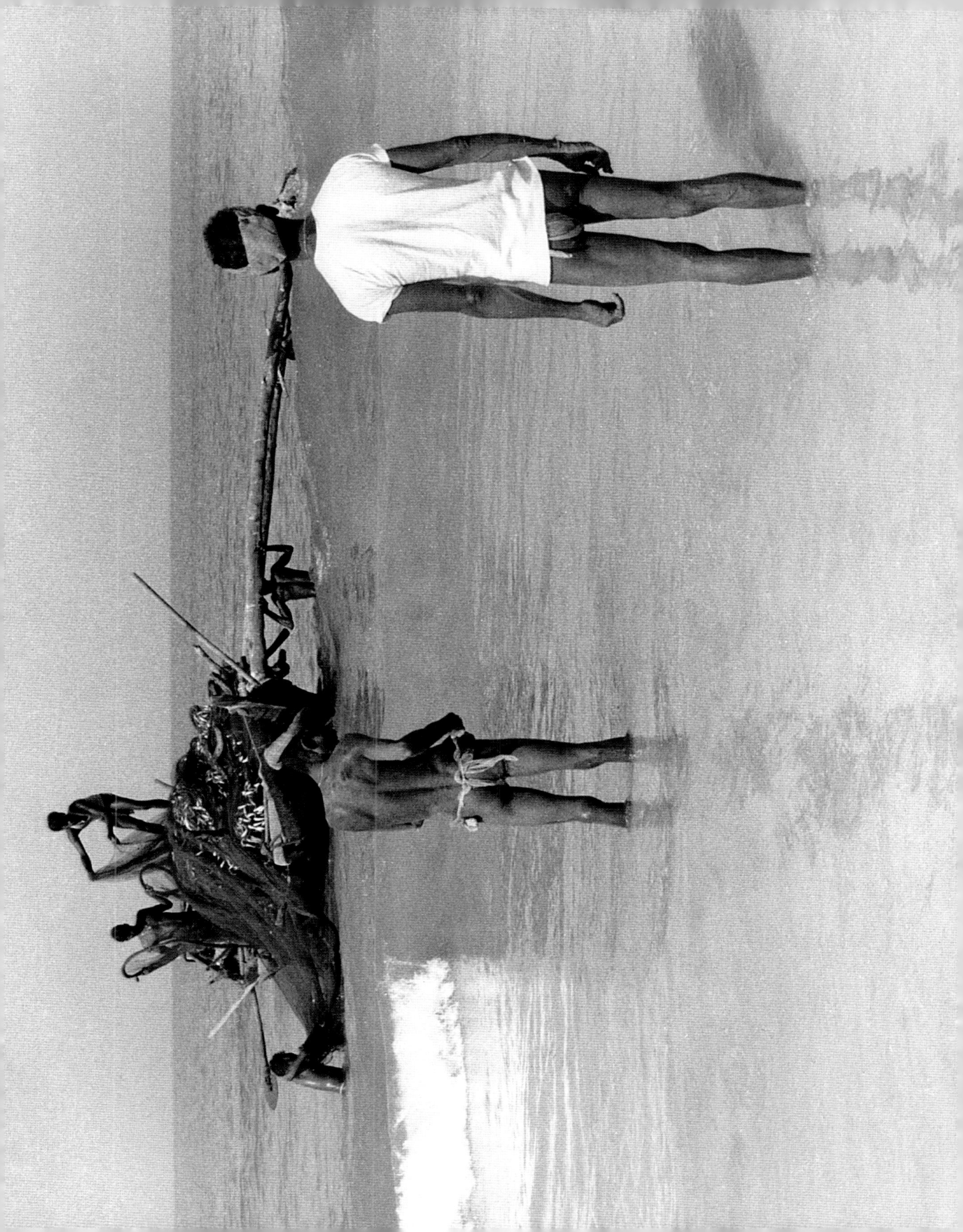

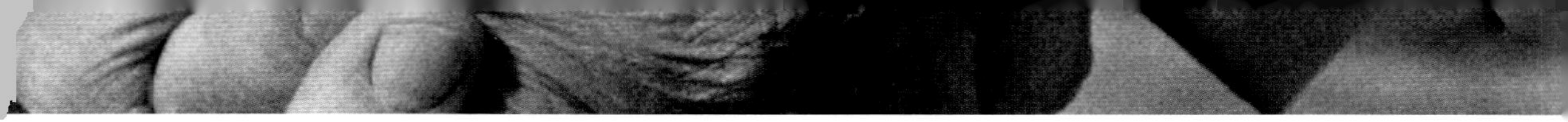

Das kleine Fotoquiz

Testen Sie Ihr Fotowissen.

1	Was macht der Autofokus?				
2	Eine lange und eine kurze Brennweite?				
3	Was ist fokussieren?				
4	Was bedeutet hohe Lichtstärke?				
5	Was meint der Begriff „zoomen“?				
6	Was sagt der Wert f 1:2,8?				
7	Was besagen die Zahlen 28~200 mm?				
8	Geringste verwacklungsfreie Zeit mit 200er-Tele?	1/60 S. ☐	1/200 S. ☐	1/500 S. ☐	1/1000 S. ☐
9	Was steht für ISO oder ASA?				
10	Was ist der Modus M?				
11	Was bedeutet Zeitautomatik?				
12	Was bewirkt der Polfilter?				
13	Blende mit der größten Öffnung?	f 1,4 ☐	f 5,6 ☐	f 11 ☐	f 22 ☐
14	Wo verwende ich Rot- und Grünfilter?				
15	Was bewirkt eine Sonnenblende?				
16	Wie korrigiere ich eine Unter- und Überbelichtung?				
17	Objektiv mit dem engsten Bildwinkel?	17 mm ☐	50 mm ☐	105 mm ☐	300 mm ☐

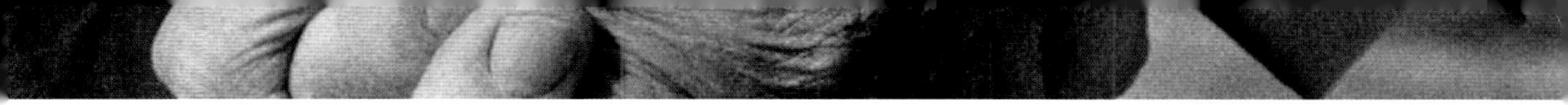

18	Was meint die Kameraeinstellung B oder Bulb?				
19	Brennweite für Innenaufnahmen eines Büros?				
20	Was versteht man unter Festbrennweite?				
21	Wie erreiche ich eine große Tiefenschärfe?				
22	Objektiv mit geringster Tiefenschärfe?	200 mm ☐	85 mm ☐	50 mm ☐	24 mm ☐
23	Belichtungszeit mit stärkster Verwacklung?	1/8 S. ☐	1/60 S. ☐	1/125 S. ☐	1/1000 S. ☐

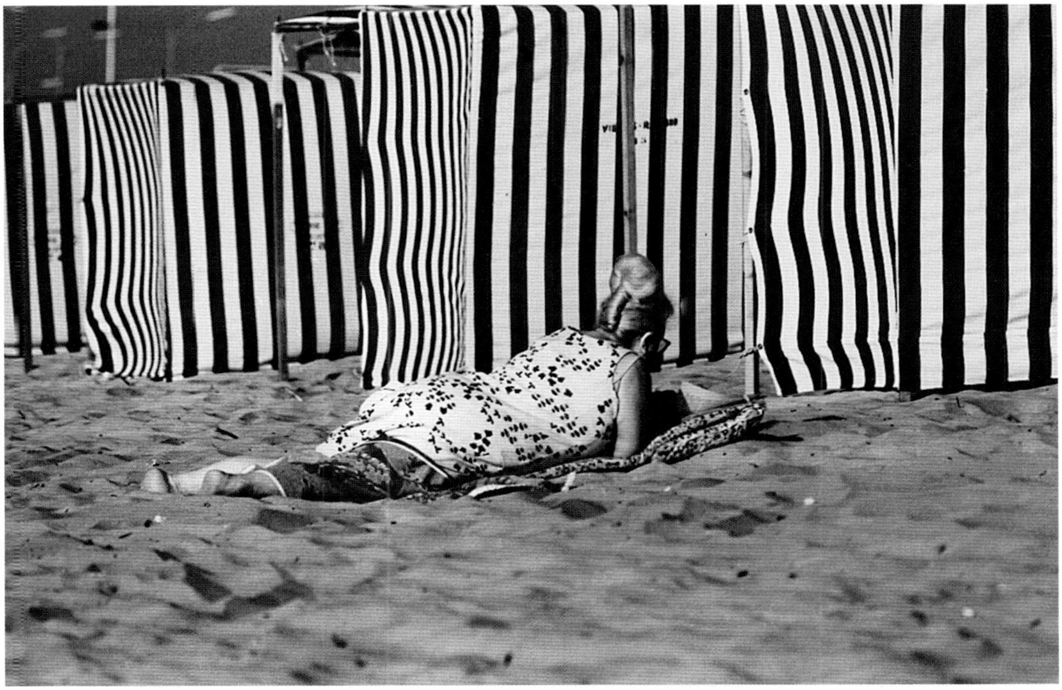

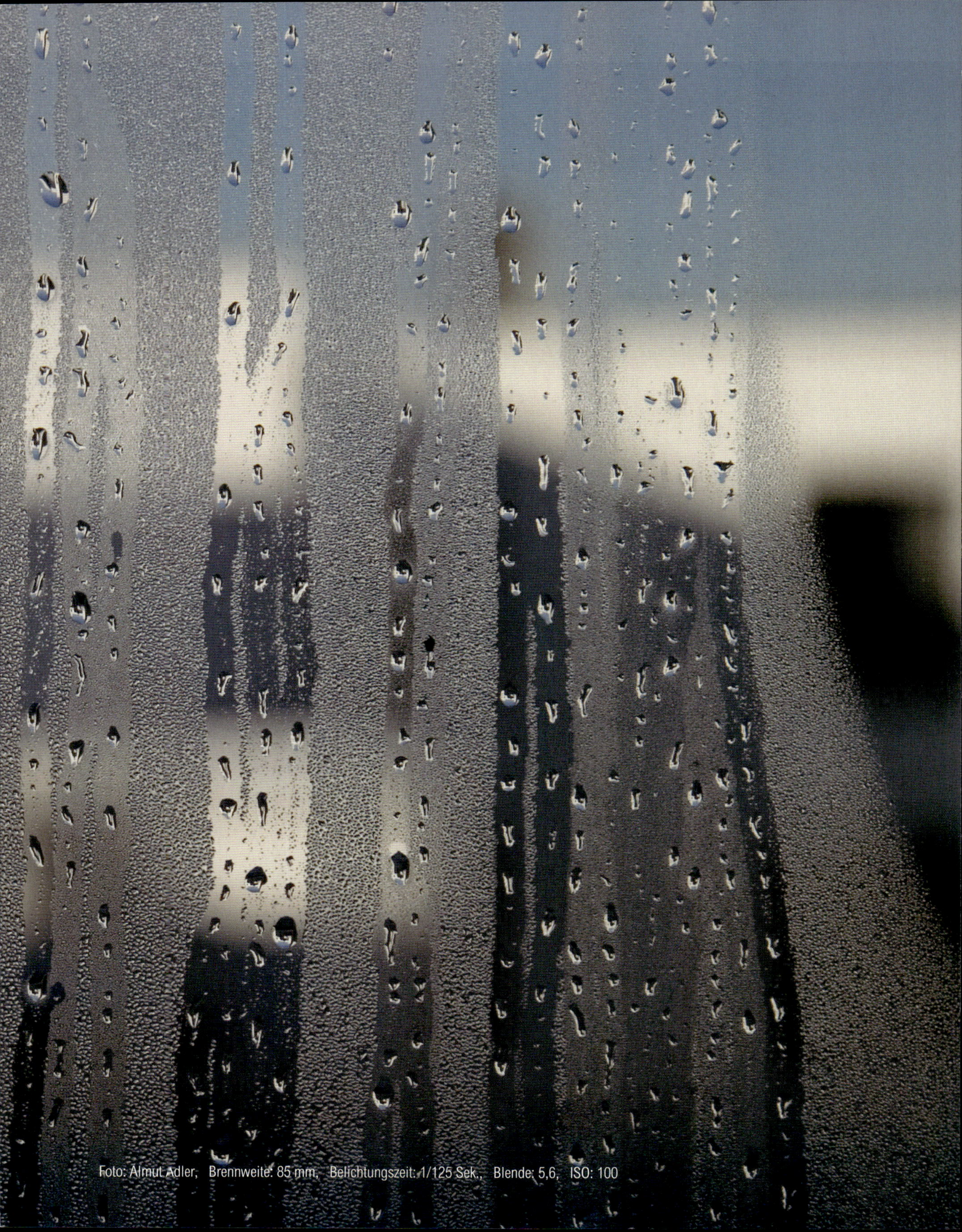
Foto: Almut Adler, Brennweite: 85 mm, Belichtungszeit: 1/125 Sek., Blende: 5,6, ISO: 100

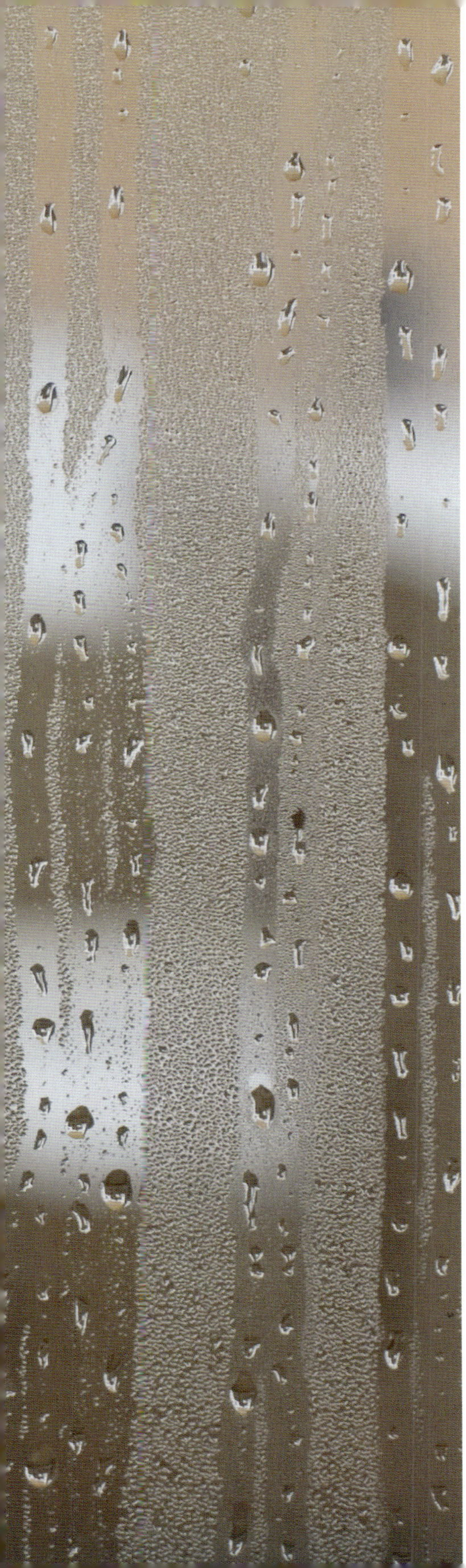

Anhang

Glossar

Fotoworkshops

Bücher und Postkarten

Stichwortverzeichnis

Glossar

Abblenden. Durch Abblenden wird eine größere Tiefenschärfe erreicht und die Lichtmenge durch die Verkleinerung der Blendenöffnung reduziert.

Abblendtaste. An vielen Kameras befindet sich eine Abblendtaste, die dazu dient, den Tiefenschärfenbereich der Blendeneinstellungen zu kontrollieren.

Abwedeln. Ein Dunkelkammertrick beim Entwickeln von Fotoabzügen. Durch Abwedeln mit der Hand, einem Stück Papier oder speziellen Masken werden zu dunkle Bildpartien aufgehellt.

ASA. American Standards Association. Eine Maßeinheit der Filmempfindlichkeit. Die Verdopplung des ASA-Werts entspricht der Verdopplung der Belichtungszeit.

Aufblenden. Durch das Aufblenden wird eine geringere Tiefenschärfe erreicht und die Lichtmenge durch Vergrößerung der Blendenöffnung erhöht.

Aufhellblitz. Er dient zur Aufhellung von Schatten bei Dauerlicht oder bei Tageslicht.

Auflösung. Bezeichnung für das Maß einer digitalen Bilddatei. Sie wird in ppi (pixels per inch) oder in dpi (dots per inch) angegeben. Je höher die ppi/dpi, umso besser die Qualität. 300 dpi ist Druckqualität.

Autofokus. Automatische Scharfeinstellung an modernen Kameras.

B oder Bulb. Langzeitbelichtung an Kameras (beliebig). Solange der Finger auf dem Auslöser oder Drahtauslöser gedrückt bleibt, so lange ist der Verschluss geöffnet.

Belichtungszeiten. Die Öffnungszeiten des Verschlusses ab 1 Sekunde: 1/1 – 1/2 – 1/4 – 1/8 1/15 – 1/30 – 1/60 – 1/125 – 1/250 – 1/500 – 1/1000 – 1/2000 – 1/4000 Sekunde.

Blende. Der annähernd runde Lamellenmechanismus reguliert den Lichteinfall durch das Objektiv. Die größte Blendenöffnung eines Objektivs steht oft eingraviert an der Linsenfassung.

Blendenautomatik. Mit dem Modus Tv oder S Ihrer Kamera wählen Sie eine Belichtungszeit. Die Blende passt sich nun automatisch den Lichtverhältnissen an.

Blendenreihe 1,4 – 2 – 2,8 – 4 – 5,6 – 8 – 11 – 16 – 22 – 32. Ein Blendensprung nach unten – von 16 auf 11 – halbiert die Belichtungszeit, ein Blendensprung nach oben – von 11 auf 16 – verdoppelt die Belichtungszeit.

Blitzlicht. Eine künstliche Lichtquelle, die beim Auslösen eine hohe Intensität an Helligkeit erzeugt.

Blitzsynchronisation. Die Abstimmung von Verschlusszeit und Blitzlicht. Schlitzverschlüsse erlauben oft nur eine Verschlusszeit von nur 1/60 Sekunde. Zentralverschlüsse können jedoch mit kürzeren Synchronzeiten arbeiten.

Camera obscura. Die erste Kamera der Welt. Der Korpus besteht aus einer abgedunkelten Kammer mit einem Loch (Blende) in der Wand. Das einfallende Licht erzeugt ein seitenverkehrtes, auf dem Kopf stehendes Bild.

CD-ROM. Ein scheibenförmiger Datenträger z. B. zum Abspeichern von Bildern. Eine CD erfasst Datenmengen bis zu 650 MByte.

Chrome. Die englische Bezeichnung für Dia-Positivfilme oder auch Umkehrfilme.

CMYK. Das Vierfarbsystem in der Druckherstellung. Es beinhaltet die reinen Farben C = Cyan (blau), M = Magenta (purpurrot), Y = Yellow (gelb) und K = Key (schwarz).

Diapositiv. Ein Filmträger, der positive Originalbilder erzeugt – im Gegensatz zum Negativ, welches ein „Zwischenprodukt“ darstellt.

Diffuses Licht. Eine Lichtstreuung, die ein weiches, kontrastarmes Licht erzeugt, also keine harten Schatten und keine Spitzlichter.

DIN. Deutsche Industrie Norm, frühere Lichtempfindlichkeitsangabe an Kameras.

Digitalisieren. Die Umwandlung von analogen (Bild-)Informationen in digitale, computergesteuerte Daten.

Digitale Bildbearbeitung. Die elektronische Weiterverarbeitung digitaler Fotomotive. Die moderne Dunkelkammer erlaubt diverse Veränderungen eines Fotos nach der Aufnahme.

Doppelbelichtung. Wie der Name schon sagt, werden zwei Aufnahmen auf ein Negativ gemacht. Ebenso lassen sich mit zwei Diapositiven „Sandwichcollagen“ herstellen. Dabei werden zwei Dias übereinandermontiert und ergeben den gleichen Effekt. Hierbei ist das Resultat jedoch vorher sichtbar.

dpi = dots per inch. Maßeinheit für die Druckauflösung, beim Scannen und an Bildschirmen. Je mehr dpi, umso besser die Qualität.

Drahtauslöser. Zum erschütterungsfreien Auslösen der Kamera für Langzeitbelichtungen.

Druckqualität. Gescannte Vorlagen/Fotos/Dias müssen mit 300 dpi abgespeichert werden.

Durchsichtsvorlage. Alle durchscheinenden Vorlagen auf Acetatfilmträgern. Auch Diapositive.

DSLR = Digital Single Lens Reflex. Abkürzung für Digitalspiegelreflexkamera.

Empfindlichkeitssteigerung. Sind die Lichtverhältnisse schlecht, so kann bewusst unterbelichtet werden. Dies muss jedoch durchgängig auf dem ganzen Film erfolgen und bei der Weiterverarbeitung muss dementsprechend länger entwickelt werden.

Entfernung. Die Einstellung sollte nie zu weit vom Motiv liegen.

f. Kurzbezeichnung für die Blende.

Farbfilter – Gelb, Orange, Rot, Grün, Blau. Für die Schwarzweißfotografie empfohlen. In der Farbfotografie dienen Konversionsfilter zur Korrektur der Farbrichtung. Der Einsatz in der

Digitalfotografie erübrigt sich durch die Möglichkeiten der Bildbearbeitung am Computer.

Farbtemperatur. Die Temperatur des Lichtes wird in Kelvin (K) gemessen. Je niedriger die Kelvinzahl, desto kälter (rötlicher) ist das Licht. Tageslicht hat 5000 bis 5200 Kelvin.

Festbrennweite. Ein Objektiv, das sich nicht verändern lässt, ist ein Objektiv mit einer feststehenden Brennweite.

Filmscanner. Zur Digitalisierung analoger Dias oder Negative.

Fischauge /Fisheye. Ein Weitwinkelobjektiv mit extrem kurzer Brennweite (14 mm) und einem extrem großen Bildwinkel (bis 220°). Fisheye-Objektive liefern ein kreisrundes Bild mit sehr starker Verzeichnung.

Flachbettscanner. Zur Digitalisierung von Aufsichtsvorlagen wie Fotoabzügen und Textseiten.

Fokussieren. Motiv anvisieren und scharf stellen.

Froschperspektive. Die Aufnahmeperspektive von unten nach oben.

GBbyte = Gigabyte. Entspricht einer Computerspeicherkapazität von 1024 MByte bzw. Megabyte.

GIF. Ein Bilddateiformat, um Fotos für das Internet zu speichern (siehe auch JPEG).

Gegenlicht. Im Gegenlicht wird das Motiv von der Rückseite beleuchtet und führt nach Angaben des Belichtungsmessers zu Fehlbelichtungen. In diesem Fall müssen Sie die dunklen Stellen des Motivs mit einem Belichtungsmesser anvisieren und die „korrekte" Zeit des Belichtungsmessers ignorieren.

Gegenlichtblende. Eine schwarze röhrenförmige Blende aus Metall, Gummi oder flexiblem Plastik, die vor das Objektiv gesetzt wird, um Streulicht oder Reflexe zu vermeiden.

Glanzlichter. Die hellsten Lichtpartien eines Bildes, auch Spitzlichter genannt.

Großformatkamera. Auch Studiokamera oder Großbildkamera. Ab den Negativformaten 9 x 12, 13 x 18 oder 18 x 24 cm.

Halogenlampe. Sehr helle Lampe mit hoher Leuchtkraft und langer Lebensdauer.

Hintergrund. Hinter dem eigentlichen Motiv liegt der Hintergrund. Dieser ist für das Hauptmotiv oft von wesentlicher Bedeutung. Unbedingt auf „Störmotive" im Hintergrund achten.

Horizont. Ein schiefer Horizont mit zu viel Himmel gehört zu den häufigsten Anfängerfehlern. An den Geraden und Senkrechten des Suchers lässt sich der Horizont ausbalancieren.

Indirektes Blitzen. Bei dieser Blitztechnik wird das Licht nicht direkt aufs Motiv gerichtet, sondern an die Decke. Es kann auch eine durchscheinende Folie über den Blitz geklebt werden. So werden reflektierende Glanzlichter vermieden.

Interpolation. Eine sichtlich ansteigende Auflösung des Bildes durch Hinzufügen von Pixeln, die ihre Werte aus der näheren Umgebung beziehen.

Irisblende. Ein verstellbarer Mechanismus von Metalllamellen in einem Objektiv, der zur Lichtregulierung dient.

ISO. Lichtempfindlichkeit des Films/Chips, auch als ASA oder früher als DIN bezeichnet. Normalempfindlichkeit 100 bis 200 ISO, Hochempfindlichkeit 400 bis 800 ISO. Digital bis 1600 ISO.

Jahreszeit. Schnee im Winter erzeugt oft eine Überstrahlung. Um die schöne weiße Landschaft nicht „schmutzig" darzustellen, muss auf der Belichtungsskala der Wert mit +1 bis +2 korrigiert werden.

JPEG. Das gängige Bilddateiformat, um Daten zu komprimieren. Für Fotoabzüge wird ebenfalls das JPEG-Format benötigt. Ein Bild im RAW-Format muss zuerst umgewandelt werden, bevor ein Labor Abzüge herstellen kann.

KB. Abkürzung für Kleinbildformat. Die Größe beträgt 24 x 36 mm.

Kelvin. Die Wertbezeichnung für die Temperatur des Lichtes.

Körnigkeit. Je grobkörniger ein Foto ist, desto schlechter waren die Lichtverhältnisse während der Aufnahme. Auch durch Verwendung eines hohen ASA- oder ISO-Werts entsteht eine größere Körnigkeit. In der Digitalfotografie als „Rauschen" bezeichnet.

Kompaktkamera. Sucherkamera mit fest eingebautem Objektiv, auch Zoomobjektiv. Diese Kameras verursachen aufgrund ihrer kurzen Brennweiten fast immer eine durchgehende Tiefenschärfe.

Komprimierung. Der Prozess, die Bits in einem Bild zu reduzieren, um weniger Speicherplatz zu benötigen. Gängiges Komprimieren ist die Umwandlung des RAW-Formats in ein JPEG-Format.

Komplementärfarben. Diese Farben stehen sich im Farbkreis gegenüber und ergeben in der „durchsichtigen" Mischung ein Weiß. Komplementärfarben sind Blau und Gelb, Grün und Purpur (Magenta), Rot und Blaugrün (Cyan).

Kontrastumfang. Kombination von Licht und Schatten ergibt nie die optimale Belichtung. Motive direkt anmessen oder die Spotmessung (•) verwenden.

Konverter. Ein separates Linsensystem, das zwischen Kamera und Objektiv gesetzt wird, um die Brennweite zu verlängern. Nachteil dieser Aufsätze ist, dass die Lichtstärke des Objektivs dadurch verringert wird.

Kugelgelenkkopf. Dieses Gelenk auf dem Kopf eines Stativs erlaubt nahtlose Schwenks in beliebige Richtungen.

Latentes Bild. Ein bereits gemachtes Foto, dessen Bild erst durch die Entwicklung im Labor oder durch das Laden auf die Festplatte am Bildschirm sichtbar wird.

Leitzahl. Die Lichtleistung eines Blitzgeräts. Je höher die Leitzahl eines Blitzes, umso stärker und weiter ist seine Ausleuchtung.

Lichtstärke. Bezeichnung der Blende am Objektiv. z. B. 1:5,6 am 200 mm Objektiv. Je kleiner die Zahl, desto größer die Blende. Lichtstarke Objektive haben einen größeren Durchmesser. Digital = Verlängerungsfaktor 1,5/1,6.

Low-Key. Eine Aufnahme mit vorwiegend dunklen Bildbereichen.

Luftaufnahme. Eine extreme Vogelperspektive. Aufnahmen aus dem Flugzeug oder Fesselballon.

Makroeinstellung. Spezielles Kameraprogramm für Nahaufnahmen. Am Programmwahlrad der Digitalkamera mit dem Symbol der Blume dargestellt.

Makroobjektiv. Ein Objektiv zur Abbildung im Maßstab 1 : 1 (natürliche Größe) oder bis 10 : 1 (zehnfache Größe). Ein typisches Makroobjektiv hat die Brennweite 60 mm oder 90 mm.

MByte = Megabyte. Die Standardmaßeinheit der Computerwelt. Ein MByte hat 1024 Byte.

Megapixel. Die Maßeinheit der Bildauflösung. Spiegelreflexkameras beginnen mit der Auflösung von 5 Mio. MByte. Profikameras haben 11 Mio. MByte und mehr.

Mitziehen. Das Mitziehen der Kamera bewirkt einen verwischten Hintergrund bei bewegten Motiven. Die Belichtungszeit muss „langsamer" sein als die Bewegung des Motivs.

mm. Angabe der Brennweite eines Objektivs. 200 mm hat ein Teleobjektiv, 50 mm ein Normalobjektiv, 24 mm ein Weitwinkelobjektiv.

Nachtaufnahme. Nachtaufnahmen ohne Blitzlicht gelingen nur mit langen Belichtungszeiten und mit Stativ. Oder der ISO-Wert wird höher eingestellt.

Naheinstellung. Kürzeste Einstellung eines Objektivs. Kommen Sie Ihrem Motiv zu nahe, wird die Distanz unterschritten und das Foto unscharf.

Negative. Sie haben umgekehrte Tonwerte wie ein Papierabzug. Hell ist dunkel, dunkel ist hell. Negativfilme werden besser durchgezeichnet, wenn man die Belichtungsskala auf +0,5 bis 1 einstellt. ACHTUNG: Skala bei Diafilmen und an Digitalkameras auf -0,5 bis 1.

Nitraphotlampe. Mit 500 Watt liefert diese „Glühbirne" viel Licht, aber auch viel Hitze, sodass eine spezielle Lampenfassung für 500 Watt nötig ist. Preiswert und gut geeignet für Porträtaufnahmen.

Normalobjektiv. Ein Objektiv mit der Festbrennweite von 50 mm.

Objektive. Fisheye = 8/20 mm, Weitwinkel = 17/24 mm, Normalobjektiv = 35/50 mm, Teleobjektiv = 200/300 mm, Zoomobjektiv = 17-85 mm/70-200 mm, Digital = rote Zahlen.

One-touch-Zoom. Ein Zoomobjektiv, an dem Schärfe und Entfernung am selben Einstellring ausgeführt werden.

Orthochromatischer Film. Für den Rotbereich unempfindlicher Schwarzweißfilm.

Pentaprisma. Unter dem Dach der Spiegelreflexkamera sitzt das Pentaprisma. Es ist dafür zuständig, unser Motiv seitenrichtig und nicht auf dem Kopf gestellt abzubilden.

Perspektiven. Sie sind das A und O der Bildgestaltung. Wer mit Perspektiven spielt, wird vom selben Standpunkt unterschiedlichste Fotos erhalten.

Pixel. Der kleinste Baustein, aus dem sich ein Bild zusammensetzt.

Polarisationsfilter (Polfilter). Vermeidet Reflexe, erzeugt eine hohe Farbsättigung und trennt weiße Wolken vom Himmelblau.

Polaroid. Ein Polaroid vor dem „Schuss" ist das Testfoto für Fotografen.

Porträtobjektiv. Die ideale Brennweite für Porträtaufnahmen beträgt 85 bis 105 mm.

Querformat. Die meisten Bilder werden in diesem Format gemacht. Nur etwa 10 % aller Fotoanfänger fotografieren im Hochformat. TIPP: Beide Formate für ein Motiv anwenden!

Raster. Ein Foto wird durch Raster in Punkte „zerlegt", um es druckfähig zu machen.

Retusche. Die manuelle Nachbehandlung eines Negativs oder eines Papierabzugs. Die heutige Retusche wird am Computer mit einer Bildbearbeitungssoftware ausgeführt.

Ringblitz. Wird in der Makrofotografie für die Ausleuchtung verwendet.

Rollfilm. Rollfilme werden in der Mittelformatfotografie verwendet und können die Formate 4,5 x 6 cm, 6 x 6 cm oder 6 x 9 cm haben.

Rote Augen. Durch Elektronenblitze entstehen die typisch roten Albinoaugen. Ein ausreichender Abstand oder indirektes Blitzen kann Abhilfe schaffen.

Rotfilter. Rotfilter stellen bei Schwarzweißfilmen rote Objekte hell dar, die Komplementärfarbe Grün dunkel. Rotfilter erzeugen dramatisch dunklen Himmel mit weißen Wolken.

Schlitzverschluss. Der Film/Chip wird durch zwei vertikal laufende Rollos vor der Bildebene belichtet.

Selbstauslöser. Spezielle Kameraeinstellung mit einer Vorlaufzeit von ca. 12 Sekunden.

Skylight-Filter. Hebt UV-Schleier auf und ist ein sinnvoller Objektivschutz, analog und digital.

SLR = Single Lens Reflex. Abkürzung für Spiegelreflexkamera.

Sonnenblende. Siehe Gegenlichtblende

Spotmessung. Auch Punktmessung oder Selektivmessung genannt. Hierbei wird nur das Zentrum des Bildes gemessen. Noch präzisere Werte sind mit einem Handbelichtungsmesser und direktem Anvisieren zu erreichen.

Springblende. Bei der Ausschnittwahl bleibt die Blende in jeder Position offen und schließt sich erst beim Auslösen auf den eingestellten Blendenwert.

Stürzende Linien. Senkrechte Linien kippen, wenn die Kamera nach oben geneigt wird. Abhilfe schaffen für Architekturaufnahmen speziell verwendete Shift-Objektive oder die Nachbearbeitung z. B. in Photoshop Elements.

Tageslichtfilm. Ein Diafarbfilm, der auf die Farbtemperatur von Tageslicht (5000 Kelvin) bzw. Elektronenblitz abgestimmt ist.

Teleobjektiv. Der Brennweitenbereich eines Objektivs von 85 mm bis 400 mm.

Tiefenschärfe. Fotografischer Schärfenbereich. Geschlossene Blende (22) = scharfer Hintergrund, offene Blende (2,8) = unscharfer Hintergrund.

TTL (Through The Lens)-Messung. Das Licht wird durch einen eingebauten Belichtungsmesser durch das Objektiv gemessen.

TLR = Twin Lens Reflex. Zweiäugige Spiegelreflexkamera.

Überbelichtung. Eine Überbelichtung zeigt sich auf verschiedenen „Bildträgern" unterschiedlich. Ein überbelichtetes Negativ wird insgesamt zu dicht und beeinträchtigt die Farbwiedergabe. Überbelichtete Schwarzweißfilme haben einen zu geringen Kontrastumfang und überbelichtete Dias (Positivfilm) und Digitalbilder werden zu hell und verlieren damit auch an Schärfe.

Unschärfe. Entsteht durch Unterschreitung der Aufnahmedistanz.

Unterbelichtung. Dias und Digitalaufnahmen zeigen sich zu dunkel, Negative weisen nicht genug Schwärzung bzw. Zeichnung auf.

UV-Filter. Lässt kein ultraviolettes Licht durch und hebt Dunstschleier im Gebirge und an der See auf (siehe auch Skylight-Filter).

Vario-Objektiv. Siehe Zoomobjektiv

Verwacklung. Entsteht durch zu lange Belichtungszeiten oder Verziehen der Kamera. Belichtungszeiten sollten in Brennweitennähe liegen. Ein 200 mm Teleobjektiv benötigt die Belichtungszeit von mindestens 1/200 Sekunde.

Vignettierung. Dunkle Ecken an den Bildrändern durch abfallende Helligkeit. Ursache ist oft die Verwendung einer Sonnenblende in Verbindung mit einem starken Weitwinkelobjektiv oder bei Blitzlichtaufnahmen mit Sonnenblende.

Vogelperspektive. Die Aufnahmeperspektive von oben nach unten.

Weichzeichner. Ein Filter oder eine eingefettete Glasscheibe, die durch Lichtstreuung ein diffuses, weiches Licht erzeugt – den „David-Hamilton-Effekt". Dieser Softfilter ist auch ein „Schmeichelfilter" für Porträtaufnahmen.

Weitwinkelobjektiv. Brennweite 17/35 mm. Bei geringem Abstand erzielt man einen großen Aufnahmewinkel. Sehr gut für Innenaufnahmen. Erzeugt große Tiefenschärfe.

Winder. Der separate „Motor" sorgt für den automatischen Filmtransport an analogen Spiegelreflexkameras.

Xenonlampe (Bogenlampe). Die erste Kurzbogen-Xenonlampe (XBO) wurde 1950 von Dr. Kurt Larche bei Osram entwickelt. Sie entwickelt ein sehr helles, stabiles Licht und wird deshalb in Diaprojektoren ebenso verwendet wie in der Film- und Automobilindustrie.

Zeitautomatik. Mit dem Kameramodus Av bzw. A wählen Sie eine Blende und die Belichtungszeit stellt sich automatisch ein.

Zentralverschluss. Siehe Schlitzverschluss

Zoomen. Das Heranholen eines Motivs mit dem Zoomobjektiv. Je näher ein Motiv herangeholt wird, umso geringer ist die Tiefenschärfe.

Zwischenringe. Metallringe dienen zur Auszugsverlängerung für Nahaufnahmen und ermöglichen dadurch einen größeren Abbildungsmaßstab, ähnlich wie bei einem Makroobjektiv.

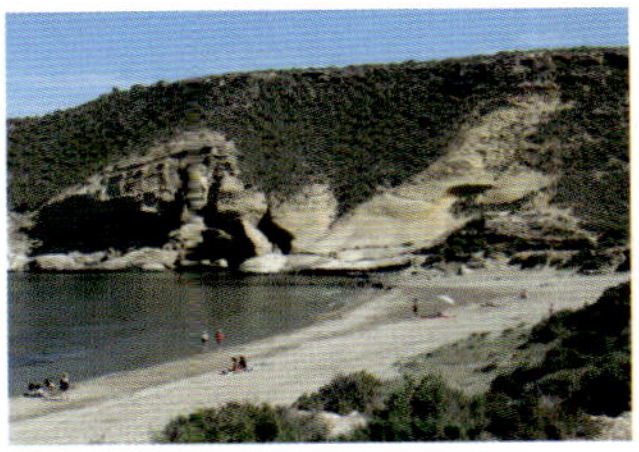
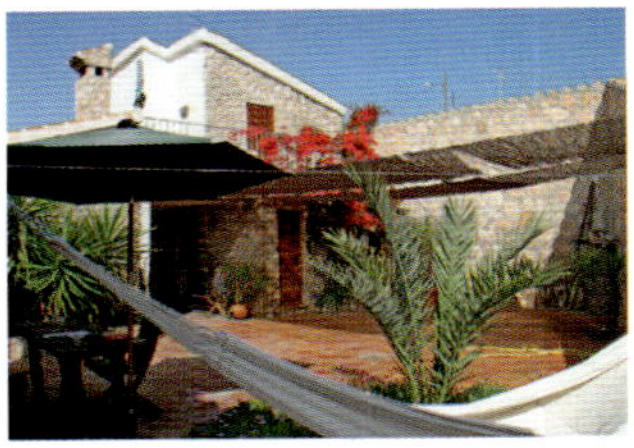
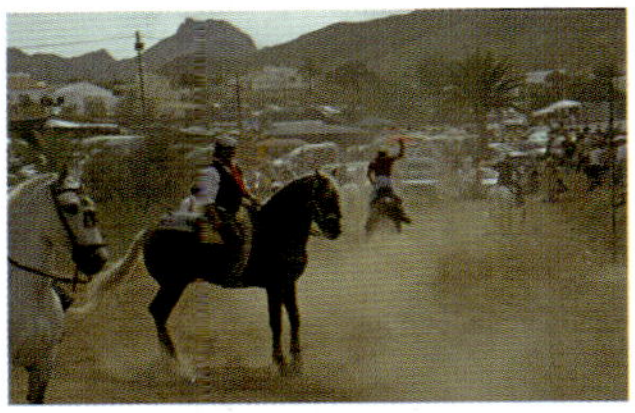
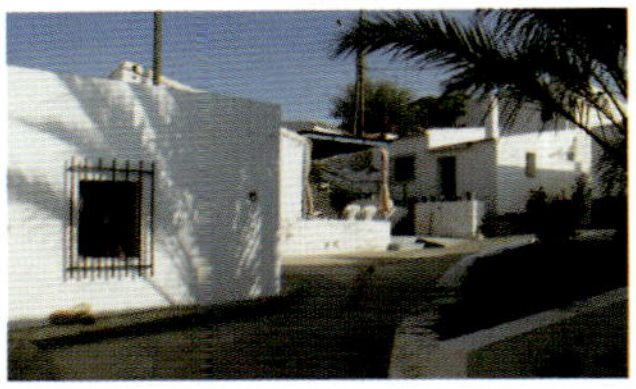
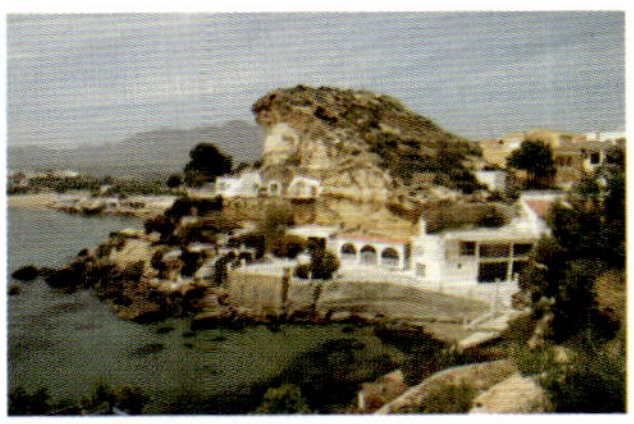
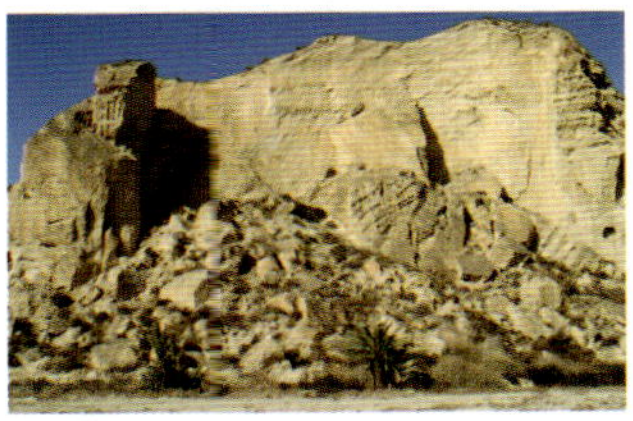

Fotoworkshops für Frauen in Andalusien/Spanien

Kreatives Urlaubsgefühl

Die einwöchigen Fotoworkshops finden jährlich im Mai und Oktober statt. Aktuelle Kurstermine finden Sie auf meiner Homepage (siehe unten). Hier werden fotografische Kenntnisse an Frauen vermittelt, die ihre Fotos über den „normalen Bildrand hinaus" gestalten lernen möchten. Kreative Bildgestaltung steht im Mittelpunkt der Workshops. Der Veranstaltungsort bietet in seiner Umgebung unzählige fotografische Motive – bizarre Landschaften, verlassene Fabriken, Höhlen, Schluchten und natürlich das Meer.

Der Veranstaltungsort ist ein authentisches Dorf in der Provinz Almería und liegt nur zehn Autominuten vom Meer entfernt. Die Workshops finden in einem stilvoll renovierten Bauernhaus statt, in dem auch die Teilnehmerinnen untergebracht sind.

Durch unterrichtsfreie Nachmittage und einen „Off-Tag" ergänzen sich Urlaubsfeeling und Kreativität in diesem Workshop vorzüglich.

Die Strände der Provinz Almería sind so vielseitig wie ihre Landschaft. Kulturhungrige können Tagestouren nach Granada, Cordoba oder Almería unternehmen, britisches Kolonialflair in Gibraltar erleben oder 500 km weiter einen Schritt „out of Europe" nach Marokko wagen.

Der Workshop findet an fünf Unterrichtstagen statt. Auf gemeinsamen Entdeckungstouren lernen die Teilnehmerinnen, ihre Bilder zu „komponieren". Was macht eine Fotografie interessant und ausdrucksvoll? Wieso ist ein anderes Foto kraftlos und langweilig? Was ist eine gelungene Bildkomposition?

An den Kursabenden werden die Fotos aller Teilnehmerinnen auf einem Monitor gezeigt und anhand von Bildanalysen wird demonstriert, was für die Gestaltung künstlerischer Aufnahmen von Wichtigkeit ist.

Weitere Infos über den Andalusien-Workshop:
www.fototrulla.de/spanien.html.

Veranstalterin des Workshops ist Almut Adler.

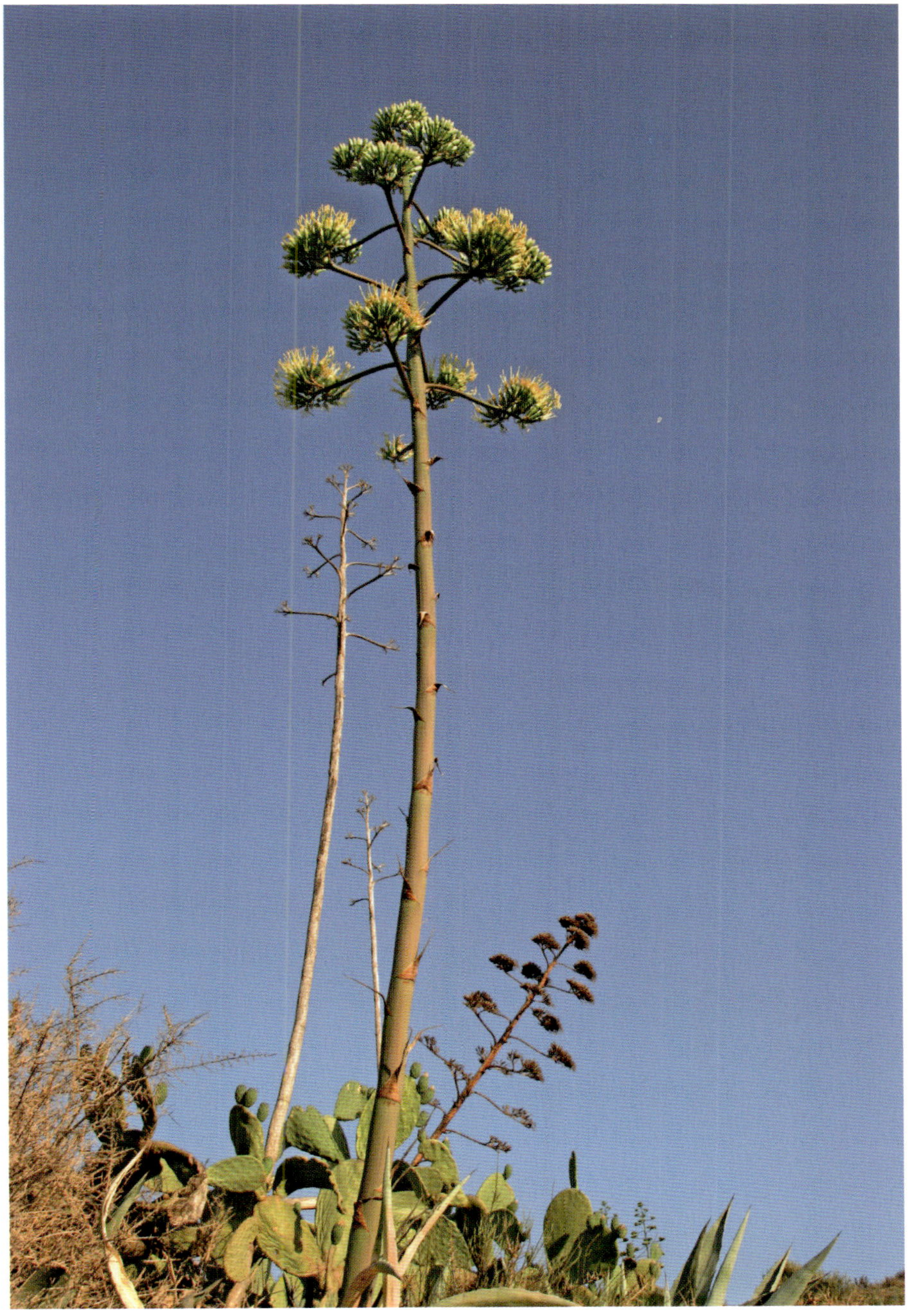

Bücher und Postkarten

Diese Foto-Lyrikbücher von Almut Adler sind im Buchhandel vergriffen und können nur noch über die Autorin bezogen werden.

Das Bestellformular finden Sie unter:
www.fototrulla.de/buch.html.

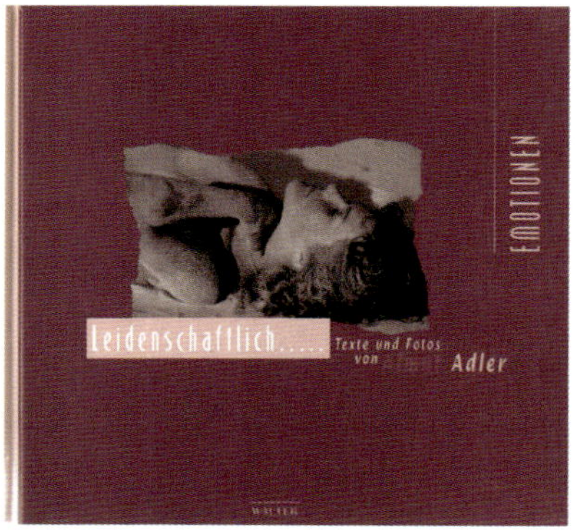

Almut Adler
Leidenschaftlich ...
Lyrik und Fotografie
46 Seiten, 21 Duplex-Fotos
8 Euro

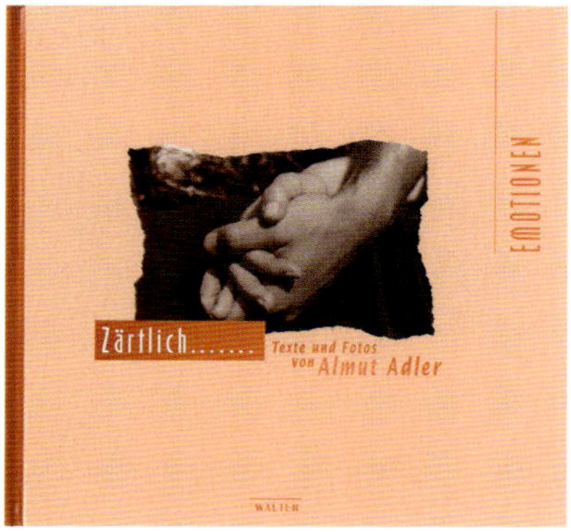

Almut Adler
Zärtlich ...
Lyrik und Fotografie
46 Seiten, 21 Duplex-Fotos
8 Euro

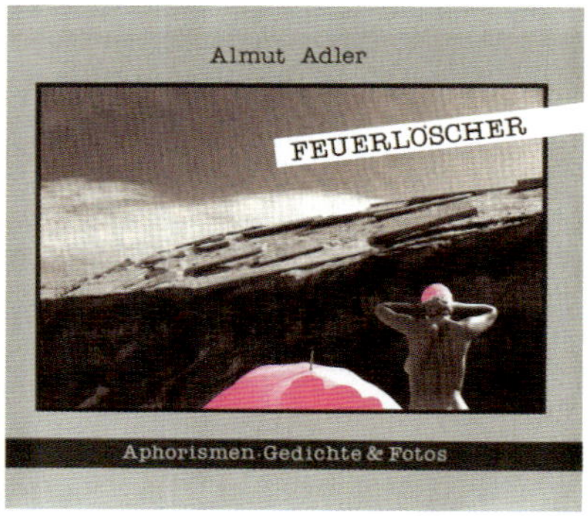

Almut Adler
Feuerlöscher
142 Seiten
Lyrik + Fotos
68 S/W-Fotos
10 Euro

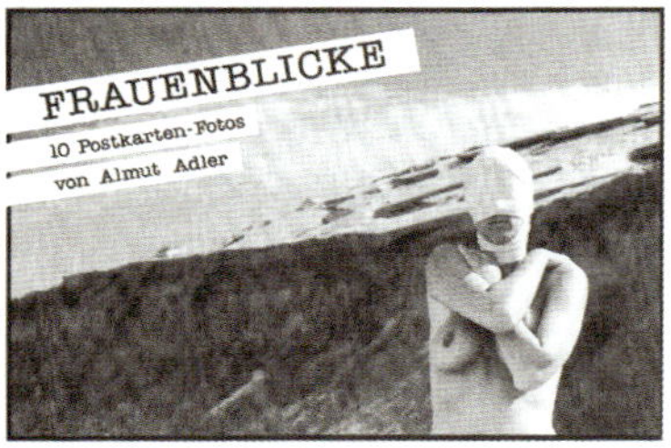

Almut Adler
Frauenblicke
10er-Postkartenblock
12 S/W-Motive
3 Euro

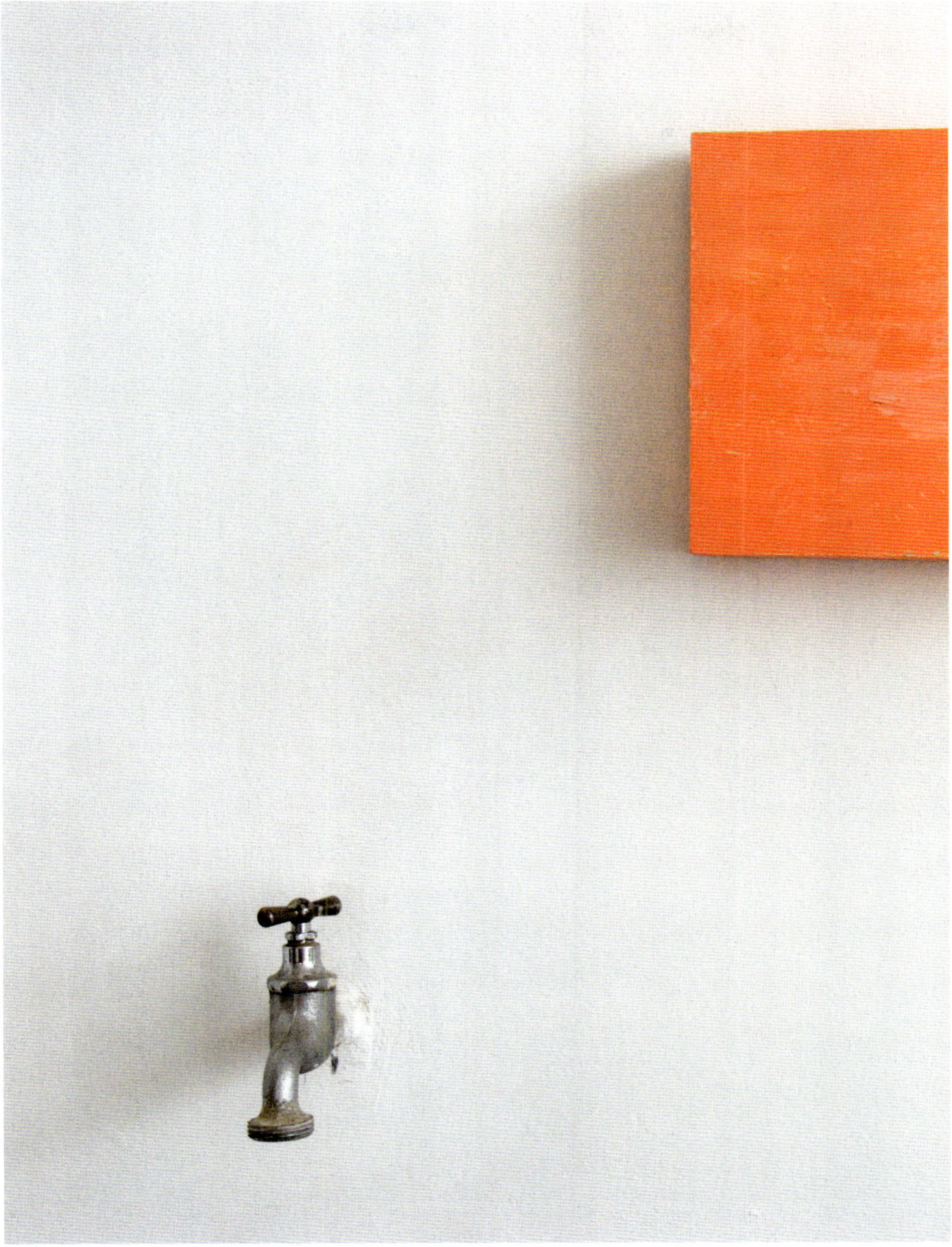

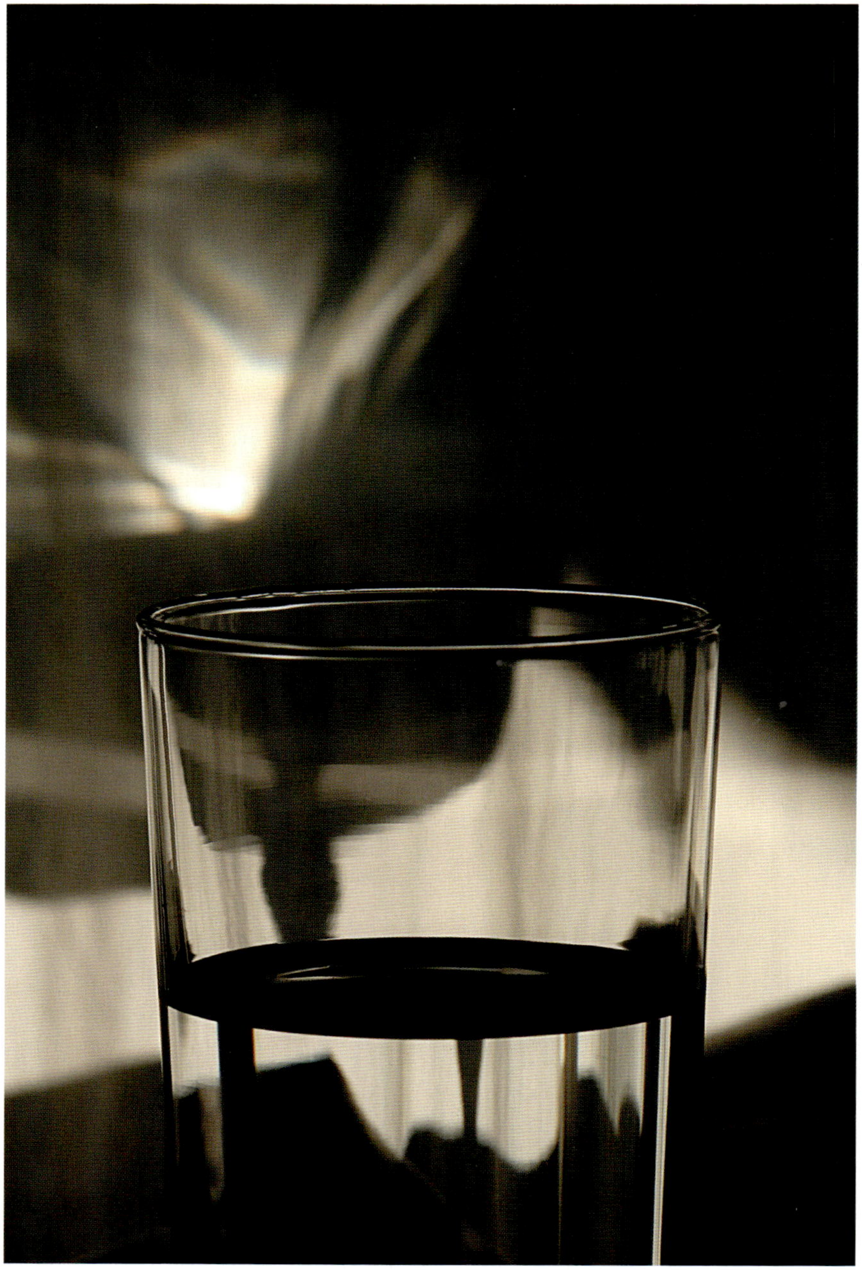

Foto: Almut Adler, Brennweite: 85 mm, Belichtungszeit: 1/160 Sek., Blende: 11, ISO: 200

Meine Notizen

Meine Notizen

Schlusszitat

„Die Tatsache, dass eine (im konventionellen Sinn) technisch fehlerhafte Fotografie gefühlsmäßig wirksamer sein kann als ein technisch fehlerloses Bild, wird auf jene schockierend wirken, die naiv genug sind, zu glauben, dass technische Perfektion den wahren Wert eines Fotos ausmacht."

Andreas Feininger, 1906–1999

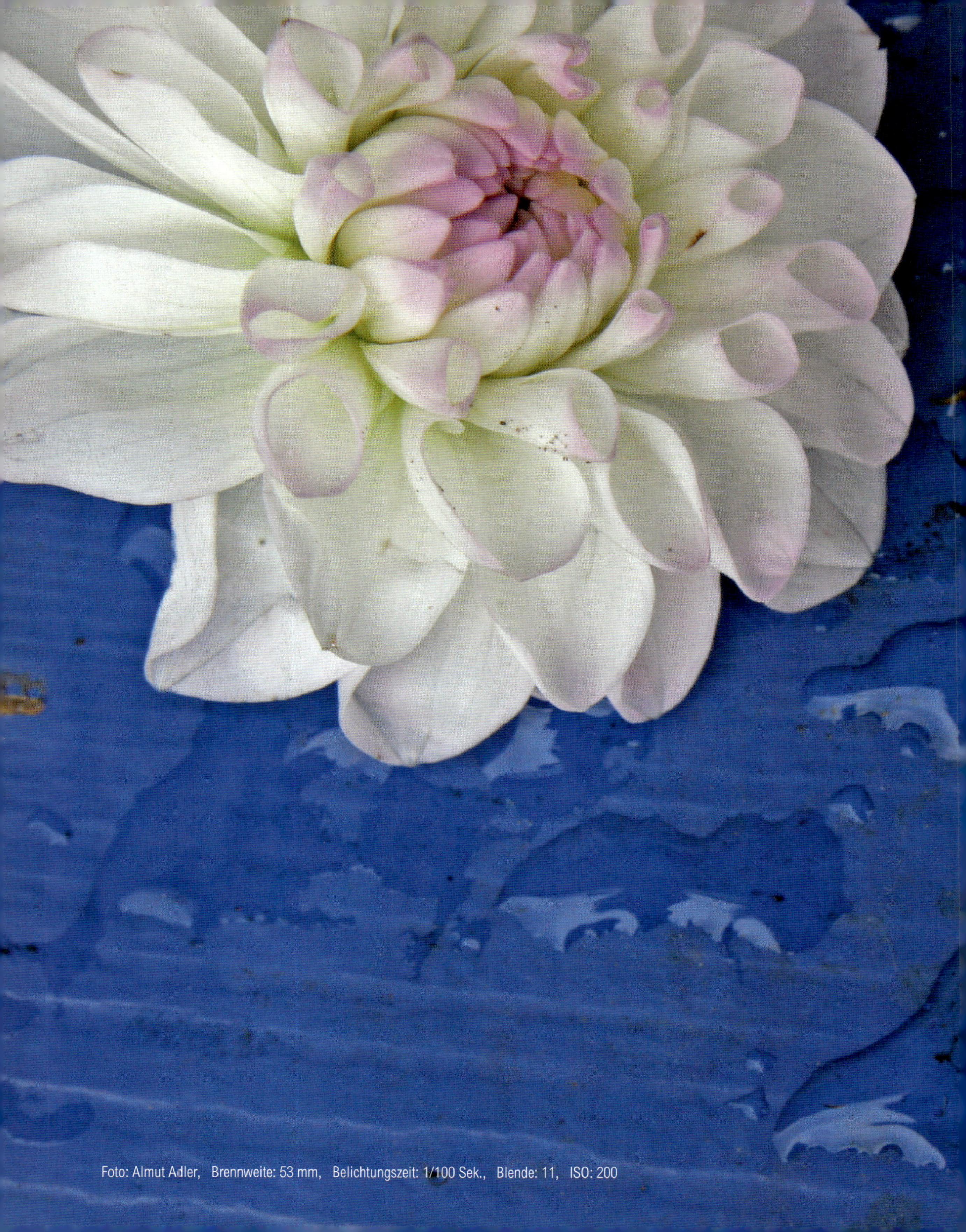

Foto: Almut Adler, Brennweite: 53 mm, Belichtungszeit: 1/100 Sek., Blende: 11, ISO: 200

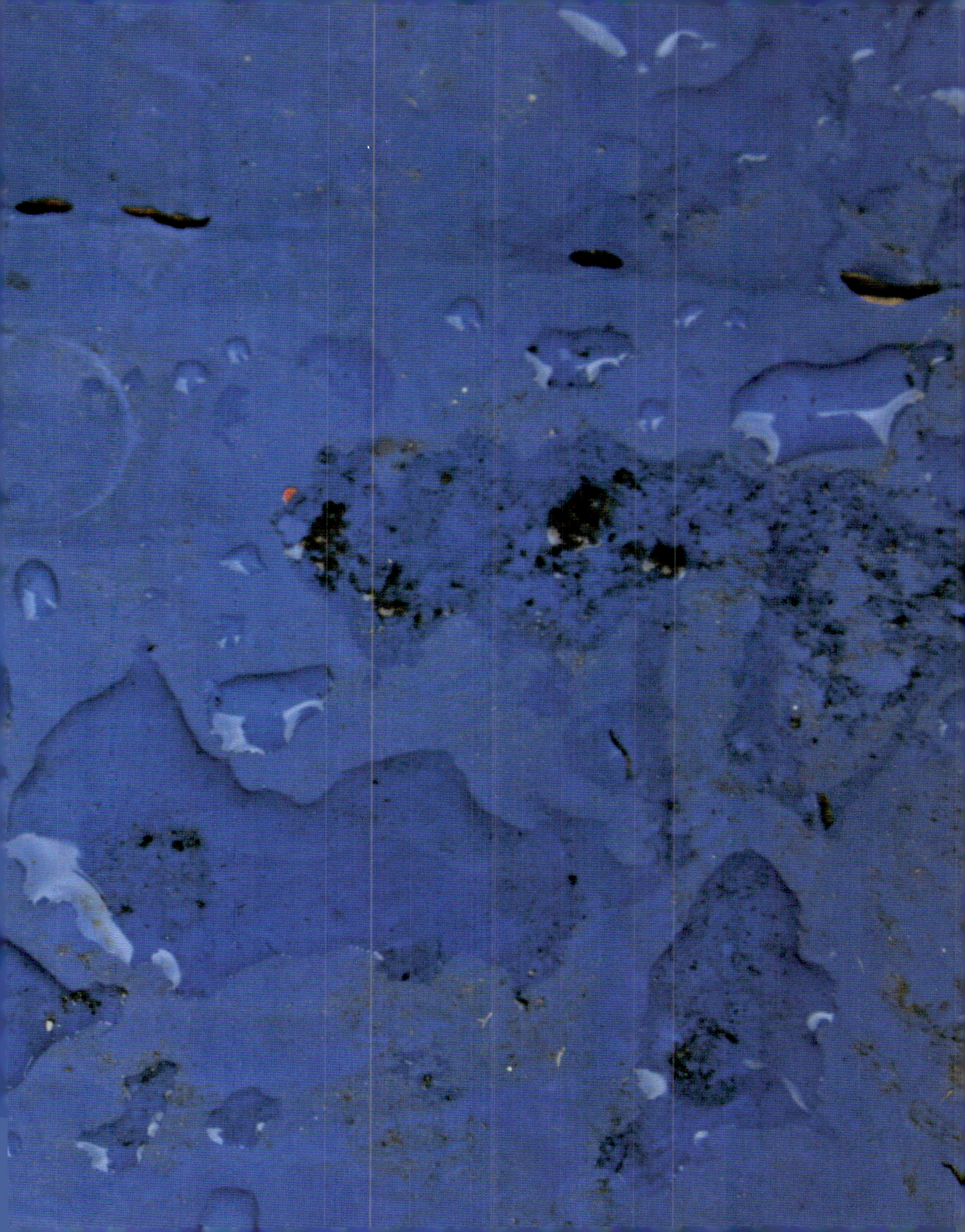

Stichwortverzeichnis

Symbole

A

B

C

D

K

L

M

N

O